D1666135

Virginia Vallejo

KOCHAJĄC
PABLA,
NIENAWIDZĄC
ESCOBARA

Tytuł oryginału: AMANDO A PABLO, ODIANDO A ESCOBAR

Redakcja: Paweł Sajewicz
Korekta: Marta Śliwińska
Projekt graficzny okładki: Isabel Urbina Peña
Opracowanie graficzne: Elżbieta Wastkowska
Zdjęcia na okładce: Virginia Vallejo, East News/Sipa Press/Torres/Parga/El Tiempo Colombia

Wydawnictwo Agora

AGORA SA
ul. Czerska 8/10, 00-732 Warszawa

WYDAWNICTWO KSIĄŻKOWE:
Dyrektor wydawniczy: Małgorzata Skowrońska
Redaktor naczelny: Paweł Goźliński
Koordynacja projektu: Magdalena Kosińska

First published by : Random House Mondadori 2007

Wszelkie prawa zastrzeżone
Warszawa 2017

ISBN: 978-83-268-2528-6

Druk
Drukarnia Abedik

Virginia Vallejo

KOCHAJĄC **PABLA,** NIENAWIDZĄC **ESCOBARA**

przełożyły
Katarzyna Okrasko
i Agata Ostrowska

Moim zmarłym, bohaterom i złoczyńcom.

Wszyscy jesteśmy jednością, jednym narodem.

Atomem odnawiającym się
w nieskończoność od zawsze i na zawsze.

Wstęp

18 lipca 2006 roku, wtorek, szósta rano. Trzy opancerzone samochody z ambasady amerykańskiej przyjeżdżają do mieszkania mojej matki w Bogocie, żeby zawieźć mnie na lotnisko. Samolot czeka już z włączonymi silnikami. Kierunek: gdzieś w Stanach Zjednoczonych. Jeden samochód z ochroniarzami uzbrojonymi w karabiny maszynowe jedzie przed nami, drugi za nami. Poprzedniego wieczoru szef ochrony z ambasady ostrzegł mnie o podejrzanych osobach zauważonych po drugiej stronie parku, na który wychodzą okna mojego budynku. Oznajmił, że kazano mu mnie chronić. Pod żadnym pozorem nie wolno mi się zbliżać do okien ani otwierać nikomu drzwi. Samochód załadowany moim najcenniejszym dobytkiem wyruszył już godzinę temu. Ten należy do Antonia Galana Sarmienta, przewodniczącego rady miejskiej Bogoty i brata Luisa Carlosa Galana – kandydata na prezydenta zamordowanego w sierpniu 1989 roku na rozkaz Pabla Escobara Gavirii, przywódcy kartelu Medellín.

Escobar, mój były kochanek, został zastrzelony 2 grudnia 1993 roku, po niemal półtorarocznej obławie. Żeby go dopaść, obiecano nagrodę w wysokości dwudziestu pięciu milionów dolarów i przeszkolono specjalny oddział komandosów policji kolumbijskiej. W polowaniu brało udział około ośmiu tysięcy członków krajowych organów bezpieczeństwa, konkurencyjne kartele narkotykowe i grupy paramilitarne, dziesiątki funkcjonariuszy DEA, FBI, CIA, Navy SEALs i Delta Force z armii amerykańskiej, samoloty rządowe wyposażone w specjalne radary oraz najbogatsi ludzie w Kolumbii, którzy pomogli sfinansować całą akcję.

Dwa dni temu na łamach wydawanego w Miami dziennika „El Nuevo Herald" oskarżyłam Alberta Santofimia Botera – byłego senatora i ministra sprawiedliwości, a także niegdysiejszego kandydata na prezydenta – o podżeganie do zabójstwa Luisa Carlosa Galana oraz o podtrzymywanie związków między bossami narkotykowymi a prezydentami Kolumbii. Artykuł zajął jedną czwartą czołówki niedzielnego wydania gazety i całą stronę w środku.

Álvaro Uribe Vélez, aktualny prezydent elekt Kolumbii, wybrany na kolejną kadencję ponad siedemdziesięcioma pięcioma procentami głosów, ma objąć urząd 7 sierpnia. Po tym jak zgłosiłam prokuratorowi generalnemu gotowość złożenia zeznań w toczącym się przeciwko Santofimiowi procesie, który miał potrwać jeszcze dwa miesiące, sędzia nagle zamknął sprawę. Na znak protestu ambasador Kolumbii w Waszyngtonie zrezygnował z posady. Uribe musiał odwołać mianowanie innego byłego prezydenta na stanowisko nowego ambasadora we Francji. Eksprezydent udał się do Waszyngtonu, a jego miejsce zajęła z kolei nowa minister spraw zagranicznych.

Rząd Stanów Zjednoczonych dobrze wie, że jeśli odmówi mi ochrony, w ciągu kilku dni będę martwa. Podobnie zresztą jak drugi świadek w procesie przeciwko Santofimiowi. Wraz ze mną przepadną również klucze do spraw najstraszliwszych zbrodni w najnowszej historii Kolumbii oraz cenne informacje dotyczące związków z narkobiznesem na najwyższych poziomach władzy prezydenckiej, politycznej, sądowniczej, militarnej i medialnej.

Urzędnicy ambasady amerykańskiej czekają przed schodkami do samolotu – mają wnieść na pokład nieliczne walizki i pudła, które udało mi się spakować w zaledwie kilka godzin z pomocą pary przyjaciół. Patrzą na mnie z zaciekawieniem, jakby się zastanawiali, dlaczego ta kobieta w średnim wieku, wyraźnie wyczerpana, budzi takie zainteresowanie mediów, a teraz również ich rządu. Agent specjalny DEA – dwa metry wzrostu, hawajska koszula, przedstawia się jako David C. – oznajmia, że zlecono mu eskortować mnie na terytorium amerykańskie. Dwusilnikowy samolot ma za sześć godzin dotrzeć do Guantanamo (bazy armii USA na Kubie), a po godzinnym postoju na tankowanie i kolejnych dwóch godzinach lotu – do Miami.

Uspokajam się dopiero na widok dwóch kartonów umieszczonych z tyłu samolotu. Zawierają dowody przestępstw popełnionych w Kolumbii przez oskarżonych Thomasa i Dee Mowerów, właścicieli Neways International w Springville w stanie Utah. Neways to międzynarodowa firma, którą w 1998 roku pozwałam o trzydzieści milionów dolarów. Amerykański sąd w zaledwie osiem dni uznał ich winnymi części przestępstw, których ja od ośmiu lat próbuję dowieść przed kolumbijskim wymiarem sprawiedliwości, ale wszystkie moje oferty współpracy z Eileen O'Connor z Departamentu Sprawiedliwości (DOJ) w Waszyngtonie i pięcioma attaché urzędu skarbowego (IRS) w ambasadzie amerykańskiej spotykały się z wściekłą reakcją biura prasowego placówki. Na wieść o moich telefonach do DOJ, IRS i FBI biuro zagroziło mi blokadą wszelkich prób komunikacji z agencjami rządu USA.

To wszystko nie ma jednak nic wspólnego z Mowerami, ale z Pablem Escobarem. W biurze praw człowieka ambasady pracuje były bliski współpracownik Francisca Santosa, wiceprezydenta Republiki, którego rodzina jest właścicielem koncernu prasowego El Tiempo. Członkowie korporacji medialnej stanowią dwadzieścia pięć procent gabinetu Alvara Uribego, co zapewnia jej dostęp do wielkiej machiny reklamowej rządu – największego reklamodawcy w Kolumbii – w przeddzień transakcji sprzedaży El Tiempo na rzecz jednej z największych hiszpańskojęzycznych grup wydawniczych. Inny członek tej rodziny, Juan Manuel Santos, został właśnie mianowany ministrem obrony odpowiedzialnym za modernizację kolumbijskich sił powietrznych. Hojność w stosunku do tej konkretnej firmy rodzinnej zapewnia rządowi Alvara Uribego dużo więcej niż tylko bezwarunkowe poparcie największego dziennika w kraju: gwarantuje milczenie na temat nie do końca idealnej przeszłości prezydenta Republiki. Rząd Stanów Zjednoczonych wie co nieco o tej przeszłości. Ja również, i to niemało.

Po niemal dziewięciu godzinach lotu lądujemy w Miami. Zaczyna martwić mnie ból brzucha, który towarzyszy mi od miesiąca, a teraz z każdą godziną zdaje się nasilać. Od sześciu lat nie byłam u lekarza, bo Thomas Mower pozbawił mnie całego skromnego majątku, a także wszelkich dochodów z działalności jego firmy w Ameryce Południowej, za którą byłam odpowiedzialna.

Hotel dużej sieci jest wielki i bezosobowy, mój pokój również. Po kilku minutach pojawia się kilku funkcjonariuszy DEA. Patrzą na mnie podejrzliwie i przeglądają zawartość siedmiu walizek od Gucciego i Vuittona wypełnionych starymi kreacjami Valentina, Chanel, Armaniego i Saint Laurenta oraz niewielką kolekcją obrazków sprzed prawie trzydziestu lat. Informują mnie, że w ciągu najbliższych kilku dni czekają mnie spotkania z ich przełożonymi i z Richardem Gregoriem, prokuratorem w procesie przeciwko Manuelowi Antoniowi Noriedze*. Mam im opowiedzieć o Gilbercie i Miguelu Rodriguezie Orejuelach, bossach kartelu Cali. Sprawa przeciwko arcywrogom Pabla Escobara, prowadzona przez tego samego prokuratora, który doprowadził do skazania panamskiego dyktatora, zacznie się za kilka tygodni w sądzie stanowym Florydy. Jeśli zostaną uznani za winnych, rząd USA będzie mógł nie tylko żądać kary dożywocia lub jej odpowiednika, lecz także zająć majątki narkobossów: 2,1 miliarda dolarów, obecnie zamrożone. Najuprzejmiej, jak potrafię, proszę o aspirynę i szczoteczkę do zębów, ale funkcjonariusze odpowiadają, że muszę je kupić sama. Kiedy tłumaczę, że cały mój kapitał ogranicza się do dwóch monet ćwierćdolarowych, załatwiają mi malutką szczoteczkę, taką jak te rozdawane w samolotach.

– Najwyraźniej dawno nie zatrzymywała się pani w amerykańskim hotelu…

– Owszem. W apartamentach w nowojorskim The Pierre i w bungalowach w Bel Air w Beverly Hills zawsze była aspiryna i szczoteczki do zębów. A do tego bukiety kwiatów i różowy szampan! – Wzdycham z nostalgią. – A teraz, dzięki tym hochsztaplerom z Utah, jestem biedna jak mysz kościelna. Aspiryna to dla mnie towar luksusowy.

– Cóż, teraz w naszych hotelach nie ma już aspiryny: to lekarstwo, więc musi zostać przepisane przez lekarza. A pewnie pani

---

* Manuel Antonio Noriega Moreno – panamski dyktator obalony w 1989 roku w wyniku interwencji zbrojnej USA. Sądzony w Stanach Zjednoczonych za m.in. udział w handlu narkotykami i pranie brudnych pieniędzy, został skazany na 40 lat więzienia (wszystkie przypisy rzeczowe, jeśli nie zaznaczono inaczej, pochodzą od redaktora wydania polskiego).

wie, że wizyta kosztuje fortunę. Jeśli boli panią głowa, radzę spróbować wytrzymać i jakoś usnąć. Zobaczy pani, rano będzie po bólu. Proszę nie zapominać, że właśnie uratowaliśmy pani życie. Ze względów bezpieczeństwa nie wolno pani wychodzić z pokoju ani z nikim się kontaktować, a zwłaszcza z prasą. Zaliczają się do tego również dziennikarze z „Miami Herald". Rząd Stanów Zjednoczonych nie może pani na razie niczego obiecać, więc od tej pory wszystko jest w pani rękach.

Wyrażam wdzięczność i uspokajam ich, że nie muszą się martwić, bo i tak nie mam dokąd pójść, a w końcu przypominam, że to ja sama zgłosiłam gotowość złożenia zeznań w kilku największych procesach sądowych, zarówno w Kolumbii, jak i w USA.

David (agent DEA) i pozostali wychodzą, żeby omówić plan na następny dzień.

– Dopiero pani przyleciała, a już prosi rząd amerykański o różne rzeczy? – beszta mnie Nguyen, naczelnik policji, który został ze mną w pokoju.

– Tak, bo cierpię na straszliwy ból brzucha. Wiem też, że mogę być podwójnie użyteczna dla waszego rządu: w tych pudłach znajdują się dowody z Kolumbii i Meksyku na oszustwo przeciwko urzędowi skarbowemu USA. Szacuję je na kilkaset milionów dolarów. Po śmierci wszystkich świadków i wypłacie 23 milionów dolarów rosyjskie ofiary poczynań Neways International wycofały pozew zbiorowy. Niech pan sobie wyobrazi skalę tego przekrętu w ponad trzydziestu krajach, przeciwko dystrybutorom[**] i fiskusowi!

– Uchylanie się od płacenia podatków za granicą to nie nasza sprawa. My odpowiadamy za walkę z narkotykami.

[**] Chodzi o regionalnych dystrybutorów produktów Neways International.

– Czyli gdybym znała lokalizację dziesięciu kilo koki, to znalazłaby się dla mnie aspiryna, tak?

– Widzę, że pani nadal nie rozumie. Nie jesteśmy z IRS ani z FBI w Utah, tylko z DEA na Florydzie. I proszę nie mylić Drug Enforcement Administration z drugstore'em, pani Virginio!

– Rozumiem tyle, że proces USA kontra Rodríguez Orejuela jest jakieś dwieście razy ważniejszy niż USA kontra Mower!

Funkcjonariusze z DEA wracają i informują mnie, że na wszystkich kanałach w telewizji mówi się o mojej ucieczce z Kolumbii. Odpowiadam, że przez ostatnie cztery dni odrzuciłam prawie dwieście propozycji wywiadów dla mediów z całego świata i że naprawdę nie interesuje mnie, co mówią. Błagam, żeby wyłączyli telewizor, bo od jedenastu dni nie śpię, a od dwóch nie jem, jestem wykończona i chcę spróbować odpocząć przynajmniej parę godzin, żeby nazajutrz nadawać się do współpracy.

Kiedy zostaję wreszcie sama z całym bagażem, w towarzystwie ostrego bólu, zaczynam przygotowywać się psychicznie na coś znacznie poważniejszego niż ewentualne zapalenie wyrostka. Raz po raz zadaję sobie pytanie, czy rząd USA rzeczywiście uratował mi życie, czy też ci z DEA wolą raczej wycisnąć mnie jak cytrynę, a potem odesłać z powrotem do Kolumbii, twierdząc, że informacje o Rodriguezach Orejuelach pochodzą sprzed 1997 roku i że stan Utah to inny kraj. Dobrze wiem, że kiedy tylko postawię stopę na terytorium Kolumbii, wszyscy ci, którzy mają coś na sumieniu, będą chcieli ukarać mnie jako przykład dla każdego informatora czy świadka, który rozważałby pójście w moje ślady: na lotnisku będą czekały na mnie służby bezpieczeństwa z jakimś „nakazem aresztowania" wydanym przez ministerstwo obrony albo krajowy aparat bezpieczeństwa. Wsadzą mnie do SUV-a z przyciemnianymi szybami, a kiedy już ze mną skończą, media kontrolowane przez rodziny prezydentów zamieszanych w kartele narkotykowe albo podległe ponownie wybranemu prezydentowi zwalą winę za tortury i śmierć – albo zniknięcie – na Rodriguezów Orejuelów, na „Pepes" (prześladowanych przez Pabla Escobara) albo na samą żonę bossa.

Jeszcze nigdy w życiu nie czułam się tak samotna, chora i biedna. Jestem w pełni świadoma, że po powrocie do Kolumbii nie będę ani pierwszą, ani ostatnią zamordowaną za współpracę z ambasadą USA w Bogocie. Ale wiadomość o moim wylocie z kraju w obstawie DEA najwyraźniej obiegła cały świat, a to oznacza, że jestem znacznie bardziej na widoku niż jakiś César Villegas, alias „Bandi", czy inny Pedro Juan Moreno, którzy wiedzieli najwięcej o przeszłości prezydenta. Dlatego postanawiam nie pozwolić żadnemu rządowi ani żadnemu przestępcy zrobić ze mnie drugiego Carlosa Aguilara, alias „Brudasa", zmarłego po złożeniu zeznań przeciwko Santofimiowi, czy drugiej pani de Pallomari, księgowej Rodriguezów Orejuelów, zamordowanej po wylocie jej męża do Stanów – również samolotem DEA – mimo ścisłej ochrony prokuratury kolumbijskiej.

Dobrze wiem, że w przeciwieństwie do tych osób – niech im ziemia lekką będzie – ja nigdy nie popełniłam żadnej zbrodni. I to właśnie z powodu tysięcy takich ofiar mam obowiązek przeżyć. Więc mówię sobie: „Nie wiem jeszcze, jak to zrobię, ale nie pozwolę się zabić, nie pozwolę sobie umrzeć".

część pierwsza

DNI NIEWINNOŚCI I MARZEŃ

All love is tragedy. True love suffers and is silent.

OSCAR WILDE

Królestwo białego złota

W połowie 1982 roku w Kolumbii działały liczne grupy partyzanckie. Wszystkie składały się z marksistów, maoistów i zagorzałych zwolenników modelu kubańskiego. Utrzymywały się ze wsparcia Związku Radzieckiego, okupów z porwań osób uważanych za bogate i kradzieży bydła gospodarzom. Najważniejszą były FARC (Fuerzas Armadas Revolucionarias de Colombia – Kolumbijskie Rewolucyjne Siły Zbrojne), zrodzone w pełnych przemocy latach pięćdziesiątych, epoce bezgranicznego, dzikiego okrucieństwa – trudno nawet o nich mówić, żeby nie poczuć wstydu za przynależność do gatunku ludzkiego. Nieco mniej członków miały ELN (Ejército de Liberación Nacional – Armia Wyzwolenia Narodowego) i EPL (Ejército Popular de Liberación – Ludowa Armia Wyzwolenia), która później miała się zdemobilizować i przekształcić w partię polityczną. W 1984 roku zawiązała się grupa Quintín Lame, od nazwiska dzielnego bojownika o prawa rdzennej ludności Kolumbii.

Byli też M-19 – organizatorzy spektakularnych, filmowych wręcz akcji, ruch złożony z eklektycznej mieszanki pracowników naukowych i zawodowców, intelektualistów i artystów, dzieci przedstawicieli wyższych sfer i wojskowych oraz najbardziej bezkompromisowych dogmatyków, w żargonie grup zbrojnych zwanych „kowbojami". W przeciwieństwie do pozostałych

– działających na wsi i w selwie, porastającej niemal połowę terytorium kraju – „Emka" była organizacją na wskroś miejską, a najwyższe szczeble zajmowały w niej między innymi kobiety z elity, które uwielbiały rozgłos podobnie jak ich koledzy.

W okresie po zakończeniu operacji „Kondor"* w Ameryce Południowej reguły walki w Kolumbii były czarno-białe: jeśli członkowie któregoś z tych ugrupowań wpadali w ręce wojska lub służb bezpieczeństwa, trafiali do więzienia, gdzie często byli torturowani na śmierć, bez procesu i żadnych ceregieli. Podobnie jeśli partyzanci porywali kogoś zamożnego, nie uwalniali go, dopóki rodzina nie wpłaciła okupu, a negocjacje ciągnęły się czasem długimi latami. Kto nie płacił – umierał, a szczątki rzadko udawało się odnaleźć. Takie sytuacje zdarzają się dziś praktycznie równie często jak wtedy. Każdy Kolumbijczyk może naliczyć wśród przyjaciół, rodziny i znajomych z pracy kilkunastu porwanych, z czego część wróciła cała i zdrowa, a po reszcie słuch na zawsze zaginął. „Resztę" można z kolei podzielić na tych, których rodziny nie były w stanie spełnić żądań porywaczy; tych, za których zapłacono sowity okup, ale nigdy nie wrócili; i tych, za których życie nikt nie chciał wydać majątku zgromadzonego przez kilka pokoleń albo nawet tylko przez jedno życie ciężkiej, uczciwej pracy.

Zasnęłam z głową na ramieniu Anibala i teraz budzi mnie podwójny lekki wstrząs, gdy koła samolotu dotykają ziemi przy lądowaniu. On głaszcze mnie po policzku, a kiedy próbuję wstać, przytrzymuje mnie delikatnie za ramię na znak, żebym została na

---

* Operacja „Kondor" – przez swoich twórców nazywana „operacją antyterrorystyczną", była w rzeczywistości sprzysiężeniem sześciu południowoamerykańskich dyktatur mającym na celu wzajemną pomoc w prześladowaniu przeciwników politycznych. W ramach operacji „Kondor" dokonywano porwań i morderstw, dopuszczano się tortur. Formalnie trwała od 1975 do 1983 roku. Pierwszy wyrok więzienia dla 16 spośród jej wykonawców zapadł w Argentynie w maju 2016 roku.

miejscu. Wskazuje na okno i nie mogę uwierzyć własnym oczom: po obu stronach lądowiska stoi dwudziestu kilku młodych mężczyzn, niektórzy w ciemnych okularach, inni z oczami zmrużonymi od popołudniowego słońca. Otaczają nasz mały samolot i celują do nas z karabinów maszynowych, z minami sugerującymi, że zwykle najpierw strzelają, a dopiero potem zadają pytania. Inni kryją się w krzakach, dwóch z nich bawi się swoimi mini uzi, tak jak każdy z nas bawi się czasem kluczykami do samochodu. Nie chcę nawet myśleć, co by się stało, gdyby broń spadła na ziemię i zaczęła wypluwać sześćset pocisków na minutę. Chłopcy – wszyscy bardzo młodzi – mają na sobie wygodne, nowoczesne ubrania: kolorowe koszulki polo, dżinsy i trampki z importu. Żadnych uniformów czy mundurów moro.

Samolocik kołuje, a ja zaczynam się zastanawiać, jaką wartość możemy mieć dla partyzantów. Mój narzeczony jest bratankiem eksprezydenta Julia Cesara Turbaya, którego rządy (w latach 1978–1982) charakteryzowały się ostrym zwalczaniem grup rebeliantów, zwłaszcza M-19 – większość dowództwa trafiła do więzienia. Jednak Belisario Betancur, świeżo zaprzysiężony prezydent, obiecał amnestię i wolność dla wszystkich, którzy przyłączą się do jego programu Proceso de Paz (procesu pokojowego). Patrzę na dzieci Anibala i czuję ukłucie w sercu: jedenastoletni Juan Pablo i dziewięcioletnia Adriana są obecnie pasierbami drugiego najbogatszego człowieka w Kolumbii, Carlosa Ardili Lüllego, właściciela wszystkich zakładów butelkujących napoje gazowane w kraju. Co do towarzyszących nam znajomych: Olguita Suárez – która za kilka tygodni wyjdzie za sympatycznego hiszpańskiego muzyka Rafaela Urrazę, organizatora naszej wycieczki – to córka milionera, hodowcy bydła z wybrzeża Atlantyku, a jej siostra jest zaręczona z Felipem Echavarríą Rochą, członkiem jednego z najważniejszych kolumbijskich rodów przemysłowych. Nano i Ethel to dekoratorzy i marszandzi, Ángela jest topmodelką, a ja – jedną z najsłynniejszych prezenterek telewizyjnych w kraju. Doskonale zdaję sobie sprawę, że jeśli wpadniemy w łapy partyzantów, wszyscy zostaniemy uznani za oligarchów, a zatem za „porywalnych" – to przymiotnik tak typowy dla Kolumbii, jak przedrostek i rzeczownik „narko", ale o tym później.

Aníbal zaniemówił i chorobliwie zbladł. Zarzucam go setką pytań, nie czekając na odpowiedzi:

– Skąd wiedziałeś, że to właśnie ten samolot, który po nas wysłano? Nie rozumiesz, że prawdopodobnie właśnie nas porywają…? Jak długo będą nas przetrzymywać, kiedy dowiedzą się, kim jest matka twoich dzieci…? A to nie są jacyś biedni partyzanci: spójrz na ich broń i buty! Czemu nie kazałeś mi spakować tenisówek? Ci porywacze przegonią mnie po puszczy w sandałach i bez kapelusza od słońca! Czemu nie pozwoliłeś mi spokojnie spakować *jungle-wear*…? I czemu przyjmujesz zaproszenia od obcych? Ochroniarze moich znajomych nie celują do gości z karabinów maszynowych! Wpadliśmy w pułapkę, bo wciągasz tyle koki, że już nie ogarniasz rzeczywistości! Jeśli wyjdziemy z tego żywi, na pewno za ciebie nie wyjdę, bo niedługo dostaniesz zawału, a ja nie zamierzam zostać wdową!

Aníbal Turbay jest wysoki, przystojny i niezależny, kocha mnie do bólu, nigdy nie szczędzi słów, czasu ani pieniędzy, mimo że w przeciwieństwie do moich poprzednich narzeczonych nie jest multimilionerem. Uwielbiają go zarówno eklektyczny krąg znajomych – na przykład Manolito de Arnaude, poszukiwacz skarbów – jak i setki kobiet dzielących swoje życie na erę „przed Anibalem" i „po Anibalu". Jego jedyną wadą jest nieuleczalne uzależnienie od proszku do nosa – ja tego nienawidzę, ale on kocha go bardziej niż własne dzieci, niż mnie, niż pieniądze, niż wszystko inne. Zanim biedak zdąży zareagować na moją tyradę, otwierają się drzwiczki i do samolotu wpada fala tropikalnego powietrza, typowa dla obszarów, które w tym moim kraju pozbawionym pór roku nazywamy Tierra Caliente, „Ciepłą Ziemią". Dwaj uzbrojeni mężczyźni wchodzą na pokład i na widok przerażenia na naszych twarzach wołają:

– O matko! Nie uwierzą państwo: czekamy tu na klatki z panterą i paroma tygrysicami, ale wygląda na to, że wysłali je innym samolotem! Najmocniej państwa przepraszam! Co za wstyd, i to jeszcze przy paniach i dzieciach! Jak szef się dowie, to nas zabije!

Okazuje się, że na terenie posiadłości znajduje się spore zoo i ewidentnie wystąpił jakiś problem z koordynacją lotów – samolot zaproszonych gości pomylono z tym ze zwierzętami. Faceci z karabinami płaszczą się i usprawiedliwiają, a tymczasem piloci wysiadają z obojętnymi minami – oni nie muszą tłumaczyć się obcym. Do ich obowiązków należy przestrzeganie planu lotów, a nie sprawdzanie ładunku.

Trzy dżipy już czekają, żeby zawieźć nas do domu. Zakładam okulary słoneczne i kapelusz safari, wychodzę z samolotu i jeszcze nawet nie wiem, że stawiam stopę w miejscu, które na zawsze odmieni moje życie. Wsiadamy do samochodów, a kiedy Aníbal obejmuje mnie ramieniem, uspokajam się i postanawiam maksymalnie wykorzystać każdą pozostałą minutę wycieczki.

– Jakie piękne miejsce! Musi być ogromne. Chyba warto było tu przyjechać… – komentuję półgłosem i wskazuję mu dwie czaple podrywające się do lotu z odległego brzegu.

Zafascynowani, w absolutnej ciszy podziwiamy wspaniały krajobraz, ziemię, wodę i niebo zdające się rozciągać aż za horyzont. Czuję przypływ radości, jeden z tych niezapowiedzianych, co pojawiają się nagle, obezwładniają, a potem znikają bez pożegnania. Z widocznej w oddali chaty dobiegają dźwięki *Caballo viejo* Simona Diaza, w charakterystycznym wykonaniu Roberta Torresa – hymn wenezuelskich równin, który starsi mężczyźni z całego kontynentu przyjęli za własny i śpiewają na ucho kasztanowatym klaczom, kiedy chcą popuścić wodze z nadzieją, że one również popuszczą swoje. „Kiedy miłość się tak pojawia, człowiek nawet nie zauważa..." – ostrzega piosenkarz, opiewając wyczyny starego ogiera. „Kiedy miłość się tak pojawia, nie można człowieka winić..." – usprawiedliwia się mieszkaniec równin, by na koniec rozkazać ludzkości iść za swoim przykładem, „bo po tym życiu nie ma już drugiej szansy", tonem pełnym zarówno ludowej mądrości, jak i rytmów przywodzących na myśl powietrze w ciepły dzień pełen obietnic na przyszłość.

Jestem tak szczęśliwa i pochłonięta tym spektaklem, że nawet nie przychodzi mi do głowy spytać o nazwisko naszego gospodarza ani tym bardziej wnikać w szczegóły.

„Taki pewnie jest właściciel tego wszystkiego: jeden z tych starych, chytrych polityków, co to mają pełno forsy i koni, więc uważają się za króli wioski" – myślę i z powrotem opieram głowę na ramieniu Anibala. Umiłowanie przygody tego przerośniętego hedonisty umarło razem z nim zaledwie kilka tygodni przed tym, gdy zdołałam zebrać siły, żeby opowiedzieć tę historię – utkaną z momentów zastygłych w zakamarkach mojej pamięci, pełną mitów i potworów, których nigdy nie powinno się wskrzeszać.

Chociaż domiszcze jest naprawdę ogromne, to brak tu szykownych elementów typowych dla tradycyjnych hacjend kolumbijskich: ani śladu kaplicy, ujeżdżalni czy kortów tenisowych; koni, angielskich butów jeździeckich czy rasowych psów; starych sreber czy dzieł sztuki z XVIII, XIX, XX wieku; obrazów olejnych z Maryją i świętymi czy złoconych drewnianych fryzów nad drzwiami; kolonialnych kolumn czy rzeźbionych figurek z dawnych szopek; kufrów i skrzyń czy perskich dywanów we wszystkich możliwych rozmiarach; ręcznie malowanej francuskiej porcelany czy obrusów haftowanych przez mniszki; ani róż i storczyków hodowanych przez dumną panią domu.

Nigdzie nie widać też służących, obecnych zwykle w posiadłościach moich najbogatszych rodaków i niemal zawsze odziedziczonych razem z majątkiem. To ludzie biedni, zrezygnowani, ale niezwykle dobrzy i sympatyczni, którzy przez kilka pokoleń służby wybierali stabilizację zamiast wolności. Wieśniacy w ruanach (krótkich ponczach z brązowej wełny), bezzębni, ale zawsze uśmiechnięci, na każdą prośbę reagujący bez chwili wahania, kłaniający się w pas, tak że spadały im z głów stare kapelusiki: „Już pędzę, szanowny panie!", „Eleuterio González do usług szanowanej pani, pani życzenie jest dla mnie rozkazem!" – i niemający bladego pojęcia o istnieniu czegoś takiego jak napiwki. Dziś to już praktycznie wymarły gatunek, bo partyzanci powiedzieli im, że kiedy zwycięży rewolucja (już wkrótce), oni także będą mieli ziemię i bydło, broń i alkohol, i kobiety takie jak ich panowie, piękne i bez żylaków.

W domu długi korytarz prowadzi do pokojów urządzonych po spartańsku: dwa łóżka, szafka nocna z popielniczką z lokalnej ceramiki, jakaś lampka i zdjęcia posiadłości. Dzięki Bogu, w prywatnej łazience przy naszym pokoju jest ciepła woda, nie tylko zimna, jak w zdecydowanej większości gospodarstw Tierra Caliente. Olbrzymi taras zastawiono dziesiątkami stolików z parasolami i setkami białych, solidnych krzeseł. Rozmiary przestrzeni wspólnej – zbliżone do tych w typowym Country Clubie – nie pozostawiają najmniejszych wątpliwości: dom zaprojektowano z myślą o organizacji wydarzeń na wielką skalę i podejmowaniu setek gości, a sądząc po liczbie pokojów, domyśliliśmy się, że w weekendy zaprasza się tu dziesiątki osób.

– Ale tu muszą być imprezy! – komentowaliśmy między sobą.
– Pewnie sprowadzają Króla Vallenato** z dwoma tuzinami akordeonistów z Valledupar!

– Nieee, Sonorę Matancerę i Los Melódicos***! – dorzuca ktoś inny z sarkazmem, przez który przebija jednak nutka zazdrości.

Zarządca posiadłości informuje nas, że gospodarza zatrzymały jakieś nieprzewidziane problemy, więc przyjedzie dopiero nazajutrz. Obsłudze najwyraźniej kazano spełniać wszystkie nasze zachcianki i uczynić pobyt jak najprzyjemniejszym, ale od samego początku dają nam do zrozumienia, że zwiedzanie posiadłości nie obejmuje drugiego piętra, gdzie znajdują się pomieszczenia prywatne. Wszyscy pracownicy są mężczyznami i zdają się autentycznie uwielbiać swojego szefa. Żyją na poziomie znacznie wyższym niż służący innych bogatych rodów, widać to po ich pewności siebie i absolutnym braku uniżoności. Wyglądają na mężów i ojców, mają na sobie nowe ubrania robocze, dobrej jakości i mniej ostentacyjne niż te noszone przez chłopaków, którzy czekali na lądowisku. W przeciwieństwie do tych ostatnich nie noszą też żadnej broni. Idziemy na kolację do jadalni, gdzie stoi ogromny drewniany stół.

– Jak dla pułku wojska! – zauważamy.

Serwetki są białe i papierowe, a jedzenie podają nam – na półmiskach lokalnego wyrobu – dwie rzutkie, acz milczące kobiety, jedyne, jakie widzieliśmy tutaj od chwili przyjazdu. Zgodnie

---

** Vallenato – styl muzyki folk uprawiany w Kolumbii. „Król Vallenato" jest wybierany rokrocznie podczas Festival de la Leyenda Vallenata w Valledupar.

*** La Sonora Metancera i Los Melódicos – wykonujące popularną muzykę latynoamerykańską grupy, które działają od – odpowiednio – 1924 i 1958 roku.

z naszymi oczekiwaniami na stole ląduje przepyszna *bandeja paisa*, tradycyjne danie z Antioquii stanowiące podstawę kuchni kolumbijskiej: fasola, ryż, mielone mięso i jajko sadzone, a do tego plasterki awokado (u nas zwanego *palta*). W całej hacjendzie nie ma śladu niczego, co mogłoby świadczyć o chęci uczynienia tego miejsca przyjaznym, wykwintnym czy luksusowym: gospodarstwo o powierzchni niemal trzech tysięcy hektarów, położone między Doradalem a Puerto, w upalnej dolinie rzeki Magdaleny, sprawia wrażenie zaprojektowanego niezwykle praktycznie i bezosobowo, niczym olbrzymi hotel w Tierra Caliente, a nie w stylu wielkiej posiadłości ziemskiej.

W ten spokojny, ciepły, tropikalny wieczór – mój pierwszy w Hacienda Nápoles – nic więc nie mogło przygotować mnie na zderzenie ze światem o kolosalnych proporcjach, który miałam zacząć odkrywać już nazajutrz, ani na rozmiary tego królestwa, innego niż wszystko, co miałam okazję poznać do tamtej pory. Nikt też nie ostrzegł mnie o olbrzymich ambicjach człowieka, który zbudował to wszystko z gwiezdnego pyłu i mitów zdolnych na zawsze zmienić dzieje całych narodów i losy ich członków.

Przy śniadaniu dowiadujemy się, że nasz gospodarz przyjedzie około południa i z przyjemnością osobiście oprowadzi nas po ogrodzie zoologicznym. Tymczasem wybieramy się na objazd hacjendy w buggies – pojazdach zaprojektowanych specjalnie dla młodych i beztroskich, przeznaczonych do jazdy po piasku z dużą prędkością. Charakteryzują się bardzo niskim zawieszeniem (niemal tuż nad ziemią) i wytrzymałą karoserią, mają dwa siedzenia, kierownicę, dźwignię zmiany biegów, zbiornik paliwa i niemiłosiernie głośny silnik. Kiedy przejeżdżają, zostawiają za sobą chmurę spalin i pyłu, a także uczucie zazdrości – każdy kierowca buggy to opalony i zadowolony z siebie przystojniak w szortach i okularach słonecznych, a u jego boku siedzi śliczna, acz nieco przerażona dziewczyna z włosami powiewającymi na wietrze albo lekko pijany, ale zachwycony kumpel. Buggy to jedyny pojazd, którym można jeździć po plaży w stanie silnego upojenia alkoholowego, nie ryzykując przy tym życia pasażerów – nigdy się nie wywraca, a co najważniejsze, policja nie może aresztować wariata siedzącego za kierownicą, bo maszyna ma dodatkową zaletę: bardzo mocne hamulce.

Pierwszy poranek tamtego weekendu upłynął najzupełniej normalnie. Potem jednak zaczęły się dziać dziwne rzeczy, jakby Anioł Stróż próbował mnie ostrzec, że za maską dobrej zabawy i niewinnych przygód niemal zawsze kryje się twarz przyszłego żalu. Innymi słowy: miłe złego początki.

Anibala można zaliczyć do kategorii największych szaleńców, jacy kiedykolwiek chodzili po Ziemi. Sama lubię przygody, więc bardzo mi to pasuje, ale większość moich koleżanek zapowiada, że nasze narzeczeństwo skończy się nie przed ołtarzem, lecz na dnie jakiejś przepaści. Owszem, Anibalowi często zdarza się pędzić mercedesem po wąskich górskich serpentynach – krętych drogach, które mają po jednym pasie w każdą stronę – z prędkością prawie dwustu kilometrów na godzinę, ze szklanką whisky w jednej ręce i z na wpół zjedzonym obiadem w drugiej, ale nigdy jeszcze nie przytrafił się mu wypadek. Siedzę więc szczęśliwa w buggy z jego córeczką na kolanach, z przyjemnym wietrzykiem na twarzy i rozwianym włosem. Cieszę się tą czystą przyjemnością, nieopisaną radością, jaką się czuje, przemierzając kolejne kilometry płaskich, dziewiczych terenów, z pełną prędkością, kiedy nikt nas nie zatrzymuje, nie ma żadnych ograniczeń. W każdej innej kolumbijskiej hacjendzie takie olbrzymie połacie ziemi przeznaczono by na hodowlę zebu i poprzecinano płotami oraz bramami ze skoblami i ryglami, mającymi strzec tysięcy krów o tępych oczach i dziesiątków byków utrzymywanych w stanie permanentnej gotowości.

Przez blisko trzy godziny pokonujemy kolejne kilometry równiny porośniętej bogatą roślinnością we wszystkich odcieniach zieleni. Czasem tylko pojawia się jakieś jeziorko czy spokojna rzeczka, tu delikatne jak aksamit wzniesienie koloru musztardy, tam lekkie pofałdowanie terenu – przypomina to sawanny, na których wiele lat później miałam zobaczyć Meryl Streep i Roberta Redforda w *Pożegnaniu z Afryką*, tyle że bez baobabów. Otaczają nas wyłącznie drzewa i rośliny, ptaki i małe zwierzęta, rodzime gatunki południowoamerykańskich tropików. Nie da się opisać tego widoku ze szczegółami, bo zmienia się z chwili na chwilę. Nowa scena zaczyna się na naszych oczach, zanim poprzednia zdąży dobiec końca. Z początku zdawało się, że następują po sobie dziesiątki różnych pejzaży, ale teraz wygląda na to, że idą one w setki.

Z zawrotną prędkością kierujemy się w stronę doliny porośniętej gęstą roślinnością, niemal jak w dżungli, szerokiej na jakieś pół kilometra, żeby choć parę minut odpocząć od palącego południowego słońca pod wachlarzami olbrzymich liści w lasku bambusów (*guadua*). Stado różnokolorowych ptaków zrywa się nagle do lotu z ogłuszającym, kakofonicznym harmidrem, buggy podskakuje na dziurze w ziemi zakrytej przez opadłe liście, a dwumetrowy drąg, gruby niemal na pięć centymetrów, wpada jak pocisk przez przednią część pojazdu, przecina z prędkością stu kilometrów na godzinę wąską przestrzeń między kolanem Adriany a moim, po czym zatrzymuje się dosłownie o milimetr od mojego policzka, parę centymetrów od oka. Nic się nie stało, dlatego że buggies mają naprawdę mocne hamulce i dlatego że Bóg najwyraźniej ma wobec mnie inne, dużo ciekawsze plany.

Mimo sporej odległości, jaką przejechaliśmy, i dzięki wynalazkowi zwanemu walkie-talkie – które wcześniej uważałam za bezsensowną i zupełnie nieprzydatną zabawkę dla snobów – w ciągu zaledwie dwudziestu minut pojawia się kilka dżipów, żeby nas uratować i odholować zwłoki pierwszego dokumentnie skasowanego buggy w dziejach ludzkości. Pół godziny później jesteśmy już w szpitaliku w hacjendzie, gdzie robią nam zastrzyki przeciwtężcowe i odkażają zadrapania na kolanach i policzkach. Wszyscy oddychają z ulgą, że jesteśmy z Adrianą całe, zdrowe i z kompletem oczu. Aníbal ma minę naburmuszonego dziecka i mamrocze coś o kosztach naprawy wspaniałej maszyny albo ewentualnej wymiany na nową – w tym ostatnim przypadku trzeba się przede wszystkim zorientować w cenie transportu statkiem z USA.

Dowiadujemy się, że helikopter właściciela posiadłości właśnie przed chwilą wylądował, choć jakoś żadne z nas nie pamięta, żebyśmy słyszeli śmigłowiec. Nieco zestresowani przygotowujemy się z narzeczonym do przeprosin za wyrządzone szkody, chcemy zapytać o możliwość ewentualnej naprawy. Kilka minut później gospodarz wchodzi do saloniku, w którym zebraliśmy się z pozostałymi gośćmi. Uśmiecha się szeroko na widok naszego zdumienia jego młodym wiekiem. Chyba się domyśla, jaką ulgę poczuliśmy z moim chłopakiem buggybójcą, kiedy okazało się, że mamy do czynienia z rówieśnikiem – przez jego twarz przemyka szelmowski cień i wygląda tak, jakby z całej siły powstrzymywał się od śmiechu.

Kilka lat wcześniej w Hongkongu wielce czcigodny i elegancki kapitan Chang tak powiedział mi o swoim rolls-roysie silver ghost, z szoferem w szarym garniturze i czarnych butach, zaparkowanym pod moim hotelem dwadzieścia cztery godziny na dobę:

„Moja droga, niech się pani nie martwi, mamy jeszcze siedem takich, specjalnie do użytku naszych gości, więc ten jest dla pani!".

Dokładnie tym samym tonem, uzupełnionym lekceważącym machnięciem ręki, nasz młody, uśmiechnięty gospodarz woła:

– Nie przejmujcie się tak tym całym buggy, mamy ich parędziesiąt!

Tym jednym zdaniem uwalnia nas od zmartwień, a jednocześnie od jakichkolwiek wątpliwości co do swojej zasobności, gościnności i pełnej gotowości, by od tej chwili spędzić z nami każdą minutę pozostałą do końca weekendu. Zapewni nam również udział we wszystkich atrakcjach oferowanych przez ten raj na ziemi. A potem tonem, który z początku uspokaja, następnie rozbraja, a w końcu uwodzi na równi kobiety, dzieci i mężczyzn – uzupełnionym uśmiechem, na widok którego każdy czuje się tak, jakby został wybrany na wspólnika w jakimś starannie zaplanowanym żarcie – dumny właściciel Hacienda Nápoles wita się z nami po kolei:

– Bardzo mi miło nareszcie poznać panią osobiście! Bardzo się pani poobijała? Obiecuję, że z nawiązką wynagrodzimy dzieciakom stracony czas: ani przez chwilę nie będą się nudzić! Bardzo mi przykro, że nie dałem rady przyjechać wcześniej, naprawdę. Pablo Escobar, miło mi.

Może i nie jest za wysoki – nie ma nawet metra siedemdziesięciu – ale jestem pewna, że nigdy się tym nie przejmował. Krępa budowa ciała świadczy o tym, że za kilka lat będzie miał tendencję do tycia. Wydatny podbródek, spoczywający na grubej, wyjątkowo krótkiej szyi, przydaje mu młodości, ale zarazem pewnej władczości, wrażenia szacownego pana. Z namysłem waży słowa, które padają z jego ust stanowczo i bezpośrednio, wypowiedziane spokojnym tonem, ani zbyt niskim, ani zbyt wysokim, uprzejmym i przyjemnym dla ucha. W głosie tym pobrzmiewa absolutna pewność, że jego życzenia to rozkazy i że świetnie orientuje się w sprawach, które go dotyczą. Ma wąsy pod nosem, z profilu niemal greckim, jedyną – poza głosem – charakterystyczną cechą młodego człowieka, którego w każdych innych okolicznościach można by określić jako zupełnie zwyczajnego, raczej brzydkiego niż przystojnego, i pomylić z milionami podobnych mężczyzn chodzących po ulicach Ameryki Południowej. Ciemne, dość kręcone i niesforne włosy przecinają czoło potrójną falą, którą on od czasu do czasu odgarnia szybkim gestem. Cerę ma dość jasną, nie jest opalony, w przeciwieństwie do nas, smagłych przez cały rok, mimo że mieszkamy w Tierra Fría, chłodniejszym rejonie kraju. Jego oczy są osadzone bardzo blisko siebie i wyjątkowo nieprzeniknione – kiedy nie czuje się obserwowany, zdają się zmieniać w niezgłębione jaskinie pod niezbyt gęstymi brwiami i stamtąd przypatrują się bacznie otaczającym go twarzom, próbując wyczytać z nich myśli oraz uczucia. Zauważam, że niemal bez przerwy zwracają się w stronę Angeli, która spogląda na niego z uprzejmym pobłażaniem z wysokości swojego metra siedemdziesięciu pięciu, dwudziestotrzylatka w pełni świadoma własnej urody.

Jedziemy dżipami do ogrodu zoologicznego znajdującego się na terenie Hacienda Nápoles. Escobar prowadzi jeden z samochodów, towarzyszą mu dwie Brazylijki w bikini, piękne dziewczyny z Rio de Janeiro, drobne i o idealnych biodrach. Nie odzywają się ani słowem i obsypują wzajemnymi pieszczotami, choć coraz dyskretniej, ze względu na obecność dzieci oraz eleganckich kobiet, na których koncentruje się teraz gospodarz. Uwagę Anibala zwraca ich zupełna obojętność na to, co dzieje się wokół. Jako autorytet w tej dziedzinie bez wahania rozpoznaje objawy częstego i chętnego palenia jakiejś Samarian Platinum, bo w tak okazałej posiadłości

Samarian Gold to pewnie najpośledniejsza odmiana marihuany. Zauważamy też u obu dziewczyn – młodziutkich jak aniołki, które lada chwila zasną – po wielkim brylancie na palcu wskazującym prawej dłoni.

W oddali ukazują się trzy słonie, prawdopodobnie największa atrakcja każdego szanującego się cyrku czy zoo. Nigdy nie potrafię odróżnić azjatyckich od afrykańskich, ale Escobar mówi, że to azjatyckie. Dodaje też, że na każdego samca z najważniejszych gatunków, a także tych zagrożonych wymarciem, w jego zoo przypadają przynajmniej dwie samice, a w przypadku zebr, wielbłądów, kangurów, koni rasy appaloosa i innych, mniej kosztownych – znacznie więcej. Dodaje też z chytrym uśmieszkiem:

– Dlatego są takie zadowolone, nikogo nie atakują i nie są agresywne.

– Nie, Pablo, to nie zasługa nadwyżki samic. To przez to wspaniałe otoczenie, przypominające afrykańskie sawanny. Spójrz na te hipopotamy, na te nosorożce nad rzeką: są szczęśliwe jak w domu! – mówię, wskazując zwierzęta. Uwielbiam sprzeczać się z mężczyznami, którzy przywiązują zbyt dużą wagę do seksu, ale prawdę mówiąc, największą zaletą tutejszego zoo jest właśnie nieskrępowana wolność, z jaką te wielkie zwierzęta biegają po otwartej przestrzeni albo kryją się wśród wysokich traw, skąd w najmniej oczekiwanym momencie może wyskoczyć pantera albo jedna z przywiezionych wczoraj tygrysic.

Na którymś etapie wycieczki orientujemy się, że Brazylijki znikneły za sprawą niezwykle skutecznych *escoltas*, jak w Kolumbii nazywamy uzbrojonych ochroniarzy. Teraz to Ángela zajmuje honorowe miejsce u boku naszego gospodarza i promienieje bardziej niż my wszyscy razem wzięci. Aníbal też jest zadowolony, bo postanawia zaoferować mu załatwienie helikopterów produkowanych przez swojego znajomego, hrabiego Agustę, a poza tym Escobar właśnie oznajmił mu, że nasza przyjaciółka jest najpiękniejszą istotą, jaką widział od dawna.

Docieramy do grupki trzech żyraf i nie mogę się powstrzymać przed zadaniem pytania: jak organizuje się przywóz tak wielkich zwierząt, z kilometrowymi szyjami, z kenijskiej sawanny? Kto się nimi zajmuje, ile kosztują, jak wprowadza się je na statek, czy cierpią na chorobę morską, jak wyprowadza się je z ładowni, jaką ciężarówką przewozi się je do hacjendy, tak żeby nie wzbudzić ciekawości postronnych, i jak długo zajmuje im przystosowanie się do warunków panujących na kontynencie?

– A ty jak byś to załatwiła? – pyta mnie z wyzywającym uśmieszkiem.

– Cóż, ze względu na długość szyi (i fakt, że to gatunek zagrożony wymarciem) transport przez Europę byłby... ryzykowny. Musiałyby podróżować drogą lądową przez Afrykę Subsaharyjską aż do Liberii, na przykład. Potem z Wybrzeża Kości Słoniowej na wybrzeże Brazylii, a może do którejś Gujany. Myślę, że bez problemu dotarłyby do Kolumbii przez Amazonię, o ile wręczałbyś... parę zwitków banknotów każdemu napotkanemu patrolowi, uszczęśliwiając tym samym setki funkcjonariuszy wzdłuż trasy z Manaus do Puerto Triunfo. To znowu nie aż taaak trudne!

– Jestem absolutnie zbulwersowany twoimi zdolnościami w zakresie przestępczości międzynarodowej, Virginio! Mogę zapisać się na jakieś lekcje? Importowałem te żyrafy w pełni legalnie, co ty sugerujesz? Przyjechały z Kenii przez Kair, Paryż, Miami i Medellín, aż na lądowisko w Hacienda Nápoles, mają świadectwa pochodzenia i wszystkie wymagane szczepienia! Niemożliwe, zupełnie nie do pomyślenia byłoby próbować je przemycić, bo nie wiem, czy wiesz, ale te ich szyje się nie składają. A może wydaje ci się, że kładą się do snu jak grzeczne pięciolatki? Czy ja wyglądam na przemytnika żyraf? – Zanim zdążę odpowiedzieć twierdząco, woła wesoło: – A teraz wykąpiemy się w rzece, żeby każdy jeszcze przed obiadem miał szansę zobaczyć skrawek raju na ziemi!

Jeśli jest coś, co może skłonić każdą cywilizowaną osobę z Tierra Fría do ucieczki w podskokach, to perspektywa spaceru połączonego z kąpielą w rzece w Tierra Caliente i zjedzeniem *sancocho* (gęstej zupy na wywarze drobiowym lub rybnym, z dodatkiem manioku, ryżu i ziemniaków; każdy region Kolumbii może pochwalić się własnym przepisem). Nie pamiętam, żebym kiedykolwiek, nawet w najwcześniejszym dzieciństwie, musiała zanurzyć się w wodzie innej niż turkusowa, więc czuję ogromną ulgę, kiedy okazuje się, że zielone wody Río Claro, zasilanej dziesiątkami źródeł bijących na terenie posiadłości, są krystalicznie czyste. Przepływają łagodnie między olbrzymimi, zaokrąglonymi głazami, głębokość wydaje się idealna na kąpiel, a do tego nigdzie nie widać chmar komarów, którym moja krew smakuje chyba jak najsłodszy miód.

Na brzegu czekają jacyś krewni czy znajomi naszego gospodarza, ze dwa tuziny ochroniarzy oraz kilka motorówek. Stalowe łodzie, zaprojektowane z myślą o wyścigach – teraz już wiem, że to wielka pasja Escobara i jego kuzyna Gustava Gavirii – rozwijają imponujące prędkości, a w specjalnych metalowych klatkach umieszczonych w tylnej części pokładu mogą pomieścić kilkanaście osób w kaskach, kapokach i słuchawkach chroniących przed ogłuszającym rykiem silników.

Escobar staje za sterem naszej łodzi, odpala silnik i błyskawicznie ruszamy. Jak w transie frunie nad wodami rzeki, omijając przeszkody, jakby znał każde zakole i każdy głaz, każdy wir i wirek, każde powalone drzewo i pływający pień, ale też jakby chciał zrobić na nas wrażenie swoimi umiejętnościami, zdolnością obrony przed niebezpieczeństwami, które dostrzegamy jedynie w przelocie, kiedy migają obok niego jak strzały i znikają tak szybko, jakbyśmy je sobie tylko wyobrazili. Szaleństwo trwa niemal godzinę, a po dotarciu do celu czujemy się jak po skoku na główkę do wodospadu Niagara. Jestem w szoku, kiedy uświadamiam sobie, że w każdej sekundzie minionej godziny nasze życie lub śmierć zależały od zmysłu odległości (liczonej w milimetrach) człowieka, który zdaje się urodzony, by wciąż testować granice swojej wytrzymałości albo ratować innych, a przy okazji zasłużyć na ich podziw, wdzięczność i oklaski. Jako że udział w intensywnych doznaniach to jeden z najwspanialszych prezentów, jaki mógł sprawić podobnym sobie wielbicielom przygód i adrenaliny, zastanawiam się, z jakiego powodu nasz gospodarz wykorzystał wszystkie swoje umiejętności dramatyczne do odegrania tego emocjonującego, niepowtarzalnego spektaklu: chodziło tylko o zamiłowanie do ryzyka? O potrzebę nieustannego udowadniania swojej hojności we wszystkich możliwych aspektach? Czy może po prostu o rozbuchaną miłość własną?

Docieramy na miejsce, gdzie ma zostać podany obiad, i z przyjemnością relaksuję się w wodzie, czekając na *sancocho* i dania z grilla. Pływam na plecach, pogrążona w myślach i zaabsorbowana podziwianiem pięknego nieba, nie zdając sobie sprawy, że wokół mnie tworzy się wir. Kiedy czuję, jak coś paraliżuje mi nogi i ciągnie na dno z siłą metalowej śruby, zaczynam wymachiwać rękami i wołać do narzeczonego i przyjaciół siedzących na brzegu oddalonym o jakieś osiemdziesiąt metrów. Oni jednak myślą, że zachęcam ich do kąpieli, więc śmieją się tylko, bo chcą teraz dobrym napitkiem uczcić szaloną podróż i ogrzać się pysznym, gorącym jedzeniem. Czuję, że lada chwila zginę na oczach pięćdziesięciu osób, znajomych i ochroniarzy, którym zależy tylko na własnej wygodzie, własnej broni i własnej szklance. Resztkami sił utrzymuję się na powierzchni, kiedy udaje mi się w końcu nawiązać kontakt wzrokowy z Pablem Escobarem. Choć jest pochłonięty reżyserowaniem całego spektaklu i wydawaniem rozkazów, to sam dyrygent orkiestry, „kierownik wycieczki" – jak powiedziałoby się w Kolumbii – zauważa, że trafiłam do sokowirówki, z której raczej nie ujdę z życiem. Bez chwili namysłu rzuca się do wody i już po kilku chwilach jest przy mnie. Za pomocą uspokajających słów, precyzyjnych ruchów, przywodzących na myśl skomplikowaną choreografię, a w końcu siły uporu, zdającej się dwukrotnie przewyższać siłę wiru, ten odważny i pewny siebie mężczyzna wyrywa mnie z objęć śmierci, jakbym była piórkiem, jakby cała ta akcja ratownicza stanowiła po prostu jeden z licznych obowiązków gospodarza, jakby sam był odporny na zagrożenie. Chwytam go kurczowo za dłoń, potem za przedramię, w końcu obejmuję za tors, a Aníbal przygląda nam się z brzegu, jakby się zastanawiał, dlaczego, do diabła, wiszę na facecie poznanym kilka godzin wcześniej, który jeszcze pięć minut temu spokojnie z nim rozmawiał.

Kiedy czujemy już z Escobarem grunt pod nogami, chwiejnym krokiem kierujemy się w stronę brzegu. Mocno trzyma mnie pod ramię, a ja pytam, dlaczego spośród tylu osób tylko on jeden zorientował się, że grozi mi śmierć.

– Dostrzegłem przerażenie w twoich oczach. Twoi przyjaciele i moi ludzie widzieli tylko machanie.

Odpowiadam, że nie tylko jako jedyny zauważył mój strach, ale też tylko jemu zależało na moim życiu. Wydaje się zdziwiony, a jego zaskoczenie jeszcze się pogłębia, kiedy dodaję ze słabym uśmiechem (pierwszym, jaki udało mi się wyprodukować po strasznym przeżyciu):

– No, to teraz już do końca swojego życia będziesz za mnie odpowiedzialny, Pablo...

Troskliwie obejmuje moje ramiona, które nie chcą przestać się trząść. A potem woła ze śmiechem:

– Do końca mojego życia? A skąd myśl, że to ja umrę pierwszy?

– Tak się tylko mówi, przecież wiesz... Ale w takim razie umówmy się, że do końca mojego życia, żebyśmy oboje mogli spać spokojnie, no i żebyś zapłacił za mój pogrzeb!

Wybucha śmiechem i odpowiada, że poczekamy na to chyba ze sto lat, bo wydarzenia ostatnich godzin wyraźnie sugerują, że mam więcej żyć niż kot. Po dotarciu na brzeg pozwalam się zawinąć w ciepły ręcznik podany przez kochające ręce Anibala. Jest wielki, więc nie pozwala mi dojrzeć tego, czego nie chce, bym zobaczyła w jego oczach.

Dania z grilla w niczym nie ustępują przysmakom, jakie można dostać w najlepszych argentyńskich knajpach, a miejsce pikniku wygląda jak ze snów. Oddalam się nieco od reszty grupy i w milczeniu podziwiam bujną roślinność zatopioną w półcieniu, oczami człowieka, któremu wybaczono grzech i pozwolono drugi raz spojrzeć na Eden. W następnych latach będę raz po raz wracać myślami do tej chwili, wspominać piękną budowlę z drewna tekowego z widokiem na najspokojniejszy odcinek Río Claro, który w mojej wyobraźni stał się jeziorem szmaragdów, i na listowie na drugim brzegu, ze słońcem lśniącym na każdym liściu i na skrzydłach motyli. Wiele miesięcy później poproszę Pabla, żebyśmy tam wrócili, ale odpowie mi, że to niemożliwe, bo w okolicy roi się od partyzantów. Później, po dwóch dekadach, zrozumiem wreszcie i zaakceptuję, że nigdy nie należy wracać do cudownie pięknych miejsc, gdzie niegdyś przez kilka godzin czuliśmy obezwładniające szczęście, bo nie są już takie same, pozostaje tylko nostalgiczna tęsknota za kolorami i przede wszystkim – za śmiechem.

W Hacienda Nápoles wszystko zdaje się ogromnych rozmiarów. W tej chwili znajdujemy się w rolligonie, gigantycznym traktorze o mocy trzech słoni, kołach średnicy niemal dwóch metrów, z umieszczoną wysoko kabiną zdolną pomieścić piętnaście osób.

– Temu na pewno nie dasz rady, Pablo! – wołamy, wskazując na średniej wysokości drzewo.

– A zobaczycie, że to też wywalimy! – odkrzykuje zachwycony Escobar i bezlitośnie miażdży biedne drzewko, tłumacząc, że jeśli coś nie potrafi oprzeć się jego sile, nie zasługuje na życie, więc powinno wrócić do ziemi i przekształcić się w nawóz.

W drodze powrotnej do domu mijamy podziurawiony kulami samochód – wygląda na forda z końca lat dwudziestych.

– To auto Bonnie i Clyde'a! – oświadcza z dumą.

Pytam, czy ma na myśli słynną parę rabusiów, czy film, na co on odpowiada, że to autentyk, bo nie kupuje podróbek. Kiedy stwierdzamy, że samochód wygląda jak ostrzelany z broni maszynowej, Escobar wyjaśnia, że sześciu policjantów, którzy złapali kochanków, żeby odebrać nagrodę, waliło z karabinów przez ponad godzinę – wokół auta znaleziono łuski ponad stu pocisków.

Clyde Barrow, „amerykański Robin Hood", został w 1934 roku uznany za wroga publicznego numer jeden rządu USA. Napadał na banki, a cztery miesiące przed śmiercią zorganizował udaną ucieczkę kilku członków swojej bandy. Bonnie Parker towarzyszyła mu w rabunkach, ale nigdy nie brała udziału w zabójstwach policjantów, a tych szybko przybywało, w miarę jak pościg za przestępcami rozszerzał się na nowe stany, a wartość nagrody rosła.

W chwili śmierci ona miała dwadzieścia cztery lata, on – dwadzieścia trzy. Nagie ciała kochanków zostały wystawione przed setkami fotografów na podłodze kostnicy, a makabryczny spektakl wzbudził ostre protesty, głównie ze względu na dziesiątki ran postrzałowych w ciele dziewczyny, której jedyną zbrodnią była miłość do zbiega, wiecznie uciekającego przed wymiarem sprawiedliwości. Bonnie i Clyde to pierwsza para z półświatka unieśmiertelniona przez film i literaturę – przeszli do legendy i stali się współczesną wersją Romea i Julii. W kondukcie żałobnym Bonnie przeszło dwadzieścia tysięcy osób – zgodnie z decyzją matki dziewczyny nie pochowano u boku Clyde'a, mimo że ona sobie tego życzyła.

Zbliżając się do wejścia Hacienda Nápoles, zauważamy białą jednosilnikową awionetkę przycupniętą na wielkiej bramie niczym olbrzymi motyl linoskoczek. Escobar zwalnia, a w końcu się zatrzymuje. Czuję, jak otwiera się nad nami jakiś właz, a kątem oka dostrzegam, że całe towarzystwo cofa się na boki i tyły rolligona. Nagle wylewa się na mnie strumieniem zawartość niezliczonych butelek lodowatej wody. Jestem oszołomiona, pozbawiona tchu, na wpół utopiona. Kiedy odzyskuję w końcu mowę, udaje mi się zapytać tylko, szczękając zębami:

– A ten wrak z początku wieku to samolot Lindbergha czy Amelii Earhart, Pablo?

– Ten akurat należał do mnie i przyniósł mi sporo szczęścia, tak jak tobie go dziś nie brakowało, kiedy uratowałem ci życie. Ha, ha, ha, ha, ha, ha! Zawsze odbieram zapłatę za przysługi, więc zostałaś ochrzczona! Teraz jesteśmy kwita, moja droga! – woła, zataczając się ze śmiechu, a jego wspólnicy ciągle gratulują sobie udanego numeru.

Wieczorem, kiedy kończę się szykować do kolacji, ktoś leciutko puka do drzwi mojego pokoju. Zakładam, że to pewnie córka Anibala, więc zapraszam ją do środka. Zza drzwi jednak nieśmiało wychyla głowę gospodarz, nawet nie puszcza klamki. Tonem, w którym pobrzmiewa autentyczna troska, przeprasza mnie i pyta, jak się czuję. Odpowiadam, że chyba jeszcze nigdy nie byłam tak czysta, bo w ciągu ostatnich dwunastu godzin przyszło mi się wykąpać pięć razy, za każdym razem w wodzie o innej temperaturze. On śmieje się z ulgą, a ja pytam o dzikie koty – podczas objazdu posiadłości nigdzie ich nie widzieliśmy.

– Aaa... te koty. Cóż... Muszę przyznać, że w moim zoo nie ma drapieżnych zwierząt. Pozjadałyby inne, a trudno je sprowadzić... przynajmniej legalnie. Ale teraz mi się przypomina, że widziałem chyba jakąś wściekłą, dokumentnie przemoczoną panterę pod awionetką, a dziesięć minut temu w salonie zauważyłem trzy tygrysice. Ha, ha, ha!

I znika. Dociera do mnie, że cała ta akcja na lądowisku była jednym wielkim przedstawieniem, i myślę sobie, z uśmieszkiem niedowierzania, że zamiłowanie tego człowieka do żartów może się równać tylko z jego odwagą. Kiedy wchodzę do jadalni, złocista i lśniąca w tunice z turkusowego jedwabiu, Aníbal komplementuje mój wygląd i mówi głośno, tak żeby wszyscy usłyszeli:

– To jedyna kobieta na świecie, która nawet tuż po przebudzeniu wygląda zawsze świeżo i pięknie jak róża... To jakby każdego ranka móc podziwiać cud stworzenia...

– Spójrz na nich tylko! – mówi Muzyk**** do Escobara. – Para symboli seksu...

Pablo przygląda się nam z uśmiechem. Potem wbija we mnie spojrzenie. Opuszczam wzrok.

**** Chodzi o wspomnianego wcześniej hiszpańskiego piosenkarza Rafaela Urrazę.

Po powrocie do pokoju Aníbal komentuje półgłosem:

– Skoro gość potrafi przemycić trzy żyrafy z Kenii do Kolumbii, to na pewno jest w stanie przerzucić tonę czegokolwiek do Stanów!

– Na przykład tonę czego, kochanie?

– Koki. Pablo jest Królem Kokainy, a popyt jest teraz taki, że niedługo ma szansę zostać najbogatszym człowiekiem świata! – woła i unosi wysoko brwi w wyrazie podziwu.

A ja dałabym głowę, że na taki styl życia może sobie pozwolić dzięki działalności politycznej.

– Nie, nie, kochanie, jest dokładnie na odwrót: to politykowanie finansuje z tamtego biznesu!

Przymyka oczy, przyjemnie zamroczony dzięki czterdziestej już dziś kresce, po czym pokazuje mi ważącą pięćdziesiąt gramów bryłę kokainy – prezent od Pabla.

Jestem wykończona, więc usypiam jak zabita. Kiedy budzę się następnego dnia, on ciągle leży obok mnie, ale po bryle nie zostało już ani śladu. Ma przekrwione oczy i patrzy na mnie z bezgraniczną czułością. Ja zaś wiem tylko tyle, że go kocham.

Prezydenckie ambicje

Kilka tygodni później Escobar dzwoni do Anibala. Poseł* zaprasza nas na zwiedzanie hacjendy i ogrodu zoologicznego Jorgego Luisa Ochoi, bliskiego przyjaciela i współpracownika przy projekcie społecznym Medellín sin Tugurios (Medellín bez slumsów). Posiadłość leży w rejonie wybrzeża Morza Karaibskiego. Pablo przysyła po nas samolot, a po wylądowaniu czeka już na nas w towarzystwie wyłącznie swojej załogi. Najwyraźniej, skoro tym razem nie występuje w roli gospodarza, lecz zwykłego gościa, zamierza po prostu dołączyć do naszej grupy, w skład której znów wchodzi Ángela. Dzieci Anibala nie mogły nam towarzyszyć, bo ich matka z przerażeniem wysłuchała opowieści o szalonych przygodach w Nápoles i kategorycznie zakazała nam zabierać dzieci na „weekendy z tymi dziwnymi ludźmi, którzy wzbogacili się w podejrzanych okolicznościach".

Na drodze prowadzącej z lotniska do miejscowości, gdzie znajduje się hacjenda, nie ma dużego ruchu. Po kilku minutach jazdy w bezlitosnym słońcu, z Escobarem za kierownicą odkrytego samochodu, docieramy do punktu poboru opłat – za przejazd należy się równowartość trzech dolarów amerykańskich. Nasz kierowca wrzuca niższy bieg, pozdrawia inkasenta najbardziej promiennym

---

* Pablo Escobar został posłem do izby niższej kolumbijskiego Kongresu w 1982 roku.

uśmiechem ze swojego repertuaru i jedzie dalej, z pełną nonszalancją i minimalną prędkością. Chłopakowi, trzymającemu już w dłoni kwitek, najpierw opada szczęka, a potem próbuje nas gonić, bezskutecznie wymachując rękami, żebyśmy się zatrzymali. Zaskoczeni pytamy Pabla, czemu przejechał bez płacenia.

– Jak w kiosku nie ma policjanta, to nie płacę. Szanuję władzę tylko wtedy, jeśli jest uzbrojona! – odpowiada zadowolony, tonem nauczyciela tłumaczącego coś dzieciom.

Ród Ochoów słynie z hodowli i eksportu koni wyścigowych. Tysiące zwierząt trzymane są w hacjendzie La Loma pod Medellín, zarządzanej przez Fabia, ojca naszego gospodarza. Z kolei tutaj, w La Veracruz, hoduje się byki na korridę. Choć ani posiadłość, ani ogród zoologiczny nie mogą równać się z Nápoles pod względem powierzchni, dom jest pięknie zdobiony, a wszędzie stoją malutkie elektryczne ferrari i mercedesy, żółte i czerwone, marzenie każdego dziecka. Jorge Luis, najstarszy z trzech braci Ochoów, to sympatyczny mężczyzna w wieku Pabla, przez przyjaciół nazywany „Grubasem", mąż wysokiej i pięknej Maríi Líi Posady, kuzynki minister komunikacji Noemí Sanín Posady. Jorge co prawda nie popisuje się tak jak Escobar – który kiedy włączy tryb zabawy, zdaje się wręcz sypać iskrami elektryczności – ale od razu rzuca się w oczy, że obu mężczyzn łączy bliska zażyłość i głęboki szacunek, zrodzony z lojalności wielokrotnie wystawianej na próbę na przestrzeni lat.

Przy pożegnaniu zdradzam Jorgemu moje marzenie: zobaczyć te jego słynne czempiony. Uśmiecha się od ucha do ucha i obiecuje, że wkrótce przygotuje dla mnie coś szczególnego i że na pewno będę zadowolona.

Wracamy do Medellín innym samolotem Escobara. Znowu próbował poderwać Angelitę, ale choć jego wysiłki spełzły na niczym, wygląda na to, że się zaprzyjaźnili. Medellín to

„miasto wiecznej wiosny", a dla *paisas* – jego dumnych obywateli – także stolica departamentu, stolica krajowego przemysłu oraz stolica świata. Zatrzymujemy się w Intercontinentalu położonym w uroczej dzielnicy El Poblado, niedaleko dworu-biura Pabla i Gustava, własności dyrektora Metra w Medellín i ich bliskiego przyjaciela. Okolica charakteryzuje się nieskończoną liczbą krętych uliczek wijących się między pagórkami obficie pokrytymi roślinnością podzwrotnikową. Przyjezdni tacy jak my, przywykli do prostej siatki ulic – w Bogocie się je numeruje, tak jak w Nowym Jorku – czują się tu jak w labiryncie, ale *paisas* z zawrotną prędkością pokonują zakręty, jeżdżąc w górę i w dół między dzielnicami mieszkaniowymi, pełnymi drzew i ogrodów, a zgiełkliwym centrum miasta.

– Dziś niedziela, wszyscy wcześnie się kładą, więc o północy zapraszam was na szaleńczą przejażdżkę samochodem Jamesa Bonda – zapowiada Pablo.

Kiedy prezentuje nam perłę swojej kolekcji, czujemy bolesny zawód. Choć jednak nie jest to żaden aston martin, ale zupełnie anonimowy wytwór przemysłu motoryzacyjnego, na tablicy rozdzielczej znajduje się cała masa przycisków. Na widok zaciekawienia na naszych twarzach dumny właściciel zaczyna recytować listę funkcji, ewidentnie zaprojektowanych z myślą o ewentualnej ucieczce przed policją:

– Tym guzikiem wypuszcza się zasłonę dymną, która zmusza pościg do zatrzymania. Tamtym gaz łzawiący, żeby zaczęli się krztusić i zajęli rozpaczliwym szukaniem wody. Tym wypuszcza się olej, żeby się ślizgali i zjechali zygzakiem prosto na dno przepaści. Ten przycisk rozsypuje setki pinesek, które poprzebijają opony. Tu jest miotacz ognia, działa na benzynę. Tam odpala się ładunki wybuchowe, a po obu stronach zainstalowano karabiny maszynowe, ale dziś je zdemontowaliśmy, na wypadek gdyby auto miało wpaść w łapy żądnej zemsty pantery. Aha! A gdyby wszystkie systemy zawiodły, ten ostatni guzik emituje dźwięk o częstotliwości przebijającej bębenki uszne. No dobrze, czas na praktyczną demonstrację możliwości mojego skarbu. Ale niestety, do samochodu Bonda wstęp mają wyłącznie panie, Ángela będzie moją pilotką. Panów i… Virginię zapraszam do samochodów z tyłu.

I rusza bardzo powoli, podczas gdy my wciskamy gaz do dechy. Kilka minut później zbliża się do nas na złamanie karku. Nie wiem, jak nas wyprzedził, czy po prostu nad nami przeleciał, ale sekundę później jest już przed nami. Raz po raz próbujemy go minąć, ale za każdym razem, kiedy jesteśmy tuż-tuż, udaje mu się uciec i zagubić wśród krętych, wyludnionych uliczek El Poblado, a potem pojawić się znowu w najmniej oczekiwanym momencie. Modlę się w duchu, żeby żaden samochód nie zajechał mu drogi, bo albo przekoziołkowałby przez barierkę, albo zostałaby po nim najwyżej mokra plama na asfalcie. Zabawa ciągnie się niemal godzinę, a kiedy robimy sobie chwilę przerwy dla złapania oddechu, Escobar wyjeżdża z piskiem opon spośród ciemności i spowija nas taka chmura dymu, że musimy się zatrzymać. Potrzebujemy ładnych kilku minut, żeby znaleźć drogę, a kiedy w końcu nam się to udaje, on znów mija nas jak strzała i znowu lądujemy w kłębach spalin, które z każdą sekundą zdają się nawarstwiać i zagęszczać. Kwas siarkowy wydaje się palić nam gardła, wdzierać się przez nos, mglić wzrok i wciskać w każdy zakamarek mózgu. Kaszlemy, a z każdym haustem trującego powietrza uczucie pieczenia zdaje się nasilać. Za plecami słyszymy jęki ochroniarzy, a z oddali dobiega nas śmiech pasażerów auta Jamesa Bonda, które odjechało z prędkością dwustu kilometrów na godzinę.

Jakimś cudem znajdujemy przy drodze kran z wodą. Chłopaki Escobara wyskakują z samochodów, przeklinają i potykają się jeden o drugiego, walcząc o łyk płynu. Kiedy zaczynają płakać, odchodzę na bok i żeby dać im dobry przykład, ustawiam się na samym końcu kolejki. Potem biorę się pod boki i resztkami głosu krzyczę na nich z całą pogardą, na jaką w tym stanie mogę się zebrać:

– Bądźcie mężczyznami, do jasnej cholery! Wygląda na to, że tylko ja mam tutaj jaja. Nie wstyd wam? Trochę godności, zachowujecie się jak małe dziewczynki!

Pablo i spółka, którzy właśnie przyjechali, na widok tej sceny zaczynają się tarzać ze śmiechu. Escobar przysięga, że to wina pilotki – on kazał jej tylko wypuścić zasłonę dymną. Tymczasem ta jędza, nie przestając się śmiać, przyznaje, że „niechcący nacisnął jej się guzik z gazem łzawiącym". Potem Pablo musztruje swoich ludzi:

– Trochę godności, naprawdę zachowujecie się jak bachory! I przepuśćcie panią!

Krztusząc się i łykając łzy, oznajmiam, że ustąpię miejsca „panienkom", a sama napiję się wody w hotelu, dwie minuty stąd. Dodaję, że ten jego cudowny wehikuł po prostu cuchnie jak skunks, żegnam się i oddalam.

Podczas jednej z kolejnych wycieczek do Medellín w drugiej połowie 1982 roku Aníbal przedstawia mi bossa zupełnie innego niż Pablo i jego wspólnicy – Joaquina Builesa. „Joaco" wygląda jak sobowtór Pancha Villi**, a wśród krewnych ma monsignore

---

Builesa. Jest obłędnie bogaty, przesympatyczny, a przechwala się, że również okropnie zły – „ale naprawdę nikczemny, nie jak Pablito" – i że razem ze swoim kuzynem Miguelem Angelem zlecił zabójstwo dobrych kilkuset osób, tylu, że gdyby je wszystkie policzyć, to uzbierałoby się jakieś miasteczko w Antioquii. Nie wierzymy z Anibalem w ani jedno jego słowo, ale Builes tylko zanosi się śmiechem i przysięga, że to prawda.

– Tak naprawdę Joaco jest jak pozytywka – usłyszę później słowa Anibala skierowane do Pabla – ale do tego taki z niego straszny skąpiec, że potrafi przez całe popołudnie próbować wcisnąć komuś perski dywan, żeby zarobić tysiąc dolarów, zamiast poświęcić tyle samo czasu i wysiłku na sprzedaż pięciuset kilo koki, za co mógłby sobie kupić dziesięć magazynów pełnych dywanów!

Podczas tego przyjemnego spotkania z Joakiem, Anibalem i Muzykiem dowiaduję się, że Pablo, jeszcze jako młodzieniaszek, zaczął swoją błyskotliwą karierę polityczną jako złodziej nagrobków. Razem ze wspólnikami ścierali nazwiska zmarłych i sprzedawali tablice jako nowe. I to każdą po kilka razy. Ta historia wydaje mi się absurdalnie śmieszna, bo wyobrażam sobie wszystkich tych starych *paisas*, jak przewracają się w grobie na wieść, że ich potomkowie zapłacili kupę forsy za kamień nagrobny nawet nie z drugiej, ale z trzeciej czy czwartej ręki. Słucham też, jak z podziwem opowiadają o niekwestionowanym talencie Escobara do patroszenia, w zaledwie kilka godzin, kradzionych samochodów każdej możliwej marki, a potem sprzedawania ich po kawałeczku, jako „części zamienne po przecenie". W głębi duszy stwierdziłam, że to właśnie encyklopedyczna wręcz wiedza parlamentarzysty w zakresie mechaniki samochodowej pozwoliła mu stworzyć „ekskluzywny, wyjątkowy i w całości wykonany ręcznie" pojazd, czyli auto Jamesa Bonda.

Ktoś inny dorzuca, że nasz nowy przyjaciel był też „cynglem" podczas tak zwanej wojny marlborowej, ale kiedy pytam, co dokładnie ma na myśli, nikt nie potrafi mi odpowiedzieć i wszyscy nagle zmieniają temat. Domyślam się, że chodzi pewnie o napady na fabryki tytoniu – bo nawet tysiąc przemycanych paczek marlboro na pewno waży mniej niż kamień nagrobny – i dochodzę do wniosku, że historia życia naszego Pablita przypomina slogan reklamowy papierosów Virginia Slims: *You've come a long way, baby!*

Jakiś czas później bracia Ochoa zapraszają nas do Cartageny. Tam czeka nas jedna z najbardziej niezapomnianych nocy w moim życiu. Zatrzymujemy się w apartamencie prezydenckim w Hiltonie, jemy kolację w najlepszej restauracji w mieście, a potem przygotowujemy się na to, co Jorge wraz z rodziną chce nam podarować w ramach obietnicy złożonej wiele dni wcześniej: przejażdżkę ulicami miasta – starej i nowej części – wozami ciągniętymi przez konie, które sprowadzili tu z La Lomy.

Scena przypomina żywcem wyjętą z *Baśni tysiąca i jednej nocy*, zaplanowaną przez arabskiego szejka na wesele jedynej córki albo wyprodukowaną przez hollywoodzkiego reżysera dla uczczenia jakiejś uroczystej okazji w imponującej hacjendzie meksykańskiej z dziewiętnastego wieku.

Wozy nie są zwykłymi dorożkami, takimi jakie można zobaczyć w Cartagenie czy Nowym Jorku. Nie przypominają też powozów Grandów Hiszpanii podczas Feria de Abril w Sewilli. Owszem, wyposażono je w latarnie, oświetlające dorożkarza w nienagannym uniformie, ale każdy z czterech wozów ciągnięty jest przez sześć perszeronów, białych jak śnieg, z uprzężami i dumnie wypiętymi piersiami, niczym z bajki o Kopciuszku. Konie zdają się chełpić swoimi rozmiarami i zniewalającą urodą. Z rytmicznym stukotem kopyt, głębokim i zmysłowym jak u dwudziestu czterech tancerzy flamenco, maszerują w idealnej synchronizacji przez historyczne ulice. Pablo mówi, że każdy zaprzęg wart jest milion dolarów, ale ja nie zamieniłabym niewysłowionej radości z tej przejażdżki na wszystkie skarby świata. Nasz widok wprawia w zdumienie i zachwyt licznych gapiów: ludzi wychylających się z białych balkonów na starym mieście, zauroczonych turystów, biednych woźniców Cartageny, którzy z szeroko otwartymi ustami wpatrują się w ten cudownie ostentacyjny pokaz.

Nie wiem, czy spektakl zaplanowano tylko w dowód hojności Jorgego w stosunku do wspólnika i nas, gości, czy za delikatną sugestią Pabla, liczącego na uwiedzenie Angelity tak wyjątkowym i romantycznym gestem. A może to wyraz wdzięczności rodu Ochoów za odwagę, opracowanie strategii i świetny rezultat działań Escobara w związku z uratowaniem siostry Jorgego – Marthy Nieves, uprowadzonej przez partyzantów przed rokiem? Wiem tylko, że którykolwiek z najpotężniejszych magnatów Kolumbii próbowałby przebić to widowisko, na przykład przy okazji ślubu córki, nie zdołałby nawet zbliżyć się do tak wysoko postawionej poprzeczki stylu i wyrafinowania. Rodzina Ochoów podarowała nam tej nocy naprawdę wyjątkowy prezent.

W inny długi weekend pojechaliśmy do Santa Marty, leżącej nad Morzem Karaibskim kolebki legendarnej Samarian Gold. Tam poznaliśmy Dávilów, królów marihuany. W przeciwieństwie do baronów kokainowych, którzy z nielicznymi wyjątkami – jak bracia Ochoowie – pochodzą z nizin społecznych albo niższej klasy średniej, Davilowie to przedstawiciele starej arystokracji, właścicieli ziemskich z wybrzeża Atlantyku. I w przeciwieństwie do większości *coqueros*, zwykle niezbyt urodziwych – Aníbal mawiał, że wyglądają „jak przez okno" – tu niemal wszyscy są wysocy i przystojni. Kilka kobiet z rodziny Dávilów wyszło za takie osobistości jak prezydent López Pumarejo, syn prezydenta Turbaya czy Julio Mario Santo Domingo – najbogatszy Kolumbijczyk.

Aníbal tłumaczy mi, że lotnisko w Santa Marcie jest czynne do osiemnastej, ale Davilowie mają taką władzę, że wieczorem i w nocy otwiera się je specjalnie dla nich. To dzięki temu mogą spokojnie wysyłać samoloty załadowane podobno najlepszą marihuaną świata. Kiedy pytam, jak udaje im się wymigać, odpowiada, że po prostu wszystkim smarują: pracownikom wieży kontroli lotów, policji i jednemu czy dwóm oficerom marynarki. Ponieważ zdążyłam już poznać wielu jego nowobogackich znajomych, stwierdzam:

– Myślałam, że wszyscy ci *narcos* mają w swoich hacjendach prywatne lądowiska…

– Nieee, kochana. Tylko ci najwięksi! Handel ziołem wcale nie jest taki opłacalny, a dochodzi jeszcze spora konkurencja z Hawajów. Nie myśl, że każdy może sobie pozwolić na własne lotnisko, do tego trzeba zdobyć miliard zezwoleń. Wiesz przecież, ile kwitków i pieczątek trzeba załatwić, żeby zarejestrować w tym kraju samochód, nie? To teraz przemnóż sobie te wszystkie papierki razy sto: możesz zamontować karabin na samolocie. Znowu przemnóż przez sto i dopiero teraz dostaniesz pozwolenie na prywatne lotnisko.

Pytam go więc, jak w takim razie Pablo to robi: ma własne lotnisko i całą flotę samolotów, przerzuca tony koki, sprowadza sobie żyrafy i słonie z Afryki, przemyca rolligony i sześciometrowe łodzie…

– Chodzi o to, że nie ma żadnej konkurencji. Jest najbogatszy ze wszystkich, kochanie, bo Pablito to Jumbo: ma w kieszeni najważniejszego gościa z Dyrekcji Lotnictwa Cywilnego, młodego chłopaka, syna jednego z pierwszych *narcos*... To jakiś Uribe, kuzyn Ochoów... Álvaro Uribe, zdaje się. A myślisz, że dlaczego wszyscy ci ludzie sfinansowali właśnie kampanię obu kandydatów w wyborach prezydenckich? Bo chcieli się otrzeć o kogoś sławnego? Nie bądź naiwna!

– No to nieźle się chłopak spisał! Wszyscy ci goście powinni ustawiać się do niego w kolejce.

– Takie jest życie, kochanie: zła sława przeminie, a kasa musi się zgadzać!

To dni usłane różami, miodem i winem płynące, dni śmiechu i nowych znajomości. Nic jednak nie trwa wiecznie, więc pewnego dnia dźwięki radosnej piosenki milkną równie nagle i niespodziewanie jak zaczęły rozbrzmiewać.

Nałóg Anibala pogłębia się z każdą kolejną bryłą otrzymywaną w prezencie od Pabla. W miejsce publicznych wyznań miłości i okazywania uczuć coraz częściej wybuchają absurdalnie żenujące sceny zazdrości. Dawniej dotyczyły tylko nieznajomych, teraz jednak krąg podejrzanych rozszerza się na wspólnych przyjaciół, a nawet moich fanów. Po każdej awanturze następuje dwudniowa separacja, w trakcie której Aníbal szuka pocieszenia w ramionach byłej dziewczyny, dwóch zapaśniczek w błocie czy trzech tancerek flamenco. Trzeciego dnia dzwoni i błaga, żebym do niego wróciła. Godziny skomlenia, bukiety róż, w końcu jakaś pojedyncza łza łamie mój opór... a potem wszystko zaczyna się od nowa.

Któregoś wieczoru wychodzimy z grupą znajomych do eleganckiego baru, a mój narzeczony wyciąga rewolwer i celuje do dwóch wielbicieli, którzy chcą tylko dostać mój autograf. Kiedy niemal godzinę później znajomym udaje się go rozbroić, błagam, żeby odprowadzili mnie do domu. I tym razem, gdy Aníbal próbuje się przez telefon usprawiedliwiać, mówię mu:

– Jeśli jeszcze dziś rzucisz kokę, zostanę z tobą do końca życia. Jeśli nie, w tej chwili z tobą zrywam.

– Ale kochanie... Musisz zrozumieć, że nie mogę żyć bez Królewny Śnieżki i że nigdy jej nie rzucę!

– W takim razie ja już cię nie kocham. Koniec.

I tak, w mgnieniu oka, w pierwszym tygodniu stycznia pożegnaliśmy się na zawsze.

W 1983 roku w Kolumbii nie istnieją jeszcze prywatne stacje telewizyjne. Każdy nowy rząd na zasadzie licytacji przydziela pasma prywatnym producentom, zwanym programatorami. TV Impacto – moja spółka, ze znaną bezkompromisową dziennikarką Margot Ricci – dostała kilka okienek w przedziałach czasowych AA i B. W Kolumbii panuje jednak recesja i największe firmy wykupują reklamy wyłącznie w paśmie AAA, czyli między siódmą a wpół do dziesiątej wieczorem. Rok po rozpoczęciu działalności w obliczu zbyt niskich dochodów – niewystarczających na pokrycie opłat na rzecz Narodowego Instytutu Radiowo-Telewizyjnego (INRAVISIÓN) – praktycznie wszystkim małym firmom producenckim grozi bankructwo. Margot prosi mnie o spotkanie, żebyśmy mogły zdecydować, co robić dalej, jednak pierwsze pytanie, jakie pada z jej ust po przyjściu do pracy w poniedziałek, brzmi:

– To prawda, że w piątek Aníbal zaczął do ciebie strzelać?

Odpowiadam, że w takim wypadku leżałabym raczej na cmentarzu albo przynajmniej w szpitalu, nie siedziałabym w biurze.

– Ale w całej Bogocie aż o tym huczy! – woła takim tonem, jakby plotki miały większą wagę niż to, co widzi na własne oczy.

Mówię, że nie mogę zmienić rzeczywistości tylko po to, żeby zadowolić wszystkich mieszkańców stolicy. Przyznaję jednak, że choć Aníbal wcale do mnie nie strzelał, to zerwałam z nim na dobre i od trzech dni bez przerwy płaczę.

– W końcu? Co za ulga, nareszcie! Ale teraz naprawdę się popłaczesz, jesteśmy zadłużone na sto milionów dolarów. Jak tak dalej pójdzie, to za parę tygodni będę musiała sprzedać mieszkanie, samochód, chyba nawet dziecko... Chociaż nie, zanim sprzedam dziecko, to oddam cię tamtemu Beduinowi za pięć wielbłądów. Nie wiem, jak wybrnąć z tej sytuacji!

Osiem miesięcy wcześniej pojechałyśmy z Margot do Izraela na zaproszenie tamtejszego rządu, a potem odwiedziłyśmy Egipt, żeby zobaczyć piramidy. Kiedy na bazarze w Kairze targowałyśmy się o naszyjnik z turkusów, jakiś bezzębny, wychudzony Beduin, chyba siedemdziesięcioletni, z laską pasterską i cuchnący kozłem, zaczął łakomie mi się przyglądać. Krążył nerwowo i próbował zwrócić uwagę straganiarza. Sprzedawca zamienił parę słów ze staruchem, po czym z promiennym uśmiechem zwrócił się po angielsku do Margot:

– Ten bogaty pan pragnie podarować naszyjnik panience. Co więcej, chciałby się z nią ożenić i ustalić wysokość posagu. Jest gotów zaoferować aż pięć wielbłądów!

Oburzona tak niską ceną, ale i rozbawiona bezczelną propozycją, kazałam Margot żądać za mnie przynajmniej trzydziestu wielbłądów, a przy okazji uświadomić starożytnej mumii, że panienka nie jest dziewicą: byłam już zamężna, i to aż dwukrotnie.

Przerażony starzec zawołał, że tylko szejk mógłby mieć trzydzieści wielbłądów, a potem zapytał Margot, czy w takim razie pochowałam dwóch mężów.

Koleżanka obdarzyła pretendenta do mojej ręki współczującym uśmiechem, dała mi znać, żebym przygotowała się do ucieczki, po czym oznajmiła sprzedawcy triumfalnym tonem:

– Proszę powiedzieć temu bogatemu panu, że nie, nie pochowała. Ta młódka, zaledwie trzydziestodwuletnia, rzuciła już dwóch mężów dwadzieścia lat od niego młodszych, dwadzieścia razy mniej okropnych i dwadzieścia razy bogatszych!

Rzuciłyśmy się do ucieczki, a starzec gonił nas, zawodząc coś po arabsku i wygrażając wściekle pięścią. Nie mogłyśmy przestać się śmiać. W końcu dotarłyśmy do hotelu i zadowolone podziwiałyśmy z okna pokoju legendarne szmaragdowe wody Nilu, błyszczące w świetle gwiazd.

Wzmianka o Beduinie przypomina mi jednak o pewnym kolekcjonerze wielbłądów, który nie jest cuchnącym, bezzębnym, zgryźliwym siedemdziesięciolatkiem. Mówię do Margot:

– A wiesz co? Znam kogoś, kto ma więcej niż pięć wielbłądów i raz już uratował mi życie. Może więc mógłby uratować i naszą firmę?

– Szejk czy właściciel cyrku? – pyta sarkastycznie.

– Szejk z trzydziestoma wielbłądami. Muszę się tylko najpierw skonsultować.

Dzwonię do Muzyka i tłumaczę mu, że grozi nam z Margot bankructwo i potrzebuję telefonu do Pabla, żeby poprosić go o wykupienie w naszej stacji reklam któregoś z jego biznesów albo w ogóle sprzedać mu cały interes.

– Hm… Jedyny reklamodawca, jaki przychodzi mi do głowy w związku z Pablem, to Coca-Cola! Ale spokojnie, on uwielbia rozwiązywać tego typu problemy w mgnieniu oka… Czekaj, zaraz do ciebie zadzwoni!

Kilka minut później dzwoni telefon. Po krótkiej wymianie zdań idę do gabinetu wspólniczki i uśmiechając się od ucha do ucha, oświadczam:

– Margarito, mam na linii posła Escobara Gavirię. Pyta, czy nam pasuje, żeby jutro o piętnastej wysłał po nas odrzutowiec.

Po powrocie z Medellín czeka na mnie zaproszenie na kolację do Olguity i Muzyka. Ona jest słodka i urocza, on jest najsympatyczniejszym i najbardziej „rozchełstanym" Andaluzyjczykiem na świecie. Kiedy do nich przychodzę, jeszcze zanim nawet zdążę usiąść, Urraza pyta, jak nam poszło. Odpowiadam, że dzięki reklamom sklepu rowerowego Bicicletas Osito, które zaoferował nam Pablo, będziemy mogły spłacić wszystkie długi, a w przyszłym tygodniu mam wrócić, żeby nagrać z nim program na miejskim wysypisku śmieci.

– Ładnie… Za taką kasę to ja bym nawet zjadł śmieci! I jeszcze wystąpi w telewizji? Kurde!

Uświadamiam mu, że przecież każdy dziennikarz robi wywiady z kilkoma parlamentarzystami tygodniowo, a Pablo też jest posłem. Co prawda wybranym na zastępstwo, ale tak czy inaczej – posłem. Dodaję:

– Jest właśnie w trakcie przekazywania dwóch i pół tysiąca domów dla „mieszkańców" wysypiska, a drugie tyle mają dostać ludzie ze slumsów. Głowę daję, że to naprawdę ważna wiadomość dla Kolumbijczyków!

On pyta mnie, czy Pablo zażądał wywiadu jako warunku koniecznego do udzielenia nam wsparcia finansowego. Odpowiadam przecząco: to ja naciskałam, inaczej nie przyjęłabym pomocy. Escobar chciał góra pięciominutowego materiału. Tłumaczę, że czuję taką wdzięczność za jego szczodrość i taki

podziw wobec tego, co robi z Medellín sin Tugurios, że zamierzam poświęcić mu całą godzinę w moim poniedziałkowym programie, od osiemnastej do dziewiętnastej, który zostanie wyemi-
towany za trzy tygodnie.

– Ty to masz jaja! A mnie się coś zdaje, że Pablo się tobą interesuje…

Cóż, mnie interesuje wyłącznie uratowanie firmy i dalszy roz-
wój kariery, bo to jedyne, co mam w życiu.

– Jeśli tak, jak się spodziewam, Pablo jednak się w tobie zako-
cha, a ty w nim, to nie będziesz już musiała się martwić ani karierą, ani przyszłością, ani tą cholerną stacją telewizyjną! Uwierz mi,
będziesz mi dziękować do końca życia…

Odpowiadam ze śmiechem, że nic takiego nie nastąpi: ja mam
już bardzo poobijane serce, a Pablo od początku leci na Ángelę.

– Jeszcze się nie zorientowałaś, że to tylko gierki? Przecież to
jedna z tych dziewczyn, co to zawsze zakochują się w jakimś gra-
czu polo. Pablo dobrze wie, że Angelita nie jest dla niego, przecież
to nie głupiec… Ma poważne ambicje polityczne, więc potrzebuje u swojego boku prawdziwej kobiety, eleganckiej, która potrafi
przemawiać przed publicznością. Nie modelki, nie dziewczyny ze
swojej klasy społecznej, tak jak ta ostatnia… Słyszałaś, że zostawił
jej dwa miliony dolarów? Taka księżniczka jak ty to skarb dla człowieka, który chce zostać prezydentem i który w wieku trzydziestu
trzech lat jest na najlepszej drodze, by stać się jednym z najbogatszych ludzi na świecie!

No tak, ale bogacze mają raczej skłonności do bardzo młodych
dziewczyn, a ja sama mam już trzydzieści trzy lata.

– No już nie pierdol, wyglądasz przecież na góra dwadzieścia pięć! A multimilionerzy zawsze woleli kobiety z klasą i pre-
zencją, a nie gówniary, co nie mają zdania na żaden temat ani

doświadczenia w łóżku! Jesteś symbolem seksu, czeka cię jeszcze ze dwadzieścia lat urody. Czego chcieć więcej? Myślisz, że jakiegoś faceta obchodzi, ile lat ma Sophia Loren, kretynko? Jesteś *professional beauty* tego kraju, rasową pięknością, Pablo jeszcze nigdy takiej nie miał! Ja pierdolę, a miałem cię za inteligentną...

I żeby z rozmachem zakończyć tyradę, dodaje z przerażeniem:

– Tylko niech ci nie przyjdzie do głowy ładować się na to wysypisko w Guccim i Valentinie! Od razu mówię, że co najmniej przez tydzień nie pozbędziesz się smrodu. Nawet sobie nie wyobrażasz, w co się pakujesz...

Poproś mnie,
o co tylko chcesz!

Cuchnie jak dziesięć tysięcy trupów na polu bitwy trzy dni po historycznej porażce. Odór czuć w promieniu kilku kilometrów. Wysypisko w Medellín to nie góra pokryta śmieciami: to góra usypana z wielu milionów ton śmieci, które wszystkie jednocześnie się rozkładają. To smród nagromadzonej przez dekady materii organicznej, na wszystkich stadiach gnicia poprzedzających ostateczne upłynnienie. To woń oparów gazu unoszących się nad całą tą masą. To smród wszystkiego, co zostaje ze świata zwierząt i roślin, kiedy zmiesza się on ze światem odpadów chemicznych. To woń absolutnej żałości i najskrajniejszych form totalnego ubóstwa. To smród niesprawiedliwości, korupcji, arogancji, całkowitej obojętności. Przesiąka każdą cząsteczkę tlenu i jest niemal widoczny, przykleja się do skóry, żeby przez pory wniknąć do wnętrzności i wywrócić nam flaki na lewą stronę. To słodki zapach śmierci czekającej nas wszystkich, idealne perfumy na dzień Sądu Ostatecznego.

Samochód zaczyna się wspinać szarą drogą wykorzystywaną przez ciężarówki, które wyładowują swoją zawartość na szczycie góry. Pablo prowadzi, jak zwykle. Czuję, że bez przerwy mi się przygląda, bada reakcje mojego ciała, serca, umysłu. Wiem, o czym myśli, a on wie, co czuję: przelotne spojrzenie nas zaskakuje, pewny uśmiech to potwierdza. Wiem, że z nim u boku bez trudu zniosę wszystko, co nas czeka. W miarę jednak jak zbliżamy się do celu, zaczynam się zastanawiać, czy moja asystentka Martita Brugés i operator kamery zniosą cztery–pięć godzin pracy w tej atmosferze przyprawiającej o mdłości, w przestrzeni bez wentylacji, w gorącu uwięzionym w stalowym uścisku najbardziej pochmurnego i przytłaczającego dnia, jakiego kiedykolwiek przyszło mi doświadczyć.

Woń okazała się zaledwie przygrywką do sceny, na widok której nawet największy twardziel cofnąłby się z przerażeniem. Ukazujące się naszym oczom piekło rodem z Dantego zdaje się zajmować powierzchnię kilku (kilkunastu? kilkudziesięciu?) kilometrów kwadratowych, a jego szczyt stanowi prawdziwy horror: nad nami, na tle szaroburej szmaty, której nikt przy zdrowych zmysłach nie ważyłby się nazwać niebem, krążą tysiące sępów i myszołowów o ostrych jak noże dziobach wyrastających spod okrutnych oczek, i o wstrętnych piórach, które już dawno straciły czerń. Z wyższością, jakby były dumnymi orłami, członkowie dynastii rządzącej tym światkiem w kilka sekund oceniają stan naszego zdrowia, a potem wracają do uczty na truchłach koni, których wilgotne wnętrzności błyszczą w słońcu. Niżej pojawiają się setki psów, witają nas szczerzeniem zębów zaostrzonych chronicznym głodem, a obok nich inni weterani, mniej wychudzeni i bardziej beztroscy, merdają ogonami albo drapią się po rzadkiej sierści, pełnej pcheł i kleszczy. Cała góra zdaje się drżeć od gorączkowej aktywności tysięcy szczurów wielkich jak koty i milionów myszy wszystkich możliwych rozmiarów. Otaczają nas chmary muszek, a tabuny komarów i widliszków cieszą się na dostawę świeżej krwi. Najwyraźniej wszystkie gatunki z niższych warstw królestwa zwierząt znajdują tu prawdziwy raj i bogactwo pożywienia.

W oddali zaczynają się pojawiać szare, przykurzone postaci, inne od pozostałych. Najpierw wychylają się zaciekawione młode, ze spuchniętymi brzuszkami, pełnymi robaków. Potem samce o groźnych spojrzeniach, a w końcu samice, tak mizerne i wychudzone, że tylko te ciężarne przypominają żywe istoty. Niemal wszystkie młodsze są w ciąży. Bure stworzenia zdają się nadciągać ze wszystkich stron, najpierw dziesiątkami, potem setkami. Otaczają nas, żeby odciąć nam drogę i uniemożliwić ucieczkę, po kilku minutach jesteśmy okrążeni. Nagle ta rozedrgana, ściśnięta fala wydaje z siebie radosny okrzyk, a jej twarze rozświetlają tysiące białych błysków:

– To on, don Pablo! Don Pablo przyjechał! I jest z nim ta pani z telewizji! Będziemy w telewizji, don Pablo?

Promienieją radością i entuzjazmem. Wszyscy podchodzą się przywitać, przytulić go, dotknąć, jakby chcieli zabrać sobie kawałek. Na pierwszy rzut oka wyłącznie uśmiechy radości odróżniają te brudne, wygłodzone postaci od zwierząt, bo przecież w tym siedlisku bestii stanowią po prostu jeden z gatunków, nic więcej. Jednak w ciągu następnych godzin nauczę się od tych istot jednej z najważniejszych lekcji, jakie dane mi było odebrać w życiu.

– Chce pani zobaczyć moją choinkę na święta, panienko? – pyta jakaś mała, ciągnąc mnie za rękaw jedwabnej bluzki.

Spodziewam się zobaczyć gałąź powalonego drzewa, ale zamiast tego dziewczynka pokazuje mi pokrytą sztucznym szronem choineczkę, prawie nową i *made in USA*.

Pablo tłumaczy, że Boże Narodzenie przychodzi tu z dwutygodniowym opóźnieniem, że cały dobytek tych osób pochodzi ze śmieci i że resztki czy opakowania wyrzucane przez bogatych to skarby i materiały budowlane dla najbiedniejszych.

– A ja chcę pani pokazać swoją szopkę! – woła inna mała.

– Wreszcie uzbierałam komplet!

Dzieciątko Jezus to olbrzym bez nogi i oka, Maryja jest w rozmiarze *medium*, a Święty Józef – *small*. Plastikowy osioł i wół pochodzą z wystawek reklamowych dwóch różnych sklepów. Próbuję stłumić śmiech na widok tej zabawnej wersji współczesnej rodziny i ruszam w dalszy obchód.

– Mogę zaprosić panią do domu, doña Virginia? – pyta sympatyczna kobieta, pewnym siebie tonem, jakiego nie powstydziłaby się Kolumbijka z klasy średniej.

Spodziewam się szałasu skleconego z kartonu i puszek, takiego jak te w slumsach Bogoty, ale okazuje się, że niesłusznie: ściany zbudowano z cegieł połączonych cementem, a dach z plastikowych dachówek. W środku znajduje się kuchnia i dwa pokoje, umeblowane sprzętami dość sfatygowanymi, ale czystymi. W jednym z pomieszczeń dwunastolatek odrabia pracę domową.

– Miałam szczęście, ktoś wyrzucił komplet mebli do salonu! – opowiada. – A niech pani popatrzy na zastawę: z różnych zestawów, ale cała nasza szóstka może zjeść. Każdy talerz i szklanka z innej parafii, nie jak u wielkich panów, ale mnie się one trafiły za darmo!

Uśmiecham się i pytam, czy jedzenie też wygrzebują ze śmieci.

– Oj nie, skąd! Potrulibyśmy się! Zresztą i tak psy zawsze pierwsze wywęszą. Chodzimy na bazar i kupujemy jedzenie za to, co zarobimy na recyklingu.

Chłopak wyglądający na przywódcę młodzieżowej bandy, w amerykańskich dżinsach i nowoczesnych trampkach w idealnym stanie, z dumą pokazuje mi swój łańcuch z osiemnastokaratowego złota. Wiem, że u jubilera zapłaciłby za coś takiego z siedemset dolarów, więc pytam, jak udało mu się znaleźć tak kosztowny drobiazg pośród milionów ton śmieci.

– Znalazłem go razem z tymi ciuchami, zapakowane do plastikowej torby. Nie ukradłem tego, doña, przysięgam na Boga! Jakaś babka się wściekła i wyrzuciła faceta z całym majdanem na ulicę... Te *paisas* to mają temperament, Matko Boska!

– Co najdziwniejszego zdarzyło wam się znaleźć? – pytam grupki łażących za nami dzieci.

Spoglądają po sobie, po czym odpowiadają chórem:

– Martwego bobasa! Szczury już go jadły, jak go znaleźliśmy! Znaleźli też kiedyś trupa jakiejś zgwałconej dziewczynki, ale dużo dalej stąd, obok źródełka, tam wyżej – wskazują to miejsce. – Ale takie rzeczy robią źli ludzie stamtąd. Tu są tylko dobrzy ludzie, prawda, don Pablo?

– Zgadza się: najlepsi na świecie! – odpowiada on, z absolutnym przekonaniem i bez śladu protekcjonalności w głosie.

Po dwudziestu czterech latach nie pamiętam już niemal niczego, co Pablo Escobar powiedział mi podczas tamtej rozmowy – pierwszego wywiadu dla mediów ogólnokrajowych – na temat dwóch i pół tysiąca rodzin żyjących w piekle. Gdzieś musiała się zachować taśma z nagraniem jego entuzjastycznych wypowiedzi i mojej spływającej potem twarzy. Po tamtych kilku godzinach, które zupełnie przewartościowały mój światopogląd i kazały przyjąć inną skalę oceny dóbr materialnych niezbędnych ludziom do odrobiny szczęścia, zostały mi tylko wspomnienia zapisane w sercu oraz pamięć zmysłów. Oprócz wszechobecnego, nieopisanego smrodu – dotyk jego dłoni na moim przedramieniu, kierującej mną i dodającej mi siły; historie tamtejszych koczowników – niektórych na wpół czystych, większości na wpół brudnych, ale wszystkich

dumnych ze swojej zmyślności i wdzięcznych losowi za szczęście
– o pochodzeniu ich skromnego dobytku czy znajdowaniu małych
skarbów; promienne twarze kobiet opowiadających z ożywieniem
o domach, które już niedługo będą mogły nazwać swoimi; mężczyźni cieszący się na szansę odzyskania szacunku społeczeństwa,
które traktowało ich jak najgorszą hołotę; dzieci zachwycone per-
spektywą wyrwania się z tego miejsca i wyrośnięcia na porządnych
ludzi. Zbiorowe marzenia i wiara w lidera, który ich zainspiruje,
oraz polityka, który nie zawiedzie.

Na wysypisku zapanowała atmosfera zaraźliwej radości, w powietrzu unosi się nastrój wielkiego święta. Pierwsze wrażenie
koszmaru zaczyna stopniowo ustępować innym emocjom, zmienia się mój punkt widzenia. Godność tych ludzi, ich odwaga, szla-
chetność, zdolność do marzeń, nienaruszone w warunkach, które
każdego z nas strąciłyby w najgłębsze otchłanie rozpaczy i poczucia porażki, przekształciły moje współczucie w podziw. Na którymś odcinku tego pylastego szlaku – który odnajdę może kiedyś
na nowo, w innym miejscu i czasie – do drzwi mojej świadomości
puka nagle bezbrzeżna czułość. Wypełnia każdy zakątek mojej duszy. Nie przeszkadza mi już ani smród straszliwego wysypiska, ani
to, skąd Pablo bierze te swoje tony pieniędzy, lecz wyłącznie tysiąc
i jeden cudów, jakich za ich pomocą udaje mu się dokonywać. Jego
obecność u mojego boku wymazuje, niczym za dotknięciem czarodziejskiej różdżki, wspomnienie wszystkich mężczyzn, których do
tej pory kochałam, i nie istnieje już nikt poza nim. To on jest moją
teraźniejszością, przeszłością, przyszłością, całym moim światem.

– I co? – pyta, kiedy schodzimy w stronę zaparkowanych samochodów.

– Do głębi mnie to poruszyło. To najbardziej wzbogacają-
ce doświadczenie w moim życiu. Z daleka zdawało się, że żyją

jak zwierzęta... Z bliska przypominają raczej anioły... A ty musisz tylko przywrócić ich do stanu ludzkiego, prawda? Dziękuję, że mnie tu zaprosiłeś. I dziękuję za wszystko, co dla nich robisz.

Następuje długa cisza. Potem on obejmuje mnie za ramiona i mówi:

– Nikt nie mówi mi takich rzeczy... Jesteś zupełnie inna! Co powiesz na kolację ze mną dziś wieczorem? Chyba wiem, co zamierzasz powiedzieć... Dlatego pozwoliłem sobie załatwić, żeby kosmetyczka i fryzjerka pracowały dziś tak długo, jak będziesz chciała. Pewnie chcesz pozbyć się z włosów tego smrodu zdechłego skunksa...

Mówię, że on też cuchnie jak *zorrillo*, czyli skunks, na co on śmieje się serdecznie i woła, że nigdy nie mógłby zostać nazwany zdrobniale, na co wskazuje końcówka *-illo*, bo jest przecież ni mniej, ni więcej, tylko... Zorro!

Naszemu wejściu do restauracji towarzyszy fala zaskoczonych spojrzeń oraz crescendo szeptów. Zostajemy usadzeni przy najbardziej oddalonym od drzwi stoliku, z którego można obserwować wchodzących. Mówię, że jeszcze nigdy nie poszłam na kolację z bohaterem wywiadu ani tym bardziej z politykiem, a on odpowiada, że zawsze jest ten pierwszy raz. Potem, przyglądając mi się uważnie z uśmiechem na twarzy, dodaje:

– Wiesz co? Ostatnio za każdym razem, kiedy jestem smutny czy zmartwiony, myślę o tobie. Przypominam sobie, jak zaczęłaś wrzeszczeć na tamtych twardzieli w samym środku chmury gazu łzawiącego: „Trochę godności! Nie wstyd wam? Zachowujecie się jak małe dziewczynki!", jakbyś była Napoleonem pod Waterloo... Jeszcze nigdy nie widziałem czegoś tak śmiesznego! Śmieję się sam do siebie przez dłuższą chwilę, a potem...

Zawiesza głos, żeby wzbudzić moją ciekawość, a ja w myślach przygotowuję odpowiedź.

– Znowu myślę o tobie, oblanej od stóp do głów lodowatą wodą, wściekłej jak pantera, w tunice przyklejonej do ciała... I znowu trochę się śmieję... I stwierdzam, że jesteś naprawdę bardzo... bardzo... bardzo odważną kobietą.

Zanim zdążę wtrącić, że nikt jeszcze nigdy nie pochwalił u mnie tej właśnie cechy, ciągnie:

– I masz też w sobie absolutnie niespotykaną wdzięczność. Piękne kobiety nie mają zwyczaju za nic dziękować.

Odpowiadam, że owszem, potrafię okazywać wdzięczność, bo skoro nie jestem pięknością, to nikt mi nigdy niczego nie oferował ani mnie nie komplementował. Pyta, kim w takim razie jestem, a ja stwierdzam, że zbiorem rzadko spotykanych wad i defektów, które w tej chwili mogą nie rzucać mu się w oczy, ale z upływem czasu będzie się o nich przekonywał. Prosi, żebym mu opowiedziała, dlaczego wpakowałam się w tę spółkę telewizyjną z Margot.

Tłumaczę, że w 1981 roku ta opcja zdawała się stanowić moją jedyną szansę na zawodową niezależność. Odmówiłam prowadzenia programu informacyjnego *Noticiero 24 Horas*, wydania o 19.00, bo dyrektor Mauricio Gómez kazał mi nazywać M-19 „grupą przestępczą", a ja używałam sformułowań „partyzanci", „powstańcy", „rebelianci" czy „wywrotowcy". Mauricio niemal codziennie udzielał mi reprymendy, groził zwolnieniem i przypominał, że zarabiam równowartość pięciu tysięcy dolarów miesięcznie. Ja odszczekiwałam, że może i jest wnuczkiem najbardziej arcykonserwatywnego prezydenta Kolumbii i synem Alvara Gomeza, ale teraz jest przede wszystkim dziennikarzem. Któregoś dnia nie wytrzymałam, wybuchłam i rzuciłam świetnie płatną posadę w telewizji, a choć wiem, że popełniłam wtedy ogromny błąd, to prędzej bym umarła, niż to przed kimkolwiek przyznała.

On dziękuje mi za zaufanie i pyta, czy ci „powstańcy, rebelianci i wywrotowcy" o tym wiedzą. Odpowiadam, że nie mają pojęcia, bo nawet ich nie znam. I że tak czy inaczej nie rzuciłam pracy z powodu przekonań politycznych, ale dla zasady i sprzeciwu wobec dyscypliny i cenzury.

– Cóż, oni nie mają takich zasad jak ty: porwali wiele osób, między innymi siostrę Jorgego Ochoi. Ja znam ich bardzo dobrze… A teraz oni znają też mnie.

Czytałam co nieco o uwolnieniu porwanej i proszę, żeby opowiedział, jak udało się tego dokonać.

– Zebrałem ośmiuset ludzi i rozstawiłem ich pod wszystkimi budkami telefonicznymi w Medellín. Potem kazałem śledzić wszystkich, którzy korzystali z nich o osiemnastej, czyli godzinie wyznaczonej przez porywaczy na ustalenie szczegółów przekazania okupu w wysokości dwunastu milionów dolarów. Drogą cierpliwego dochodzenia eliminowaliśmy niewinnych, aż trafiliśmy na partyzantów. Zlokalizowaliśmy przywódcę bandy i porwaliśmy mu całą rodzinę. Uratowaliśmy Marthę Nieves, a ci „rebelianci, powstańcy i wywrotowcy" przekonali się, że nie warto z nami zadzierać.

Zdumiona pytam, w jaki sposób udało mu się zebrać osiemset zaufanych osób.

– To tylko kwestia logistyki. Nie było łatwo, ale nie dało się inaczej. Już niedługo, jeśli pozwolisz sobie pokazać moje pozostałe projekty społeczne i obywatelskie, zrozumiesz, skąd wziąłem tych wszystkich ludzi. Dziś jednak chcę rozmawiać tylko o tobie. Co się stało z Anibalem? Wyglądaliście na takich szczęśliwych…

Tłumaczę, że dzięki darowanym mu ciągle przez niego bryłom koki uznałam, że nie mogę żyć z nałogowcem. Dodaję też, że z zasady nie rozmawiam o ukochanych z innymi mężczyznami. On stwierdza, że to bardzo rzadka cecha, i pyta, czy naprawdę byłam żoną pewnego argentyńskiego reżysera, starszego ode mnie o dwadzieścia lat. Wyznaję, że niestety nadal jesteśmy małżeństwem:

– Dokonaliśmy już podziału majątku, ale on uparcie odmawia podpisania aktu rozwodowego, żebym nie mogła ponownie wyjść za mąż. I żeby sam nie musiał żenić się z kobietą, która teraz już wie, jak marnym egzemplarzem się zadowalałam.

Przygląda mi się w milczeniu, jakby próbował wyryć sobie w pamięci ostatnie zdanie. Potem zupełnie się przeobraża i tonem nieznoszącym sprzeciwu wydaje mi instrukcje:

– Jutro twój adwokat zadzwoni do Davida Stivela i oznajmi mu, że do środy ma podpisać papiery rozwodowe. W przeciwnym razie czekają go poważne konsekwencje. Skontaktuję się z tobą po zamknięciu urzędów i powiesz mi, na czym stanęło.

Bursztynowe płomienie świec odbijają mi się w oczach. Pytam, czy Zorro byłby zdolny zabić smoka, który więzi księżniczkę w wieży. On ujmuje moją dłoń i odpowiada z pełną powagą:

– Tylko jeśli byłaby odważna, bo nie zamierzam marnować ołowiu na tchórzy. Ale za ciebie warto oddać życie… Czy nie, kochanie?

Te dwa ostatnie zdania oraz pytanie malujące się w jego oczach, wyczuwalne w kawałku skóry, uświadomiły mi, że właśnie kończy się nasza przyjaźń, bo pisana jest nam miłość.

Kiedy dzwoni do mnie w środę wieczorem, nie mam dla niego dobrych wieści.

– Czyli nie podpisał... Uparty gość, co? Tak nam komplikuje życie... Poważny problem! No ale nic, zanim się zastanowię, jak to rozwiązać, muszę zadać ci jedno pytanie: czy już jako wolna kobieta pójdziesz ze mną znowu na kolację? Do restauracji mojego przyjaciela, „Paprocha" Ocampa?

Odpowiadam, że to raczej mało prawdopodobne, żebym w roku 2000 nadal była wolna, ale on woła:

– Nie, nie, nie! Mam na myśli piątek, pojutrze, zanim jakiś inny smok stanie mi na drodze.

Wzdycham z rezygnacją – tego typu problemów nie da się rozwiązać w czterdzieści osiem godzin.

– Pojutrze będziesz już wolną kobietą i zjesz tam ze mną kolację. Dobranoc, kochanie.

W piątek, kiedy wracam do domu na obiad po wielu godzinach w studiu, gdzie montowałam materiał z wysypiska, gosposia informuje mnie, że doktor Hernán Jaramillo telefonował trzy razy, bo musi pilnie ze mną porozmawiać. Kiedy oddzwaniam, adwokat woła:

– Rano zadzwonił do mnie Stivel, cały w nerwach, i oznajmił, że do południa musi podpisać ten przeklęty rozwód, bo inaczej zginie! Biedak wpadł do kancelarii biały jak kreda, trząsł się jak osika. Myślałem, że lada chwila dostanie zawału, ledwo mógł podpisać papiery. Potem bez słowa wypadł z biura, jakby go ktoś gonił. Nie wierzę, że przez trzy lata byłaś żoną takiego patałacha! No dobrze, jesteś wolną kobietą! Gratuluję i życzę, żeby następny trafił się dobry i bogaty chłopak!

O wpół do trzeciej gosposia oznajmia, że sześciu facetów z Antioquii przywiozło mi kwiaty. Bukiet nie mieści się w windzie, więc pytają, czy mogą skorzystać ze schodów, co wydaje jej się bardzo podejrzane. Odpowiadam, że słusznie się obawia, bo kwiaty pochodzą prawdopodobnie nawet nie od podejrzanego, ale od jakiegoś kryminalisty. Proszę, żeby na wszelki wypadek zbiegła raz-dwa na portiernię i sprawdziła, kto je wysłał. Po chwili przynosi mi liścik:

Dla mojej uwolnionej Królowy Panter
od Zorro. P.

Kiedy dostawcy odjeżdżają, gosposia – na widok tysiąca *Cattleya trianae*, narodowego kwiatu Kolumbii, i orchidei we wszystkich odcieniach purpury, lawendy, lila i różu, poprzetykanych tu i ówdzie białymi *Phalaenopsis*, niczym plamami piany na morzu intensywnego fioletu – krzyżuje ramiona na piersi, marszczy czoło i komentuje:

– Nie podobały mi się te typki… A chyba nawet pani koleżanki stwierdziłyby, że nigdy w życiu nie widziały takiego popisu ostentacji!

Wiem, że gdybym pokazała im tak wspaniały prezent, poumierałyby z zazdrości. Tłumaczę, że wiązanka musi być dziełem słynnych *silleteros*, odpowiedzialnych za organizację wspaniałych parad w ramach Święta Kwiatów w Medellín.

O piętnastej dzwoni telefon. Nawet nie zadaję sobie trudu, żeby się dowiedzieć, z kim rozmawiam, tylko od razu pytam, jak mam go zabić. Na drugim końcu linii najpierw zapada konsternacja, a potem wybucha radość. Pablo parska śmiechem i odpowiada, że nie ma pojęcia, o czym mówię. Potem pyta, o której ma odebrać mnie z hotelu przed kolacją. Zerkam na zegarek i przypominam mu, że lotnisko w Medellín zamykają o szóstej, a ostatni piątkowy lot jest już na pewno pełny, z dwudziestoosobową listą rezerwową.

– No ładnie... Nie zdawałem sobie sprawy... A tak się cieszyłem na świętowanie twojej wolności! Co za szkoda! No trudno, w takim razie musimy przełożyć spotkanie na inny termin, pewnie w 2000 roku...

I się rozłącza. Pięć minut później znów rozlega się dzwonek telefonu. Modlę się w duchu, żeby to nie dzwoniła któraś z moich koleżanek, i znów nie czekając, aż się przedstawi, mówię, że ten tysiąc orchidei wylewa mi się przez okna salonu, że nigdy w życiu nie widziałam czegoś równie pięknego. Pytam, jak długo musieli je zbierać.

– Są dokładnie takie same jak ty, kochanie. A zbierali je od... od dnia, kiedy zobaczyłem cię z plastrami na buzi i kolanach, pamiętasz? No nic, chciałem ci tylko powiedzieć, że Pegaz czeka na ciebie od wczorajszego wieczoru. Możesz lecieć dziś, jutro, pojutrze, za tydzień, miesiąc czy rok, bo będzie tam stał, dopóki nie wsiądziesz na pokład. Ja będę tylko czekał... Czekał na ciebie.

Oto karoca na miarę współczesnego Kopciuszka: nowiuteńki odrzutowiec Learjet, bielutki, lśniący, z trzema przystojnymi, uśmiechniętymi pilotami, zamiast sześciu białych perszeronów. Jest 17.15, zdążymy dotrzeć do Medellín akurat przed zamknięciem lotniska. Mogłabym kazać mu czekać tydzień czy nawet miesiąc, ale ja też go kocham i nie potrafiłabym wytrzymać ani dnia dłużej. Unosząc się wśród chmur, zastanawiam się, czy mnie skrzywdzi, tak jak skrzywdziło mnie kilku innych okrutnych mężczyzn, może nawet od niego bogatszych, których kochałam wieki temu. Wtedy przypominają mi się słowa Françoise Sagan: „Lepiej płakać w mercedesie niż w autobusie" i myślę sobie wesoło:

– Cóż, lepiej płakać w odrzutowcu niż w mercedesie!

Żadnych powozów zaprzężonych w jednorożce, kolacji w świetle księżyca pod wieżą Eiffla, naszyjników ze szmaragdów i rubinów, pokazów fajerwerków. Tylko on, przyklejony do mnie, wyznający, że kiedy po raz pierwszy przylgnęłam do niego całym ciałem, wtedy w Río Claro, wiedział, że uratował mi życie nie dla żadnego innego mężczyzny, ale dla siebie. Błaga, prosi, zaklina, powtarza raz po raz:

– Poproś mnie, o co tylko chcesz, o czym tylko marzysz! Powiedz mi, czego pragniesz! – jakby był Bogiem, a ja odpowiadam, że jest tylko człowiekiem i że nawet on nie potrafiłby zatrzymać czasu, zamrozić ani przedłużyć choć o sekundę tej fali złotych chwil, którymi bogowie, w niewysłowionym przypływie szczodrości, postanowili nas obdarować.

Ta sekretna noc w Hacienda Nápoles wyznacza koniec mojej niewinności, a zarazem początek marzeń. Kiedy Pablo zasypia, wymykam się na balkon i podziwiam gwiazdy mrugające na niezmierzonej połaci kobaltowego granatu. Szczęśliwa po uszy, przypominam sobie rozmowę Pilar i Marii z *Komu bije dzwon* i myślę o tym, jak ziemia poruszyła się pod ciałami ziemskich kochanków. Potem wracam do czekających na mnie ramion, do mojego wszechświata z krwi i kości, jedynego, jaki mam, i jedynego, jaki w ogóle istnieje.

Śmierć porywaczom!

Wracam do Bogoty nagrać programy do telewizji, a w następny weekend jestem z powrotem w Medellín. Taki schemat będzie się powtarzał przez następne piętnaście miesięcy, najszczęśliwsze mojego życia i, jak mówił Pablo, okres największego spełnienia w jego życiu. Żadne z nas nie zdawało sobie jednak sprawy, że w tym krótkim czasie zawierają się nie tylko ostatnie idealne, lecz także spokojne i beztroskie z naszych dni.

– Masz do dyspozycji wszystkie moje jedenaście samolotów i dwa helikoptery. I możesz prosić mnie, o co tylko chcesz. O wszystko, kochanie. Czego ci potrzeba na początek?

Odpowiadam, że potrzebuję tylko jednego samolotu, żeby jeszcze raz sprowadzić tu swoją asystentkę i operatora kamery. Chciałabym dokręcić brakujący materiał i zadać mu kilka dodatkowych pytań w nieco innej scenerii – może na przykład na mityngu politycznym.

Raz po raz powtarza, że chce sprawić mi jakiś wspaniały prezent, bo jestem podobno jedyną kobietą, która o nic go nie poprosiła w pierwszym tygodniu znajomości. Każe mi wybrać sobie najpiękniejszy penthouse w Bogocie i dowolny model mercedesa.

– A jak niby miałabym się z tego wytłumaczyć przed urzędem skarbowym? Przed przyjaciółmi, znajomymi z pracy, rodziną? Wyszłabym na utrzymankę, kochanie. Poza tym nie prowadzę, bo

pewnie od razu dostałabym dożywocie w więzieniu dla kierow-
ców. Dziękuję, Pablo, ale mam malutkie mitsubishi z kierowcą
i więcej mi nie trzeba. Samochody nigdy mnie szczególnie nie in-
teresowały ani nie robiły na mnie dużego wrażenia. Moje serce to
nie garaż, a zresztą w tym kraju luksusowe auto to jak zaproszenie
dla porywaczy.

On się jednak upiera, więc postanawiam dać mu dwie opcje
do wyboru: Pegaza, takiego jak ma on sam (okazuje się, że moje
serce to hangar), albo milion buziaków. Wybucha śmiechem i wybiera drugą propozycję, ale nie liczy pocałunków pojedynczo,
lecz w setkach, potem w tysiącach, a w końcu w setkach tysięcy.
Kiedy w ciągu zaledwie paru minut wykorzystuje cały pakiet, na-
zywam go złodziejem buziaków i pytam, co mogę ofiarować mu
w zamian. Zastanawia się chwilę i odpowiada, że mogłabym nauczyć go sztuki udzielania wywiadów, bo na pewno będzie musiał
udzielić jeszcze niejednego. Wychwala moje rozmowy i prosi, żebym zdradziła swój sekret. Odpowiadam, że są aż trzy: po pierwsze, trzeba mieć coś ważnego, interesującego lub oryginalnego do
powiedzenia, a także błyskotliwego i zabawnego, bo każdy przecież lubi się śmiać. Jeśli zaś chodzi o drugą i trzecią tajemnicę, to
nie jestem taka łatwa, więc kategorycznie odmawiam zdradzania
ich w pierwszym tygodniu znajomości.

Podnosi rzuconą rękawicę z uśmiechem na pół szelmowskim,
na pół winnym i przysięga, że jeśli zdradzę mu tajemnice zawodo-
we, to i on wyzna mi część swoich.

Błyskawicznie wypalam, że drugi sekret polega na tym, żeby
nie odpowiadać na każde pytanie dziennikarza, ale mówić to, co
samemu chce się ujawnić. Dodaję jednak, że to jak z grą w tenisa
– żeby osiągnąć mistrzostwo, potrzeba lat praktyki, czyli w tym
wypadku – lat sławy. Dlatego człowiek jego formatu powinien się

zgadzać na rozmowy wyłącznie z redaktorami naczelnymi – którzy wiedzą, gdzie kończy się ciekawość, a zaczyna impertynencja – albo znajomymi dziennikarzami.

– Rasowe byki są dla porządnych toreadorów, nie dla *banderilleros*. No i po trzecie, skoro na tym etapie w żargonie hollywoodzkim nazwano by cię jeszcze *civilian*, to radziłabym ci przynajmniej na razie udzielać wywiadów wyłącznie mistrzyni w tym fachu, która zna niektóre z twoich sekretów, a mimo to kocha cię całym sercem. A teraz proszę, opowiedz mi, jak to się stało, że przestałeś rabować nagrobki i patroszyć kradzione samochody, a przerzuciłeś się na eksport „tabaki". Bo to właśnie najważniejszy kamień milowy w twojej działalności filantropijnej... Prawda, kochanie?

Patrzy na mnie z urazą, po czym spuszcza wzrok. Wiem, że wzięłam go z zaskoczenia i że przekroczyłam pewną granicę. Zastanawiam się, czy nie za wcześnie uderzyłam prosto w jego piętę achillesową. Wiem też jednak, że Pablo nigdy jeszcze nie zakochał się w swojej rówieśniczce ani kobiecie z mojej klasy. Jeśli nasza miłość ma się opierać na całkowitej równości, to muszę od samego początku jasno mu pokazać, gdzie się kończy zabawa dwójki dużych dzieci, a zaczyna związek między parą dorosłych. Zaczynam od uświadomienia mu, że jeśli chce zostać senatorem, to będzie musiał się poddać dokładnej obserwacji prasy, a w jego przypadku będzie ona bezlitosna.

– No dobrze, to co chcesz wiedzieć? Zagrajmy partyjkę w tenisa, niech będzie... – mówi i wyzywająco zadziera głowę.

Tłumaczę mu, że po emisji reportażu z wysypiska śmieci cały kraj będzie się zastanawiał nie tylko nad tym, jak udało mu się zbić taki majątek, lecz także jaki jest prawdziwy cel jego szczodrości. Każdemu dziennikarzowi wystarczy jeden telefon do Medellín, żeby w zaledwie kilka minut poznać parę jego sekretów. Ostrzegam go też, że media skoczą mu do gardła, kiedy zacznie obnosić się ze swoimi milionami i dobrymi uczynkami wobec tych, którzy przez sto lat musieli zadowalać się jałmużną. Jego hojność zostanie uznana za policzek wymierzony skąpstwu niemal całego establishmentu Kolumbii.

– Na szczęście jesteś niezwykle inteligentny, Pablo. I możesz spokojnie założyć, że żaden z wielkich kolumbijskich magnatów nie mógłby wyznać całej prawdy o pochodzeniu swojej fortuny. To właśnie dlatego superbogacze nie udzielają wywiadów ani tutaj, ani nigdzie na świecie. Ciebie odróżnia od nich skala działalności społecznej i tego będziesz się musiał trzymać, kiedy cały świat się na ciebie rzuci.

Wtedy z zapałem zaczyna opowiadać mi swoją historię: jeszcze jako dziecko stanął na czele wielkiej zbiórki środków na budowę szkoły w dzielnicy La Paz w Envigado, bo nie miał gdzie się uczyć. W rezultacie powstała placówka dla ośmiuset uczniów. Już w dzieciństwie zajmował się wynajmem rowerów, jako nastolatek sprzedawał używane auta, a niedługo potem zaczął spekulować gruntami w dolinie Magdaleny. Nagle przerywa i pyta, czy uważam to wszystko za kłamstwo. Odpowiadam, że choć wierzę jego słowom, to nic z tego nie mogło być źródłem olbrzymiego majątku. Proszę, żeby opowiedział mi, czym zajmowali się jego rodzice. Mówi, że ojciec był robotnikiem na hacjendzie ojca Joaquina Valleja, znanego przemysłowca, a matka pracowała jako wiejska nauczycielka.

Radzę mu więc, żeby odpowiadał w takim mniej więcej tonie: „Od ojca, uczciwego wieśniaka z Antioquii, przejąłem etos ciężkiej pracy, a od matki, oddanej służbie edukacji, nauczyłem się, jak ważna jest solidarność z najsłabszymi". Przypominam mu jednak, że nikt nie lubi, kiedy obraża się jego inteligencję. Powinien przygotować się na dzień, gdy przed kamerami i na oczach całego kraju jakaś nie w ciemię bita dziennikarka zapyta:

– Ile marmurowych nagrobków trzeba na nowy rower? Albo na odwrót: ile używanych rowerów można kupić za porządny, luksusowy nagrobek, Szanowny Ojcze Narodu?

Mówi, że odpowiedziałby bez chwili namysłu:

– To może niech pani sprawdzi, po ile chodzą rowery i nagrobki, a potem sama to sobie policzy? A potem proszę spróbować znaleźć grupę chłopaków, którzy nie boją się trupów ani grobów, zakradną się w nocy na cmentarz i uniosą te pieprzone płyty, każda waży chyba tonę!

Stwierdzam, że w obliczu tak nieodpartych argumentów dziennikarka nie miałaby innego wyjścia, jak tylko uznać jego wyjątkowy talent, wrodzone zdolności przywódcze, odwagę i niezrównaną siłę.

Pablo pyta, czy gdybym poznała go jako anonimowego biedaka, też bym się w nim zakochała. Odpowiadam ze śmiechem, że na pewno nie: przecież nawet byśmy się nie spotkali! Nikomu przy zdrowych zmysłach nie przyszłoby do głowy przedstawiać mi jakiegoś żonatego faceta, bo w czasach, kiedy on ścierał napisy z nagrobków, ja chodziłam z Gabrielem Echavarríą, najprzystojniejszym facetem w Kolumbii i synem jednego z dziesięciu najbogatszych ludzi w kraju. A kiedy Pablo zajął się patroszeniem samochodów, ja spotykałam się z Juliem Mariem Santem Domingiem, kawalerem, spadkobiercą największej fortuny w Kolumbii i najbardziej pożądanym mężczyzną swojego pokolenia.

On stwierdza, że skoro takie mam wymagania, to muszę chyba faktycznie bardzo go kochać. Ja zaś kocham go tak bardzo właśnie dlatego, że mam porównanie. Z pieszczotą i uśmiechem wdzięczności mówi mi, że jestem najbardziej brutalnie szczerą kobietą, jaką kiedykolwiek poznał, a zarazem najbardziej wielkoduszną.

Po przećwiczeniu nieskończonej liczby odpowiedzi – mniej lub bardziej serio – których udzieliłby, żeby publicznie wytłumaczyć się ze swoich darowizn, samolotów i przede wszystkim żyraf, dochodzimy do wniosku, że będzie musiał się odwołać do zasad zawartych w starożytnych traktatach i stosowanych już dwa i pół tysiąca lat temu przez Greków. Żeby jakoś wyjaśnić źródło majątku, będzie musiał zapomnieć o „spekulacji gruntami w dolinie Magdaleny", a obstawać raczej przy czymś w rodzaju „inwestycji w nieruchomości na Florydzie", nawet jeśli nikt mu w to nie uwierzy, a w dłuższej perspektywie może poczuć na karku oddech kolumbijskiego urzędu podatkowego (DIAN), amerykańskiego IRS i Pentagonu.

– Popularność, pozytywna czy negatywna, pozostaje na zawsze, kochanie. Może przynajmniej na razie postaraj się raczej trzymać w cieniu i stamtąd pociągaj za sznurki. Tak jak to robią *capi di tutti capi* na całym świecie. Po co masz się rzucać w oczy, skoro lepiej być miliarderem niż kimś sławnym? W Kolumbii sława pociąga za sobą wyłącznie falę zawiści. Spójrz na mnie.

– Na ciebie? Przecież każda kobieta w tym kraju chciałaby się znaleźć na twoim miejscu!

Kwituję, że porozmawiamy o tym przy innej okazji. Zmieniam temat i przyznaję, że trudno mi uwierzyć, jakoby akcja ratunkowa Marthy Nieves Ochoi zawdzięczała powodzenie wyłącznie działaniu drogą cierpliwego dochodzenia. Moja bezpośredniość wyraźnie go zaskakuje. Pablo odpowiada, że ten temat też poruszymy kiedy indziej.

Proszę, żeby wyjaśnił mi, o co chodzi z MAS. Spuszcza wzrok i stanowczym tonem mówi, że „¡Muerte a Secuestradores!" (Śmierć porywaczom!) została założona pod koniec 1981 roku przez największych przedstawicieli narkobiznesu i należy do niej

już wielu bogatych właścicieli ziemskich, a także członków niektórych organów państwowych: DAS (agencji bezpieczeństwa),
oddziałów B-2 armii oraz F2 policji (wywiadu) i GOES (grupy
operacyjnej zajmującej się walką z szantażem i porwaniami).
Żeby pieniądze najbogatszych nie uciekały do Miami – a majątek jego wspólników i kolegów po fachu nie musiał zostawać za
granicą – MAS jest zdeterminowana, by skończyć z plagą, która
istnieje wyłącznie w Kolumbii:

– Wszyscy chcielibyśmy inwestować w kraju, ale nie da się
z tym wiszącym nam nad głowami mieczem Damoklesa! Dlatego
nie pozostawimy na wolności ani jednego porywacza: za każdym
razem, kiedy uda nam się któregoś złapać, przekażemy go w ręce
wojska, oni się już nim zajmą. Żaden handlarz narkotyków nie
chciałby przejść tego, co mnie spotkało, kiedy porwano mi ojca,
ani co wycierpiała rodzina Ochoów, ani strasznych przeżyć mojego przyjaciela Carlosa Lehdera z Quindío. Wszyscy jednoczą
się wokół MAS i Lehdera, bardzo dużo wnoszą: mamy już blisko
dwuipółtysięczną armię.

Sugeruję, żeby od tej pory, skoro jego koledzy pracują też w rolnictwie, handlu i przemyśle, mówił raczej o „stowarzyszeniu za-
wodowym". Nie kryję grozy na wieść o porwaniu ojca Pabla i pytam, czy i jego udało się uwolnić w rekordowym czasie.

– Tak, tak. Dzięki Bogu, wrócił do nas cały i zdrowy. Później ci
opowiem, jak to było.

Uczę się, żeby zostawiać na inną okazję pytania o najwyraźniej niespotykanie skuteczne i niezawodne metody ratunkowe.
Wyrażam jednak pewien sceptycyzm co do zdolności MAS do
osiągnięcia takich samych rezultatów w każdym z trzech tysięcy porwań, do których każdego roku dochodzi w Kolumbii.
Tłumaczę, że aby pozbyć się wszystkich porywaczy, trzeba by

najpierw zrobić to samo z najróżniejszymi grupami partyzantów. A te liczą ponad trzydzieści tysięcy członków. Armii nie tylko nie udało się z nimi uporać przez ponad trzy dekady, ale z każdym dniem zdają się wręcz rosnąć w siłę. Uświadamiam mu, że starzy bogacze będą bardzo zadowoleni z MAS – nie muszą wyłożyć ani jednego peso, wystrzelić ani jednej kuli, poświęcić ani jednego życia, a tymczasem to on weźmie na siebie wszystkie koszty, wrogów i ofiary śmiertelne.

Wzrusza ramionami i kwituje, że nic go to nie obchodzi, bo zależy mu tylko na przywództwie w stowarzyszeniu i jego pomocy we wspieraniu rządu, który uwali traktat o ekstradycji z USA.

– W mojej branży wszyscy są bogaci. Teraz masz odpocząć, żeby pięknie wyglądać wieczorem. Zaprosiłem dwóch wspólników, mojego kuzyna Gustava Gavirię i szwagra Maria Henaę, oraz niewielką grupę znajomych. Muszę sprawdzić, jak tam roboty końcowe na boisku do futbolu, które w przyszły piątek mamy otworzyć. Poznasz tam całą moją rodzinę. Gustavo jest dla mnie jak brat, superinteligentny, praktycznie to on zarządza interesem. Dzięki temu mam czas, żeby zająć się tym, na czym mi naprawdę zależy: działalnością społeczną, charytatywną, no i… twoimi lekcjami, kochanie.

– A jaki jest twój kolejny cel? Po Kongresie?

– Na dziś wystarczy, dużo już ci opowiedziałem, a żeby nadrobić ten brakujący milion buziaków, potrzeba nam będzie tysiąca i jednej nocy. Do zobaczenia później, Virginio.

Wkrótce słyszę warkot helikoptera odlatującego z lądowiska w jego małej republice i zaczynam się zastanawiać, jak ten mężczyzna o lwim sercu zdoła pogodzić wszystkie przeciwstawne interesy i osiągnąć tak ambitne cele, mając do dyspozycji jedno tylko życie.

– Cóż, w tym wieku ma przed sobą jeszcze długie lata...
– wzdycham, przyglądając się stadu ptaków, które również znikają
za pozornie bezgranicznym horyzontem.

Wiem, że na moich oczach kiełkują procesy, które na zawsze
zmienią dzieje tego kraju, że mój ukochany mężczyzna odegra
główną rolę w wielu z nich i że na razie niemal nikt nie zdaje sobie z tego sprawy. Nie wiem, czy człowiek, którego na mojej drodze postawiła czy to opatrzność, czy to przeznaczenie – tak absolutnie pewny siebie, z taką pasją podchodzący do swoich idei,
szlachetnych celów, całej działalności – doprowadzi mnie kiedyś
do rzewnych łez, tak jak teraz doprowadza mnie do śmiechu.
Wiem jednak, że ma wszystkie cechy niezbędne do tego, by stać
się budzącym respekt przywódcą. Na szczęście dla mnie nie jest
przystojnym, dobrze wykształconym światowcem – Pablo jest po
prostu fascynujący. Mówię sobie:

„Nigdy jeszcze nie poznałam nikogo o tak męskiej osobowości.
To surowy diament i myślę, że jeszcze nigdy nie miał takiej kobiety jak ja. Spróbuję go oszlifować i przekazać mu całą wiedzę, którą
sama przez te lata zdobyłam. Sprawię, żeby potrzebował mnie jak
wody na pustyni".

Moje pierwsze spotkanie z rodziną Pabla ma miejsce tego wieczoru, na tarasie Hacienda Nápoles.

Gustavo Gaviria Rivero jest nieprzenikniony, milczący, dyskret-
ny, trzyma się na dystans. Ten mistrz wyścigów samochodowych,
równie pewny siebie jak jego kuzyn Pablo Escobar Gaviria, rzadko
się uśmiecha. Choć jest naszym rówieśnikiem, sprawia nieodpar-
te wrażenie znacznie dojrzalszego od Pabla. Od chwili, gdy mój
wzrok po raz pierwszy napotkał spojrzenie tego drobnego mężczyzny o gładkich włosach i cienkim wąsiku, wszystko mi mówi,

że nie porusza on kwestii biznesowych z cywilami. Wygląda na obserwatora, który ma za zadanie mnie ocenić. Intuicja od razu podpowiada mi, że nie tylko zupełnie nie zależy mu na popularności, do której aspiruje Pablo, ale wręcz zaczynają go martwić bajońskie sumy wydawane przez wspólnika na projekty społeczne. W przeciwieństwie do liberalnego kuzyna Gustavo popiera Partię Konserwatywną. Obaj ograniczają spożycie alkoholu do minimum, nie interesują ich też taniec ani muzyka: zachowują pełną czujność i skupienie na interesach, polityce, władzy i kontroli.

Dla tych bossów wspaniała diwa, gwiazda telewizji wywodząca się z rodów Holguinów, Mosquerów, Sanz de Santamaríów, Valenzuelów, Zuletaów, Arangów, Carów, Pastranów i Marroquinów – a dzięki wykonywanemu zawodowi siedząca w samym środku najbardziej zamkniętego kręgu władzy politycznej i gospodarczej – to najnowszy nabytek w kolekcji znajomości. Oni są nowi w świecie nadzwyczaj bogatych i jeszcze bardziej ambitnych, dlatego wyglądają jak zahipnotyzowani i przez najbliższe sześć godzin żaden z nich nie rzuci nawet na sekundę okiem w kierunku innego stołu, innej kobiety, mężczyzny ani niczego innego.

Mario Henao, brat Victorii (żony Pabla), to wielki znawca i zagorzały wielbiciel opery. Orientuję się, że próbuje mi zaimponować, może nawet przeszkolić mnie w ostatnim temacie świata, który mógłby zainteresować Pabla czy Gustava. Wiem też, że to również ostatni sojusznik, do znajomości z którym ktoś taki jak ja powinien aspirować, więc sprowadzam rozmowę na dziedziny, w których sukcesy odnieśli Pablo i Gustavo – robię to bez cienia litości dla Carusa, Toscaniniego i La Diviny ani dla legendarnej czci, jaką wszyscy Capone'owie czy Gambinowie mieli otaczać tę trójkę bóstw.

Wiele godzin zajmują mi próby skłonienia Gustava, który przypomina kamienny posąg, by opuścił gardę, ale upór i determinacja przynoszą efekty. Po blisko stu pięćdziesięciu minutach rozmowy i niemal drugich tylu wykładu o tym, jak wypracować dyscyplinę i precyzję niezbędne do panowania nad samochodem pędzącym dwieście pięćdziesiąt kilometrów na godzinę – a także o decyzjach mogących przesądzać o życiu lub śmierci, podejmowanych w ułamku sekundy, żeby zostawić przeciwników daleko w tyle i dotrzeć na metę na pierwszym miejscu – oboje wiemy, że zdobyliśmy nawet jeśli nie sympatię, to przynajmniej szacunek kluczowego sojusznika. Ja do tego dowiedziałam się, skąd u Pabla i jego wspólnika wzięła się ta zaciekła determinacja, żeby zawsze być numerem jeden, omijać lub usuwać wszystkie przeszkody na drodze do celu, drodze, która zdaje się przebiegać przez wszystkie aspekty ich życia.

Wokół nas, przy dwudziestu paru stolikach, siedzi tłum ludzi o nazwiskach w rodzaju Moncada czy Galeano – za nic nie byłabym w stanie przypomnieć sobie dzisiaj ich imion ani twarzy. Koło północy do naszej czwórki, zatopionej w przyjemnej konwersacji, podbiega dwóch spoconych chłopaków z bronią automatyczną dalekiego zasięgu, a ich przybycie sprawia, że gwałtownie wracamy do otaczającej rzeczywistości.

– Żona Iksińskiego go szuka – meldują Pablowi – a on jest tutaj z dziewczyną. Niezła afera, szef sobie wyobrazi! Babka jest wściekła jak osa! Przyszła z dwiema koleżankami i żąda, żeby je wpuścić. Co mamy robić?

– Powiedzcie tej pani, żeby zachowywała się jak dama. Żadna szanująca się kobieta nigdy i nigdzie nie lata za facetem, mężem, narzeczonym, kochankiem, wszystko jedno, a zwłaszcza po nocy. Niech wraca grzecznie do domu i czeka tam na niego z patelnią i wałkiem, a po powrocie spuści mu lanie. Ale tutaj wstępu nie ma.

Po chwili chłopaki wracają i przekazują Pablowi, że kobiety są zdeterminowane, żeby wejść, bo podobno on je zna.

– Owszem, dobrze znam takie osy... – mówi i wzdycha ciężko, jakby nagle przypomniało mu się jakieś niezwykle smutne wydarzenie. Potem, bez chwili wahania, nie bacząc na moją obecność, zarządza:

– Strzelcie dwa razy w powietrze, blisko samochodu. Jeśli przejadą znak STOP, weźcie je na muszkę. A jeśli nadal się nie zatrzymają, strzelajcie tak, by zabić, bez skrupułów. Jasne?

Słyszymy cztery wystrzały. Spodziewam się, że pojawią się zaraz z co najmniej trzema trupami i zastanawiam się, kto będzie czwarty. Jakieś dwadzieścia minut później chłopcy wracają zdyszani, rozczochrani i obficie zlani potem. Całe twarze, dłonie i przedramiona pokryte mają zadrapaniami.

– Co za walka, szefie! W ogóle się nie przestraszyły strzałów, zaczęły nas kopać i okładać pięściami, a wiecie, jakie szpony one mają, jak tygrysice! Musieliśmy je wygonić pod bronią, z pomocą jeszcze dwóch ludzi. Wolę nie myśleć, co czeka tego biedaka, kiedy wróci już nawalony do domu!

– Tak, tak, masz rację. Przygotujcie mu pokój, niech się tutaj prześpi – rozkazuje Pablo, dając nowy popis męskiej solidarności z uciśnionymi braćmi. – W przeciwnym razie jutro będziemy mu szykować pogrzeb!

– Te *paisas* to są naprawdę cholery, nie ma co! – komentują, wzdychając z rezygnacją, moi towarzysze, trzy niewiniątka.

Zagłębiam się w świat Pabla niczym Alicja w Krainę Czarów. Przekonuję się, że wielu z tych bogatych twardzieli tkwi pod pantoflem żon... i chyba domyślam się dlaczego. Zastanawiam się, kogo miał na myśli, mówiąc o innej wściekłej osie, którą tak dobrze zna, i sądzę, że raczej nie żonę.

Pewnej niedzieli postanawiamy wraz z grupą przyjaciół Pabla i Gustava udać się na przejażdżkę rolligonem. Rozglądam się wokół, podczas gdy powalamy drzewka gigantycznym traktorem na gąsienicach, wspominam uśmiechy przyjaciół, które widziałam tutaj przed siedmioma miesiącami, i odczuwam nostalgię za moimi *beautiful people*. Wśród nich zawsze czułam się jak ryba w wodzie, w każdym miejscu na świecie, niezależnie od języka. Tak naprawdę nie mam jednak czasu zbyt długo za nimi tęsknić, bo po uderzeniu w kolejny pień w powietrze wzbija się czarna, bzycząca plama o średnicy metra i pędzi na nas niczym lokomotywa. Nie wiem dlaczego – może Bóg ma dla mnie inne, ciekawsze plany – ale w ułamku sekundy udaje mi się zeskoczyć z rolligona, schować się między źdźbłami wysokiej trawy i znieruchomieć w absolutnym milczeniu – chyba dopiero po kwadransie pozwalam sobie odetchnąć.

Jakiś milion os rzuca się w pościg za grupką kilkunastu osób zarabiających na życie handlem kokainą. Mnie jakimś cudem nie żądli ani jedna. Kiedy mniej więcej godzinę później ludzie Pabla mnie znajdują – dzięki mojej liliowej sukience – dowiaduję się, że część gości trafiła do szpitala.

Przez następne lata miałam spędzić jeszcze tysiąc godzin u jego boku, może i tysiąc w jego ramionach, ale – z powodów, które zrozumiałam dopiero wieki później – po tym wieczorze już nigdy nie wróciliśmy z Pablem do Nápoles bawić się w towarzystwie przyjaciół w miejscu, gdzie trzy razy otarłam się o śmierć i gdzie prawie umarłam ze szczęścia. Tylko raz – w trakcie najbardziej idealnego dnia zarówno w moim, jak i w jego życiu – mieliśmy znów spędzić beztroskie godziny w tym raju, gdzie niegdyś wyrwał mnie z objęć śmiertelnego wiru, bo chciał uratować moje życie dla siebie, i gdzie wkrótce postanowił wyrwać mnie również z objęć innego mężczyzny, żeby zostać panem niezgłębionych zakamarków mojej wyobraźni, panem czasów, które wyrzuciłam już z pamięci, panem każdego centymetra skóry, która mnie wówczas oblekała.

Jedenaście lat później wszyscy ci mężczyźni, wówczas w wieku chrystusowym, będą martwi. Na pewno przeżyła ich wszystkich pisząca te słowa kronikarka. Ale gdyby ktoś chciał dziś namalować portret Alicji z Krainy Czarów w tym gabinecie luster, zobaczyłby tylko nieskończone, pokawałkowane odbicia różnych wersji *Krzyku* Muncha. Uszy zatykałam dłońmi, żeby nie słyszeć warkotu pił mechanicznych i błagań torturowanych, wybuchów bomb i jęków agonii, huku silników samolotów i łkania matek. Usta rozdziawiałam w bezsilnym wrzasku – który dopiero ćwierć wieku później zdoła się dobyć z mojej krtani. A oczy miałam szeroko rozwarte z grozy i przerażenia pod czerwonym niebem nad krajem ogarniętym pożogą.

Ta olbrzymia posiadłość nadal istnieje, owszem, ale z tego miejsca jak ze snów, gdzie przez jedną ulotną chwilę mogliśmy obcować z najwspanialszymi oznakami wolności i piękna, najcudowniejszymi przejawami szczęścia i hojności, pasji i czułości, cała magia zniknęła niemal tak prędko, jak się pojawiła. Po tamtym czarującym raju zostały już tylko wspomnienia ziemskich zmysłów: kolorów, pieszczot, gwiazd i śmiechu. Hacienda Nápoles stanie się wkrótce scenerią legendarnych intryg, które na zawsze zmienią historię mojego kraju i jego stosunków ze światem, ale – jak w pierwszych scenach ekranizacji *Kroniki zapowiedzianej śmierci* czy *Domu dusz* – dziś ten raj przeklętych zaludniają wyłącznie duchy.

Wszyscy ci młodzi mężczyźni już dawno poumierali. I to o ich miłościach i nienawiściach z czasów, gdy byli jeszcze ludźmi z krwi i kości, o ich ideach i utopiach, o ich triumfach i porażkach, sojuszach i rywalizacjach, lojalności i zdradach, życiu i śmierci traktuje reszta tej historii. Nie zmieniłabym w niej nawet najmniejszego szczegółu. A wszystko zaczęło się od prostego hymnu, o subtelnym tekście i idealnym metrum, który pewnego pięknego dnia przybył do nas z południa:

Kocham cię, bo jesteś moją miłością,
bratnią duszą, wszystkim dla mnie,
a gdy idziemy ulicą ramię w ramię,
jesteśmy czymś więcej niż sumą dwóch jedności.

(MARIO BENEDETTI, *Canciones de amor y desamor*
[Pieśni miłości i niemiłości])

część druga

DNI CHWAŁY
I PRZERAŻENIA

Och, Boże, gdybyś mógł zamieszkać nie tylko
w złotym drzewie, ale w lękach trawiących moje serce!

STARY POETA CYTUJĄCY ROBERTA FROSTA W *NOCY IGUANY*

Pieszczota rewolweru

Pablo Escobar należał do niewielkiej garstki uprzywilejowanych dzieci, które od najmłodszych lat wiedziały, kim chcą zostać, kiedy dorosną. A także kim zostać nie chcą: mały Pablo nigdy nie marzył o tym, żeby zostać pilotem, strażakiem, lekarzem ani policjantem.

– Chciałem po prostu być bogaty, bogatszy niż rodzina Echevarría z Medellín, bogatszy niż jakikolwiek kolumbijski bogacz, dążyć do tego za wszelką cenę, używając wszystkich środków i narzędzi, w jakie wyposaży mnie życie. Przysięgłem sobie, że jeśli w wieku trzydziestu lat nie będę miał miliona dolarów, popełnię samobójstwo. Strzelając sobie w skroń – wyznaje, kiedy wchodzimy na pokład learjeta stojącego w hangarze lotniska Medellín obok innych jego samolotów. – Niedługo kupię jumbo jeta i urządzę w nim latające biuro, będzie tam kilka sypialni, łazienki z prysznicami, salon, bar, kuchnia i jadalnia. Taki powietrzny jacht. Wtedy będziemy mogli podróżować razem po świecie i nikt nie będzie nam przeszkadzał.

Już w samolocie pytam go, w jaki sposób zdołamy podróżować incognito. Odpowiada, że wszystkiego się dowiem po powrocie i że od tej pory na każde spotkanie przygotuje dla mnie niespodziankę, której nigdy nie zapomnę. Wyznaje mi także, że za każdym razem, kiedy zdradza mi jakiś sekret, potrafi odczytać z mojej twarzy, zwłaszcza z oczu, którąś z moich tajemnic. A kiedy ja nie posiadam się z radości, bo udaje mi się czegoś nowego o nim dowiedzieć, on czuje się zupełnie tak, jakby wygrał wyścig samochodowy, a ja byłabym jego butelką szampana.

– Ktoś ci już mówił, że jesteś najsłodszą, najradośniejszą istotą na świecie, Virginio?

– Oczywiście – odpowiadam szczęśliwa, bo wiem, że – bez fałszywej skromności – dobraliśmy się idealnie, jak w korcu maku. – I od tej pory będę zamykać oczy, ilekroć zechcę zachować w tajemnicy któryś z moich intymnych sekretów. Będziesz mógł wyciągnąć je ze mnie bardzo powoli, tylko specjalnym korkociągiem do Perrier Jouët Rosé.

Odpowiada, że nie ma takiej potrzeby, bo w ramach kolejnej niespodzianki przewidział zawiązanie mi oczu, a możliwe, że będzie musiał nawet założyć mi kajdanki. Z szerokim uśmiechem mówię, że nigdy nikt nie zawiązał mi oczu, a tym bardziej nie zakuł w kajdanki, i pytam, czy jest sadystą jak ci psychopaci z filmów.

– Jestem zdeprawowanym sadystą tysiąc razy gorszym niż ci występujący w filmach. Nikt cię nie uprzedził, kochanie? – szepcze mi na ucho. Potem ujmuje moją twarz w dłonie i wpatruje się w nią, jakbym była głęboką studnią, w której chce zaspokoić swoje najskrytsze pragnienia. Głaszczę go i mówię, że tworzymy idealną parę, bo ja jestem masochistką. On całuje mnie i mówi, że od razu się tego domyślił.

Kiedy nadchodzi dzień niespodzianki, Pablo przyjeżdża po mnie do hotelu około dziesiątej wieczorem. Jak zwykle samochód z czworgiem ochroniarzy jedzie za nami w stosownej odległości.

– Nie mieści mi się w głowie, Virginio, że taka kobieta jak ty nie potrafi prowadzić samochodu – mówi, jadąc z zawrotną prędkością. – W dzisiejszych czasach to ułomność zarezerwowana tylko dla osób niedorozwiniętych umysłowo!

Odpowiadam, że byle szofer analfabeta potrafi prowadzić auto z pięciobiegową skrzynią biegów, ja zaś, prawie ślepa i z moim ilorazem inteligencji (146), nie potrzebuję marnować szarych komórek na kierowanie jakimś tam autkiem, używam ich raczej, żeby zrozumieć dzieje dziesięciu tysięcy lat cywilizacji i w pięć minut zapamiętać półgodzinne wiadomości. Wzrok mam tak słaby, że nie widzę napisów na teleprompterze. Pyta, na ile oceniam jego iloraz inteligencji. Odpowiadam, że pewnie nie przekracza 126.

– Nie, moja droga, najniższy wynik, jaki uzyskałem w testach, to 156. Lepiej nie igraj z ogniem, kochanie.

Mówię, że będzie musiał mi to udowodnić, i proszę, by zwolnił przynajmniej do równowartości swojego IQ, bo jadąc sto osiemdziesiąt kilometrów na godzinę, niechybnie zostaniemy parą przedwcześnie zmarłych geniuszy.

– Przecież żadne z nas nie boi się śmierci. A może jest inaczej, pani prymusko? Teraz przekonasz się na własnej skórze, jaka kara czeka cię za bezczelność. Dziś jestem w złym humorze i denerwują mnie ci ochroniarze jeżdżący za mną krok w krok. Nie tracą nas z oczu ani na minutę i chyba jest tylko jeden sposób, żeby ich zgubić. Widzisz przeciwległą nitkę autostrady, tam na dole, po mojej lewej stronie? Masz zapięty pas, prawda? Więc trzymaj się mocno, bo za trzydzieści sekund pojedziemy w drugą stronę. Jeśli się nie uda, zobaczymy się w przyszłym życiu, pani Einstein. Jeden, dwa i trzyyyyyyyyy!

Auto odbija nagle w bok i stacza się po zboczu pokrytym żwirem, koziołkuje przez dach i trzykrotnie podskakuje. Uderzam się dwa razy w głowę, ale się nie skarżę. Pablo natychmiast dochodzi do siebie, zawraca z piskiem opon i pędzi jak opętany w kierunku swojego apartamentu. Po kilku minutach wpadamy do garażu z prędkością bolidu, drzwi zamykają się za nami z trzaskiem, a samochód zatrzymuje kilka milimetrów przed ścianą.

– Puuuuf! – mówi, głośno wydmuchując powietrze. – Teraz ich zgubiliśmy, ale chyba jutro rano będę musiał zwolnić tych chłopców. Wyobrażasz sobie, co by się stało, gdyby ktoś taki jak ja spróbował mnie porwać?

Uśmiecham się w duszy, ale nie odzywam słowem. Nie chcę dać mu satysfakcji i powiedzieć tego, na co czeka: że jeszcze nie urodził się nikt, kto miałby równie zimną krew. Wchodzimy do domu, zupełnie pustego, przed wejściem do sypialni dostrzegam kamerę. Siadam na krześle z niskim oparciem, on siada przede mną i zaplata dłonie na piersi. Surowym tonem, spoglądając na mnie lodowato, mówi:

– Myślę, że już się przekonałaś, kto tu ma wyższe IQ. I kto ma jaja, prawda? I jeśli tylko zaczniesz się skarżyć albo zrobisz jeden fałszywy ruch, gdy będę ci szykował niespodziankę, podrę na tobie tę sukienkę, nagram wszystko, co z tobą potem zrobię, i sprzedam to mediom. Zrozumiano, Marilyn? A ponieważ zawsze dotrzymuję obietnic, zaczniemy od tego, że... zawiążę ci oczy. Będziemy chyba też potrzebować rolki taśmy klejącej – dodaje, gwiżdżąc *Feelin' Groovy* Simona i Garfunkela, a potem zawiązuje mi na oczach czarną przepaskę na podwójny, solidny supeł. – A, i jeszcze kajdanki. Gdzie ja je położyłem?

– Nie, proszę, Pablo, nie. Umówiliśmy się, że zasłonisz mi oczy. Przed chwilą uderzyłam się w głowę, jestem zamroczona, nie ma sensu skuwać kajdankami kogoś tak wątłej postury jak ja. A jeśli chodzi o knebel, powinieneś chociaż poczekać, aż krew zacznie mi znów swobodnie krążyć pomiędzy głową a tułowiem.

– Umowa stoi. Założę ci kajdanki tylko wtedy, jeśli spróbujesz podskoczyć. Nigdy nie lekceważę panter mających o sobie zbyt wysokie mniemanie.

– Jak miałabym podskoczyć? Nie lekceważę kryminalistów z zadatkami na schizofreników.

Po chwili dłużącej się w nieskończoność ciszy mówi nagle:

– Sprawdzimy, czy rzeczywiście niewidomi mają tak doskonały słuch.

Słyszę, jak zdejmuje buty, które spadają na dywan, a potem dźwięk sejfu otwierającego się przy czwartym obrocie zamka. Później, niemożliwy do pomylenia z niczym dźwięk sześciu naboi wkładanych do bębenka rewolweru, jeden po drugim, a w końcu trzask odbezpieczanej broni. Na chwilę zapada cisza. Kilka sekund później stoi już za mną, szepcze mi do ucha zdyszanym głosem, trzymając lewą ręką za włosy i wodząc kolbą wokół mojej szyi.

– Wiesz, że ludzie z naszego środowiska nazywają magikami, bo dokonujemy prawdziwych cudów. A ja jestem królem magików i tylko ja znam sekretną formułę, by połączyć znów to ciało, za którym szaleję, z głową, którą uwielbiam. Abrakadabra, wyobraźmy sobie, że przyklejamy rewolwer diamentową kolią do tej łabędziej szyi... tak szczupłej, że mógłbym gołymi rękami złamać ją na pół. Abrakadabra, jeden sznur, drugi, trzeci. Czujesz je?

Mówię, że diamenty są lodowate, sprawiają ból i jak na mój gust są zbyt małe. I że nie to mi obiecywał, a takie improwizacje na ostatnią chwilę się nie liczą.

– Pomiędzy nami wszystko jest dozwolone, kochanie. Nigdy nie czułaś na swojej skórze pieszczoty rewolweru, na tej skórze tak aksamitnej... złocistej... tak idealnie zadbanej... bez najmniejszego zadrapania... ani jednej blizny, prawda?

– Uważaj na przepaskę na oczach! Zaraz spadnie i zepsuje niespodziankę stulecia, Pablo. Chyba nie mówiłam ci jeszcze, że chodzę na strzelnicę z policjantami w Bogocie – strzelam ze smitha & wessona – i mój trener twierdzi, że trafiam lepiej niż wielu oficerów z ostrością wzroku dwadzieścia na dwadzieścia.

Przyznaje, że jestem dla niego jedną wielką niespodzianką, ale zaznacza, że czym innym jest mieć w ręku rewolwer, a czym innym czuć rewolwer w ręku mordercy na swojej skroni. Dodaje, że sam kiedyś coś podobnego przeżył, i pyta, czy nie jest to doświadczenie absolutnie makabryczne.

– Wręcz przeciwnie, absolutnie oszałamiające. Ach, to nie-ziemskie uczucie... Nieporównywalne z żadnym innym – mówię, odchylając głowę i dysząc z rozkoszy, on tymczasem rozpina mi guziki na dekolcie, a lufa rewolweru zaczyna powoli wędrować w kierunku mojego serca. – Poza tym ty jesteś sadystą... a nie mordercą.

– Tak ci się tylko wydaje, słonko. Jestem seryjnym mordercą... A teraz powiedz, dlaczego to lubisz... Zaskocz mnie, proszę.

Powoli mruczę, że broń palna to zawsze jakaś pokusa... słodkie jabłko Ewy... najbliższy przyjaciel, który oferuje nam opcję skończenia ze wszystkim... pozwala odlecieć do nieba, kiedy nie ma już innej drogi ucieczki... Albo do piekła, jeśli rzeczywiście jesteś mordercą...

– Co jeszcze? Mów dalej, dopóki nie pozwolę ci zamilknąć... – rzuca chrapliwym głosem, ściągając ze mnie sukienkę i całując moją szyję i ramiona. Posłusznie kontynuuję:

– Jest cicha, jak idealny wspólnik. Bardziej niebezpieczna... niż wszyscy twoi przyjaciele razem wzięci... kiedy wybucha, brzmi jak... pozwól mi pomyśleć... jak... jak... jak kraty więzienia San Quentin! Tak, właśnie tak, zamykające się kraty jankeskiego więzienia brzmią jak wystrzały kul, rano, po południu i wieczorem. To musi być absolutnie makabryczne doświadczenie, prawda, kochanie?

– Takie masz marzenia, perwersyjna suczko... To powiedz mi teraz, jaki jest ten rewolwer... fizycznie... jeśli zamilkniesz, zakleję ci taśmą usta i nos! Nie będziesz mogła oddychać. I nie ręczę za siebie, nie wiem, co ten sadysta i prostak zrobi później – rozkazuje, pieszcząc mnie lewą ręką, podczas gdy przeciąga rewolwer w linii prostej po mojej klatce piersiowej, przeponie, zsuwa go poniżej pasa, żeby zatrzymać się na moim podbrzuszu.

– Chyba jest wielki... i bardzo męski... i ma w środku otwór... ale jest zimny... bo jest z metalu... i nie jest zrobiony z tego co ty, prawda?... A teraz, kiedy już usłyszałeś to, co chciałeś usłyszeć, przysięgam ci, Pablo, że jeśli zsuniesz się o milimetr, wstanę z tego krzesła, wrócę na piechotę do Bogoty i nigdy więcej nie zobaczysz mnie na oczy.

– No dobrze, już dobrze – mówi ze śmiechem zdradzającym poczucie winy i kapitulację. – To zwykłe świństewka, które przychodzą do głowy mężczyźnie mającemu przed sobą kompletnie bezbronny symbol seksu... No dobrze, marudo, jedźmy dalej. Ale ostrzegam, że czeka cię zaklejenie ust, bo jestem prawie takim perfekcjonistą jak ty.

– A ty musisz chyba zrozumieć, że dla kogoś takiego jak ja podobne gierki są czymś absolutnie przewidywalnym. Od dawna czekam na swoją niespodziankę i naprawdę ci współczuję, jeśli mnie rozczarujesz!

Zirytowanym tonem oświadcza mi, że tutaj on decyduje, co jest przewidywalną gierką, a co nie.

– Już wiem, co mi pokażesz, swoją kolekcję broni. I podarujesz mi jakąś spluwę. Jakbym była dziewczyną Bonda. Mogę zdjąć opaskę, żeby wybrać najładniejszą i najbardziej skuteczną?

– Opaskę zdejmiesz dopiero wtedy, kiedy każę ci to zrobić. Nie zauważyłaś jeszcze, że tutaj rządzi morderca z rewolwerem w ręku, sadysta, który może w każdej chwili włączyć kamerę, mężczyzna dysponujący brutalną siłą, bogaty pan na włościach, a nie biedna kobieta ważąca zaledwie pięćdziesiąt pięć kilogramów z IQ o wiele niższym od mojego? Musisz zaczekać jeszcze tylko kilka minut. Pragnę jeszcze znaleźć miejsce, gdzie wpakuję te ostatnie cztery... Już mamy to za sobą! Zrozum, to dla twojego dobra. Wyobraź sobie, że w przyszłości ktoś cię torturuje... przez wiele dni... żeby wyciągnąć z ciebie informacje o tym, co za chwilę zobaczysz. A może myślisz zostać Matą Hari i pewnego pięknego dnia... po prostu mnie zdradzisz?

– To skradzione diamenty, kochanie! Tysiące drogich kamieni! Na pewno to właśnie mi pokażesz!

– Nie bądź taką optymistką! Nigdy bym ci ich nie pokazał, ukradłabyś mi te największe, połknęłabyś je, a ja musiałbym pociąć cię nożyczkami, żeby wyjąć je z twojego brzucha.

W obliczu perspektywy zadławienia się diamentami nie mogę przestać się śmiać. Potem przychodzi mi do głowy coś innego.

– Już wiem! Nie rozumiem, jak mogłam nie wpaść na to wcześniej! Pokażesz mi całe tony koki *made in Colombia*, zapakowane i gotowe do transportu do Stanów. Rzeczywiście zaklejają je taśmą klejącą? W końcu zobaczę, jak wyglądają te paczuszki. To prawda, że przypominają dwa funty masła i mają na sobie stempel „La Reina"?

– Kompletnie brak ci wyobraźni. Rozczarowujesz mnie... To może zobaczyć każdy z moich wspólników, moich ludzi, moich pilotów, klientów, a nawet agenci DEA. A przecież mówiłem, że zobaczysz coś, czego nikt jeszcze nie widział – ani nie zobaczy – oprócz ciebie nikt na świecie. Dobrze... Jestem gotowy! Teraz mogę usiąść spokojnie u stóp mojej królowej i obserwować jej reakcję. Obiecuję, że nigdy nie zapomnisz tej nocy. Raz, dwa i trzy... rozkazuję ci zdjąć opaskę!

Niektóre są niebieskie, inne zielone, brązowe i czarne. Ale zanim zdołam je dopaść, by przyjrzeć się im z bliska, żelazne kajdanki zatrzaskują się z cichym kliknięciem wokół mojej prawej kostki, przypinając mnie do nogi krzesła. Nie przewracam się na podłogę tylko dlatego, że on jednym skokiem znajduje się przy mnie i chwyta w powietrzu. Obejmuje mnie ramionami, całuje raz i drugi, śmiejąc się po cichu. W końcu mówi:

– Wiedziałem, że nie można ci ufać, ty podstępna panterko. Zapłacisz mi za to! Jeśli naprawdę chcesz je zobaczyć, musisz mi najpierw powiedzieć, że kochasz mnie jak nikogo innego na świecie. Ha, ha, ha, ha! Powiedz, że mnie ubóstwiasz. No proszę, powiedz. W przeciwnym razie nie pozwolę ci patrzeć na nie ani z bliska, ani z daleka.

– Nie będę recytować tego, co mi każesz, powiem tylko to, co sama myślę, rozumiesz? A ty... ty jesteś... jesteś geniuszem, Pablo! Największym geniuszem, jaki chodził po tym świecie. – A potem, ściszonym głosem, jakby ktoś mógł nas podsłuchiwać, wypowiadam całą serię pytań, wymieszanych z błagalnymi prośbami, które tak uwielbia.

– Wszystkie są twoje? Ile ich masz? Ile kosztują? Jak można je zdobyć? Pokaż mi, proszę, zdjęcia i twoje nazwiska! Daj mi kluczyk do kajdanek, Pablo, bo strasznie uwierają mnie w kostkę. Pozwól twojej biednej, ślepej dziewczynce popatrzeć na nie z bliska. Nie bądź takim sadystą, błagam cię. Chcę zdjąć plaster, którym zaklejone są nazwy krajów, i w końcu je zobaczyć.

– Nie, nie i jeszcze raz nie! Założę się, że ty, ósmy cud świata, nigdy nie przypuszczałaś, że ktoś z mojego środowiska może być tak popularny. Popatrz tylko, czternaście krajów przyznało mi obywatelstwo.

– Wow! Teraz rozumiem, do czego służy kolumbijska forsa w połączeniu z niezłym IQ. Zdaje się, że połowa krajów ONZ zabiegała, żeby dostąpić tego zaszczytu. Ale, ale, nie widzę nigdzie paszportu Stanów Zjednoczonych, a w twoim fachu to pewnie priorytet, prawda?

– No cóż, kochanie, nie od razu Rzym zbudowano. A siedem procent wszystkich krajów świata to dobry wynik na początek. Zwłaszcza w tak młodym wieku. Moje nowe tożsamości i narodowości poznasz wtedy, kiedy zaczniemy ich używać. Jeszcze sam się w nich nie rozeznaję.

– Więc powiem ci jedno! Masz przed sobą kogoś, kto może cię nauczyć doskonałej wymowy ni mniej, ni więcej, tylko w pięciu językach. Kiedy miałam zaledwie siedemnaście lat, uczyłam już fonetyki w Instituto Colombo-Americano. Widzisz, jaki skarb ci się trafił? Jak mamy wyjechać do innego kraju, jeśli nie będziesz umiał poprawnie wymówić swojego imienia, Pablo? Powinniśmy zacząć lekcje zaraz, żebyś nie wzbudził podejrzeń, kiedy będziesz musiał uciekać. To dla twojego dobra, najdroższy.

– Nie ma mowy. Dziś czeka cię już tylko ostatni etap, a potem toast szampanem. Różowym, który tak pięknie wygląda w kieliszkach, prawda?

Nie zdejmując mi kajdanek, sadza mnie z powrotem na krześle i klęka. Przed nim leżą ułożone w dwuszeregu paszporty, jakieś dwa metry ode mnie. Zasłonił plastrem narodowości, a na wewnętrznych stronach swoje fałszywe imiona i nazwiska oraz daty urodzenia. Potem, jak dziecko, które odpakowuje prezenty w wigilijny wieczór, zaczyna mi pokazywać swoje czternaście fotografii, a ja, jak zahipnotyzowana, przyglądam się rozmaitym, absolutnie niezwykłym, niewyobrażalnym, niemożliwym wcieleniom mężczyzny, którego kocham.

– Tutaj mam ogoloną głowę. Tutaj w okularach i z kozią bródką, jak marksistowski inteligent. Tutaj mam fryz afro. Koszmarnie wyglądam, prawda? Tutaj udaję Araba, ten paszport załatwił mi saudyjski książę, z którym się przyjaźnię. Do tego zdjęcia musiałem ufarbować się na blond; a do tego na rudo, musiałem iść do salonu fryzjerskiego, a kobiety patrzyły na mnie jak na pedała. Tu z kolei pożyczyłem perukę. Do tego zgoliłem wąsy, a do tego zapuściłem bujną brodę. A co powiesz o tym? Łysina na środku głowy i długie kosmyki po bokach, jak profesor Lakmus z *Tintina*? Genialne, nie? Na wszystkich wyszedłem koszmarnie, ale rodzona matka by mnie nie poznała. Które zdjęcie podoba ci się najbardziej?

– Podobasz mi się na wszystkich! Są naprawdę komiczne. W życiu nie widziałam tak fantastycznej kolekcji. Jesteś największym przestępcą na świecie. Najgorszym bandytą ze wszystkich, jacy chodzili po ziemi – mówię, śmiejąc się, podczas gdy on odnosi paszporty na miejsce. – Nie można się z tobą nudzić! Jesteś po prostu niesamowity!

Zamyka sejf, odkłada rewolwer na biurko i wraca do mnie. Gładzi delikatnie moją twarz i bez słowa zdejmuje kajdanki. Całuje mnie kilka razy w kostkę, na której mam teraz czerwony ślad. Potem układa mnie na łóżku i masuje delikatnie głowę w miejscu, które uderzyło o dach samochodu.

– Chociaż w to nie uwierzysz, najbardziej na świecie kocham wcale nie to wspaniałe ciało ani nie tę mądrą i obitą główkę – mówi ze śmiechem. – Kocham twoje złoto, przytulone do mojego, kiedy leżymy tak razem.

Zaskoczona mówię, że jeśli w tym pokoju jest ktoś, kto nie ma ani grama złota, to tą osobą jestem właśnie ja. A on szepce mi do ucha, że mam złote serce, największe na świecie, bo jestem dla niego wyzwaniem i, mimo wszystkich tych okropnych prób, jakim mnie poddaje, w końcu zostaję również jego nagrodą.

– Moje serce już połączyło się z twoim. Wiem o tobie wszystko. A teraz, kiedy oboje wygrywamy, możemy oboje stracić głowy, prawda? Abrakadabra, moja Mario Antonino.

Kiedy zasypia, sprawdzam rewolwer. Jest nabity, ma w środku sześć kul. Wychodzę na taras i widzę cztery samochody z ochroniarzami. Zaparkowane na każdym rogu ulicy. Wiem, że oddaliby za niego życie. Ja też nie wahałabym się za niego zginąć. Czuję się szczęśliwa, zasypiam spokojnie. Gdy się budzę, jego już nie ma.

Dwóch przyszłych prezydentów i *Dwadzieścia wierszy o miłości*

Drugim celem Pabla, po tym jak już zdobył bajeczną fortunę, było wykorzystanie jej, żeby stać się najpopularniejszym liderem politycznym wszech czasów. Oczywiście był to jasny dowód najbardziej oczywistej schizofrenii, absolutnej manii wielkości, pragnienia kultu jednostki, bezprecedensowa ekstrawagancja. No bo jak można obiecać, że podaruje się dziesięć tysięcy mieszkań bezdomnym i zwalczy głód w mieście mającym milion mieszkańców? I jeszcze w dodatku w Kolumbii, kraju, w którym magnaci są najbardziej skąpi i pozbawieni klasy w całej Ameryce Łacińskiej?

Posiadacze niezwykłych kapitałów żyją w ciągłej niepewności, czy aby nie są kochani tylko dla pieniędzy. Są równie nieufni w sprawach sercowych jak kobiety, które zasłynęły dzięki swej urodzie i przez cały czas zastanawiają się, czy mężczyźni potrzebują ich naprawdę jako żon albo narzeczonych, czy tylko po to, żeby chwalić się nimi jak myśliwskimi trofeami. Pablo tymczasem doskonale wie, że jego zwolennicy, jego żołnierze, kobiety, przyjaciele, rodzina i oczywiście ja kochamy go nie ze względu na fortunę, ale na to, kim jest. I oczywiście ma rację, ja jednak zastanawiam się, czy osoba tak nadwrażliwa na własnym punkcie, obdarzona patologicznie obsesyjną osobowością, potrafi przezwyciężyć pułapki sławy. Czy, przede wszystkim, upora się z tonami wrogości, która z pewnością spadnie na niego w kraju, gdzie ludzie, jak głosi przysłowie, częściej umierają z zazdrości niż na raka.

Po raz drugi w życiu widziałam Pabla podczas publicznego występu z okazji otwarcia boiska do koszykówki. Jego ruch polityczny Civismo en Marcha promuje zdrową rozrywkę, a sam Pablo pasjonuje się sportem, postanowił więc wybudować podobne boiska we wszystkich biedniejszych dzielnicach Medellín i położonego na południe Envigado, w którym się wychował. Obiecał też zainstalować oświetlenie na wszystkich boiskach w Medellín. Kiedy się poznaliśmy, dowiedziałam się, że podarował miastu już wiele takich obiektów. Tego wieczora przedstawił mi całą swoją rodzinę – ludzi z niższej klasy średniej, w ich bardzo poważnych twarzach nie dostrzegam ani krzty zła – łącznie z żoną Victorią Henao, matką Juana Pabla, ich sześcioletniego syna. Wszyscy mówią na nią „Tata". Nie jest ładna, ale bije od niej godność. Tylko jej kolczyki – z diamentami – mogłyby zdradzić, że jest żoną jednego z najbogatszych ludzi w Kolumbii. Ma bardzo krótkie, ciemne włosy, jest niziutka, jej nieśmiałość kontrastuje z jego dezynwolturą. W przeciwieństwie do Pabla i do mnie, którzy czujemy się w tłumie jak ryby w wodzie, nie wydaje się bawić dobrze i wyznaje, że z niepokojem obserwuje rosnącą popularność męża. Wita się ze mną chłodno i z tą samą rezerwą, jaką widzę w oczach całej rodziny Pabla. Na niego patrzy z uwielbieniem, on też wpatruje się w nią jak w obrazek. Ja spoglądam na nich z uśmiechem, bo nigdy nie byłam o nikogo zazdrosna. Na szczęście nie kocham Pabla miłością wykluczającą ani zaborczą: kocham go całym sercem i całą duszą, szaleńczo, ale nie w sposób irracjonalny, bo bardziej od niego kocham siebie. A po cichu zastanawiam się, czy te spojrzenia zakochanych gołąbków po ośmiu latach małżeństwa nie są wyrazem chęci publicznego udowodnienia, iż ich związek ma się jak najlepiej.

Podczas gdy przyglądam się tej rodzinie z potrójnej perspektywy, jaką zapewnia mi intymność kochanki, obiektywizm dziennikarki i dystans obserwatorki, zdaje mi się, że widzę olbrzymi cień kładący się na sielankowej scenie z rodziną i tłumem ludzi podchodzących do Pabla, żeby podziękować za dary, które co tydzień rozdaje biednym. Ogarnia mnie nagle niezrozumiały i pełen wątpliwości smutek podobny do złego przeczucia i zaczynam się zastanawiać, czy te triumfalne sceny z wielokolorowymi balonikami i huczną muzyką płynącą z głośników nie są tylko mirażem, pokazem sztucznych ogni, domkiem z kart. Kiedy cień przestaje wreszcie mącić mi wizję, widzę wyraźnie coś, czego nigdy wcześniej nikt nie zauważył: całą liczną rodzinę Pabla, wystrojoną w nowe ubrania i kosztowną biżuterię, produkt świeżo uciułanej fortuny, dręczy lęk przed czymś, co w każdej chwili może wybuchnąć jak kolosalnych rozmiarów wulkan.

Niepokojące myśli nachodzą mnie od czasu do czasu, podczas gdy on rozkoszuje się uwielbieniem tłumów, aplauzem i podziwem, który wzbudza. Dla mnie to chleb powszedni. Jako dziennikarka telewizyjna i prezenterka na niezliczonych imprezach od dwudziestego drugiego roku życia jestem przyzwyczajona do braw w teatrach i okrzyków na stadionach. Dla Pabla jednak są one jak tlen, coś, dla czego warto żyć, to pierwsze stopnie drabiny prowadzącej do sławy. Oczywiste jest, że jego płomienne politycznie przemówienia zapadają głęboko w serce prostego ludu. Kiedy go słucham, przychodzi mi do głowy cytat z Szekspira, a dokładnie zdanie, które wypowiada Marek Antoniusz na pogrzebie Juliusza Cezara: „Złe czyny ludzi po śmierci ich żyją,// Dobre najczęściej w grób z nimi zstępują"*.

Zastanawiam się, jaki los spotka mojego mecenasa i bandytę, tak młodego i naiwnego, w którym zakochałam się bez pamięci. Czy będzie potrafił rozegrać swoje karty? Czy nauczy się kiedyś przemawiać publicznie z ładniejszym akcentem i grzeczniejszym tonem? Czy mój nieoszlifowany diament stać na bardziej wyrafinowany dyskurs, czy mógłby zostać kimś więcej niż prowincjonalnym politykiem? Czy znajdzie bardziej kontrolowaną formę pasji, żeby osiągnąć to, co sobie zamierzył, i okaże się na tyle inteligentny, żeby to utrzymać? Po kilkunastu minutach radość tych wszystkich ubogich rodzin udziela się także i mnie. Odgaduję ich nadzieje i pragnienia. Dziękuję Bogu za to, że zesłał jedynego, odkąd sięgam pamięcią, świeckiego dobroczyńcę Kolumbii na wielką skalę, i pełna entuzjazmu przyłączam się do świętowania.

Mój program nagrany na wysypisku śmieci budzi poruszenie na skalę ogólnokrajową. Wszyscy moi koledzy chcą przeprowadzić wywiad z Pablem Escobarem, żeby się przekonać, skąd bierze pieniądze ten kandydat do niższej izby parlamentu, który wydaje się posiadać nieskończone środki i cechuje się niespotykaną dotychczas hojnością, a doszedł do tego dzięki niesamowitemu połączeniu sprytu i wielkiego serca. Wielu chce się również dowiedzieć, co właściwie łączy go z gwiazdą telewizji, która zawsze zazdrośnie strzegła sekretów swojego życia prywatnego. Ja wypieram się romansu z żonatym mężczyzną i radzę Pablowi, żeby nie udzielał żadnych wywiadów, zanim osobiście nie przepytam go przed kamerą. Zgadza się, choć bardzo niechętnie.

---

* Cytat w tłumaczeniu Leona Ulricha.

– W przyszłym tygodniu zaproszę cię na pierwsze Forum przeciw Ekstradycji, odbędzie się ono w Medellín – mówi. – A potem na drugie, do Barranquilli, przedstawię cię najważniejszym szychom w mojej branży, które obecnie są też najbogatszymi ludźmi w kraju. Wszyscy są z nami w MAS i zamierzamy przeciwstawić się temu choremu pomysłowi za wszelką cenę. Jeśli będzie trzeba, poleje się krew.

Próbuję mu wyjaśnić, że używając tak wojowniczego języka, narobi sobie wrogów już na pierwszym etapie politycznej kariery. Radzę, żeby przeczytał *Sztukę wojny* Sun Tzu i nauczył się z tego traktatu, co to znaczy strategia i cierpliwość. Mówię mu o słynnych maksymach jego autora, na przykład: „Nigdy nie atakuj pod górę". Odpowiada, że jeśli o strategie chodzi, on dostosowuje swoje do potrzeb chwili, książki natomiast nudzą go niemiłosiernie, ale na szczęście ma mnie, która połykałam je od dziecka, żeby nauczyć go tych wszystkich mądrości. Wie, że to ostatnia rzecz, jaką chce usłyszeć zakochana atrakcyjna kobieta, dodaje więc natychmiast radosnym tonem:

– Nie zgadniesz, jakim pseudonimem cię ochrzciłem, żeby moi ludzie dawali mi znać, kiedy docierasz na lotnisko. Więc ni mniej ni więcej… Belisario Betancur! Jak prezydent naszego kraju! Naprawdę, nie możesz na mnie narzekać!

I wybucha tym swoim śmiechem figlarza, który kompletnie mnie rozbraja, w jednej chwili rozwiewa wszystkie moje zmartwienia, potem bierze mnie w ramiona, a ja topię się w jego uścisku jak porcja karmelowych lodów z wanilią i wiórkami czekolady pozostawiona na stole w upalny letni dzień.

Współpasażerowie samolotu, którym podróżuję, stanowią ekscentryczną i różnorodną grupę. Jeden wraca właśnie z Korei Północnej, gdzie przeprowadził wywiad z Kim Ir Senem. Inny ze spotkania Ruchu Państw Niezaangażowanych. Kolejna osoba zna Petrę Kelly, założycielkę niemieckiej Partii Zielonych, którą Pablo chce zaprosić do swojego ogrodu zoologicznego i pokazać jej swoje społecznikowskie dzieło; następna jest bliskim przyjacielem Jasira Arafata. W biurach Pabla i Gustava błękit zastępuje czerwień, wszyscy noszą bardzo ciemne okulary, a kolor zielony nie jest tym samym, z którym obnoszą się europejscy ekolodzy. Kolejna grupa pasażerów ma związki z jednostką F2 naszego wywiadu. Paragwajczyk jest bliskim przyjacielem syna albo zięcia Stroessnera**, z tyłu samolotu miejsca zajęli meksykańscy generałowie, a panowie z walizeczkami to izraelscy handlarze bronią, obok nich goście z Liberii. Życie Pabla na początku 1983 roku przypomina Zgromadzenie Ogólne ONZ. A ja przekonuję się, że mężczyzna, którego kocham, ma nie tylko talent do przebieranek i kupowania podrobionych paszportów, ale też jak kameleon potrafi dostosować swoje polityczne ideały do oczekiwań publiczności: od najbardziej skrajnie lewicowych poglądów, którymi chełpi się przed wyborcami pochodzącymi z kolumbijskiej biedoty oraz partiami politycznymi i mediami, do przeraźliwie i represyjnie prawicowych, jeśli idzie o ochronę własnej rodziny, własnych interesów czy zaimponowanie wspólnikom – milionerom albo zwolennikom w mundurach. Potrafi nimi żonglować na oczach będącej dla niego wyzwaniem kobiety, zakochanej w tym sprawnym tkaczu, który snuje ze swadą swój wielokolorowy wątek, nigdy nie myląc nitek. Wybrał ją na obserwatorkę procesu własnej ewolucji i współtowarzyszkę życia, admiratorkę jego męskości, zdolności do podporządkowywania sobie innych mężczyzn i odkrywanej właśnie umiejętności uwodzenia kobiet.

** Alfredo Stroessner – prezydent Paragwaju w latach 1954–1989. Stał na czele dyktatury. Obalony w wyniku wojskowego przewrotu.

Pierwsze Forum przeciw Ekstradycji odbywa się w Medellín. Pablo zaprasza mnie do głównego stołu, zajmuję miejsce obok siedzącego po jego prawej stronie księdza Elíasa Lopery. Tam po raz pierwszy mam okazję słyszeć płomienne, nacjonalistyczne przemówienie Pabla przeciwko traktatowi. Z czasem walka z ekstradycją stanie się jego obsesją, najważniejszą sprawą i przeznaczeniem, drogą krzyżową milionów rodaków, jego własną i moją męką. W Kolumbii, gdzie kara za zbrodnie przychodzi po dwudziestu lub więcej latach – o ile w ogóle przyjdzie, bo może jeszcze sprzedać się po drodze temu, kto zaoferuje najwyższą stawkę – a wymiar sprawiedliwości skonstruowano po to, żeby wycieńczyć ofiarę i ochronić sprawcę, ktoś tak bogaty jak Pablo Escobar z założenia może liczyć na absolutną bezkarność. Lecz na horyzoncie – nie tylko jego własnym, ale też kolegów po fachu – zaczynają się gromadzić czarne chmury: możliwość, że każdy obywatel Kolumbii, któremu zostaną postawione zarzuty dotyczące przestępstw przeciwko obydwu narodom, będzie na wniosek rządu Stanów Zjednoczonych sądzony w USA – państwie, które ma wydolny system prawny, dobrze strzeżone więzienia, karę wielokrotnego dożywocia, a wreszcie karę śmierci.

Podczas owego forum Pablo przemawia do swoich współziomków językiem o wiele bardziej wojowniczym niż ten, który znałam dotychczas. Nie drży mu głos, kiedy gwałtownie atakuje obiecującego politycznego lidera Luisa Carlosa Galana, pewnego kandydata na prezydenta, za to, że skreślił go z list swojej partii Renovación Liberal mającej na sztandarach hasła walki z korupcją. Pablo nie wybaczy mu do śmierci, że poznawszy prawdziwe źródło jego fortuny, Galán powiadomił go o usunięciu z partii, chociaż nie wymieniając z nazwiska, w obecności tysięcy osób zgromadzonych w Parque Berrío w Medellín.

Poznałam Luisa Carlosa Galana dwanaście lat wcześniej, w domu jednej z najsympatyczniejszych kobiet, z jakimi kiedykolwiek miałam styczność, pięknej i eleganckiej Lily Urdinoli z Cali. Miałam wtedy dwadzieścia jeden lat i rozwiodłam się właśnie z Fernandem Borrerem Caicedem, architektem przypominającym Omara Sharifa, dwadzieścia pięć lat ode mnie starszym. Lily rozstała się dopiero co z magnatem cukrowym z Valle del Cauca i miała trzech pretendentów. Pewnego wieczora zaprosiła wszystkich na kolację i poprosiła swojego brata Antonia i mnie, żebyśmy pomogli jej wybrać pomiędzy szwajcarskim milionerem, właścicielem sieci piekarni, bogatym Żydem, właścicielem marki odzieżowej, a młodym nieśmiałym mężczyzną o orlim nosie i ogromnych, jasnych oczach, którego jedynym kapitałem była świetnie zapowiadająca się polityczna kariera. Chociaż tamtego wieczora żadne z nas nie zagłosowało na Luisa Carlosa Galana, kilka miesięcy później, w wieku zaledwie dwudziestu dwóch lat, ten milczący młodzieniec o przejrzystym spojrzeniu został najmłodszym ministrem w historii naszego kraju. Nigdy nie wspomniałam Pablowi o tej pomyłce, ale do końca swoich dni będę żałować, że nie oddałam wtedy głosu na Luisa Carlosa, bo gdyby Lily wybrała właśnie jego, z pewnością we dwie załatwiłybyśmy ten przeklęty problem z Pablem, unikając w ten sposób tysiąca śmierci i miliona nieszczęść.

Nasze wspólne zdjęcie z Forum przeciw Ekstradycji jest pierwszym z kilku setek, które dokumentują pierwsze miesiące najbardziej znanego etapu naszego związku. Kilka miesięcy później czasopismo „Semana" wykorzysta je do zilustrowania artykułu o „Robin Hoodzie z Medellín". Pablo zacznie budować swoją legendę, najpierw w kraju, potem za granicą, na tym właśnie pochlebnym porównaniu. Podczas naszych kolejnych spotkań wita się ze mną pocałunkiem, uściskiem, potem obraca mnie w powietrzu dwa razy, a na koniec pyta:

– Co tam mówią w Bogocie o Reaganie i o mnie?

A ja opowiadam mu ze szczegółami, co mówią o nim, bo to, co mówią o prezydencie Reaganie, interesuje jedynie astrologa jego żony Nancy i republikańskich kongresmenów w Waszyngtonie i Delaware.

Na Drugie Forum przeciw Ekstradycji udajemy się do Barranquilli i zatrzymujemy w apartamencie prezydenckim ogromnego, nowo otwartego hotelu, a nie w El Prado, który zawsze należał do moich ulubionych. Pablo ceni ponad wszystko nowoczesność, ja natomiast elegancję, zawsze będziemy się kłócić o styl, który on nazywa „przestarzałym", a ja „magicznym". Wydarzenie odbywa się we wspaniałej rezydencji Ivana Lafauriego urządzonej przez moją przyjaciółkę Silvię Gómez, która projektowała wszystkie moje mieszkania, od kiedy skończyłam dwadzieścia jeden lat.

Tym razem nie zaproszono przedstawicieli środków masowego przekazu. Pablo wyjaśnia mi, że najbiedniejszy z uczestników ma majątek wart dziesięć milionów dolarów, podczas gdy fortuny jego wspólników – trzech braci Ochoów i Gonzala Rodrigueza Gachy, „Meksykanina" – razem z jego własną oraz Gustava Gavirii warte są miliardy dolarów i wielokrotnie przewyższają majątki tradycyjnych kolumbijskich magnatów. Kiedy opowiada mi, że prawie wszyscy należą do MAS, ja czytam z ich twarzy zakłopotanie obecnością na forum znanej telewizyjnej dziennikarki.

– Dzisiaj będziesz świadkiem historycznego wypowiedzenia wojny. Gdzie wolisz usiąść? W pierwszym rzędzie na dole, żeby dobrze widzieć mnie i szefów mojej organizacji, których zdążyłaś już poznać w Medellín? Czy przy głównym stole, żeby przyjrzeć się z bliska czterystu mężczyznom, którzy skąpią ten kraj we krwi, jeśli traktat o ekstradycji zostanie podpisany?

Przyzwyczajam się powoli do jego wojennej terminologii i decyduję się usiąść na prawym skraju głównego stołu, nie dlatego, że chcę poznać czterystu nowych multimilionerów, którzy w przyszłości mogą zastąpić u władzy – a może nawet zgilotynować – moich przyjaciół (co wywołuje we mnie sprzeczne uczucia, od niezaprzeczalnego lęku po nieskrywaną satysfakcję), ale po to, żeby wyczytać w tym tłumie twardych i nieufnych twarzy, co naprawdę sądzą o mężczyźnie, którego kocham. I to, co widzę, wcale mi się nie podoba, a to, co słyszę, mrozi mi krew w żyłach. Niedokładnie zdaję sobie z tego sprawę, ale tej rozgwieżdżonej nocy, w tej willi otoczonej starannie wypielęgnowanymi ogrodami, tutaj, na wybrzeżu Morza Karaibskiego, asystuję – jako jedyna kobieta w tym gronie, jedyny w swoim rodzaju świadek i być może przyszły kronikarz – przy narodzinach czegoś, co zyska potem nazwę kolumbijskiego narkoparamilitaryzmu.

Kiedy ostatni występ dobiega końca, schodzę z podwyższenia, na którym znajduje się główny stół, i idę w kierunku basenu. Pablo rozmawia jeszcze z gospodarzami oraz ich przyjaciółmi, którzy wylewnie gratulują mu przemówienia. Natychmiast zbiera się wokół mnie chmara ciekawskich. Dopytują, co tu właściwie robię. Pewien mężczyzna o aparycji przeciętnego posiadacza ziemskiego i hodowcy bydła przedstawia mi się jednym z tych typowych nazwisk, od których aż roi się na karaibskim wybrzeżu, jak Lecompte, Lemaitre albo Pavejeu, i ośmielony kilkoma kolejkami rumu, a może whisky, mówi głośno, żeby wszyscy mogli go usłyszeć:

– Jestem już za stary na to, żeby taki gówniarz mówił mi, na kogo mam głosować. Od lat jestem członkiem Partii Konserwatywnej, zacofanym i wstecznickim, i moja rodzina, do końca świata albo i jeszcze dłużej, będzie tak głosowała. Glosuję na Álvara Gomeza, koniec kropka! Bo to poważny kandydat, w przeciwieństwie do tego pajaca Santofimia. I nie wiem, skąd wziął się ten parweniusz Escobar, który chce wydawać mi rozkazy. Może sądzi, że ma więcej forsy i krów niż ja?

– Teraz, kiedy wiem, że za forsę z koki można sobie nawet przygruchać gwiazdę telewizji, wyrzucę moją żonę Magolę i oświadczę się jakiejś aktorce. Na przykład Amparito Grisales! – przechwala się ktoś inny za moimi plecami.

– Ta lalunia musi chyba wiedzieć, że facet był „cynglem" i ma na sumieniu ponad dwieście trupów? – naśmiewa się ktoś w grupce nieznajomych, którzy wybuchają nerwowym śmiechem, a potem się rozchodzą.

– Doño Virginio – woła mnie jakiś starszy jegomość, który przysłuchuje się z niesmakiem poprzednim komentarzom – mojego syna ponad trzy lata temu porwał FARC. Niech Bóg błogosław Escobara i Lehdera, i innych odważnych i zdecydowanych dżentelmenów! Ten kraj potrzebował takich jak oni, bo nasze wojsko jest zbyt biedne, żeby wydać prawdziwą wojnę partyzantom bogacącym się na porwaniach. Teraz, kiedy mamy się zjednoczyć, znów odważę się marzyć, że zobaczę syna przed śmiercią. A on będzie mógł wreszcie objąć żonę i poznać w końcu własnego synka!

Pablo przedstawia mi Gonzala Rodrigueza Gachę, Meksykanina, któremu towarzyszy grupa przemytników szmaragdów z Boyacá. Wszyscy gratulują mi występu. Gawędzimy chwilę z nim i jego wspólnikami. Kiedy wracamy do hotelu, nie mówię mu ani słowa z tego, co usłyszałam. Napomykam jedynie, że niektórzy z uczestników forum – ludzie prawicy, bez cienia wątpliwości – nie ufają tak liberalnemu kandydatowi, jakim jest Santofimio wspierany przez Escobara.

– Poczekaj, jak tylko każdemu z nich porwą syna albo pierwszy z naszych kolegów zostanie poddany ekstradycji, pobiegną w krótkich abcugach głosować, na kogo im każemy.

Pablo Escobar, wyrzucony z partii Luisa Carlosa Galana, dołączył do senatora Alberta Santofimia, liberalnego lidera departamentu Tolima. Santofimio przyjaźni się z byłym prezydentem Alfonsem Lopezem Michelsenem, z którym wiążą go również koligacje rodzinne. Gloria Valencia de Castaño, zwana Pierwszą Damą Kolumbijskiej Telewizji, jest córką z nieprawego łoża jednego z wujów Santofimia, a jej jedyna córka, Pilar Castaño jest żoną Felipe Lopeza Caballera, redaktora naczelnego czasopisma „Semana".

W każdych wyborach prezydenckich i parlamentarnych głosy zwolenników Santofimia stanowią dużą część tych oddanych na Partię Liberalną, mającą przewagę nad Partią Konserwatywną, zarówno jeśli chodzi o liczbę wyborców, jak i wybranych prezydentów. Santofimio jest charyzmatyczny i uważa się powszechnie, że jest nie tylko znakomitym mówcą, ale również najinteligentniejszym, najambitniejszym i najbardziej przebiegłym politykiem w kraju. Ma około czterdziestu lat i wymienia się go pośród pewnych kandydatów na stanowisko prezydenta. Jest niewysoki, przy kości, na jego twarzy maluje się zadowolenie, a uśmiech schodzi z niej rzadko. Nigdy nie byliśmy bliskimi przyjaciółmi, ale darzy mnie sympatią, a ja mówię do niego po imieniu. (W 1983 roku jestem na ty z wieloma ważnymi postaciami, używam form grzecznościowych tylko wtedy, gdy chcę zachować dystans albo zwracam się do prezydenta czy eksprezydenta republiki. W 2006, po dwudziestu latach ostracyzmu, wszyscy mówią mi per pani, eksprezydenci zaś natychmiast ulatniają się na mój widok).

Kilka miesięcy przed naszym poznaniem Escobar i Santofimio udali się w towarzystwie kilku kolumbijskich kongresmenów do Madrytu, żeby wziąć udział w zaprzysiężeniu lidera socjalistów Felipe Gonzaleza na premiera. Zaufany człowiek Gonzaleza, Enrique Sarasola, był żonaty z Kolumbijką. Ja przeprowadziłam z Gonzalezem telewizyjny wywiad w 1981 roku, Sarasolę zaś poznałam w Madrycie podczas pierwszej podróży poślubnej. Pablo kiedyś opowiedział mi oburzony, że towarzyszący im parlamentarzyści prosili go w madryckiej dyskotece, żeby dał im w prezencie trochę koki, on zaś śmiertelnie się o to obraził. Przekonałam się wówczas o tym, czego domyślałam się wcześniej: Król Koki równie gorąco jak ja nienawidził produktu, którym handlował i na którym zbudował swoje wolne od podatków imperium. Jedyną osobą, której Pablo dawał w prezencie kokę, był ekskochanek jego narzeczonej, i nie czynił tego bynajmniej ze względów humanitarnych ani w przypływie dobroczynności.

Jako że w 1983 roku senatorowie z ramienia Partii Liberalnej Galán i Santofimio wydawali się najpewniejszą opcją zmiany pokoleniowej na kolejną kadencję, to znaczy okres 1986–1990, Pablo i Alberto Santofimio stali się zaciekłymi wrogami kandydatury Galana. Escobar wyznał mi, że przelał miliony na rzecz frakcji Santofimia podczas kampanii poprzedzającej wybory połówkowe w 1984 roku. Próbuję przekonać Pabla, że powinien się zwracać po imieniu do człowieka, na rzecz którego przekazuje tak wysokie datki, tak jak zwraca się Julio Mario Santo Domingo do Alfonsa Lopeza, ale Pablo nigdy nie przestanie mówić do swojego kandydata per pan. Podczas kolejnych lat Święty*** stanie się łącznikiem Escobara i jego wspólników z klasą polityczną, biurokracją, Partią

*** Chodzi o Alberta Santofimia – *el santo* oznacza po hiszpańsku „święty".

Liberalną i przede wszystkim z rodziną Lopezów, a nawet z nie-
którymi wojskowymi, gdyż kuzyn Santofimia, ożeniony z córką
Gilberta Rodrigueza Orejueli, jest synem wpływowego generała.

Dziś szaleję ze szczęścia. Pablo ma przyjechać do Bogoty na
posiedzenie Kongresu i w końcu odwiedzi mnie w moim mieszkaniu. Zapewnia, że przywiezie mi niespodziankę! Wszystko
jest dopięte na ostatni guzik: róże w wazonie, płyta z bossa nową
w wieży, różowy szampan chłodzi się w lodówce, ja mam na sobie sukienkę prosto z Paryża, użyłam ulubionych perfum. Na
stoliku kawowym leży *Veinte poems de Amor y una canción de-
sesperada* (Dwadzieścia wierszy o miłości i pieśń rozpaczy) Pabla
Nerudy. Z Cali przyjechała moja najlepsza wówczas przyjaciółka
Clara. Handluje antykami i zamierza sprzedać Pablowi osiem-
nastowieczny obraz Chrystusa dla ojca Elíasa Lopery. Tylko ona,
Margot, Martita i wspólnicy Pabla wiedzą wówczas o naszym
związku.

Rozlega się dzwonek do drzwi, zbiegam pędem po schodach
dzielących gabinet i trzy sypialnie od salonu mojego mieszkania,
które ma dwieście dwadzieścia metrów kwadratowych. W salonie
zastaję niespodziewanie nie tylko kandydata na prezydenta i jego
sponsora, ale również pół tuzina ochroniarzy, którzy taksują mnie
od stóp do głów bezczelnymi spojrzeniami, a potem wychodzą
i wsiadają do windy, żeby zaczekać na swojego szefa w garażu lub
przed wejściem do budynku. Winda powraca z kolejnym tuzinem
mężczyzn i zjeżdża z kolejną szóstką. Scena powtarza się trzykrotnie, a ja za każdym razem daję Pablowi do zrozumienia, jak bardzo mi się to nie podoba. Moja mina wyraża ostrzeżenie: to pierwszy i ostatni raz, kiedy pozwalam mu wtargnąć z ochroniarzami
i nieznajomymi na miejsce spotkania.

Przez kolejne lata zobaczę Pabla jeszcze jakieś dwieście razy, podczas osiemdziesięciu spotkań otaczał go będzie wianuszek zwolenników, przyjaciół, pracowników i ochroniarzy. Ale od tamtej wizyty będzie wchodził do mojego mieszkania lub hotelowych apartamentów zupełnie sam, a kiedy będziemy umawiać się na wsi, rozkaże swoim ludziom zniknąć, zanim mnie zobaczą. Tamtej nocy zrozumiał w mig, że odwiedzając kobietę, którą kocha – a przy okazji prawdziwą diwę – żonaty mężczyzna nie może zachowywać się jak generał, ale jak każdy zwykły kochanek. I że prawdziwi kochankowie muszą mieć do siebie ślepe zaufanie. Do końca naszego związku będę mu wdzięczna – chociaż będę mu to dawała do zrozumienia tylko gestami, bez słów – że zaakceptował te warunki, jakie narzuciłam trzema wymownymi spojrzeniami.

Clara i ja witamy się z Gustavem Gavirią, Jorgem Ochoą i jego braćmi, z Gonzalem, Meksykaninem, Paprochem Ocampem, właścicielem restauracji, w której czasem jemy kolacje, z Guillem Angelem i jego bratem Juanem Gonzalem, z Evaristem Porrasem. Mam wrażenie, że ten ostatni czegoś się boi, bo trzęsie mu się broda, ale Pablo tłumaczy mi potem, że po prostu wciągnął hurtową ilość koki. Anibalowi Turbayowi nigdy nie szczękały zęby, przypuszczam więc, że Evaristo musiał wciągnąć przynajmniej ćwierć kilo. Pablo upomina go na osobności, potem bierze od niego taśmę wideo, popycha go delikatnie w stronę windy, jakby był małym chłopcem, i każe mu wracać do hotelu i tam na niego czekać. Potem prosi mnie, żebyśmy obejrzeli razem to nagranie, bo potrzebuje, bym wyświadczyła mu pilną przysługę. Zostawiam gości pod opieką Clary i idę z Pablem do gabinetu.

Za każdym razem, kiedy się spotykamy, spędzamy razem sześć, czasem osiem godzin i Pablo zdążył już mi się zwierzyć z niektórych swoich biznesowych powiązań. Tej nocy tłumaczy, że Leticia, stolica kolumbijskiej części Amazonii, stała się kluczowym miejscem przemytu pasty kokainowej z Peru i Boliwii do Kolumbii, a szefem jego organizacji w południowej części kraju jest właśnie Porras. Mówi, że aby nie budzić podejrzeń fiskusa, Evaristo odkupił trzy razy zwycięski los na loterii, dzięki czemu zyskał przydomek największego szczęściarza na świecie.

Włączamy telewizor. Na ekranie ukazuje się młody mężczyzna, który rozmawia z Porrasem, na pierwszy rzut oka zdaje się, że dyskutują o rolnictwie, kręcone w nocy ujęcia są niewyraźne, słabo słychać, co mówią. Pablo wyjaśnia, że ten drugi facet to Rodrigo Lara, prawa ręka Luisa Carlosa Galana, jego najgorszego wroga. Tłumaczy, że Evaristo wyjmuje z koperty czek na milion pesos – wówczas równowartość dwudziestu tysięcy dolarów – to łapówka, a cała akcja została starannie zaaranżowana przez Pabla, jego wspólnika i kamerzystę. Kiedy nagranie się kończy, Pablo prosi mnie, żebym oskarżyła Rodriga Larę Bonillę w moim programie telewizyjnym ¡Al ataque!. Odmawiam. Stanowczo i nieodwołalnie.

– Musiałabym wówczas oskarżyć również obecnego tu Alberta, który przecież dostaje od ciebie znacznie większe sumy; Jaira Ortegę, twojego człowieka w parlamencie, i nie wiem ile jeszcze osób! A co, jeśli jutro wręczysz mi zapłatę za Chrystusa, którego chce ci sprzedać Clara, ktoś mnie nagra i powie, że to forsa z narkobiznesu? W swoim życiu padłam ofiarą wielu kalumnii i dlatego nigdy nie używam mikrofonu, żeby zrobić komukolwiek krzywdę. Skąd mam wiedzieć, że Lara nie prowadzi z Porrasem całkiem legalnego interesu, tym bardziej jeśli twierdzisz, że wszystko ukartowaliście? Musisz zrozumieć, jedna rzecz to pokazać w moim programie to koszmarne wysypisko śmieci i opowiedzieć o twoich niesamowitych akcjach na rzecz biednych, a inna – żądać ode mnie, żebym stała się wspólniczką prowokacji obliczonych na zniszczenie wrogów, wszystko jedno, czy są winni, czy nie. Chcę być twoim aniołem stróżem, kochanie. Poproś o tę przysługę kogoś, kto zechce zostać twoją żmiją.

Patrzy na mnie skonsternowany, a potem spuszcza wzrok.

Widzę, że nie ma zamiaru się kłócić, więc kontynuuję: tłumaczę, że rozumiem go jak nikt inny na świecie, bo też nie wybaczam i przenigdy nie zapominam afrontu, ale gdybyśmy wszyscy chcieli wykończyć tych, którzy kiedykolwiek zrobili nam krzywdę, na Ziemi szybko zabrakłoby mieszkańców. Proszę go, by zapomniał o tym kolcu, który tkwi mu w sercu, bo w przeciwnym razie zatruje mu umysł i duszę.

Pablo zrywa się na równe nogi i bierze mnie w ramiona. Kołysze delikatnie, nie ma na świecie nic, co sprawiałoby mi większą przyjemność, bo od dnia, kiedy ocalił mi życie, w objęciach Pabla znajduję cały spokój i oparcie, o jakich marzy każda kobieta. Całuje mnie w czoło, wdycha zapach moich perfum, gładzi mnie po plecach, mówi, że nie chce mnie stracić, bo bardzo mnie potrzebuje. Potem patrzy mi w oczy, uśmiecha się i oświadcza:

– Masz zupełną rację. Wybacz mi! Wracajmy do salonu!

A ja czuję się taka szczęśliwa! Myślę, że wzrastamy razem jak dwa drzewa połączone korzeniami.

Wiele lat później zacznę się zastanawiać, czy w tych chwilach, kiedy spuszczał głowę i milczał, rzeczywiście trawiło go pragnienie zemsty, do którego tak chętnie się przyznawał, czy tylko przerażające przeczucia, jakimi nie chciał się dzielić z nikim. Przeczucia podobne do rozpędzonej lokomotywy, której nie możemy zatrzymać, sprawić, żeby zboczyła z toru, uniknąć zderzenia.

Kiedy schodzimy do salonu, goście sprawiają wrażenie bardzo zadowolonych. Clara i Santofimio prześcigają się w recytacji najbardziej znanych wersów z *Dwudziestu wierszy o miłości***** Nerudy.

Lubię cię, kiedy milczysz, bo jesteś jak nieobecna
I słyszysz mnie z daleka, a mój głos cię nie dotyka.

W takie noce jak ta miałem ją w ramionach.
Całowałem ją tyle razy pod niebem nieskończonym.

Mogę pisać wiersze najsmutniejsze tej nocy.
Myśleć, że jej nie mam. Żałować, że ją straciłem

Już jej nie kocham, na pewno, lecz jakże ją kochałem.
Tak krótka jest miłość, a tak długie zapominanie.

Mój głos szukał wiatru, aby jej słuchu dotknąć.
Z innym. Będzie z innym. Jak przed moimi pocałunkami.

Pablo i ja wtrącamy się, prosimy, żeby pozwolili nam wybrać nasze ulubione cytaty.

– Zadedykuj mi ten – mówię ze śmiechem. – „Mojemu sercu twoja pierś wystarczy// Twojej wolności wystarczą skrzydła moje". Dwadzieścia cztery skrzydła twoich jedenastu samolotów i dwa jumbo jeta.

– A więc chcesz uciec ode mnie, bandytko! Nie ma mowy! I kto powiedział, że kocham tylko twoje piersi? Kocham cię całą,

---

**** Większość z cytatów z Pabla Nerudy pochodzi z przekładu Jana Zycha: Pablo Neruda, *Poezje wybrane*, WL, 1980. Pozostałe w przekładzie tłumaczek.

a dedykuję ci ten wers: „W moich samotnych snach czuję, że jesteś moja" – i podkreśla go kilkakrotnie. – I jeszcze jeden: „W głębinach twoich oczu macha skrzydłami noc, masz świeże ramiona kwiatu i różane łono". Właśnie te chciałbym ci zadedykować. Dam autograf i w ogóle.

Potem podpisuje te wersety swoim imieniem i nazwiskiem i mówi, że chce podarować mi swój własny wiersz, stworzony specjalnie dla mnie. Zastanawia się przez chwilę, a potem pisze:

Virginio:
Nie myśl, że jeśli nie dzwonię,
Nie tęsknię za tobą.
Nie myśl, że jeśli się z Tobą nie widuję,
Nie brakuje mi ciebie.
Pablo Escobar G.

Wydaje mi się, że nagromadzenie słowa „nie" jest trochę dziwne, ale nie mówię tego głośno. Doceniam to, jak szybko zdołał go napisać, i dziękuję za prezent najpiękniejszym uśmiechem. Santofimio też dedykuje mi książkę „Virginio, dla ciebie, która jesteś dyskretnym głosem, piękną sylwetką i (dwa nieczytelne słowa) naszego Pabla. A.S.".

O ósmej wieczorem *capi di tutti capi* żegnają się, gdyż mają umówione spotkanie „na bardzo wysokim szczeblu". Clara jest szczęśliwa, bo sprzedała Pablowi Chrystusa za dziesięć tysięcy dolarów. Wpisuje mi w książce z wierszami, że już nie może się doczekać, aż Pablo zostanie prezydentem. Kiedy zostajemy na chwilę sam na sam z Pablem, on wyznaje mi, że idą teraz z wizytą do eksprezydenta Alfonsa Lópeza Michelsena i jego żony Cecilii Caballero de López, ale prosi, żebym zachowała to w tajemnicy.

– Tak się właśnie rzeczy mają, kochanie. Nie musisz się już martwić o Galana i jego zwolenników, kiedy masz po swojej stronie najpotężniejszego, najbardziej wypływowego, najinteligentniejszego, najbogatszego i najbardziej praktycznego prezydenta kraju! Nie zaprzątaj sobie więcej głowy Galanem ani Larą. Myśl tylko o ruchu Civismo en Marcha i Medellín sin Tugurios, bo jak mówi Biblia: „Poznacie ich po ich owocach"[*****].

Pyta, czy będę mu towarzyszyć podczas politycznych mityngów, a ja całuję go i zapewniam, że zawsze może na mnie liczyć.

– Zaczniemy w przyszłym tygodniu. Musisz wiedzieć, że nie mogę dzwonić do ciebie codziennie i mówić wszystkiego, co chodzi mi po głowie, bo moje telefony są na podsłuchu. Ale nieustannie o tobie myślę. Nie zapominaj, Virginio:

„Do nikogo nie jesteś podobna, odkąd cię kocham".

<hr>

[*****] Cytat za Biblią Tysiąclecia.

Kochanka Wyzwoliciela

Jest dwudziesty ósmy kwietnia 1983 roku, odbieram telefon od Pabla w swoim gabinecie. Mówi, że ma dla mnie historyczną wiadomość, ale prosi, żebym jej nie rozpowszechniała ani nie zdradzała mediom; mogę opowiedzieć o tym tylko Margot, jeśli już koniecznie muszę. Nietypowym dla siebie, podekscytowanym tonem Escobar oświadcza mi, że samolot Jaimego Batemana Cayona, szefa partyzanckiej organizacji M-19, rozbił się nad Tapón del Darién, podczas lotu z Medellín do Ciudad de Panamá. Pytam go, jak się o tym dowiedział, on zaś zapewnia, że wie o wszystkim, co dzieje się na lotnisku w Medellín. Ale, dodaje, śmierć Batemana to tylko część wiadomości, od której za kilka godzin zaczynać się będą wszystkie dzienniki telewizyjne, a pełna jej treść brzmi: zbuntowany przywódca miał przy sobie sześćset tysięcy dolarów w gotówce, a walizki z pieniędzmi nie znaleziono. Mówię, że nie do końca mogę uwierzyć w to, co opowiada, bo skąd ktokolwiek kilka godzin po wypadku samolotu, który rozbił się nad najgęstszą dżunglą na świecie, mógłby wiedzieć, czy walizka się znalazła, czy nie, pośród szczątków samolotu i spalonych ciał. Słyszę w słuchawce przebiegły śmiech Escobara. Zapewnia, że doskonale wie, o czym mówi, gdyż jeden z jego samolotów zlokalizował wrak samolotu Batemana.

– Pablo, odnalezienie wraku w dżungli zajmuje tygodnie, a czasem nawet miesiące. Masz chyba niesamowitych pilotów?

– Oczywiście, kochanie. A że ty jesteś jeszcze bardziej niesamowita, przekazuję ci informacje, żebyś połączyła je w całość. Ucałuj ode mnie Margot i Martitę. Do zobaczenia w sobotę!

Rządowi Kolumbii odnalezienie ciał zajmie osiem miesięcy. Po śmierci Batemana okazało się, że właścicielką konta M-19 prowadzonego przez panamski bank była matka przywódcy partyzantów Ernestina Cayón de Bateman, ważna działaczka na rzecz praw człowieka. Ona i liderzy grupy będą toczyć długą i zażartą bitwę o milion dolarów zdeponowanych przez Batemana w Panamie, a po wielu latach ekwadorski bankier występujący w sporze w roli mediatora czy też pośrednika przywłaszczy sobie większość tej kwoty.

Nigdy więcej nie rozmawiałam z Pablem na temat zaginionej walizki. Ale jedna z cennych lekcji, które odebrałam od jedynej hieny cmentarnej i mechanika samochodowego, jakiego w życiu poznałam, a zarazem właściciela floty powietrznej, brzmi: helikoptery i małe samoloty, którymi podróżują osoby budzące wiele kontrowersji i mające wielu wrogów, rzadko kiedy spadają z powodu zrządzenia losu. Znacznie częściej w wyniku problemów technicznych, których sprawcą jest człowiek. Dlatego to ważne, żeby śledzić swojego wroga powolutku i uważnie. A jeśli chodzi o te sześćset tysięcy dolarów zaginionych dwadzieścia pięć lat temu, mogę jedynie zacytować słynne amerykańskie przysłowie: „Jeśli coś kwacze jak kaczka, pływa jak kaczka i chodzi jak kaczka, z pewnością jest kaczką!".

Do nurtu popleczników Santofimia dołącza wielu senatorów i ważnych osobistości, są wśród nich moi znajomi z Bogoty, jak María Elena de Crovo, jedna z najlepszych przyjaciółek byłego prezydenta Lopeza, Ernesto Lucena Quevedo, Consuelo Salgar de Montejo, kuzynka mojego ojca, i Jorge Durán Silva, mój sąsiad z piątego piętra i radny miejski. Wiele weekendów spędzamy, podróżując po kraju i prowadząc kampanię wyborczą. Do naszej grupy zwolenników Santofimia przyłączają się lokalni liderzy z Partii Liberalnej i wyborcy Lopeza z każdego odwiedzanego przez nas regionu.

Pewnego dnia, słysząc za plecami gromkie wybuchy śmiechu, pytam Lucenę, z czego się śmieją. Niechętnie tłumaczy mi, że Durán Silva wyśmiewa się ze mnie publicznie, mówiąc, że Escobar za każdym razem, kiedy chce się ze mną kochać, przysyła po mnie samolot. Nie przejmuję się tym wcale, odpowiadam za to bardzo głośno, żeby ci z tyłu mogli mnie dobrze usłyszeć:

– Ci faceci nie mają zielonego pojęcia o tym, jak postępować z kobietami! To ja posyłam po największy z jedenastu samolotów za każdym razem, kiedy mam ochotę kochać się z jego właścicielem.

Zapada głucha cisza. Po krótkiej pauzie dodaję:

– Ależ ci biedacy są naiwni! – I odchodzę.

Mój sąsiad zdaje się nie wiedzieć o tym, że każdy zakochany mężczyzna słucha przede wszystkim kobiety, z którą sypia. A Escobar nie należy do wyjątków. Pablo i ja mamy świadomość, że ze względu na naturę biznesu, z którego finansowana jest kampania Santofimia, i z racji mojej pozycji celebrytki możemy z łatwością stać się ofiarami złośliwych komentarzy i musimy ze wszystkich sił chronić naszą prywatność. On musi doglądać imperium i nie może być obecny na wszystkich politycznych mitingach i wiecach, ale zwykle widuję go potem w nocy albo następnego dnia i składam szczegółowy raport ze wszystkiego, co się wydarzyło. Kiedy opowiadam mu o słowach mojego sąsiada, wpada w furię.

– A do czego mam używać jumbo jeta, który spala benzynę wartą tysiące dolarów, jeśli nie po to, żeby posyłać go po kobietę, którą kocham, skoro mieszka w innym mieście? A taka piękność jak ty po co miałaby mnie odwiedzać? Żeby udzielać mi lekcji religii? Czy ty jesteś świętą Marią Goretti? Ten nędznik od tygodni prosi mnie o pieniądze. Teraz do końca życia nie dostanie ode mnie ani centa. A jeśli podejdzie do mnie bliżej niż na pięćdziesiąt metrów, każę moim ludziom skopać go i wykastrować. Co za głupi cham i pedał!

Podczas tej kampanii wyborczej uświadamiam sobie, jak wielki wpływ na Pabla ma Santofimio. Już tamtej nocy, kiedy czytaliśmy *Dwadzieścia wierszy o miłości* w moim mieszkaniu, słyszałam, jak wielokrotnie powtarzali, że Luis Carlos Galán jest jedyną przeszkodą na ich wspólnej drodze do władzy. Wówczas stało się dla mnie zupełnie jasne nie tylko to, że Santofimio zamierza zostać prezydentem, ale również to, że Pablo planuje zostanie następcą Bolivara*. Żaden z nich nie ukrywa, że pragną skończyć z galanizmem za wszelką cenę. Ich zapalczywe przemówienia bardziej niż na kwestiach programowych skupiają się na zażartych atakach na Galana „za to, że podzielił Partię Liberalną, zawsze zjednoczoną przed wyborami, co kosztowało fotel prezydencki Alfonsa Lopeza Michelsena, jednego z najbardziej wartościowych ludzi w tym kraju i na całym kontynencie!". Nazywają Galana „zdrajcą ojczyzny, gdyż broni traktatu o ekstradycji, który pozwoli przekazywać synów kolumbijskich matek imperialistycznej potędze, tym samym jankesom, którzy odebrali nam Panamę, bo inny bezpaństwowiec sprzedał ją Teddy'emu Rooseveltowi za garść monet". Tłum zaczyna krzyczeć:

– Precz z jankeskim imperializmem! Niech żyje Partia Liberalna! Santofimio na prezydenta w osiemdziesiątym szóstym!

---

* Simón Bolívar – otoczony w Ameryce Południowej szczególnym kultem bohater wojen z Hiszpanią toczonych w XIX wieku o niepodległość jej kolonii.

Escobar w dziewięćdziesiątym! Pablito to patriota, nie da się ani *gringos*, ani oligarchii, bo ma więcej forsy niż wszyscy wyzyskiwacze razem wzięci! Niech Bóg i Maryja mają w opiece Escobara, który wychował się wśród uciśnionego ludu! Niech ma w opiece Virginię! Virginio, przyprowadź nam następnym razem inne gwiazdy telewizji! One też są dziećmi naszego narodu! I wiwat Kolumbia, do cholery!

Ja również wygłaszam przemówienia, najczęściej przed wystąpieniem kandydata na prezydenta. Nie szczędzę gorzkich słów pod adresem kolumbijskiej oligarchii.

– Tak, znam tych ludzi od podszewki, wiem, że cztery rodziny na krzyż trzęsą tym krajem, a jedyne, co je obchodzi, to rozdysponowanie między sobą najbardziej lukratywnych ambasad i stanowisk w rządzie! Wcale się nie dziwię, że mamy tak wiele oddziałów partyzanckich kryjących się po lasach! Ale dzięki Bogu Santofimio i Pablito to demokraci, nie skorzystają z innego szlaku niż urny wyborcze, żeby utorować sobie drogę do władzy, żeby zasiąść na tronie Wyzwoliciela i wcielić w życie nasz wspólny sen o Ameryce Łacińskiej, zjednoczonej, silnej i godnej! Niech żyją kolumbijskie matki! Niech żyje nasza ojczyzna! Nie pozwólmy jej płakać krwawymi łzami tego dnia, kiedy pierwszy z naszych obywateli zostanie poddany ekstradycji!

– Przemawiasz jak Evita Perón! – winszuje mi Lucena. – Moje najszczersze gratulacje! – Inni też mi gratulują, a ja wierzę w to, co mówię, więc przemawiam z przekonaniem. Relacjonuję wszystko Pablowi którejś nocy, siedzimy przed kominkiem w moim mieszkaniu, on się uśmiecha, dumny ze mnie, ale się nie odzywa. Po chwili milczenia pyta, którą postać z historii Ameryki Łacińskiej podziwiam najbardziej. Nie wahając się ani chwili, odpowiadam, że Wyzwoliciela.

– To brzmi znacznie lepiej, bo ani ty, ani ja nie przepadamy za Peronem. A może się mylę? Poza tym ja już jestem żonaty, kochanie... Ale skoro jesteś taka odważna, twoja rola w życiu będzie inna: będziesz moją Manuelitą. I będę ci to powtarzał na ucho, żebyś nigdy o tym nie zapomniała: Virginio... będziesz... moją... Manuelitą.

Potem syn nauczycielki zaczyna przypominać mi kolejne fakty z konspiracji septembrystów, z której Simón Bolivar wyszedł cało tylko dzięki przytomności umysłu swojej pochodzącej z Ekwadoru kochanki Manueli Sáenz. Przyznaję, że od czasów liceum nie myślałam o tej pięknej i odważnej kobiecie. Doskonale wiem, że Pablo nie jest żadnym Wyzwolicielem i że każdy, kto zachował choć cień zdrowego rozsądku, może tylko się śmiać z jego rozdętego ego, manii wielkości, wygórowanych marzeń i chorych ambicji. Ale, choć wyda się to pewnie absurdalne w kontekście koszmarów, które nadejdą później, zawsze będę mu wdzięczna za wielką miłość, jakiej wyrazem był ten wyidealizowany obraz naszej pary. Póki żyję, będę miała w pamięci głos Pabla Escobara wymawiający te cztery słowa i tę krótką, doniosłą chwilę bezbrzeżnej czułości.

W Kolumbii każdy, kto znaczy coś w jakiejkolwiek części tego kraju, okazuje się bratem, kuzynem, kuzynem kuzyna albo jeszcze dalszym krewnym innych wysoko postawionych osobistości. Dlatego wcale się nie dziwię, kiedy pewnego wieczora, po inauguracji kolejnego z obiektów sportowych, Pablo przedstawia mi byłego burmistrza Medellín; okazuje się, że jego matka jest kuzynką ojca braci Ochoów. Pablo zwraca się do niego per doktorze Varito, a mnie wydaje się sympatyczny od pierwszego wejrzenia, gdyż jest jednym z nielicznych przyjaciół Pabla, który wygląda na przyzwoitego człowieka i, o ile mnie pamięć nie myli, jedynym sprawiającym wrażenie wykształconego. Był dyrektorem urzędu lotnictwa cywilnego w latach 1980–1982, teraz ma zaledwie trzydzieści jeden lat, a wszyscy wróżą mu błyskotliwą karierę polityczną. Wielu twierdzi, że któregoś dnia zostanie senatorem. Nazywa się Álvaro Uribe Vélez i Pablo go uwielbia.

– Mój biznes i biznes moich wspólników to głównie transport. Zapewnia nam to dochód pięciu tysięcy dolarów na kilogramie – wyjaśni mi później Pablo – i opiera się na jednej tylko bazie: pasach startowych, samolotach i helikopterach. Ten cudowny młodzieniec z pomocą Cesara Villegasa pomógł nam dostać dziesiątki pozwoleń na te pierwsze i setki na drugie. Bez własnych pasów startowych i samolotów nadal transportowalibyśmy pastę kokainową z Boliwii samochodami, a potem pływalibyśmy z towarem do Miami. Dzięki niemu wiem, co się dzieje w urzędzie lotnictwa cywilnego w Bogocie i na lotnisku w Medellín, bo jego następca został przyuczony do współpracy z nami. To dlatego, w zamian za poparcie w poprzednich wyborach, zażądaliśmy od naszych kandydatów wtyczek w lotnictwie cywilnym. Ojciec Alvara jest jednym z nas, a jeśli któregoś dnia coś stanie mnie albo Santofimiowi na przeszkodzie w wyścigu o fotel prezydencki, ten chłopak będzie moim kandydatem. Niech cię nie zmyli ta twarz seminarzysty, to odważny człowiek, który umie zawalczyć o swoje.

W czerwcu tego samego roku ojciec Álvara ginie podczas próby porwania przez FARC, a jego brat Santiago zostaje ranny. Helikopter rodziny Uribe jest uszkodzony, więc Pablo pożycza mu jeden ze swoich, żeby przetransportować zwłoki z ich wiejskiej posiadłości do Medellín. Przez wiele dni Pablo jest bardzo smutny. Którejś nocy, kiedy czuje się szczególnie przygnębiony, wyznaje:

– Tak, narkobiznes to prawdziwa żyła złota. Dlatego, jak mówią, „nie ma byłych pedałów ani byłych narkobaronów". Ale to biznes dla facetów z jajami, kochanie, bo to niekończący się korowód trupów. Ci, którzy uważają, że forsa z handlu koką to łatwy zarobek, nie mają zielonego pojęcia o naszym świecie ani nie znają go od środka, jak poznajesz go ty. Jeśli coś mi się stanie, chcę, żebyś ty opowiedziała moją historię. Ale najpierw muszę być pewien, że potrafisz przekazać wszystko, co myślę i czuję.

Pablo zawsze cierpiał na dziwną przypadłość: wiedział doskonale, kto zostanie jego nieprzyjacielem, jeszcze zanim ten wymierzył mu pierwszy cios, a także do czego może posłużyć mu każda napotkana po drodze osoba. Począwszy od tamtej nocy, po naszych szczęśliwych i namiętnych spotkaniach w hotelu mają miejsce intensywne sesje robocze.

– Chcę, żebyś do przyszłego tygodnia opisała mi, co widziałaś i słyszałaś na wysypisku śmieci.

W następną sobotę wręczam mu sześć napisanych odręcznie stron. Czyta je uważnie, a potem stwierdza:

– Ma się ochotę zakryć twarz chustką i uciekać czym prędzej, żeby nie zwymiotować z obrzydzenia. Ty piszesz bebechami, co?

– Na tym polega sekret, Pablo. A poza tym może ty masz bebechy. Ja mam bogate wnętrze i błyskotliwy umysł.

Daje mi kolejny tydzień na opisanie, co czuję, kiedy się z nim kocham. Podczas drugiego spotkania wręczam mu pięć i pół strony. Obserwuję go bardzo uważnie, podczas gdy on je połyka.

– To najbardziej obsceniczna rzecz, jaką czytałem w życiu. Gdyby nie to, że nie znoszę pedałów, powiedziałbym nawet, że czytając to, człowiek ma ochotę stać się kobietą. Watykan umieści cię na indeksie ksiąg zakazanych. Zapewniam cię, że każdemu mężczyźnie stanie od tego na baczność.

– Na tym to polega, Pablo. I nie musisz mi tego mówić.

Na trzecie spotkanie mam napisać, co poczułabym, gdybym dowiedziała się o jego śmierci. Osiem dni później wręczam mu siedmiostronicowy rękopis. Tym razem, gdy on czyta, ja wyglądam przez okno, zapatrzona w majaczące w oddali wzgórza.

– To prawdziwy horror! Nie wyobrażam sobie podobnego bólu! Tak bardzo mnie kochasz, Virginio? Gdyby moja matka przeczytała ten fragment, płakałaby do końca życia.

– Na tym właśnie polega sekret, Pablo...

Pyta mnie, czy naprawdę doznaję tych wszystkich uczuć, o których piszę. Odpowiadam, że to zaledwie ułamek tego, co czuję, odkąd go poznałam.

– Opowiem ci wiele rzeczy, ale nie chcę, żebyś zaczęła mnie krytykować ani osądzać. Musisz wiedzieć, że nie jestem żadnym Franciszkiem z Asyżu, rozumiesz?

Rzadko zadaję mu pytania, pozwalam, żeby sam wybrał temat, na który chce rozmawiać. Teraz, kiedy obdarzył mnie całkowitym zaufaniem, ja nauczyłam się respektować granice jego terytorium, nie zadawać pytań, na które usłyszałabym odpowiedź: „Opowiem ci przy innej okazji", i nie ferować wyroków. Odkrywam, że podobnie jak skazańcy w celi śmierci Pablo ma doskonale racjonalne wytłumaczenie i usprawiedliwienie moralne dla wszystkich swoich bezprawnych czynów. Uważa na przykład, że ludzie wyrafinowani potrzebują najrozmaitszych rozrywek, on zaś po prostu dostarcza jednej z nich. Wyjaśnia mi, że gdyby narkotyki nie zostały potępione przez religię i moralistów, dokładnie tak samo jak alkohol w czasach prohibicji, które zostawiły po sobie setki martwych policjantów i recesję, jego biznes byłby legalny, płaciłby ogromne podatki, a Kolumbijczycy i jankesi rozumieliby się doskonale.

– Ty, jako sybarytka i wolnomyślicielka, rozumiesz chyba świetnie, że władza powinna żyć i pozwolić żyć, prawda? Gdyby właśnie tak postępowała, nie mielibyśmy takiej korupcji, nie byłoby tylu wdów, sierot i ludzi gnijących w więzieniach. Wszystkie te stracone życia to marnotrawstwo z punktu widzenia społeczeństwa i niepotrzebne wydatki dla państwa. Przekonasz się, któregoś dnia narkotyki będą legalne. Ale póki nie są, mogę ci powiedzieć, że każdego da się kupić. Trzeba tylko zapłacić odpowiednią cenę.

Potem wyjmuje z teczki dwa czeki wypisane na nazwisko Ernesta Sampera Pinzana, szefa kampanii prezydenckiej Alfonsa Lopeza Michelsena.

– To najpotężniejszy, najinteligentniejszy i najlepiej przygotowany do pełnienia tej funkcji prezydent. I najbardziej niezależny, bo wcale nie boi się *gringos*.

– Ale to… sześćset tysięcy dolarów. Tylko tyle? Za taką cenę sprzedaje się najbogatszy prezydent Kolumbii? Ja zażądałabym od ciebie przynajmniej trzech milionów, Pablo.

– No nie, kochanie, powiedzmy, że to pierwsza rata, bo sprawa z tym traktatem o ekstradycji może jeszcze długo potrwać. Chcesz wziąć kopie tych czeków?

– Nigdy w życiu! Nie mam zamiaru ryzykować. Nigdy nie mogłabym pokazać ich nikomu, bo wszyscy, którzy cię popierają, budzą moją sympatię. A każdy średnio poinformowany wie, że Ernesto Samper został namaszczony przez Alfonsa Lopeza na przyszłego prezydenta Kolumbii… Kiedy trochę dorośnie i dojrzeje, jest w końcu o rok młodszy od nas.

Namawiam go, żeby zapoznał się z przemówieniami Jorgego Eliecera Gaitana, żeby zwrócił uwagę zarówno na intonację mówcy, jak i zawarty w nich program. Jedyny prawdziwie potężny kolumbijski lider, który zdołał porwać ludowe masy, został zamordowany w Bogocie dziewiątego kwietnia 1948 roku, będąc o krok od zdobycia mandatu prezydenckiego. Jego zabójcę Juana Roa Sierrę, człowieka na usługach tajemniczych mocodawców, brutalnie zlinczował rozjuszony tłum. Jego zwłoki włóczono po mieście, potem wzburzeni mieszkańcy stolicy zaczęli wzniecać pożary w centrum miasta i podpalać domy polityków, bez względu na ich partyjną przynależność. Mój cioteczny dziadek Alejandro Vallejo Varela, pisarz i bliski przyjaciel Gaitana, stał obok niego, kiedy Roa oddał strzały, i był przy nim w klinice, w której niedoszły prezydent później zmarł. Kilka kolejnych tygodni, które przejdą do historii pod nazwą *Bogotazo*, zmieniło się w orgię krwi, ognia i pijanych snajperów, szabrownictwa we wszelkiego rodzaju sklepach i magazynach, zabójstw bez żadnego klucza politycznego i gór trupów piętrzących się na cmentarzach, gdyż nikt nie miał odwagi ich pochować. Podczas tych dni terroru i paniki jedyny kolumbijski mąż stanu Alberto Lleras Camargo znalazł schronienie pod dachem najbliższych przyjaciół, Edmunda Jaramilla Valleja i Amparo Vallejo de Jaramillo, eleganckiej siostry mojego ojca. Po śmierci Gaitana, w latach pięćdziesiątych, nastały lata panoszącej się bezkarnie przemocy. Kiedy byłam nastolatką, zobaczyłam zdjęcia dokumentujące to, czego w czasie wojny są zdolni dopuścić się mężczyźni wobec kobiet i ich płodów. Wymiotowałam przez kilka dni i przysięgłam sobie, że nigdy nie wydam na świat dziecka, żeby żyło w tym kraju prymitywów, potworów i dzikusów.

Rozmawiam o tym wszystkim pewnego wieczoru z Glorią Gaitán Jaramillo, córką legendarnego lidera, jedząc kolację razem z jej córkami Marią i Cataliną, dwiema uroczymi dziewczynami sprawiającymi wrażenie paryżanek, cechującymi się dociekliwymi umysłami odziedziczonymi po błyskotliwej matce, mitycznym dziadku i babce arystokratce, krewnej mojej babki. Kilka dni wcześniej Gloria dowiedziała się, że Virginia Vallejo szuka płyty albo taśmy z przemówieniami jej ojca. Wyszła ze swojego gabinetu w bogotańskim Centrum Jorgego Eliecera Gaitana i zapytała, ze swoim przemiłym uśmiechem, co mnie skłoniło, żeby po nie sięgnąć. Od mojego byłego męża, peronisty, socjalisty, bliskiego przyjaciela bankiera żydowskiego pochodzenia obsługującego argentyńską partyzantkę Montoneros, nauczyłam się, że jeśli coś przyprawia o drżenie serca prawdziwego rewolucjonistę, to milioner sympatyzujący z jego sprawą. Opowiedziałam Glorii, że Robin Hood z Medellín – podobnie jak Gaitán, syn nauczycielki – poprosił mnie o przemówienia jej ojca, żeby z moją pomocą przestudiować jego intonację i nauczyć się modulować głos w podobny sposób. Powiedziałam, że chciałby się nauczyć wzbudzać w tłumie chociaż cząstkę emocji, które potrafił wzbudzać jej ojciec. Przez godzinę dyskutowałyśmy nad zaletami demokracji partycypacyjnej, a Gloria oprowadziła mnie po rozbudowywanym muzeum. A w końcu zaprosiła na kolację z dziewczynkami w następny piątek.

Córka Gaitana jest nie tylko wyrafinowaną kobietą, ale również doskonałą kucharką i kiedy rozkoszuję się przygotowanymi przez nią delicjami, opowiadam, że Pablo Escobar sfinansował część kampanii prezydenckiej Alfonsa Lopeza, a jego konserwatywni wspólnicy Gustavo Gaviria i Gonzalo Rodríguez włożyli sporo pieniędzy w kampanię prezydenta Betancura. Gloria zna prawie wszystkich przywódców socjalistycznych z całego świata i szefów partyzantki wielu państw Ameryki Łacińskiej. Potrafi sypać anegdotami jak z rękawa, dowiaduję się między innymi, że była kochanką Salvadora Allende, zamordowanego prezydenta Chile, i ambasadorką z ramienia Lopeza Michelsena w Rumunii pod rządami Nicolae Ceaușescu oraz że jest osobistą przyjaciółką Fidela Castro. Gloria wierzy w reinkarnację i teorię wiecznego powrotu, być może z tego powodu interesują ją szczególnie ludzie urodzeni w 1949 roku, rok po zamordowaniu jej ojca. Zapraszam ją w imieniu Pabla do Medellín, ona z chęcią zgadza się na wizytę. Kiedy odwiedziny dojdą do skutku, przez wiele godzin będziemy jak oczarowani słuchać, jak analizuje historię tego kraju z punktu widzenia niemożliwej do wypełnienia luki, jaką pozostawił po sobie jej ojciec. Po śmierci Gaitana nikt nie zdołał go zastąpić z tego prostego powodu, że wszystkim, którzy po nim przyszli, zabrakło nie tylko jego spójności, wielkości i odwagi, ale też osobistego magnetyzmu, umiejętności zarażania mas swoją wiarą i przekonaniami podczas publicznych przemówień, kiedy jego widownia, wypełniona przedstawicielami obu płci, wszystkich klas i grup wiekowych, dosłownie pękała w szwach. Nikt później nie miał już tej wibrującej mocy jego głosu, przemawiającego, aby upowszechniać swoje ideały, łącząc w doskonałych proporcjach namiętne zaangażowanie i rozum. Wszyscy kolejni liderzy pozbawieni byli charyzmy promieniującej od osoby Gaitana, polityka wzbudzającego podziw i niepowtarzalnego jak żaden z jego następców.

Kiedy lecimy z powrotem do Bogoty samolotem Pabla, pytam Glorię, co o nim myśli. Wypowiada kilka kurtuazyjnych zdań, w których wyraża uznanie dla jego ambicji, egzystencjalnej ciekawości, godnych podziwu działań, jakie podejmuje na rzecz ubogich i wykluczonych, oraz szczodrych intencji, jego uczucia do mnie i niezwykłej hojności, jaką mi okazuje. Wreszcie mówi mi z nieskrywaną sympatią i zupełnie szczerze:

– Posłuchaj, Virginio: Pablo ma jedną poważną wadę, nie patrzy w oczy. A ludzie, którzy wbijają wzrok w podłogę, kiedy z tobą rozmawiają, robią to dlatego, że coś ukrywają albo nie są z tobą szczerzy. Ale wyglądacie razem wspaniale. Jak Bonnie i Clyde.

Gloria to najinteligentniejsza i najbardziej przebiegła osoba, jaką w życiu poznałam. Oprócz Margot i Clary, również niesamowicie bystrych, to jedyna osoba, którą przedstawię Pablowi. Przez kolejne sześć lat będziemy dobrymi przyjaciółkami. Od Glorii, tej błyskotliwej kobiety, urodzonej pod znakiem Panny i Bawoła (w horoskopie chińskim) – dziwnym zbiegiem okoliczności są to również moje znaki zodiaku – będę się powoli uczyć, co składa się na prawdziwą inteligencję. Zrozumiem, że inteligencja to nie tylko zdolność do głębokiej analizy faktów i umiejętność ich skrupulatnej klasyfikacji oraz szybkiego kojarzenia, jaka cechuje niewątpliwie Pabla Escobara, ale przede wszystkim zdolność planowania strategicznego. I chociaż będę się jej wielokrotnie skarżyć, że zrobiłam najgorszy interes w życiu, zamieniając naiwność na przytomność umysłu, z czasem przypomnę sobie te słowa i będę musiała przyznać, że była to nie tylko najlepsza rzecz, ale może jedyna naprawdę czegoś warta.

Kiedy Escobar pyta mnie o wrażenia i sugestie córki Gaitana, najpierw opowiadam mu dokładnie to, co chce usłyszeć, a potem to, co wiem, że powinnam mu przekazać: nalegam na konieczność namysłu nad strategią i taktyką, tłumaczę, że powinniśmy pogrupować wyborców z Antioquii na miejscowości, dzielnice, kwartały i domy. A w końcu – pierwszy raz w życiu i z niezrozumiałych dla mnie powodów – opowiadam mu o podziurawionym kulami, nagim ciele Bonnie Parker wystawionym w kostnicy obok ciała Clyde'a na pastwę fotografów prasowych.

Tym razem siedzimy przed innym kominkiem, Pablo bierze mnie w objęcia i uśmiecha się z wielką czułością, patrząc na mnie bardzo poważnym i smutnym wzrokiem. Po chwili całuje mnie w czoło i poklepuje po ramieniu, a ja jak zwykle w tych sytuacjach czuję ulgę. Potem wzdycha i spogląda w płomienie. Wśród wielu rzeczy, o których oboje doskonale wiemy, chociaż nigdy nie rozmawiamy o nich głośno, jest taka oto smutna prawda: dla wszystkich tych, którzy odziedziczyli geny władzy, ja pozostanę tylko burżuazyjną diwą, a on bandytą multimilionerem.

Chyba jestem jedną z nielicznych osób, które rzadko myślą o pieniądzach Pabla. I to ja niedługo zorientuję się, jak bajecznie bogaty jest ten mężczyzna, którego nie tylko kocham tak, jak nie kochałam nigdy żadnego innego, ale sądzę, że rozumiem go lepiej niż ktokolwiek inny na świecie.

W objęciach demona

Wstaliśmy wcześnie, co zdarza nam się rzadko, bo Pablo chce mnie przedstawić swojemu synowi Juanowi Pablowi, który spędził noc w hotelu Tequedama pod opieką ochroniarzy ojca i zapewne już się obudził. Kiedy schodzimy z mojej sypialni do salonu, zatrzymuje się przy oknie, żeby spojrzeć w świetle dnia na ogrody moich sąsiadów. Mój apartament zajmuje całe szóste piętro i rozciągają się z niego ładne widoki. Pyta mnie, do kogo należy dom na kolejnej przecznicy. Tłumaczę, że jego właścicielami są Sonia Gutt i Carlos Haime, szefowie grupy Moris Gutt i najbogatsza żydowska rodzina w Kolumbii.

– Stojąc przy tym oknie i śledząc ich skrupulatnie, mógłbym porwać ich oboje za jakieś pół roku!

– Nie, Pablo, nie mógłbyś, bo mieszkają w Paryżu i na południu Francji, hodują konie, które ścigają się z końmi ze stajni Agi Chana, i prawie nigdy nie odwiedzają Kolumbii.

Następnie pyta, do kogo należą zadbane trawniki w głębi. Mówię, że do rezydencji ambasadora Stanów Zjednoczonych.

– Z tego okna mógłbym ustrzelić go z bazooki i zmienić w kupę atomów.

Zdumiona tłumaczę mu, że ze wszystkich osób, które kiedykolwiek spoglądały przez to okno, on jest jedyną, która traktuje moje mieszkanie jak średniowieczną fortecę.

– Ach, kochanie, czynienie zła to moje ulubione zajęcie na świecie. Jeśli wszystko dobrze zaplanujesz, nie ma sposobu, żeby coś się nie udało.

Z uśmiechem niedowierzania na ustach chwytam Pabla za ramię, żeby odciągnąć go od okna. Już w windzie proszę, żeby zaczął myśleć jak prezydent republiki, a nie szef zorganizowanej siatki przestępczej. Z szelmowskim uśmiechem obiecuje, że się postara.

Juan Pablo Escobar jest uroczym chłopcem. Nosi okulary. Mówię mu, że w jego wieku też miałam problemy ze wzrokiem, ale kiedy zaczęłam nosić okulary, natychmiast stałam się najlepszą uczennicą w klasie. Spoglądam na Pabla i dodaję, że to właśnie wtedy mój iloraz inteligencji zaczął rosnąć w zatrważającym tempie. Tłumaczę, że jego ojciec jest mistrzem kierownicy i wyścigów motorówek i będzie kiedyś bardzo sławną i ważną osobistością. Pytam go, czy chciałby mieć długą kolejkę elektryczną, z gwiżdżącą lokomotywą i mnóstwem wagonów. Mówi, że bardzo by chciał. Ja w jego wieku marzyłam o takiej kolejce, ale usłyszałam tylko, że to nie zabawka dla dziewczynek. Tłumaczę małemu, że o wiele łatwiej być chłopcem. Żegnamy się, a potem spoglądam za mężczyzną, którego kocham, jak oddala się korytarzem, trzymając synka za rękę, i przypomina mi się jedna z moich ulubionych scen w historii kina, to znaczy Charlie Chaplin idący za rękę z chłopcem w filmie *Brzdąc*.

Kilka dni później dzwoni dyrektor Caracol Radio Yamid Amat, żeby poprosić mnie o telefon do Robin Hooda z Medellín. Chce przeprowadzić z nim wywiad, pytam więc Pabla, czy się zgodzi.

– Tylko mu nie mów, że wstaję o jedenastej! Powiedz, że od szóstej do dziewiątej (w godzinach wiadomości) mam lekcje francuskiego, a potem uprawiam gimnastykę.

Radzę mu, żeby kazał poczekać Amatowi przynajmniej dwa
tygodnie. Sugeruję, aby przygotował sobie błyskotliwą i wymija-
jącą odpowiedź na pytanie o charakter naszego związku. Pablo
udziela w końcu wywiadu. Kiedy dziennikarze pytają go, z kim
chciałby się kochać, odpowiada, że z Margaret Thatcher. Kiedy
tylko kończy się program, dzwoni, żeby zapytać, jak wypadł i co
sądzę o jego miłosnym wyznaniu skierowanym do najpotężniej-
szej kobiety na świecie. Muszę przyznać, że mi zaimponował,
więc szczerze mu gratuluję.

– Nauczyłeś się grać na moim boisku, kochanie. Świetnie ci
poszło. Przerosłeś mistrza! Możesz być pewien, że to zdanie
o Thatcher przejdzie do historii.

Oboje wiemy, że najbogatsi obywatele Kolumbii, mniej od
niego odważni, odpowiedzieliby pewnie: „To pytanie mnie obraża!" albo jakieś inne głupstwo w stylu: „Kocham się tylko z moją
szacowną i ukochaną małżonką, matką pięciorga moich dzieci!". Pablo zapewnia, że „Thatcher to wersja dla publiczności, dla
mnie liczysz się ty, tylko ty", a potem żegna się ze mną do soboty.
Jestem bardzo szczęśliwa: nie wymienił przecież Sophii Loren ani
Bo Derek, ani miss świata, ale przede wszystkim nie wspomniał
słowem o żonie.

Escobar znów trafia na pierwsze strony gazet, kiedy zamierza
wziąć udział w posiedzeniu Kongresu, a straż Kapitolu nie pozwala mu wejść do środka, ale nie przez wzgląd na jego kryminalną
działalność ani typową beżową marynarkę narkobarona, lecz dlatego że nie ma na sobie krawata.

– Ależ panie władzo, nie widzi pan, że to słynny Robin Hood
z Medellín? – protestuje ktoś z jego świty.

– Może być Robin Hoodem z samego Sherwood, ale tu bez krawata wchodzą tylko damy!

Parlamentarzyści z wielu ugrupowań proponują mu swoje krawaty. Pablo pożycza go od któregoś z towarzyszy. Następnego dnia wszystkie media trąbią o tym zdarzeniu.

– Mój Pablito Superstar! – myślę i uśmiecham się do siebie.

Kilka tygodni później wyjeżdżam do Nowego Jorku. Najpierw w FAO Schwartz, być może najlepszym sklepie z zabawkami na świecie, kupuję kolejkę za dwa tysiące dolarów dla syna Escobara. Dokładnie taką, o jakiej marzyłam jako dziecko. Potem przechadzam się Piątą Aleją, myśląc o jakimś pożytecznym prezencie dla ojca Juana Pabla, któremu inni kupują krawaty, a on sam jest posiadaczem samolotów, łodzi, traktora, samochodu Jamesa Bonda i całego stada żyraf. Zatrzymuję się przed witryną sklepu z nietypowymi urządzeniami elektrycznymi. Wchodzę do środka, przyglądam się asortymentowi, a potem twarzom prowadzących sklep Arabów. Bez dwóch zdań sprawiają wrażenie prawdziwych biznesmenów. Pytam tego, który wygląda na szefa, czy nie znają przypadkiem miejsca, gdzie mogłabym kupić sprzęt do podsłuchiwania rozmów. W innym kraju, oczywiście. *Not in America*, niech mnie Pan Bóg broni. Uśmiecha się i pyta, o ilu liniach telefonicznych mówimy. Biorę go na bok i mówię, że o całym budynku Secret Service pewnego tropikalnego kraju, gdyż jestem zakochana w liderze zbrojnej opozycji, który chce zostać prezydentem, ale ma wielu wrogów i musi chronić się przed ich działaniami. Sprzedawca się boi, że taki anioł jak ja nie będzie potrafił docenić jego towaru. Potwierdzam, że ja nie, ale ktoś z naszych ludzi na pewno. Pyta, czy będą mogli zapłacić pięćdziesiąt tysięcy dolarów. Zapewniam, że tak. A dwieście? Mówię, że owszem. Sześćset tysięcy? Odpowiadam, że jak najbardziej, ale przy takiej cenie mówimy chyba o wielu nowoczesnych urządzeniach. Dzwoni do kogoś, chyba do ojca, a zarazem właściciela całego interesu, i gryząc paznokcie, rzuca do słuchawki kilka zdań. Rozumiem tylko wypowiedziane z arabska słowo „Watergate" na samym końcu. Potem uśmiecha się do mnie, a ja również odpowiadam uśmiechem. Rozglądają się podejrzliwie wokół, a potem zapraszają na zaplecze. Mówią, że mają dostęp do urządzeń, które wymienia na nowsze FBI, a nawet Pentagon. Najpierw ostrożnie, a potem z rosnącym entuzjazmem zapewniają, że mogą nam dostarczyć na przykład walizeczkę zdolną odszyfrować milion kodów w dziesiątkach języków, okulary i teleskopy, przez które widać w nocy, przyssawki, które umieszcza się na ścianie, na przykład w hotelu, i słychać przez nie rozmowy w sąsiednim pokoju. Ale przede wszystkim są w posiadaniu urządzenia pozwalającego podsłuchiwać tysiąc linii naraz – o czymś takim śnił zapewne Nixon podczas swojej drugiej kampanii prezydenckiej – oraz inne, uniemożliwiające założenie podsłuchu na własnych liniach. Chcą najpierw wiedzieć, czy nasz ruch oporu dysponuje gotówką. Wiem doskonale, że bolączką organizacji Pabla jest nadmiar brudnych pieniędzy na terytorium Stanów Zjednoczonych, więc uśmiecham się enigmatycznie i mówię, że te sprawy przedyskutują bezpośrednio z sekretarzem naszego lidera, ja tylko przechodziłam obok i chciałam kupić elektryczne lusterko powiększające. Zapewniam, że w ciągu kilku dni ktoś się z nimi skontaktuje, i wracam do hotelu, żeby zadzwonić do Pabla.

– Taka dziewczyna to skarb! Nie zasłużyłem sobie na taki cud! Uwielbiam cię! – wykrzykuje podekscytowany. – Mój wspólnik Molina przyleci do Nowego Jorku najbliższym samolotem!

I ja uczę się powoli grać na jego boisku. Ale nie jestem piłkarzem, więc wykończenia akcji i gole wolę pozostawić profesjonalistom.

Wdzięczność Pabla jest dla mnie zawsze najlepszym prezentem, drugim jest jego namiętność. Kiedy wracam do Medellín, obsypuje mnie komplementami i pieszczotami i mówi, że postanowił zdradzić mi prawdziwy powód, dla którego pragnie zostać politykiem. A jest on jasny i prosty – chodzi mu o immunitet parlamentarzysty: senator ani reprezentant izby niższej nie może być zatrzymany przez policję ani przez prokuraturę, siły zbrojne ani państwowy wywiad. Ale nie wyznaje mi tego, ponieważ jestem jego skarbem i najlepszą dziewczyną pod słońcem, aniołem stróżem, nauczycielką sztuki udzielania wywiadów i przyszłą biografką, lecz dlatego, że opowiadający się po stronie Galana dziennik „El Espectador" przyjrzał się uważnie jego przeszłości. I pod stosem zrabowanych płyt nagrobnych skrupulatni dziennikarze znaleźli dwa trupy wołające o sprawiedliwość: dwóch martwych agentów departamentu bezpieczeństwa wewnętrznego (DAS), którzy schwytali Pabla oraz jego kuzyna Gustava w 1976 roku na granicy Kolumbii z Ekwadorem z jednym z ich pierwszych w życiu ładunków czystej koki i posłali prosto do więzienia.

Pablo zna doskonale moją empatię dla wszelkiego ludzkiego cierpienia. Kiedy opowiada mi o tym smutnym zdarzeniu, które wpłynęło na całe jego życie, widzę, że uważnie obserwuje moje reakcje.

– Kiedy wsadzili mnie do tego samolotu w Medellín, żebym odbył karę w Pasto, i odwróciłem się, zakuty w kajdanki, aby pożegnać się z matką i z moją piętnastoletnią wówczas żoną, będącą w ciąży z Juanem Pablem, które stały tam i płakały, przyrzekłem sobie, że już nigdy nie dam się wpakować do samolotu do więzienia, a już na pewno nie przez DEA! Tylko dlatego zająłem się polityką: bo żeby wydać nakaz aresztowania kongresmena, trzeba najpierw uchylić mu immunitet. A w tym kraju cały proces zajmuje od sześciu do dwunastu miesięcy.

Potem dodaje, że dzięki rozdawanym na prawo i lewo łapówkom oraz kilku pogróżkom on i Gustavo wyszli z więzienia zaledwie po trzech miesiącach. Ale w 1977 roku ci sami agenci kazali im błagać o życie – na kolanach, z rękami za głową. Pablo i jego wspólnik nie zginęli tylko dlatego, że zaproponowali gigantyczny okup. Po dostarczeniu pieniędzy (i mimo protestów Gustava) Pablo własnymi rękami zabił obu agentów.

– Wpakowałem im serię ołowiu, strzelałem, póki się nie zmęczyłem. W przeciwnym razie prześladowaliby nas do końca życia. A jednej sędzi, która wydała na mnie wyrok, przysięgłem, że do końca życia będzie jeździć autobusem: wysadzę w powietrze każdy nowy samochód, który kupi. Nie ma nieważnych wrogów, kochanie, dlatego ja nigdy żadnego nie lekceważę. Wykańczam ich, zanim staną się naprawdę niebezpieczni.

Pierwszy raz słyszę z jego ust wyrażenie „seria ołowiu". Inni mówią „posłać do piachu", a jeszcze inni „sprzedać kulkę". Wiem oczywiście, co to oznacza, pytam więc natychmiast:

– I wpakowałeś serię ołowiu w porywaczy twego ojca? A w porywaczy Marthy Nieves Ochoi? – Nie czekając na odpowiedź i nie kryjąc ironii, ciągnę: – W końcu zabiłeś dwie osoby, dwadzieścia czy dwieście, najdroższy?

W mgnieniu oka staje się kimś innym. Jego twarz zastyga, Pablo chwyta mnie oburącz za głowę. Potrząsa nią, jakby chciał mi przekazać całą swoją bezsilność i ból, którymi mężczyzna nigdy do końca nie potrafi podzielić się z kobietą, zwłaszcza mężczyzna taki jak on z kobietą taką jak ja. Wpatruje się w moje oczy z niepokojem, jakbym była płynnym marzeniem, które przecieka mu między palcami bezpowrotnie i nieodwołalnie. Potem głosem, który przypomina raczej ryk rannego lwa, jęczy:

– Czy naprawdę nie rozumiesz? Oni już odkryli, że jestem mordercą! Już nie zostawią mnie w spokoju! Już nigdy nie zostanę prezydentem! I zanim ci odpowiem, ty odpowiesz mi na jedno pytanie: kiedy już mi to wszystko udowodnią, zostawisz mnie, Virginio?

Odpowiadam, że dla anioła, który niespodziewanie odkrył, że znalazł się w zakrwawionych objęciach mordercy i czuje na swoich ustach pocałunek demona, to doświadczenie jest przerażające. Ale taniec życia i śmierci jest najbardziej wyuzdanym i podniecającym ze wszystkich, więc biedny anioł w ramionach demona, który wyrwał go z uścisku śmierci, by przywrócić do życia, doznaje nagle obezwładniającego i perwersyjnego uczucia niepewności. W końcu poddaje się, zostaje w ekstazie uniesiony do nieba, a potem za karę zesłany z powrotem na ziemię. I ten anioł, przemieniony w grzesznego człowieka, szepce wreszcie do ucha demonowi, któremu przebaczył, że nigdy go nie opuści, że pragnie bliskości jego ciała, jego umysłu i jego serca i pozostanie na zawsze w jego życiu. A morderca, już zupełnie pocieszony, z twarzą wtuloną w moją wilgotną od łez szyję, też daje się ponieść i wyznaje:

– Uwielbiam cię tak bardzo, że nie możesz sobie tego wyobrazić. Tak, tym od mojego ojca też wpakowałem kilka kulek! Z dziką rozkoszą! Teraz już wszyscy wiedzą, że nikt nie będzie mnie szantażował ani nastawał na moją rodzinę. A każdy, kto może zrobić mi jakąkolwiek krzywdę, ma do wyboru: *plata o plomo* – kasa albo kulka. Wszyscy bogacze tego kraju daliby wszystko, żeby móc zabić własnymi rękoma porywacza własnego ojca. Albo syna. Prawda, kochanie?

– Tak, tak, oczywiście. No to ilu porywaczy Marthy Nieves zabiłeś? – pytam teraz spokojniejszym tonem.

– O tym porozmawiamy kiedy indziej, bo kwestia jest bardziej skomplikowana. Porachunki z M-19 to osobny temat... Na dziś już wystarczy, słońce.

Przez długą chwilę obejmujemy się w kompletnej ciszy. Każdemu z nas wydaje się, że ma pojęcie, o czym myśli to drugie. Nagle, zupełnie nie wiem z jakiego powodu, pytam go:

– Dlaczego chodzisz zawsze w butach sportowych, Pablo?

Unosi głowę i, po chwili zastanowienia, zrywa się na równe
nogi i krzyczy:

– Myślisz, że jestem tylko twoim Pablem Nerudą, Virginio?
Grubo się mylisz! Jestem także twoim Pablem Navają*!

I znów wydaje się zupełnie szczęśliwy, a moje łzy wysychają jak
za dotknięciem czarodziejskiej różdżki. A kiedy zaczyna tańczyć
przede mną, trzymając w każdej ręce tenisówkę, nie mogę przestać się śmiać. On tymczasem nuci pod nosem:

Usa un sombrero de ala ancha de medio la'o
y zapatillas ¡por si hay problema salir vola'o!
Un carro pasa muy despacito por la avenida,
no tiene marcas pero to's saben que es policía.

W tej apologii bezkarności skomponowanej w rytmie salsy
Rubén Blades śpiewa: *La vida te da sorpresas, sorpresas te da la
vida***. Nasze życie tymczasem nie tylko płata nam figle, ale coraz
bardziej zaczyna przypominać kolejkę górską. W czerwcu 1983
roku sędzia z Medellín wnosi do Szacownej Izby Reprezentantów
o uchylenie immunitetu parlamentarzyście Pablowi Escobarowi
Gavirii za jego możliwy udział w zabójstwie Vasca Urquija
i Hernandeza Patiñi, dwóch agentów kolumbijskich tajnych służb.

---

* Escobar nawiązuje do piosenki *Pedro Navaja* panamskiego piosenkarza i aktora Rubena Bladesa.
Tytułowy bohater utworu – którego nazwisko można przetłumaczyć jako „nóż" lub „scyzoryk"
– to rzezimieszek wzorowany na Mackiem Majchrze z *Opery za trzy grosze*. Fantazyjnie ubrany
i charyzmatyczny Navaja jest jednocześnie mordercą, który zabija dla zysku i bez najmniejszych
skrupułów, by samemu zginąć od kuli ostatniej ze swoich ofiar.

** Życie figle ci płata, figle płata ci życie. (przyp. tłum.)

Lord i narkolord

Poznałam moją pierwszą wersję Najbogatszego Człowieka Kolumbii w 1972 roku w Pałacu Prezydenckim. Miałam dwadzieścia dwa lata, a on – wówczas już po rozwodzie – czterdzieści osiem. Jakiś czas wcześniej mój pierwszy kochanek wyznał mi, że jest drugim najbogatszym człowiekiem w Kolumbii. Ale upłynęło zaledwie kilka tygodni i spotkałam uśmiechniętego sobowtóra Tyrone'a Powera, którego maleńki sekretarz prezydenta przedstawił mi jako Julia Maria Santo Domingo. On zaś zobaczył, że pod sięgającym kostek płaszczem mam krótkie spodenki, i natychmiast między nami zaiskrzyło. Od tej pory przez kolejne dwanaście lat moi narzeczeni lub sekretni kochankowie mieli się rekrutować spośród najbogatszych ludzi w Kolumbii.

W gruncie rzeczy najbogatsi i najbardziej wpływowi mężczyźni są równie samotni jak kobiety sławne dzięki swojej elegancji i seksapilowi. Te ostatnie rzucają się w ramiona magnatów w poszukiwaniu poczucia bezpieczeństwa i ochrony, ci pierwsi natomiast marzą tylko o tym, żeby przez krótką chwilę mieć w objęciach to całe piękno wtulone w swoje ciało, zanim ona ucieknie i nieodwracalnie stanie się częścią ich przeszłości. Najbogatszy mężczyzna w kraju, który w Kolumbii jest jednocześnie tym najskąpszym, ma jako amant lub narzeczony dwie podstawowe zalety, wcale niezwiązane z pieniędzmi. Pierwsza jest taka, że każdy magnat boi się

jak ognia własnej żony i plotkarskiej prasy. Z tego powodu nie ob-
nosi się z kobietą będącą symbolem seksualnym jak z trofeum my-
śliwskim. Nie popełnia niedyskrecji przed przyjaciółmi. Druga natomiast wiąże się z tym, że przed kobietą, którą uwodzi lub w której
się zakochuje, rozpościera – niczym paw swój ogon – całą ency-
klopedyczną wiedzę na temat manipulacji i sprawowania władzy,
o ile oczywiście kochanka dzieli z nim kod społecznego pochodzenia. W przeciwnym wypadku nie mieliby z kogo się razem śmiać,
a wspólny śmiech jest najlepszym afrodyzjakiem.

Mamy styczeń 1982 roku. Wszyscy moi byli wiedzą już,
że zostawiłam tego „nieszczęsnego i brzydkiego Argentyńczyka,
z którym nieopatrznie wzięłam ślub w 1978 roku, on zaś, jak typowy przedstawiciel świata widowisk, uciekł z tancerką rewiową".
Najbardziej ubawiony tą ironią losu jest mój ukochany Rothschild,
ale dziś telefonuje do mnie Julio Mario Santo Domingo, niezwykle
podekscytowany:

– Jako że jesteś jedyną Kolumbijką, którą można przedstawić
na całym świecie, chciałbym, żebyś poznała mojego przyjaciela
Davida Metcalfe'a. Nie jest szczególnie majętny i żaden z niego
Adonis, ale w porównaniu z twoim byłym małżonkiem jest naprawdę bogaty i przypomina Gary'ego Coopera. To legendarny
kochanek, słynny na dwóch kontynentach, i teraz, kiedy wreszcie
kopnęłaś w tyłek męża, pomyślałem, że właśnie kogoś takiego powinnaś poznać. To mężczyzna w sam raz dla ciebie, zanim znów
zakochasz się w jakimś biednym palancie.

Santo Domingo, potentat na kolumbijskim rynku piwa, wyjaśnia mi, że Metcalfe jest wnukiem lorda Curzona z Kedleston, wicekróla Indii, jednego z najbardziej wpływowych ludzi Wielkiej
Brytanii za panowania królowej Wiktorii. Że świadkami na
ślubie córki lorda Curzona, lady Alexandry, i jej męża „Fruity"

Metcalfe'a byli ostatni wicekrólowie Indii – Mountbattenowie. Że „Fruity" i „Baba" Metcalfe'owie byli z kolei świadkami na ślubie diuka Windsoru, gdy abdykował, żeby ożenić się z dwukrotną rozwódką Amerykanką Wallis Simpson. Że panując jeszcze jako Edward VIII, diuk, na którego rodzina mówiła David, został ojcem chrzestnym dziecka swoich najlepszych przyjaciół – Metcalfe'ów. Że po śmierci ojca David Metcalfe odziedziczył pierścień i spinki do mankietów z herbem diuka Windsoru z czasów, kiedy ten był jeszcze księciem Walii. Dodaje, że Metcalfe przyjaźni się z najważniejszymi osobistościami, najbogatszymi ludźmi na świecie, poluje w towarzystwie koronowanych głów i królewskiej rodziny hiszpańskiej i jest jednym z najbardziej popularnych mężczyzn międzynarodowych wyższych sfer.

– Przyjedzie po ciebie w piątek. Zapraszam was oboje na kolację. Zobaczysz, że ci się spodoba. Do zobaczenia, moja laleczko, ślicznotko najukochańsza.

W dniu przyjęcia David mija się w korytarzu z moją matką. Przedstawiam ich sobie. Następnego dnia matka powie mi:

– Ten mężczyzna, wysoki na dwa metry, w czarnym krawacie i lakierowanych półbutach, to chyba najelegantszy facet na świecie. Odniosłam wrażenie, że jest jednym z tych kuzynów królowej Elżbiety.

Przyglądając mi się z uroczym uśmiechem, ten prawie łysy i pięknie opalony Anglik, o szerokich ramionach, wielkich dłoniach i stopach, kanciastej i dość pomarszczonej twarzy, z okularami uważnego obserwatora na orlim nosie, oczami szarymi i dobrotliwymi, chociaż nieco zimnymi, osiemsetletnim rodowodem i w wieku pięćdziesięciu pięciu lat mówi, że Mario zapewniał go, że jestem marzeniem każdego mężczyzny. Potwierdzam, że ma absolutną rację i że według naszego wspólnego przyjaciela on również jest marzeniem każdej kobiety. I zmieniam temat, bo Metcalfe, jak mawiamy my, Kolumbijczycy, nie wzbudza we mnie ani jednej nieprzyzwoitej myśli. Zgadzam się w pełni z maksymą Brigitte Bardot: „Jedyną niezbędną cechą doskonałego kochanka jest to, żeby pociągał mnie fizycznie". A my, kobiety obdarzone miłością do zwierząt, wiemy, że w godzinie prawdy pierścień księcia Walii, willa w Belgravii z sześcioosobową służbą i obraz Van Gogha w jadalni nie wystarczą.

Elegancki, a zarazem arogancki lord Curzon był notabene autorem kilku maksym, z którymi tylko ktoś niespełna rozumu mógłby się nie zgodzić, na przykład, że „prawdziwy dżentelmen nie wkłada garnituru w kolorze kawy, kiedy wybiera się do miasta", czy też: „Wykwintny mężczyzna nie zje na obiad zupy".

Upłynęło osiemnaście miesięcy, mamy połowę 1983 roku. Najbogatszym mężczyzną w Kolumbii nie jest ani angielski dżentelmen, ani dżentelmen autochton. Najbogatszy mężczyzna w Kolumbii nie wstaje o szóstej, żeby wydać dyspozycje ambitnym niewolnikom, lecz o jedenastej, żeby przywołać swoich budzących postrach „chłopaków". Na codzienny obiad je zupę, i to z fasoli, a na sesje Kongresu nie chodzi nawet w garniturze w kolorze kawy, lecz w beżowej marynarce. Nie ma pojęcia, co to jedwabna chustka ani kim jest książę Walii. Nosi niebieskie dżinsy i sportowe buty. Ma trzydzieści trzy lata, a nie pięćdziesiąt pięć, nie ma za to za bardzo pojęcia, kim w ogóle jest Santo Domingo, gdyż sam jest panem niewielkiej republiki, więc interesują go jedynie prezydenci, których finansuje, i skłonni do współpracy dyktatorzy. W kraju, w którym żaden ze skąpych magnatów nie ma jeszcze swojego samolotu, on oddaje mi do dyspozycji powietrzną flotę. W poprzednim roku przemycił sześćdziesiąt ton koki, w tym jednak ma zamiar podwoić produkcję, a jego organizacja kontroluje osiemdziesiąt procent światowego rynku. Ma metr siedemdziesiąt wzrostu, brakuje mu czasu na to, żeby się opalać. Nie jest wprawdzie tak brzydki jak Tirofijo, szef FARC (sam uważa, że przypomina nieco Elvisa Presleya). Nigdy nie obchodziła go królowa Wiktoria, lecz królowa Caquetá, Putumayo albo Amazonii. Kocha się jak wiejski chłopak, ale sądzi, że jest prawdziwym macho, i tylko jedno łączy go z czterema najbogatszymi mieszkańcami Kolumbii: ja. A ja go kocham. Bo on za mną szaleje, bo jest najzabawniejszym i najbardziej ekscytującym mężczyzną, jaki chodził po Ziemi, i nie jest w ogóle skąpy, lecz niezwykle szczodry.

– Pablo, boję się wwozić do Stanów Zjednoczonych tyle forsy! – powiedziałam mu przed swoją pierwszą podróżą na zakupy do Nowego Jorku.

– Ale rząd amerykański nie zwraca uwagi na to, ile forsy wwozisz do kraju, obchodzi go tylko, ile z niego wywozisz, kochanie. Kiedyś przyleciałem do Waszyngtonu z milionem dolarów w walizce i przydzielili mi policyjną eskortę, żeby nikt na mnie nie napadł w drodze do banku. Mnie, wyobrażasz to sobie? Ale biada ci, jeśli cię złapią, kiedy wyjeżdżasz z nędznymi dwoma tysiącami w kieszeni, chociaż prawo pozwala na wywiezienie dziesięciu. Zawsze deklaruj całą forsę, którą masz przy sobie. Wydaj ją albo wpłać na konto w banku, nie więcej niż po dwa tysiące dolarów naraz, ale nigdy, przenigdy nie przywoź jej z powrotem. Jeśli federalni złapią cię na tym, jak wywozisz gotówkę, dostajesz milion lat więzienia, bo pranie pieniędzy uznają za przestępstwo o wiele poważniejsze niż przemyt narkotyków. Jestem w tych sprawach niekwestionowanym autorytetem. Żebyś później nie mówiła, że cię nie ostrzegałem.

Od tej pory podczas każdej podróży zabieram ze sobą dwa pliki banknotów po dziesięć tysięcy dolarów każdy, jeden w mojej torebce od Vuittona, drugi rozkładam w paczkach chusteczek higienicznych pomiędzy trzy walizki Gucciego i grzecznie deklaruję wszystko na granicy. Kiedy celnicy pytają mnie, czy napadłam na bank, odpowiadam zawsze to samo:

– Kupiłam dolary na czarnym rynku, bo przyjeżdżam z Ameryki Łacińskiej i w moim kraju walutą jest peso. Chusteczki wożę ze sobą, bo ciągle płaczę. I podróżuję bardzo często, bo jestem dziennikarką telewizyjną, może pan sprawdzić na okładkach gazet.

A funkcjonariusze odpowiadają niezmiennie:

– Witamy w kraju! Proszę do mnie zadzwonić następnym razem, kiedy będzie pani smutna!

A ja idę jak królowa w kierunku limuzyny, która zawsze na mnie czeka, a kiedy przyjeżdżam do hotelu – mijając się w holu z jakimś Rothschildem, Guinnessem czy Agnellim albo orszakiem saudyjskiego księcia, francuską pierwszą damą lub dowolnym afrykańskim dyktatorem – wyrzucam chusteczki do śmieci i szczęśliwa wskakuję do jacuzzi, żeby dopracować listę jutrzejszych zakupów. Sporządziłam ją w samolocie podczas podróży pierwszą klasą, popijając różowego szampana i jedząc bliny z kawiorem, gdyż obecnie Pegaz mojego kochanka jest prawie ciągle zajęty przewożeniem tysięcy kilogramów koki do Norman's Cay na Bahamach, posiadłości przyjaciela Pabla, Carlosa Lehdera, i obowiązkowego punktu przeładunkowego podczas transportu towaru do Kalifornii.

Każda cywilizowana i szczera do bólu kobieta przyzna, że jedną z największych przyjemności na tym świecie są zakupy przy Piątej Alei, gdy się dysponuje więcej niż przyzwoitym budżetem i zwłaszcza jeśli się miało u swoich stóp czterech magnatów, których majątek wart jest dziś dwanaście miliardów dolarów, a nie przysyłali nawet kwiatów.

A kiedy wracam do Kolumbii, znów czeka na mnie mój Pablo Navaja, w Pegazie albo innym samolocie ze swojej floty powietrznej, ze swoimi politycznymi aspiracjami, milionem wielbicieli, adoracją, namiętnością i przeraźliwą potrzebą bycia ze mną.

Kreacje od Valentina czy Chanel lądują na podłodze, pantofelki Kopciuszka z krokodylej skóry fruną w powietrze, a każdy hotelowy apartament czy zwykła wiejska chata są rajem na Ziemi, w którym można praktykować taniec śmierci i demoniczne uściski. Wówczas przeszłość mojego kochanka, zachowującego się jak król świata i finansującego wszystkie eleganckie zakupy, obchodzi mnie tyle co nic, tyle ile obchodzić by mogła szczęśliwego kochanka przeszłość Marilyn Monroe albo Brigitte Bardot, które znalazłyby się przypadkiem w jego łóżku.

Ale problem z przeszłością wielu wyjątkowo bogatych mężczyzn polega na tym, że są skłonni popełniać kolejne przestępstwa dziś i jutro, żeby ukryć te, których dopuścili się w przeszłości. Przerażona rewelacjami o Pablu Escobarze Margot Ricci niszczy wszystkie kopie mojego programu nakręconego na wysypisku śmieci i oświadcza, że nie chce mieć więcej nic wspólnego ani ze mną, ani z Pablem. Sprzedajemy studio producenckie, w tej chwili wolne od długów, jej narzeczonemu Jaimemu. Jaime jest przyzwoitym człowiekiem, ale umiera niedługo później, a Margot wychodzi za mąż za Juana Gossaína, szefa RCN, stacji radiowej należącej do Carlosa Ardili, króla napojów gazowanych, żonatego z byłą małżonką Anibala Turbaya.

Robin Hood z Medellín nauczył się już postępować z mediami. Konkuruje ze mną, jeśli chodzi o obecność na okładkach gazet, i upaja się swoją świeżo zdobytą sławą. Kiedy porwana zostaje Adriana, córka Luisa Carlosa Sarmienta, bogatego bankiera i właściciela firm budowlanych, proszę Pabla, żeby przekazał tysiąc swoich „żołnierzy" do jego dyspozycji, nie tylko dla zasady, uważam bowiem, że powinien spłacać długi wobec ważnych postaci z establishmentu. Bardzo poruszony Luis Carlos telefonuje do mnie, żeby powiedzieć, że negocjacje w sprawie uwolnienia córki są bardzo zaawansowane, ale zawsze będzie wdzięczny za szczodry gest deputowanego Escobara.

Życie Pabla Escobara zmienia się diametralnie, kiedy prezydent Betancur mianuje na ministra sprawiedliwości Rodriga Larę, tego samego, który robił interesy z Evaristem Porrasem, jedynym człowiekiem na świecie mogącym się pochwalić trzykrotną główną wygraną na loterii. Nowy minister natychmiast oskarża Escobara o handel narkotykami i powiązania z MAS. Jego zwolennicy natomiast, czując się oszukani przez Betancura, pokazują w Kongresie czek na milion dolarów wystawiony przez Evarista. Minister rekrutujący się z partii Nuevo Liberalismo Luisa Carlosa Galana uderza z siłą rozpędzonej lokomotywy: Izba Reprezentantów uchyla Pablowi immunitet, pewien sędzia z Medellín wydaje zaś nakaz aresztowania pod zarzutem zabójstwa dwóch agentów DAS. Rząd amerykański odbiera mu wizę turystyczną, a rząd kolumbijski konfiskuje zwierzęta z ogrodu zoologicznego pochodzące z przemytu. Potem Escobar je odkupuje, podstawiając figurantów, bo z wyjątkiem może braci Ochoów i Meksykanina nikt w tym biednym kraju nie może sobie pozwolić na paszę i koszty opieki weterynaryjnej dla słoni i dwóch tuzinów hipopotamów ani nie jest właścicielem gruntów obfitujących w rzeki i źródła, na których mogłyby się takie zwierzęta paść.

Pablo błaga mnie, żebym nie przejmowała się tą lawiną problemów, i zapewnia, że jego życie zawsze było skomplikowane. Albo jest doskonałym aktorem, albo najpewniejszym siebie człowiekiem, jakiego poznałam. Nie mam natomiast najmniejszych wątpliwości, że jest doskonałym strategiem oraz że dysponuje niewyczerpanymi wręcz środkami, żeby się obronić i przeprowadzić kontratak, bo pieniądze nadal płyną do niego szerokim strumieniem. Nigdy nie pytam, jak je pierze, on zaś czasem, zwłaszcza wtedy, gdy wyczuwa, że się martwię, napomyka coś o swoich dochodach: dowiaduję się, że jest właścicielem ponad dwustu luksusowych apartamentów na Florydzie, a studolarowe banknoty przylatują w całych paczkach do Hacienda Napolés ukryte pomiędzy sprzętem gospodarstwa domowego. Gotówka, którą przemyca do kraju, pozwoliłaby sfinansować kampanie wyborcze kandydatów na prezydentów z ramienia wszystkich partii politycznych kraju do roku 2000.

Z powodu ciążącego na nim nakazu aresztowania Pablo zaczyna działać w podziemiu. Potrzeba dotyku ukochanej osoby wzrasta w miarę nasilania się szykan. Nasze telefony są na podsłuchu, ale coraz częściej odczuwamy potrzebę słuchania swoich głosów, gdyż tak naprawdę nie możemy się zwierzać nikomu innemu. Lecz teraz każde spotkanie wymaga starannego planowania, nie możemy już widywać się w każdy weekend, a już na pewno nie w hotelu Intercontinental.

Z upływem czasu zauważam, że zaufanie między nim a Santofimiem wzrasta i obaj zaczynają używać coraz bardziej wojowniczego języka. Zdarza się, że ten ostatni mówi przy mnie takie rzeczy jak:

– Nie da się trochę wygrać wojny, Pablo. Są tylko zwycięzcy i przegrani, nie da się połowicznie wygrać ani w połowie przegrać. Jeśli mamy odnieść sukces, musi polecieć wiele głów, zwłaszcza tych najbardziej widocznych.

A Escobar nieodmiennie odpowiada:

– Tak, panie doktorze. Jeśli będą nadal się upierali, żeby dokręcać śrubę, odpowiemy deszczem ołowiu. Inaczej nigdy nie nauczą się nas szanować.

Podczas podróży po departamencie Tolima, rodzinnej ziemi i zapleczu politycznym Santofimia, polityk zaczyna przytulać mnie w obecności lokalnych liderów w sposób, który bardzo mi się nie podoba. Ale kiedy jego kacykowie odchodzą, znów zmienia się w stratega i polityka: przekonuje, że powinnam zasugerować Pablowi, żeby zainwestował więcej w jego kampanię, bo pieniądze, które od niego dostaje, nie wystarczają kompletnie na nic, a on jest jedyną szansą Pabla nie tylko na pogrzebanie projektów dotyczących traktatu o ekstradycji, ale też całkowitego wymazania jego przeszłości.

Kiedy jadę znów do Medellín, jestem wściekła i zanim Pablo zdoła pocałować mnie na powitanie, wylewam na niego swoją litanię żalów, skarg i retorycznych pytań:

– Urządziłam koktajl z szefami wszystkich robotniczych dzielnic Bogoty, żeby zebrać fundusze na jego kampanię. Tylko dlatego, że mnie o to poprosiłeś, zaprosiłam sto pięćdziesiąt ciekawskich osób do swojego mieszkania. Santofimio przyszedł koło jedenastej, został jakieś piętnaście minut, wyszedł, jakby ktoś go gonił, a następnego dnia nawet nie zadzwonił, żeby podziękować. To zwykła świnia, niewdzięczny pajac. Zobaczysz, skończy się to tak, że zaczniesz go przypominać. Zapomnisz o swoich ideałach! Tu, na twoim terytorium i w obecności twoich ludzi, nigdy by się nie odważył obejmować mnie tak, jak zrobił to w Tolimie. Nie zdajesz sobie sprawy, jak wielką cenę płacę za firmowanie swoim wizerunkiem waszych ciemnych interesów. I żeby teraz taki prowincjonalny Jago – o ile w ogóle wiesz, kto to jest Jago – wykorzystywał mnie w tak nikczemny sposób przy swojej armii bandytów mających pospolitego przestępcę za bóstwo?

Wydaje mi się, że nagle wyrasta między nami niewidzialny mur. Pablo zamiera w bezruchu jak sparaliżowany i staje się zimny jak stal. Patrzy na mnie, nie mówiąc ani słowa, i siada. A potem opiera łokcie na kolanach, wbija wzrok w podłogę i odzywa się lodowatym głosem, dokładnie ważąc słowa:

– Z bólem serca, Virginio, muszę ci uświadomić, że ten człowiek, którego nazwałaś niewdzięcznym pajacem, jest moim łącznikiem z całą elitą polityczną tego kraju, od Alfonsa Lopeza w dół, pewnymi kręgami wojskowych i sił bezpieczeństwa, które nie popierają MAS. Nigdy nie będę się mógł bez niego obyć, bo właśnie jego brak skrupułów czyni go moim bezcennym sojusznikiem. I rzeczywiście, nie mam pojęcia, kim jest Jago, ale skoro twierdzisz, że Santofimio go przypomina, zapewne masz rację.

Cały mój szacunek dla Pabla rozpryskuje się nagle na kawałki, jak lustro, w które trafiła kula. Wstrząsana szlochem i rozdarta bólem pytam:

– Czy ten kanałowy szczur sugeruje mi, że już najwyższy czas, żebym zaczęła rozważać inne opcje... bo ty już je znalazłeś, kochanie? O to chodzi w tym całym publicznym obściskiwaniu, prawda?

Pablo wstaje i zatapia wzrok w oknie. Potem wzdycha i mówi:

– Ty i ja, Virginio, jesteśmy wielkimi ludźmi. I przede wszystkim jesteśmy wolni. Oboje możemy rozważyć wszystkie opcje, jakie tylko przyjdą nam do głowy.

Po raz pierwszy w całym moim życiu, nie zważając na to, że mogę stracić na zawsze mężczyznę, którego kocham jak nikogo innego, urządzam scenę zazdrości. Tracę nad sobą kontrolę, wymachuję w powietrzu pięściami i wykrzykuję:

– Niezły sukinsyn się z ciebie zrobił, Pablo! I chcę, żebyś wiedział, że jeśli kiedyś zdecyduję się wymienić cię na kogoś innego, z pewnością nie będzie to ten twój kandydat od siedmiu boleści. Nie wiesz nawet, jakie mam wymagania w stosunku do mężczyzn! Mogę mieć najbogatszego, najpiękniejszego ze wszystkich i w przeciwieństwie do ciebie nie muszę za to płacić. Traktuję pionki jak królów, a królów jak pionki. I kiedy będę musiała zostawić cię dla jakiegoś wieprza, będzie to z pewnością wieprz o wiele bogatszy od ciebie. Ktoś, kto ma aspiracje, żeby zostać prezydentem! Albo, najlepiej, dyktatorem! A ty doskonale wiesz, że jestem zdolna to właśnie zrobić! Zamienię cię na dyktatora! Ale nie pierwszego z brzegu, jak Rojas Pinilla*! O nie! To będzie ktoś jak... jak... przynajmniej jak Trujillo! Albo Perón! Jak któryś z tych dwóch, przysięgam ci na Boga, Pablito!

Słysząc ostatnie zdanie, Esobar wybucha śmiechem. Odwraca się do mnie tyłem, bezskutecznie próbuje się opanować, a potem podchodzi do mnie. Chwyta mnie mocno za nadgarstki, kiedy próbuję boksować go w pierś, a potem oplata sobie moje ramiona na szyi jak obrożę. Obejmuje mnie w pasie i przyciska do siebie, mówiąc:

– Problem z tym twoim nowym mężem jest taki, że będzie musiał prosić mnie o dofinansowanie. A kiedy wyślę mu ciebie zamiast forsy, będziemy mu przyprawiać rogi, co? No i widzę jeszcze inny problem: jeśli chodzi o wieprze równie bogate jak ja, możemy pomyśleć o Jorgem Ochoi i Meksykaninie... Wiem skądinąd, że żaden z nich nie jest w twoim typie. A z drugiej strony doskonale zdaję sobie sprawę z tego, że sam osobiście nie znajdę żadnej laleczki, która doprowadziłaby mnie do takiego ataku śmiechu... Nie ma na świecie drugiej takiej kobiety o złotym sercu... Drugiej takiej Manueli o ilorazie inteligencji dorównującym Einsteinowi...

---

* Gustavo Rojas Pinilla – prezydent Kolumbii w latach 1953–1957. Doszedł do władzy w wyniku zamachu stanu, a jego rządy nosiły znamiona faktycznej dyktatury. Autorka zestawia Rojasa Pinillę z Trujillem – dyktatorem Dominikany, który wprowadził w kraju terror – oraz Peronem – prezydentem Argentyny.

Drugiej takiej Evity, równie atrakcyjnej jak Marilyn, ach! I co, masz zamiar mnie zostawić dokładnie w tym momencie, kiedy moi potężni nieprzyjaciele sprzysięgli się, żeby mnie zniszczyć? Życzą sobie mojej przedwczesnej śmierci, chcą wpędzić mnie do grobu. Przysięgnij mi, że na razie nie wymienisz mnie na jakiegoś Idi Amina Dadę, który wyda mnie jankesom. Albo upiecze na grillu. Przyrzeknij mi, moja ukochana, na wszystko, co kochasz najbardziej na świecie. A przecież najbardziej kochasz mnie, prawda?

– A w takim razie, kiedy mam zacząć szukać sobie twojego następcy? – pytam, szukając chusteczki do nosa.

– No, może za… sto lat! Nie, może sześćdziesiąt, żebyś nie myślała, że przesadzam.

– Ja nie daję ci nawet dziesięciu lat – odpowiadam, ocierając łzy.

– Śnisz jak święty Augustyn, który zanim został ojcem Kościoła, modlił się, żeby Bóg obdarzył go cnotą czystości, ale jeszcze nie teraz. I ostrzegam, tym razem nie zamierzam iść na małe zakupy do eleganckich sklepów przy Piątej Alei. Tym razem zamierzam je opróżnić!

Spogląda na mnie z miną, która wyraża głęboką wdzięczność, a potem z wyraźną ulgą i uśmiechem na twarzy mówi:

– Uff! Możesz je opróżniać za każdym razem, kiedy przyjdzie ci na to ochota, moja ukochana pantero, pod warunkiem że nigdy już nie będziemy rozmawiać na podobne tematy. – Potem wybucha śmiechem i pyta: – A teraz, mądralo, powiedz mi, w jakim wieku ten twój święty został impotentem?

Jaką normalną kobietę obchodziłoby, czy Santofimio jest fałszywcem, kiedy ma w perspektywie wypełnienie garderoby kreacjami od Valentino czy Chanel? Ocieram ostatnie łzy, odpowiadam, że mając lat czterdzieści, i oświadczam, że nigdy nie dam się już wrobić w żadną kampanię wyborczą. On zapewnia, że jedynym, za czym tęskni, jest obecność mojej twarzy na jego poduszce, mojego ciała obok jego ciała, i podczas gdy wymienia kolejne jego części, których mu brakuje, zaczyna je pieścić, i po chwili po moim żalu nie zostaje ani śladu.

Pablo zapomniał najwyraźniej, że ja nigdy nie wybaczam, a jeśli chodzi o płeć przeciwną, każda z moich opcji prezentuje się o wiele ciekawiej niż wszystkie jego razem wzięte. I kiedy nadchodzi kolejny długi weekend, ulegam w końcu namowom i przyjmuję zaproszenie, które odrzucałam wielokrotnie podczas ostatnich osiemnastu miesięcy: bilet w pierwszej klasie do Nowego Jorku, olbrzymi apartament w The Pierre i gorące, eleganckie ramiona Davida Patricka Metcalfe'a. Następnego dnia wychodzę na zakupy, wydaję trzydzieści tysięcy dolarów w Saks przy Piątej Alei, zostawiam torby z zakupami w limuzynie i wchodzę na chwilę do katedry Świętego Patryka, żeby zapalić jedną świeczkę na cześć patrona Irlandii, drugą zaś na cześć Matki Boskiej z Guadalupe, patronki generałów meksykańskiej rewolucji, moich przodków. I chociaż przez resztę życia będę odczuwać nostalgię za czymś, co straciliśmy tamtej nocy, rozmawiając o dyktatorach i wieprzach, to nigdy już nie będę zazdrosna o modelkę na jedną noc, królową długiego weekendu czy parę lesbijek w jakimś jacuzzi w Envigado.

Pewnego dnia w księgarni Librería Central prowadzonej przez moich znajomych Hansa i Lily Ungar spotykam swojego pierwszego w telewizyjnej karierze szefa, obecnie byłego kanclerza Carlosa Lemosa Simmondsa. Przekonuje mnie, że powinnam wrócić do radia, poleca Grupo Radial Colombiano, obecnie czwartą co do wielkości stację w kraju, w której pracują same gwiazdy. Stacja należy do rodziny Rodrígueza Orejuela z Cali, będącej również właścicielką banków, sieci drogerii, laboratoriów kosmetycznych, kolumbijskiego Chryslera i dziesiątków innych firm.

– To ludzie nielubiący robić wokół siebie szumu. Gilberto Rodríguez jest niezwykle inteligentny i znajduje się na jak najlepszej drodze, żeby zostać najbogatszym obywatelem tego kraju. Poza tym to wspaniały człowiek.

Kilka tygodni później rzeczywiście dostaję ofertę pracy od Grupo Radial. Jestem mile zaskoczona, zwłaszcza znakomitymi referencjami Carlosa Lemosa, i oczywiście z radością przyjmuję propozycję. Moim pierwszym zleceniem jest reportaż z festiwalu tańca Feria de Cali i wyborów Miss Trzciny Cukrowej w ostatnim tygodniu grudnia i pierwszym tygodniu stycznia. Pablo spędza święta w Hacienda Nápoles z całą swoją rodziną, ale przysłał mi prezent gwiazdkowy – złoty zegarek z podwójną wysadzaną diamentami bransoletką od Cartiera. Odkupił go od Joaca Builesa, który ma głowę do interesów i sprzedaje biżuterię narkobaronom z Medellín. Beatriz mnie ostrzega:

– Virgie, żeby ci nigdy, przenigdy nie przyszło do głowy zabrać go do reperacji do Cartiera w Nowym Jorku. Ostrzegam cię, że zegarki, które sprzedajemy z Joakiem, są kradzione. Mogliby go skonfiskować, a nawet wsadzić cię do więzienia. Żebyś nie mówiła potem, że cię nie ostrzegałam. W każdym razie Pablo sądzi, że otrzymane w prezencie zegarki przynoszą szczęście.

Pewnej nocy jem w Cali kolację z Franciskiem Castro, młodym i przystojnym prezesem Banco de Occidente, najbardziej rentownym z tych posiadanych przez Luisa Carlosa Sarmienta. Do lokalu wchodzi dwóch jegomości i zapada całkowita cisza, wszyscy spoglądają na nich ukradkiem, a tuzin kelnerów biegnie, żeby ich obsłużyć. Ściszonym, pełnym pogardy głosem Castro mówi do mnie:

– To bracia Rodríguez Orejuela, tutejsi królowie koki, para niegodziwych, ohydnych mafiosów. Choćby nawet każdy z nich miał

miliard dolarów i sto firm, tego typu klientów Luis Carlos wyko-
pałby ze swoich banków.

Jestem zaskoczona, nie dlatego, że wiadomość przekazuje mi
ktoś o sławie genialnego dziecka, jeśli idzie o kwestie finansowe,
ale dlatego, że wydaje mi się, że po tak długim czasie zdążyłam
już poznać wszystkich, którzy znaczą cokolwiek w branży Pabla.
Jest co najmniej dziwne, że dotychczas nigdy o nich nie słyszałam. Następnego dnia szef stacji radiowej powiadamia mnie, że
Gilberto Rodríguez i jego żona chcieliby mnie poznać i zapraszają
do apartamentu prezydenckiego w Intercontinentalu, ich szta-
bu generalnego podczas Feria de Cali. Chcą osobiście wręczyć
mi bilety na miejsca w pierwszym rzędzie podczas korridy. (Na
arenie walki byków pierwszy rząd jest w rzeczywistości trzecim,
za dwoma przylegającymi bezpośrednio do ścieżki oddzielonej
barierami od widowni i areny, gdzie znajdują się toreadorzy, ich
pomocnicy, hodowcy byków i dziennikarze płci męskiej, nigdy
kobiety, gdyż uważa się, że przynoszą pecha, a poza tym zdarza
się, że byki przeskakują przez barierę i tratują wszystkich, których napotkają po drodze).

Rodríguez Orejuela z wyglądu różni się znacznie od mafiosów
z Medellín. Ci ostatni nie pozostawiają złudzeń co to tego, kim naprawdę są. Ten pierwszy zachowuje pozory. Ubiera się starannie,
jak zwykły człowiek interesów, i z pewnością poza Cali nie zwrócił-
by niczyjej uwagi. Zachowuje się wobec mnie niezwykle grzecznie,
kordialnie, jak to zwykle bogaci mężczyźni wobec pięknych kobiet,
ale jest w nim jakiś pierwiastek sprytu i przebiegłości, mieszający
się z inną cechą, która w oczach niezbyt przenikliwego obserwatora mogłaby uchodzić za nieśmiałość albo dyskretną elegancję.
Wygląda na czterdzieści lat z hakiem; jest niewysoki, ma pulchną
twarz i okrągłe ramiona, nie ma w nim tej męskiej dominacji,

jaka emanuje z Escobara. Uświadamiam sobie, że zarówno Pablo Escobar, jak i Julio Mario Santo Domingo mają w sobie coś, co na wybrzeżu kolumbijskim określa się mianem władczości, *mandarria*, a niezwykle dźwięczne brzmienie tego słowa mówi samo za siebie. Cała ich postawa i mimika zdają się krzyczeć:

– Stoi przed wami król świata, najbogatszy człowiek w Kolumbii. Zróbcie mi przejście! Niech nikt nie staje na mojej drodze, bo jestem chodzącym zagrożeniem, a dziś wstałem w szczególnie złym humorze.

Żona Rodrigueza wygląda na jakieś trzydzieści siedem lat, ma dość pospolitą twarz ze śladami po trądziku młodzieńczym. Jest wyższa niż my i pod tuniką w rozmaitych odcieniach zieleni odgaduję świetną figurę, jaka cechuje prawie wszystkie kobiety z Valle del Cauca. Ma oczy rysia, prędko odczytuję w nich, że jej mąż nie zrobi najmniejszego kroku bez konsultacji z nią.

Zawsze uważałam, że za każdym wyjątkowo bogatym mężczyzną stoi kobieta: wielka wspólniczka albo całkowicie oddana niewolnica.

– W niczym nie przypomina Taty, żony Escobara – myślę sobie. – To bestia Rodrigueza, generałka zawiadująca generałem.

Kiedy wracam do Bogoty, niespodziewanie dzwoni do mnie Gilberto, zapraszając na kolejną korridę w towarzystwie komentatorów sportowych z Grupo Radial. Odpowiadam mu:

– Dziękuję, ale pamiętaj, że siadam w pierwszym rzędzie, czyli w miejscu dla biedaków, kiedy wysyłacie mnie, żebym zrobiła reportaż z festiwalu, i pracuję jak niewolnica, wykorzystywana przez rodzinę bankierów, prezydentów i właścicieli setek drogerii. Chcę przez to powiedzieć, że mam problemy ze wzrokiem i jedynym miejscem, z którego dobrze widzę i w którym mnie widzą, jest rząd przy barierce. Do zobaczenia w niedzielę!

Po korridzie całe towarzystwo odprowadza mnie do domu. Kilka dni później dzwoni do mnie żona Rodrigueza, Myriam, i pyta, dlaczego wybrałam się na korridę z jej mężem. Niezwykle zdegustowana odpowiadam, że powinna raczej zapytać szefa Grupo Radial Colombiano, po co wysłał swoich komentatorów sportowych i redaktorów na tak ważną walkę byków. I zanim odłożę słuchawkę, sugeruję jej:

– Następnym razem spróbuję poprosić, żeby zaprosili również panią – oczywiście z mikrofonem – żeby sama się pani przekonała, dlaczego warto zobaczyć to widowisko na własne oczy. Kiedy na arenę wychodzi Silverio, każdy głupi zamieniłby tron na miejsce przy barierce!

Potem zastanawiam się, czemu nie wbiłam tej bestii więcej banderilli. Dlaczego nie powiedziałam, że jej mąż nie interesuje mnie nic a nic i nigdy w życiu nie zdołałby mnie sobą zainteresować? Czy on sam nie opowiedział jej jeszcze, że kocham do szaleństwa jego rywala, o wiele od niego bogatszego, który ożenił się o wiele lepiej i nie może się już doczekać chwili, kiedy znów się ze mną spotka i rozpłynie w moich ramionach? Że to on zostanie prezydentem, pomimo swojej przeszłości, albo dyktatorem, niepomnym swoich przeszłych zbrodni, i czy jej się to podoba, czy nie, jest jedynym prawdziwym i niepodważalnym Królem Koki? Dlaczego nie zapyta swojego kochanego Gilberta, jak dużą część rynku kontroluje – skoro w zeszłym roku do Pabla należało osiemdziesiąt procent, a w tym podwoił produkcję. W odpowiedzi usłyszałabym durne: „No, mój mąż kontroluje kolejne osiemdziesiąt procent, dokładnie tak samo jak pani kochanek!".

Kiedy już przechodzi mi furia, zaczynam wspominać tamtych czterech magnatów z establishmentu: ich godną pozazdroszczenia inteligencję, całkowitą niezdolność do współczucia, legendarną żądzę zemsty. Potem z uśmiechem, który dotąd drzemał ukryty w jakichś najskrytszych zakamarkach duszy, przypominam sobie ich talenty zaklinaczy węży, ich śmiechy, ich słabości, fobie i sekrety, udzielone mi przez nich lekcje... ich pracowitość, zapał, ambicje, wizje... ich urok osobisty... ich kandydatów na prezydentów...

Jak zareagowaliby na wieść o tym, że Pablo Escobar ma ambicje, żeby kandydować na prezydenta? Gdyby wycofał się ze swojej działalności, który z nich mógłby zostać jego sojusznikiem? Który rywalem, który wrogiem? Który mógłby się stać dla Pabla śmiertelnym zagrożeniem? I cóż... chyba żaden z nich, bo już wszyscy wiedzą, że on ma więcej forsy, więcej przebiegłości i więcej odwagi... i dwadzieścia albo dwadzieścia pięć lat mniej... Przypominam sobie, że Machiavelli napisał: „Przyjaciół trzymaj blisko, ale wrogów jeszcze bliżej"**.

A ja myślę sobie, że to nie ciała kobiet przechodzą przez ręce mężczyzn, ale umysły mężczyzn przechodzą przez ręce kobiet.

** Przytoczone przez autorkę słowa często przypisuje się Machiavellemu bądź Sun Tzu, jednak nic poza obiegową opinią nie wskazuje, by rzeczywiście pochodziły od tych autorów. Z pewnością pojawiają się za to w filmie *Ojciec chrzestny II*, którego scenariusz napisali Francis Ford Coppola i Mario Puzo.

Siódmy najbogatszy
człowiek na świecie

Po pierwszym uścisku z dwoma obrotami w powietrzu w 1984 roku słyszę wiadomość, po której czuję się tak, jakby ktoś wylał mi na głowę sto kubłów lodowatej wody. Pablo ma zamiar wycofać się z polityki i chce wiedzieć, co o tym myślę, gdyż poznał już zdanie rodziny, wspólników i swojego kandydata na prezydenta.

Odpowiadam, że nie trzeba być Einsteinem, żeby domyślić się, co o tym sądzą, i proszę go, żeby raz w życiu posłał ich wszystkich do diabła i pomyślał tylko o sobie. Próbuję go przekonać, że nie powinien ustępować w obliczu zagrożenia ze strony ministra Lary, Galana czy rządu, opinii publicznej ani *gringos*. Mówię, żeby przypomniał rodzinie, skąd pochodzą ich diamenty i mercedesy, dzieła Botera czy Picassa. Radzę mu, żeby zamiast atakować bezpośrednio traktat o ekstradycji, zaczął w Bogocie realizować prace społeczne na rzecz ubogich na miarę programu Medellín sin Tugurios. Dzięki temu będzie go chroniła jego popularność. A potem niech pomyśli o wycofaniu się z interesu, zostawieniu go w rękach wspólników, facetów lojalnych i twardych jak głazy.

– Sądzisz, że stworzysz jedyną w tym kraju dynastię, która ma na sumieniu dwa zabójstwa? Jedyną różnicą jest to, że w wieku trzydziestu czterech lat miałeś już majątek wart miliard, a może nawet dwa miliardy dolarów. A tutaj, gdzie powszechnie kupuje się głosy, naprawdę nie wymyśliłeś niczego nowego, tyle że zamiast kanapkami płacisz boiskami sportowymi i mieszkaniami. Nigdy nie pojmę, dlaczego Belisario Betancur mianował ministrem sprawiedliwości zaprzysięgłego wroga ludzi, którzy finansują większość kampanii prezydenckich. Alfonso López nigdy nie popełniłby podobnego głupstwa. Ty nie potrzebujesz Santofimia do niczego i przestań wreszcie nazywać go doktorem. Ludzie twojego pokroju mogą zwracać się per „doktorze" do Álvara Gomeza, ale nie do Alberta!

Pablo rzadko traci cierpliwość. Pablo nigdy się nie skarży. Pablo nigdy mi nie przerywa, kiedy czuje, że jestem naprawdę poirytowana. Nauczył się już, że się uspokajam, kiedy bierze mnie w ramiona, i dlatego zachowuje się jak ci kawalkatorzy szepczący koniom do ucha słowa, które pozwalają im się wyciszyć. Robi tak od dnia, kiedy wyznałam mu, że jeśli w piekle przytwierdziłby moje ciało do swojego ciała jakimś magicznym klejem, byłabym szczęśliwa jak w siódmym niebie, a on odparł, że to najpiękniejsze wyznanie miłosne wszech czasów. Tej samej nocy zwierza mi się również z tego, że ustalił z kandydatem na prezydenta, którego popiera, oficjalną separację, chociaż nadal będą potajemnie współpracować. W tej chwili bardziej niż kiedykolwiek jego zdolność do wpływania na innych kongresmenów jest cenna dla Pabla i jego wspólników w walce z traktatem o ekstradycji. Wyjaśnia, że jest jeszcze jeden powód, dla którego postanowił chwilowo zostawić politykę w rękach zawodowców: ścieżka przerzutu przez Norman's Cay jest zagrożona, Carlos Lehder sprawia mu poważne kłopoty i prędzej czy później trzeba będzie zrezygnować z jego usług, gdyż zmienił się w uzależnionego od narkotyków megalomana i nie potrafi sobie ułożyć stosunków z rządem Lyndena Pindlinga na Bahamach.

– Nawiązałem już kontakt z sandinistami*, którzy rozpaczliwie potrzebują forsy i chcą, żebym robił w Nikaragui przeładunek towaru przeznaczonego do Miami. W ciągu kilku tygodni pojedziemy razem do Managui i przetestujemy przy okazji jeden z moich paszportów. Chcę, żebyś poznała tamtejszą juntę i powiedziała mi, co o nich myślisz. Masz rację we wszystkim, co mówisz, ale musisz zrozumieć, że ważniejszy od polityki jest dla mnie mój biznes i muszę go rozwijać, dopóki okaże się fizycznie niemożliwe wydoić z niego więcej. Wtedy będę mógł pomyśleć o emeryturze i wrócić do Kongresu, kiedy skończy się cały ten szum wokół mnie. Zobaczysz, w ciągu pół roku wszystko zacznie się układać. Wiesz dobrze, że potrafię przewidzieć problemy parę miesięcy wcześniej, nim się pojawią, a kiedy rzeczywiście nadchodzą, mam już gotowe rozwiązania. Wszystko, prócz śmierci, da się rozwiązać z pomocą pieniędzy. A do mnie, kochanie, pieniądze płyną całymi strumieniami.

Pytam, jak założyciele MAS potrafią się porozumieć z rządem komunistycznym wspierającym kolumbijską partyzantkę. Odpowiada, że kiedy tam pojedziemy, zrozumiem wszystko. W końcu czuję spokój. Dwa tygodnie później Pablo ogłasza, że wycofuje się z polityki, a ja uważam, że dopóki to decyzja doraźna, a nie ostateczna, jest słuszna, gdyż dzięki niej przestanie być w oku publicznego cyklonu.

Podczas kolejnych tygodni jesteśmy bardzo szczęśliwi. O naszym związku wiedzą tylko jego wspólnicy, trzy moje przyjaciółki oraz garstka osób na jego usługach: Fáber, jego sekretarz

---

* Sandiniści – członkowie Sandinowskiego Frontu Wyzwolenia Narodowego, nikaraguańskiej partyzantki, która w 1979 roku obaliła dyktaturę i przejęła władzę w kraju. SFWN prowadził politykę reform socjalistycznych i zbliżenia z ZSRR oraz Kubą. Zbrojny ruch oporu antysandinowskiego – Contras – doprowadził do zaognienia konfliktu wewnętrznego i faktycznej wojny domowej. Próby destabilizacji rządu skłoniły zaś sandinistów do wprowadzenia w 1982 roku stanu wyjątkowego i zawieszenia licznych praw obywatelskich oraz represji wobec wrogów rewolucji nikaraguańskiej. Contras byli aktywnie wspierani przez USA.

– przemiły człowiek, który zawsze po mnie przyjeżdża i odwozi na lotnisko – i trzech zaufanych ludzi: Otto, Juan i Aguilar. Pablo i ja zaprzeczamy stanowczo plotkom o romansie, przede wszystkim przez wzgląd na żonę Pabla, ale także ze względu na moją karierę, która rozwija się teraz błyskawicznie: program *El show de las estrellas*, który prowadzę, emitowany w soboty o dwudziestej, oglądany jest w wielu krajach i uzyskuje pięćdziesiąt trzy punkty w ratingu, gdyż w 1984 roku są w Kolumbii tylko trzy kanały telewizyjne, przy czym telewizji państwowej nikt właściwie nie ogląda. Mój inny program, *Magazín del Lunes*, odbiera widownię Andresowi Pastranie Arangowi, prowadzącemu wiadomości w konkurencyjnym kanale, podobno dlatego, że krzyżuję nogi w bardzo seksowny sposób. Z tego właśnie powodu firma produkująca pończochy Di Lido, własność rodziny Kaplan z Caracas i Miami, zaproponowała mi nakręcenie w Wenecji drugiej reklamy. Dzięki pierwszej udało im się bowiem podbić sześćdziesiąt jeden procent krajowego rynku. Stawiam twarde warunki: honorarium stukrotnie wyższe niż to, jakie otrzymałaby najlepiej płatna modelka, bilety pierwszej klasy i apartament w hotelu Cipriani albo Gritti Palace. Uszczęśliwiona, mówię Pablowi, że za wenecką reklamę Kaplanowie zapłacą mi, jak płaci się gwieździe kina w kraju, w którym nie istnieje przemysł filmowy. A on się uśmiecha, bo wie, że rok temu dostałam propozycję od pewnego producenta z Hollywood, który zaproponował mi bungalow w Bel Air, ulubiony hotel księżnej Grace w Beverly Hills i film z Michaelem Landonem, Priscillą Presley oraz Jürgenem Prochnowem – niestety, musiałam odrzucić to wszystko na stanowczy rozkaz Margot.

– W końcu kim naprawdę chcesz być w życiu, poważną dziennikarką czy aktorką? Teraz zostawisz mnie na lodzie, kiedy w końcu zaczęłyśmy zarabiać poważne pieniądze?

Pewnego ranka, koło jedenastej, Pablo zjawia się niespodziewanie w moim mieszkaniu. Mówi, że przyjechał się pożegnać,
gdyż wybiera się w podróż do Panamy i Nikaragui i nie może
mnie ze sobą zabrać. Ludzie, którzy służą mu za kontakt z juntą
sandinistów, zaklinali go, żeby za żadne skarby nie przyjeżdżał
w towarzystwie dziennikarki telewizyjnej. Zapewnia, że nie za-
bawi tam dłużej niż tydzień, a potem pojedziemy razem na Kubę
poznać Fidela Castro. Nie wierzę w ani jedno słowo, zwłaszcza
kiedy mówi, żebym pod jego nieobecność wybrała się na pocie-
szenie na zakupy. Jestem wściekła, ale się nie skarżę: Nowy Jork
jest o wiele bardziej kuszącą opcją niż Managua, a The Pierre to
wprost raj na Ziemi. I nie tylko dlatego, że dzieli go jedna przecz-
nica od Bergdorfa Goodmana**, ale też dlatego, że zemsta jest
słodka.

Scena, która rozegra się tydzień później w ogromnym apartamencie, jest surrealistyczna. Przez telefon w swoim pokoju David
rozmawia z Sonnym, diukiem Marlborough. Przez drugi telefon
w moim pokoju ja rozmawiam z Pablitem, Królem Koki, który
każe mi wykupić wszystkie egzemplarze magazynu „Forbes",
jakie dostanę w kioskach, gdyż właśnie znalazł się na siódmym
miejscu listy najbogatszych ludzi na świecie. A kiedy oboje od-
kładamy słuchawkę, w saloniku pomiędzy sypialniami czeka na
nas Julio Mario, Król Piwa, i zwija się ze śmiechu, bo uważa, że
Metcalfe wkrótce dorobi się betonowej kamizelki! (Pomiędzy
przywódcami szacownych rodzin Genovese, Bonnano, Gambino,
Lucchese i Maranzano ustalił się zwyczaj zalewania betonem
przeciwników. Po długiej chwili, kiedy beton zdążył stężeć, wrzu-
cano ich do morza, co można by określić jako nowojorski styl

** Bergdorf Goodman – luksusowy nowojorski dom handlowy.

unieszkodliwiania wrogów czy też nowsza wersja starego sposobu wrzucania wybranków swoich narzeczonych do wody z kamieniem młyńskim u szyi).

Julio Mario z niedowierzaniem pyta, czy ci moi znajomi „z plebsu" rzeczywiście są tak bogaci. Odpowiadam, że to w tej chwili najbogatsi ludzie na świecie. On uważa, że straciłam umiar w zakupach. Zostawiam Santa Dominga i Metcalfe'a, bardzo z siebie zadowolonych, i schodzę po papierosy. Wykupuję wszystkie egzemplarze „Forbesa", które mają w kiosku. Wchodzę na górę i wręczam im po egzemplarzu, otwartym na liście najbogatszych w tym roku ludzi. Bracia Ochoa zajmują szóste miejsce, Pablo Escobar – siódme.

– Więc konkurencja ma trzy miliardy dolarów – stwierdza z przekąsem David. – No, taka fortuna starczyłaby mu nie tylko na kupno żyraf, opłacenie Brudasa i finansowanie twoich zakupów... Mógłby zacząć żyć z klasą, jak Stavros Niarchos!

– Nie chciałabyś się postarać z nim o dziecko, laleczko? – pyta Juan Mario przymilnym tonem. – Czas leci, a ty nie robisz się młodsza, prawda?

Spoglądam na Maria i zwracam się do niego po hiszpańsku, żeby David nie zrozumiał.

– Jeśli nie miałam dzieci z tobą, chociaż byłeś całkiem przystojny, po co miałabym mieć dzieci z kimś „z plebsu"? I nie zapominaj, że zawsze będę o dwadzieścia dwa lata młodsza od ciebie.

Wydaje mi się, że obaj są troszkę zazdrośni, bo obecnie o kolumbijskich magnatach jest głośno na całym świecie, a nie tylko w kraju. I jeszcze dlatego, że moi przyjaciele są w moim wieku. I chociaż wywodzą się z plebsu, są niezwykle inteligentni.

– Na Boga, *darling*! – wykrzykuje David, czyniąc w powietrzu elegancki gest zdumienia, gest, jakim lord Curzon zareagowałby pewnie na wieść, że Pablo Escobar je na obiad zupę. – Inteligentny to jest Henry Kissinger!

– No, teraz to naprawdę sądzę, że jesteś najodważniejszym z ludzi! – mówi Julio Mario, prawie tarzając się ze śmiechu. – Boję się o ciebie, Davidzie! Obawiam się, że nasz młody Corleone już niedługo sprawi ci betonowy kubraczek!

Mam wrażenie, że moi ukochani mężczyźni spoglądają na mnie jakoś inaczej, i czuję, że to najpiękniejszy dzień w moim życiu. Muszę przyznać, że Bóg chyba wie, co robi, jestem tu teraz, śmieję się z nimi, otoczona dwoma tuzinami toreb z moimi zakupowymi łupami, i nie muszę patrzeć na gęby Noriegi czy Daniela Ortegi.

Kilka dni później znów znajduję się w ramionach Pabla i, z wielu powodów, oboje mamy co świętować. I chociaż Król Koki, podobnie jak wnuk wicekróla Indii, może być najodważniejszym człowiekiem na świecie, w godzinie prawdy okazuje się równie ludzki jak pierwszy z brzegu Król Piwa:

– Ach, przeżyłem naprawdę ciężkie chwile, kochanie. Znalazłem się nagle wśród wszystkich tych gości w wojskowych mundurach… Bałem się, że wrzucą mnie do morza, tylko dlatego, że powiedziałem im, iż nikt na świecie nie ma pięćdziesięciu milionów dolarów w gotówce! Bo tyle zażądały te skurwysyny w ramach zaliczki. Wyobrażasz to sobie? Ja nie wiem, czy komuniści naprawdę myślą, że pieniądze rosną na drzewach? Znajdowaliśmy się w ogrodzie, otaczał go murek mniej więcej wysokości metra, a ja zastanawiałem się, czy udałoby mi się przeskoczyć przez niego i uciec do swojego samolotu, zanim mnie porwą albo sprzedadzą jankesom. I przez cały czas żałowałem, że nie przywiozłem ze sobą mojej ukochanej piękności, której tak mi brakuje. Nie masz pojęcia, jak brzydkie są tamtejsze kobiety. No, ale najważniejsze, że już jesteśmy razem, że obniżyli mi stawkę i mam w odwodzie ten szlak, na wypadek gdyby *gringos* zaczęli naciskać na Noriegę. On co prawda jest nam wierny, odkąd pomógł jako mediator podczas porwania Marthy Nieves Ochoi, ale zawsze może nas zdradzić. Zawsze będzie pracował dla tego, kto najlepiej zapłaci. A tobie jak poszło w Nowym Jorku?

– I ci sandiniści mają cię poznać z Fidelem Castro? – pytam, zamiast odpowiedzieć na jego pytanie.

– Tak, ale dopiero później, kiedy się przekonają, że mogą mi zaufać.

– A po co właściwie chcesz poznać Fidela Castro?

– Bo jego wyspa leży najbliżej Florydy. A teraz, kiedy już wiemy, że możemy spełnić warunki finansowe komunistycznych dyktatorów...

– Tak, ale ten w szczególności jest inteligentny i bogaty, a nie zdesperowany i głupawy, jak ci sandiniści. Nie powinieneś na niego liczyć, Pablo, bo Fidel nie ma Stanów blisko. Ma je na głowie, w postaci Florydy i na samej wyspie – w Guantanamo.

Zmieniam temat i opowiadam mu, że kiedy jadłam śniadanie z przyjaciółką w Le Cirque, spotkałam Santa Dominga i pewnego znajomego brytyjskiego lorda. Coś o nas słyszeli, bardzo zaciekawiła ich lista w „Forbesie", pytali o niego i czułam, że trochę zazdroszczą mu trzech miliardów. I Julio Mario odważył się nawet zasugerować mi, żebym postarała się o dziedzica. Pablo pyta, co na to odpowiedziałam, a ja wyjaśniam:

– Że akurat on, który podarował mi biografię Fernanda Mazuery, powinien doskonale wiedzieć, iż w mojej rodzinie od pokoleń piękne kobiety bardzo uważają, by wyjść za mąż, zanim doczekają się dzieci. Ty natomiast masz już wspaniałą żonę.

Pablo zamyśla się na chwilę nad moimi słowami. Nie mam pojęcia, jak czułej struny dotknęłam, dopóki nie przerywa milczenia.

– Bardzo, ale to bardzo dobrze mu przygadałaś, najdroższa. A teraz opowiem ci historię, której nie opowiadałem nigdy dotąd żadnej kobiecie. Zanim cię poznałem, kobieta, którą kochałem najbardziej na świecie, miała na imię Wendy... Tak jak ta z *Piotrusia Pana*, nie ma się z czego śmiać. I Wendy Chavarriaga nie była zwykłą lwicą, o nie! Była groźna jak całe stado lwic! Za każdym razem, kiedy sądziła, że ją zdradzam, rozwalała swoje auto o mój samochód, rozwalała mi drzwi, atakowała młotkiem, kopała, groziła, że mnie zabije, wykastruje i poćwiartuje, obrzucała wszystkimi znanymi w języku hiszpańskim przekleństwami, wrzeszczała... Ale ja wybaczałem jej wszystko, bo ją kochałem, uwielbiałem. Umierałem z tęsknoty za nią! Wyjeżdżała na wycieczki do Nowego Jorku, nie sama, jak ty, ale w towarzystwie dwunastu przyjaciółek, a ja płaciłem za wszystkie ich kaprysy. Ale, wbrew moim przestrogom, któregoś razu zaszła w ciążę. I poszła do fryzjera, u którego siedziała akurat moja żona, i wykrzyczała jej triumfalnie w twarz: „To jest prawdziwy owoc miłości, a nie obowiązku, jak pani dziecko!". Następnego dnia wysłałem po nią czterech moich chłopców. Zawlekli ją do weterynarza, kazałem jej zrobić aborcję bez znieczulenia. Od tamtej pory nigdy więcej jej nie widziałem i nie zatęskniłem za nią ani przez sekundę. Dziękuję Bogu, że ty jesteś prawdziwą księżniczką. W porównaniu z Wendy, chociaż czasem się wściekasz, jesteś oazą spokoju, Virginio.

Nie mogę wydusić z siebie słowa. Jestem wstrząśnięta. Jestem przerażona. Przeszywa mnie dreszcz. Po chwili mamroczę tylko:

– Tak, dzięki Bogu nie mam na imię Wendy ani na nazwisko Chavarriaga.

Moje bezgraniczne uwielbienie dla Pabla zaczyna się sypać tej właśnie nocy, po usłyszeniu owej koszmarnej historii, bolesnej dla każdej wrażliwej kobiety jak nóż wbity prosto w serce. I znów myślę, że Bóg wie, co robi, i cieszę się, że się przekonałam, do czego zdolny jest ten mężczyzna, tak hojny dla wielu, tak bezduszny dla niektórych. Zastanawiam się w duchu, czy któregoś dnia sama zaznam tego okrucieństwa, ale zaraz uznaję, że nie, bo nie jestem w niczym podobna do tej biednej dziewczyny i nie bez kozery Pablo nazywa mnie „swoją słodką Panterą".

Siódme miejsce na liście „Forbesa" nie robi chyba na Pablu najmniejszego wrażenia. Kiedy udziela wywiadu radiowego, zapewnia, że te kwoty to jakaś fikcja, że absolutnie nie ma takich pieniędzy, nawet nie potrafi przeliczyć ich na pesos. Zapewne chodziło o fortuny Santa Dominga i Ardili, że „Forbes" się pomylił. Że gdyby rzeczywiście miał trzy miliardy dolarów, rozdałby dwa miliardy dziewięćset milionów ubogim, a resztę zostawiłby sobie, żeby jego rodzina mogła żyć w spokoju przez kolejne sto lat.

Tak naprawdę Pabla w ogóle nie interesuje peso, za to zna się na kursie dolara lepiej niż jakikolwiek szwajcarski bank. Zawsze rozmawiamy o dolarach, liczymy je w tuzinach, setkach i miliardach. Po pierwsze dlatego, że jego biznes opiera się na tej właśnie walucie, która w 1984 roku jest jedną z najstabilniejszych na świecie. A po drugie dlatego, że oboje doskonale wiemy, że kalkulacje w peso nie są wiarygodne nie tylko w dłuższym, ale też w niespecjalnie odległym terminie, gdyż nieustająca dewaluacja kolumbijskiej waluty, sięgająca czasem trzydziestu pięciu procent rocznie, sprawia, że wszelkie szacunki z wieloma zerami nie mają żadnej wartości z upływem czasu: milion pesos – kwota niezwykłej wartości w 1974 roku – staje się błahostką w roku 1994, w ciągu tych samych dwudziestu lat milion dolarów dewaluuje się o jakieś pięćdziesiąt procent.

Tydzień później Pablo oświadcza mi, że zjawi się z prezentem. Prezent ma być ukryty gdzieś pod ubraniem, a ja mam go poszukać bardzo, ale to bardzo powoli. Kiedy rozkłada ramiona i widzę, że nie trzyma nic w dłoniach, myślę, że musi to być bardzo mały, ale wartościowy przedmiot, na przykład szmaragd niewielki jak kropla oliwy czy rubin wielkości kropli krwi gołębia. On stoi w bezruchu i nie odzywa się ani słowem, a ja przemierzam palcami każdy centymetr jego ciała, i zaczynam go powoli rozbierać. Najpierw zdejmuję mu koszulę, potem rozpinam pasek, ściągam spodnie... i nic z tego! Kiedy docieram do stóp, rozwiązuję sznurówki butów, znajduję w skarpetce berettę kaliber dziewięć milimetrów, z rękojeścią z kości słoniowej i wygrawerowanymi inicjałami Pabla. Jest naładowana.

– A więc to tak? No to teraz moja kolej, panie parlamentarzysto. Zemszczę się za tamtą noc z rewolwerem! Ręce do góry!

Nie mija nawet ułamek sekundy, zanim mnie dopadnie. Wykręca mi rękę, rozbraja mnie i wsuwa lufę do ust. Przebiega mi przez myśl, że odkrył mój romans z Davidem i zaraz mnie zabije.

– Tym razem to nie zabawa, Virginio. Przyniosłem ci ten pistolet na wypadek, gdybyś go potrzebowała. Pozwolenie na broń jest wystawione na mnie, tylko ci ją pożyczyłem, rozumiesz? Gdybyś kiedykolwiek musiała go użyć, chcę, żebyś wiedziała, że mam na swoich usługach najlepszą firmę, która spiera krew z dywanów: nie zostawiają najmniejszej kropli. A teraz muszę wyznać ci prawdę, kochanie: nigdy nie zostanę kongresmenem ani prezydentem, nic z tych rzeczy. Niedługo staniesz się kochanką wojownika i przyszedłem tu dziś po to, żeby ci wytłumaczyć, co zrobią z tobą służby bezpieczeństwa tego kraju, kiedy zapukają do twoich drzwi, pytając o mnie. Pokażę ci, jak możesz ze sobą skończyć jednym celnym strzałem, żebyś nie została potworem z roztrzaskaną twarzą ani kaleką. Nie wątpię, że na strzelnicy nieźle się spisujesz, ale musisz jeszcze pozbyć się lęku przed zabijaniem, bo w przeciwnym wypadku każdy wprawny w tym fachu rozbroi cię w ciągu kilku sekund. A na pewno pierwszą rzeczą, którą zechcą zrobić z tobą ci rzeźnicy, będzie zdarcie z ciebie ubrań... A przecież jesteś... najpiękniejszą kobietą na świecie, prawda, słonko? Właśnie dlatego natychmiast zrzucisz z siebie kreację wartą dwa, a może trzy tysiące dolarów, zanim rozedrę ci ją na strzępy. Pójdziesz do łazienki i staniesz przed tymi lustrami odbijającymi całą sylwetkę! Powiedziałem: natychmiast! Na co jeszcze czekasz?

Słucham, bo naprawdę nie chcę, żeby podarł mi na strzępy kreację od Saint Laurenta, ale też dlatego, że odczuwam wielką ulgę i niesłychaną ciekawość. Zawsze podniecały mnie te jego płomienne spojrzenia, po których następowały pieszczoty. Pablo odbezpiecza berettę i staje za mną. Mówi, że jeśli wyciągasz broń, żeby zabić, musisz to zrobić z zimną krwią, w przeciwnym razie z pewnością się nie uda. Potem pokazuje mi, jak ustawić stopy i nogi, tors i ramiona, kiedy stajesz naprzeciwko wielu przeciwników uzbrojony w broń palną. Uczy mnie, co powinny wyrażać spojrzenie i twarz, uczy mnie języka ciała. Tłumaczy, co powinnam myśleć, co czuć, jakich sztuczek spróbują oni. Z dziwnym błyskiem w oku podpowiada, kogo powinnam zabić najpierw, jeśli będzie ich dwóch, trzech, a nawet czterech, jeśli nie celują we mnie z broni i dzieli ich jakaś sensowna odległość. Bo jeśli jest ich pięciu albo więcej i są uzbrojeni, powinnam strzelić sobie w głowę, zanim wpadnę w ich ręce. Pokazuje mi, jak zachować się w tym właśnie wypadku: w którym miejscu przyłożyć lufę. Kilka razy udaje, że naciska spust, kilka razy wykręca mi rękę, dopóki nie nauczę się znosić bólu, żeby nie dać się rozbroić. Przyglądam się naszym nagim ciałom, odbitym w lustrze, jak walczą o broń, i nie mogę pozbyć się skojarzeń ze spartańskimi zapaśnikami czy ateńskimi dyskobolami. Oczywiście Pablo jest ode mnie sto razy silniejszy, pokonuje mnie za każdym razem, wprowadzając mnie w arkana tej makabrycznej choreografii. Czuję się jak na kolejce górskiej, doświadczam przerażającego lęku po to, żeby w końcu nad nim zapanować, przejąć kontrolę nad sytuacją, wyobrazić sobie, czym jest ból... umrzeć z miłości. Nagle rzuca berettę na podłogę i chwyta mnie lewą ręką za włosy. Ostatnia część dzisiejszej lekcji płynie teraz z jego ust do moich uszu, podczas gdy palce prawej ręki przebiegają po moim ciele. To niekończące się opowieści, szczegółowe opisy najbardziej wyrafinowanych tortur, najbardziej przerażających, niewyobrażalnych, budzących grozę sposobów zadawania bólu; próbuję go uciszyć, próbuję zatkać uszy, żeby go nie słyszeć, ale on chwyta mnie za ramiona, zakrywa moje usta dłonią i mówi dalej, nie milknąc ani na sekundę. Kiedy kończy recytować listę tortur, jakich nie wymyślili najgorliwsi inkwizytorzy, cierpień, jakie mogłyby być tworem zdeprawowanego latynoskiego generała podczas operacji „Kondor", ten demon, który odbiera mi, a potem zwraca życie, który kocha mnie i rozpieszcza jak nikt inny na świecie, szepce mi na ucho podnieconym głosem, że to tylko ułamek tego, co mogliby mi zrobić, jeśli nie nauczę się bronić przed jego nieprzyjaciółmi. Nienawidzić ich tak mocno jak on, zabijać ich bez wahania, kiedy tylko nadarzy się okazja, a przede wszystkim nie mieć cienia wątpliwości, że zdołam ich wykończyć, jeśli kiedykolwiek ośmielą się zapukać do moich drzwi, żeby zapytać o niego.

Po trzech minutach kojącej ciszy pytam go, skąd tak dobrze zna się na tym wszystkim. Wciąż wycieńczony, odpowiada:

– Bo w życiu miałem okazję celować do wielu ludzi... Przede wszystkim porywaczy. Dlatego, kochanie.

Sielankowe milczenie trwa następne trzy minuty, potem jednak zdobywam się na odwagę, żeby zapytać mniej więcej do ilu. Po długiej przerwie wzdycha i spokojnym tonem przyznaje, że było ich mniej więcej dwustu. Upływają dwie, może trzy minuty, a ja pytam, ilu z nich nie przeżyło tej konfrontacji. Po kolejnej pauzie i kolejnym westchnieniu odpowiada, że niemało. Teraz nie daję mu chwili wytchnienia. Pytam, co stało się z tymi, którzy pozostali przy życiu. Tym razem nie odpowiada. Wówczas podnoszę się z podłogi, zbieram z niej kule i ładuję berettę. Podchodzę z nią do sejfu, wyjmuję z niego kopię klucza do prywatnej windy, którą można wjechać bezpośrednio do mojego mieszkania, wracam do Pabla z bronią w jednym ręku, złotym breloczkiem w drugim i wręczam mu klucz.

– Nigdy jeszcze nie dałam nikomu tego klucza, Pablo. Jeśli któregoś dnia nie będziesz miał dokąd pójść, zawsze możesz ukryć się tutaj. Nikt przy zdrowych zmysłach nie będzie cię szukał u mnie w domu, być może przyjdą po mnie, ale na pewno nie po ciebie. Tutaj, w tym serduszku jest szyfr do sejfu, pod moją nieobecność znajdziesz tam mój pistolet, bo od tej pory będę się z nim rozstawać tylko wtedy, gdy będę zmuszona lecieć samolotem. Teraz powiedz mi, jakie nazwisko mam podać, żeby ochrona wpuściła cię do garażu, kiedy mnie nie będzie.

Czuła pieszczota, a potem długa cisza, ten sam co zawsze głęboki smutek w jego spojrzeniu i dwa słowa, których brzmienia nie sposób zapomnieć: oto odpowiedź na gest zaufania do tego cudownego, jedynego w swoim rodzaju, a jednocześnie przerażającego mężczyzny. Dostaję od niego pistolet, w zamian wręczam złote serce. Kiedy odchodzi, a moja dusza rozpada się na tysiące kawałków, współczucie i empatia mówią mi co innego niż rozum, a jakiś wewnętrzny demon szepce, na przekór sumieniu, że jeśli kochankowie, którzy znają odpowiedzi, nie unikaliby pytań kochanek, które znają prawdę, cały świat zamarzłby w jednej chwili.

Przysłowie mówi: „Jeśli chcesz zabić ptaka, zetnij drzewo, na którym uwił gniazdo". W marcu 1984 roku upada Tranquilandia, największe laboratorium przetwarzające narkotyki na świecie. Cytadela ukryta w dżungli nad rzeką Yarí została sfotografowana przez amerykańskiego satelitę. Rząd USA przekazuje informacje ministrowi Larze i kolumbijskiej policji. Kompleks czternastu laboratoriów, rozciągający się na obszarze pięciuset hektarów, produkuje trzy tysiące pięćset kilogramów kokainy tygodniowo. Ma własne pasy startowe pozwalające eksportować narkotyk, własne drogi oraz zaplecze dla trzystu robotników. Policja wrzuca do Yarí czternaście ton koki, konfiskuje siedem samolotów, helikopter, samochody, broń i wszystko, co potrzebne, żeby przetworzyć pastę kokainową w czystą kokainę.

Spotykam się z Pablem kilka dni przed wyjazdem do Wenecji. Opowiada mi, że laboratoria w Tranquilandii i Villa Coca należały do Jorgego i Gonzala, nie do niego, a policja w rzeczywistości skonfiskowała mniej, niż wynika to z oficjalnych raportów. Wyjaśnia, że wszyscy odrobili ważną lekcję: od tej pory kuchnie w dżungli będą ruchome, a na terenach objętych działaniami partyzantki będzie się płacić buntownikom haracz. Tak czy siak, towar, który wpada w ręce policji, to jakieś dziesięć procent, więc tyle co nic w porównaniu z dziewięćdziesięcioma procentami, które przynoszą zyski. Każdy kilogram przemycany dla klientów to pięć tysięcy dolarów zysku, a każdy kilogram towaru do bezpośredniej sprzedaży – Pablo nie musi płacić za transport, bo samoloty i trasy przemytu należą do niego – przynosi mu dwukrotny zysk po odliczeniu stawek pilotów, paliwa i łapówek dla urzędników w każdym kraju leżącym na tak zwanym szlaku. Podczas transportu kilkutonowego ładunku załoga zarabia nawet milion dolarów za kurs; dzięki temu, jeśli wpadnie w ręce stróżów prawa, a łapówki nie poskutkują, jego piloci mogą liczyć na pomoc najlepszych adwokatów i zapłacić kaucję. Nie muszą nawet w tym celu dzwonić do Kolumbii. Uczę się powoli, że poza Stanami Zjednoczonymi i Kanadą łapówki zawsze załatwiają sprawę. Najważniejszymi osobami na szlaku są dyktator lub gubernator, komendant sił powietrznych lub policji, a przynajmniej szef urzędu celnego tropikalnego kraju, w którym samolot ma międzylądowanie, żeby zatankować. Wszyscy oni: chemicy, „kucharze", strażnicy, piloci, księgowi, zarabiają bajeczne pieniądze. W ten sposób nie kradną, nie wsypują swoich przełożonych i nie zdradzają szlaków. Pablo prawie zawsze używa słowa „towar", nie „kokaina", i zdradza mi te szczegóły, żeby mnie uspokoić. Nie chce, żebym martwiła się tak bardzo pętlą, jaka zaciska się wokół niego za sprawą pościgu urządzonego przez ministra Larę Bonillę.

Mam w perspektywie wyjazd do Włoch i budżet na zakupy wynoszący sto tysięcy dolarów. Proszę o urlop w Grupo Radial, zostawiam programy telewizyjne nagrane z trzytygodniowym wyprzedzeniem i szczęśliwa wyruszam do Wenecji, najwspanialszego miasta, które najbogatsi kupcy na świecie postawili na Ziemi (i wodach zatoki).

Na początku kwietnia 1984 roku mój świat jest niemal doskonały: mam młodego kochanka, będącego jednym z najwspanialszych kupców swojej epoki, i dzięki niemu ja też czuję się najszczęśliwszą, najbardziej rozpieszczoną i najpiękniejszą kobietą na Ziemi. Najpierw zatrzymuję się w Rzymie, żeby zakupić kreacje potrzebne do nagrania reklamy w Wenecji. Dziś wyszłam z salonu piękności Sergia Russa i zastanawiam się, dlaczego w Kolumbii nigdy nie mogę wyglądać równie olśniewająco. Z pewnością dlatego, że zabiegi kosmetyczne kosztowały mnie setki dolarów, ale to zaledwie nieznaczący ułamek sumy, jaką zapłaciłam za kostium Odicini oraz torebkę i buty z krokodylej skóry.

Nic, z wyjątkiem obecności Pabla oczywiście, nie czyni mnie tak szczęśliwą jak spojrzenia przechodniów mijanych na głównej ulicy jakiegoś europejskiego miasta, pełnej luksusowych butików, kiedy spaceruję z dwoma mężczyznami pod ramię, przystojnymi, eleganckimi, uśmiechniętymi i dumnymi w swoich nieskazitelnych granatowych marynarkach i z sygnetami herbowymi na palcach. To naprawdę jeden z najwspanialszych dni w moim życiu, przemierzam Via Condotti w towarzystwie Alfonsa Giraldo y Tobón oraz Franco, księcia Antamoro i Céspedes. Alfonso to znany playboy, a przy tym jeden z najbardziej wyrafinowanych i zabawnych mężczyzn, jacy kiedykolwiek urodzili się w Kolumbii. Roztrwonił bajeczną fortunę, którą jego ojciec uciułał na szamponie przeciwłupieżowym, flirtując z Sorają, irańską księżniczką, piękną jak bogini, i balując z innymi książętami, na przykład Johannesem von Thurn und Taxis, najbogatszym człowiekiem chrześcijańskiego imperium germańskiego, „Princy" Barodą, bajecznie bogatym Hindusem, i Raimondem Orsini d'Aragona, jednym z najmajętniejszych Włochów. Szkolił się we flirtowaniu z kobietami pod okiem samego Porfiria Rubirosy, zięcia Trujilla, a teraz mieszka w swoim ulubionym mieście, w jednym ze skrzydeł pałacu Orsinich. Franco z kolei jest wspólnikiem w jednym z genewskich banków i wnukiem Carlosa Manuela de Céspedes, bohatera, który pierwszy ogłosił niepodległość Kuby, i pierwszego z wielkich posiadaczy ziemskich, który wyzwolił swoich niewolników. Moi dwaj wierni przyjaciele rozśmieszają mnie do łez, nadają mi urocze przydomki i oczywiście mnie rozpieszczają. Franco w pewnym momencie oświadcza:

– Niby masz już trzydzieści cztery lata, ale wyglądasz tak, że tylko pozazdrościć, moja miss Kolumbii. Wiadomo jednak, że piękne kobiety rozkwitają wieku czterdziestu lat. Nie rozumiem, jak taka diwa może nadal mieszkać w Bogocie. Księżniczka taka jak ty pilnie potrzebuje księcia z bajki, najbogatszego ze wszystkich i w dodatku najlepszego kochanka!

– Jutro – wtóruje mu Alfonso – zaproszę cię na kolację i poznasz mistrza polo, najprzystojniejszego faceta w Rzymie. Mam nadzieję, że zaprosi cię do Polo Club, gdzie gromadzą się najwytworniejsi mężczyźni w całej Italii. To prawdziwe ciacho, kochana moja. Uprzedziłem już przyjaciół, że niedługo przyjedzie do Rzymu najpiękniejsza kobieta w Kolumbii, nie mogą się doczekać.

Uśmiecham się, gdyż w końcu i ja doczekałam się tytułu. I śmieję się w duchu, bo jestem zakochana po uszy w siódmym najbogatszym człowieku świata, mam w odwodzie drugiego kochanka, z którym mógłby się równać tylko Porfirio Rubrirosa, i jeszcze nie straciłam głowy dla najprzystojniejszego w całym Rzymie gracza w polo. A ponieważ Alfonso ma znakomity gust, proszę go, żeby poszedł ze mną do Gucciego po najpiękniejsze buty i skórzaną kurtkę dla mojego „nieokiełznanego rumaka, który woli dżinsy i sportowe buty, żeby nadzorować z biczem w ręku setki kucyków i tysiące źrebaków". Alfonso przedstawia mnie Aldo Gucciemu i naśmiewa się ze mnie, że wydałam tylko dwadzieścia pięć tysięcy dolarów na torebki z krokodylej skóry. Chociaż tak naprawdę wydałam zaledwie pięć tysięcy, uradowany właściciel wraca pięć minut później, niosąc dla mnie w prezencie dwie apaszki: jedną w koniki, drugą w kwiaty. Mam je do dziś.

Ruszam w drogę do Wenecji, mając ze sobą pół tuzina walizek wyładowanych skarbami, i zatrzymuję się w apartamencie w Gritti Palace. Potem spaceruję po mieście, kupuję kryształ z Murano oraz figurkę z brązu, o którą prosił mnie Pablo dla Taty, i przygotowuję się do zdjęć. Wszystko zostało zaplanowane w najdrobniejszych szczegółach, a jednak nakręcenie spotu na Canal Grande okazuje się zupełnie niemożliwe: mam na sobie wspaniałą białą kreację w kwiaty od Léonarda, wielki słomkowy kapelusz, biżuterię z turkusów i diamentów i krzyżuję nogi pod doskonałym kątem, ale na widok kamer otacza nas natychmiast przynajmniej sześć gondoli pełnych turystów. Gondolierzy krzyczą: *Un' attrice, vieni! Un' attrice*, a japońscy turyści proszą mnie o autografy, chcą sobie robić ze mną zdjęcia. Z początku bardzo mnie to bawi. Ale po stu próbach nakręcenia reklamy, które ciągną się przez trzy dni, postanawiamy przenieść się do mniejszego kanału z mostkiem, skąd *ragazzo* w średniowiecznym kostiumie zrzuca mi różę, ja się do niego uśmiecham i przesyłam w powietrzu pocałunek; znalezienie *bello ragazzo biondo* to kolejny dramat, bo w Wenecji wszyscy żyją z turystyki, a jasnowłosi modele zarabiają tysiące dolarów. W końcu wszystko się udaje, a z czasem mój wenecki spot okaże się jednym z najlepszych w historii kolumbijskiej reklamy. Przez resztę życia moi koledzy będą mówić ze wzgardą, że „byłam tylko modelką". Niektórzy posuną się nawet do kuriozalnego stwierdzenia, że Alas Publicidad, chcąc obniżyć koszty podróży i hotelu, nakręcił materiał na Río Grande de la Magdalena.

Pablo dzwonił do mnie dwa razy w tygodniu, żeby powiedzieć, że wszystko w porządku i że sytuacja nieco się uspokoiła. Dziś wróciłam do Kolumbii i liczę godziny do spotkania z nim, marzę o tym, żeby rozpłynąć się w jego ramionach, żeby powiedzieć mu, jak bardzo za nim tęskniłam, ale też o tym, jak łaskawie traktuje mnie życie i jak mili okazują się ludzie, gdy tylko wyjadę z Kolumbii. W innych krajach to, że ktoś promienieje radością życia, nie jest uznawane za zbrodnię. Wiem, że uśmiechnie się do mnie czule i spojrzy na mnie z dumą, bo rozumie jak nikt inny, jak wielka jest potęga zazdrości.

Po miesiącu nieobecności, pośród tylu powodów do świętowania, nie jestem zdolna ocenić rozmiarów furii, jaka ogarnęła właścicieli zniszczonych laboratoriów. A potem przyszła jeszcze konfiskata czternastu, a może nawet siedemnastu ton koki na ulicach Stanów Zjednoczonych, plus samolotów, sprzętu do produkcji i całej reszty. Skąd miałam wiedzieć, że tak naprawdę Tranquilandia należała również do Pabla, a straty, jakie poniósł, szacowano na miliard ówczesnych dolarów, czyli jakieś dwa i pół miliarda obecnych?

Wystrzał, oddany dzień po moim powrocie do Bogoty, odbija się echem w każdym zakamarku Kolumbii i we wszystkich telewizyjnych wiadomościach na całym świecie. Rozbrzmiewa też w mojej głowie, moje szczęście i moje marzenia rozpadają się na miliony kawałków. Rozbrzmiewa w moich uszach, a mój świat wali się w gruzy, z moich aspiracji nie zostaje kamień na kamieniu. Wiem, że nic już nie będzie jak dawniej. Że do końca życia nie zaznam już pełni szczęścia. Że osoba, którą pokochałam najbardziej na świecie, skazała nas na ten los. Że człowiek, który najbardziej ukochał wolność, zmieni się teraz w wiecznego zbiega uciekającego przed mieczem Temidy. Mój kochanek będzie się nieustannie ukrywał, aż do dnia, kiedy go złapią albo zabiją.

Dlaczego tego dnia, kiedy podarował mi berettę, nie odgadłam, że ma zamiar zabić ministra sprawiedliwości? Dlaczego pojechałam do Włoch, zamiast zostać przy nim i wybić mu z głowy podobne głupstwo? Czemu otaczała go banda idiotów, którzy nie potrafią przewidzieć konsekwencji jego czynów, i płatnych morderców, którzy słuchają każdego rozkazu, jakby był Bogiem? Czemu karzesz mnie w ten sposób, Panie, skoro nigdy nie zrobiłam nikomu nic złego? – zastanawiałam się gorączkowo. Dlaczego życie jest tak okrutne, wszystko tak ulotne, szczęście trwa tak krótko? Czemu postawiłeś go na mojej drodze, czemu skazałeś mnie na ten krzyż? Przecież miał już żonę, rodzinę, wspólników i polityków, wyznawców i wojsko, a ja byłam sama i nie miałam zupełnie nic.

Na pogrzebie Rodriga Lary Bonilli prezydent Belisario Betancur ogłasza, że podpisze ze Stanami Zjednoczonymi traktat o ekstradycji, który niezwłocznie wejdzie w życie. Oglądam transmisję telewizyjną, patrzę na skąpaną we łzach twarz Nancy Lary, wdowy po ministrze. Ja również płaczę. Dwie godziny później dzwoni do mnie Pablo. Prosi, żebym się nie odzywała, żebym mu nie przerywała i zapamiętała sobie dobrze każde jego słowo.

– Wiesz, że obwinią mnie o tę śmierć i będę musiał natychmiast wyjechać z kraju. Nie będę mógł do ciebie dzwonić ani pisać, bo od tej chwili staniesz się najbardziej pilnowaną kobietą w Kolumbii. Nie rozstawaj się z kością słoniową, którą ci podarowałem, i ćwicz wszystko, czego cię uczyłem. Nie ufaj nikomu, zwłaszcza przyjaciółkom ani dziennikarzom. Każdemu, kto cię o mnie zapyta, powiesz, że nie widziałaś mnie od roku i że jestem w Australii. Zostaw prezenty u żony mojego przyjaciela, zajrzę po nie później. Jeśli nie będę mógł wrócić do Kolumbii, poślę po ciebie, jak tylko sprawa trochę przycichnie. Zobaczysz, że niedługo wszystko się uspokoi. Pamiętaj, że cię kocham i codziennie będę za tobą tęsknił. Do zobaczenia, Virginio.

Vaya con Dios, mi Vida. Vaya con Dios, mi Amor, odejdź z Bogiem, odejdź z Bogiem, kochanie, śpiewa Connie Francis w swojej poruszającej piosence o pożegnaniu, która rozdzierała mi serce, odkąd byłam małą dziewczynką. Ale... ja nie mogłam oddać w ręce Boga tego mordercy. Zrozumiałam, że mój idealista odszedł bezpowrotnie, a zastąpił go pozbawiony sumienia mściciel.

Wiem teraz, że jestem tylko kobietą, i czuję się kompletnie bezsilna. Że od tej chwili będzie mi się stawał coraz bardziej obcy, coraz mniej mój... Że będę widywać go rzadziej, że oddalimy się od siebie... Że jego zdolność do obrony własnych interesów uczyni go coraz bardziej bezlitosnym, jego pragnienie zemsty pozbawi go ludzkich odruchów. I że od dziś każda jego ofiara obciąży również i moje sumienie, a moim losem będzie współodpowiedzialność za wszystkie te zbrodnie.

Cocaine blues

W ciągu kilku tygodni po śmierci Rodriga Lary Bonilli mają miejsce setki aresztowań, przeszukań, konfiskat samolotów, helikopterów i luksusowych samochodów. Po raz pierwszy w historii Kolumbii każdy, kto prowadzi mercedesa w mieście albo ferrari na szosie, może zostać zatrzymany, zmuszony do wyjścia z auta, narażony na obelgi funkcjonariuszy i bezlitośnie przeszukany. Tym razem nie działają żadne łapówki, żadne banknoty o dużych nominałach, bo wojsko jest dosłownie wszędzie. Kolumbijczycy, którzy uczciwie płacą podatki, mówią, że wreszcie ktoś postanowił zrobić w tym kraju porządek, że dość już tej korupcji, bo do czego to w ogóle podobne, że się „meksykanizujemy", a wizerunek Kolumbii został poważnie nadszarpnięty. Ważniejsi narkobaroni uciekają masowo za granicę, mówi się, że do Panamy, bo tam przechowują swoje oszczędności, żeby *gringos* ich nie skonfiskowali. Uważa się za oczywiste, że Stany Zjednoczone zbudują na naszym terytorium nową bazę marynarki na wybrzeżu Pacyfiku, bo Kanał Panamski powoli wysycha i trzeba będzie go czymś zastąpić. Że trzeba będzie zrobić porządek w Darién, żeby autostrada panamerykańska połączyła Alaskę z Patagonią, i jeszcze zgodzić się na bazę wojskową na wybrzeżu Atlantyku, podobną do tej w Guantánamo, bo partyzantka jest tak potężna, że wszyscy nasi sąsiedzi – co za wstyd – mówią, że ich kraje się „kolumbizują".

Społeczeństwo jest rozedrgane, panują gorące nastroje, „wszyscy" deklarują, że są za obydwiema bazami, a ci, którzy są przeciw – czyli jakieś sześćdziesiąt procent obywateli – to albo przemytnicy narkotyków, albo komuniści.

Przez wiele tygodni moje życie przypomina prawdziwe piekło: co pół godziny odbieram anonimowe telefony, ludzie mówią mi to wszystko, czego nigdy nie będą mieli odwagi powiedzieć Pablowi, rzeczy bardzo podobne do tych, jakie on szeptał mi do ucha pamiętnej nocy, kiedy podarował mi berettę. Z czasem przyzwyczajam się do obelg i gróźb, i do tego, że mijają kolejne dni, a ja nie wiem, co się z nim dzieje; w końcu przestaję płakać, robię się silniejsza, myślę, że w gruncie rzeczy dobrze się stało; że ten morderca do mnie nie pasował; że może lepiej, by został w Australii i zajął się hodowlą owiec, niż by wracał do kraju uprzykrzać życie Kolumbijczykom, którzy są najlepszymi i najbardziej pracowitymi ludźmi na świecie. A skoro życie jest krótkie i w końcu zostaje nam tyle, ile się najemy, wybawimy i wytańczymy, postanawiam udowodnić samej sobie, że Pablo już nic a nic mnie nie obchodzi. Wybieram się więc z Davidem Metcalfe'em do Rio de Janerio i Salvadoru de Bahia, próbuję *moqueca Bahiana*, słucham Gal Costy, Caetana Velosa, Marii Bethanii, Gilberta Gila* i innych geniuszy Brazylii, tego kraju stworzonego przez wyrozumiałego dla hedonistów Boga. Spacerujemy po Salvadorze, ukochanym mieście wielu brazylijskich myślicieli i artystów, odnowionym i kolorowym jak nigdy dotąd dzięki ogromnemu sukcesowi, jaki odniósł film *Dona Flor i jej dwóch mężów* z Sonią Bragą (przeprowadziłam z nią wywiad do jednego z moich telewizyjnych

---

* Muzycy związani z brazylijską kontrkulturą przełomu lat 60. i 70. i, przede wszystkim, nurtem tropicália.

programów). David wygląda wspaniale w wakacyjnym stroju, sportowych marynarkach Savile Row i różowych, koralowych lub kanarkowożółtych spodniach. W Rio de Janeiro, mieście tysiąca cudów, stroję się we wszystkie bikini i parea, jakie przywiozłam sobie z Włoch, czuję się jak dziewczyna z Ipanemy i przyglądam się wodom Lagoa błyszczącym pod rozgwieżdżonym niebem brazylijskiej nocy. Mój dwumetrowy towarzysz, dwadzieścia dwa lata starszy ode mnie, może i pije chętnie caipirinhę za caipirinhą, ale stanowczo odmawia tańczenia samby, salsy reggae, vallenato i całej tej *Spanish music* mojego pokolenia – więc ja również nie tańczę. Przez chwilę czuję, że znalazłam się w raju, i mam nadzieję, że w końcu, wypłakawszy jedno morze łez z powodu Pabla, drugie, użalając się nad sobą, trzecie nad ofiarami Pabla, a czwarte nad naszą ojczyzną, zasłużyłam sobie na to, żeby życie znów się do mnie uśmiechnęło.

Po kilku miesiącach wszystko wydaje się wracać do normalności. Mówi się, że Organizacja Państw Amerykańskich wsparła Kolumbię i przeciwstawiła się imperialistycznym zapędom Stanów, bo jedna baza w Guantánamo już nam wystarczy, dwie zaś stanowiłyby zagrożenie dla stabilności naszej półkuli, a poza tym kto zniósłby tych wszystkich europejskich ekologów protestujących w obronie wilgotnego lasu w Darién. Całe nasze społeczeństwo – partyzanci, studenci, robotnicy, klasa średnia, burżuazja i służba domowa – cieszy się, że jankesi zostali odesłani z kwitkiem, a wielcy potentaci finansowi zaczynają wracać do kraju, by otwierać nowe banki, zakładać sieci drogerii i finansować drużyny piłkarskie.

Nie ma lepszego źródła wiadomości o Pablu i jego grupie niż Gilberto Rodríguez Orejuela, jego zasłużony kolega po fachu, szef tuzinów dziennikarzy. Bracia Rodriguezowie, dzięki Bogu, nie są wrogami establishmentu, wręcz przeciwnie, utrzymują świetne stosunki z elitą polityczną i urzędniczą. Nie mają rąk poplamionych krwią po łokcie, nie torturują swoich ofiar; no, dobrze, plotka głosi, że wiele lat temu brali udział w porwaniu Szwajcarów w Cali, ale było to tak dawno, że nikt już o tym nie pamięta. Gilberto nie zakopuje swojej forsy w ziemi jak Pablo i Meksykanin, ale przechowuje ją we własnych bankach. Nie zabija ministrów, lecz przyjaźni się z prezydentem Belisariem Betancurem. Ma ksywę Szachista, gdyż obdarzony jest inteligencją wybitnego gracza, a nie seryjnego mordercy. W Bogocie nie nosi jasnobeżowych garniturów, wybiera granatowe. Nie przepada za sportowym obuwiem, bo nie chce być Pablem Navają; nosi buty od Bottega Veneta, bo pragnie przypominać raczej Johna Gottiego. A poza tym, jak szepcą moi koledzy z pracy, po stratach wysokości miliarda dolarów, jakie przyniosło zniszczenie Tranquilandii jej właścicielom, Gilberto Rodríguez Orejuela awansował na najbogatszego człowieka w Kolumbii.

Rodríguez spędza coraz więcej czasu w Bogocie i za każdym razem zaprasza mnie do swojego gabinetu w Grupo Radial. Tłumaczy, że jest tylko prostym facetem z prowincji i nie ma pojęcia, co się dzieje w stolicy. Oczywiście tak naprawdę doskonale wie o wszystkim, bo jego najlepszymi przyjaciółmi są: Rodolfo González García, Eduardo Mestre Sarmiento i Hernán Beltz Peralta, ścisła elita kolumbijskiej kasty politycznej. Wszyscy parlamentarzyści z Valle del Cauca i wielu z innych departamentów dzwonią do niego, a on uprzejmie rozmawia z każdym przynajmniej dziesięć czy piętnaście minut. Słyszę ich nazwiska i strzępki rozmów, siedząc na kanapie stojącej naprzeciw jego biurka. Gilberto tak naprawdę chce mi pokazać, że jest elegancki, popularny i ma władzę; że kupuje senatorów i ministrów całymi tuzinami; że mój kochanek jest tylko banitą; on tymczasem pod jego nieobecność zaczął rozdawać karty w Kolumbii. Każdemu, kto dzwoni z prośbą o pieniądze – a dzwonią do niego właściwie tylko po to – obiecuje pomoc. Tłumaczy, że przyjaciołom wysyła całą sumę, o którą go prosili; tym, którzy nie okazali dostatecznej sympatii, wysyła dziesięć procent i obietnicę, że resztę przeleje w przyszłości. Prezydentowi Alfonsowi Lopezowi Michelsenowi – za którym przepada, gdyż, według jego słów, „to człowiek obdarzony najwspanialszą, najbłyskotliwszą i najbardziej perwersyjną inteligencją w całym kraju" – kupuje bilety w pierwszej klasie do Europy. Dzięki niemu prezydent López i jego żona Cecilia Caballero podróżują bez przerwy do Londynu czy Paryża, a także do Bukaresztu, do znanej specjalistki od gerontologii Anity Aslan na zastrzyki z gerovitalu, dzięki którym jej pacjenci, jak głosi fama, dożywają stu lat w świetnym zdrowiu, znakomitej formie fizycznej i nie tracąc nic z przytomności umysłu.

Gilberto sympatyzuje z komunistami, bo kiedy był dzieckiem, jego rodzina musiała uciekać przed prześladowaniami ze strony frakcji konserwatywnej w rodzinnej Tolimie, regionie słynącym z uprawy ryżu i kawy, i osiedliła się w Valle de Cauca, gdzie uprawia się trzcinę cukrową. W przeciwieństwie do Escobara i braci Ochoów w Antioquii jemu udało się przekupić całą policję w swoim rejonie, podobnie zresztą jak organy bezpieczeństwa i wojsko. Rozmawiamy z Gilbertem o wszystkim z wyjątkiem Pabla, jego nazwisko nie pada nawet wtedy, kiedy dyskutujemy o *Guernice* Picassa czy *Nuevo canto de Amor a Stalingrado* Nerudy. Escobar i Rodríguez to dwa przeciwległe bieguny. Kiedy spotykam się z Pablem, on ma w głowie tylko jedno: jak najszybciej zdjąć ze mnie sukienkę, czas na ośmiogodzinną rozmowę przychodzi później. Kiedy Gilberto na mnie patrzy, również myśli tylko o jednym: to narzeczona Escobara. A kiedy ja patrzę na Gilberta, myślę: to konkurencja Pabla. Jeśli Pablo to dramat, Gilberto jest komedią, zaklinaczem węży, który jedną nogą stoi w półświatku przestępczym, drugą w kręgach władzy. Ale poza tym mówimy tym samym językiem: uwielbiamy razem się śmiać, on jest bogatym i wpływowym człowiekiem, ja sławną i piękną kobietą, jesteśmy najlepiej poinformowani w całym kraju, a jedno kibicuje aspiracjom drugiego, jesteśmy dla siebie empatyczni.

– Nie rozumiem, jak ktoś może mieć cię tylko za kochankę. Jesteś prawdziwą boginią, królową, niesamowitą pięknością! Z taką kobietą nalczałoby się ożenić, dbać o nią codziennie, przestać spoglądać na inne do końca życia! Szkoda, że jestem żonaty, i to z taką harpią. Czuję się, jakbym musiał codziennie toczyć pojedynek na pięści z Kidem Pambelé, a w nocy grać w piłkę z Pelé. Nie masz nawet pojęcia, nie możesz sobie wyobrazić, moja droga, jak to jest znosić dzień po dniu taką bestię. To prawdziwa droga krzyżowa! A w dodatku znamienici obywatele i znaczący bankierzy smagają mnie biczem pogardy. Na szczęście ty jedna mnie rozumiesz. Bogaci też mają swoje problemy, nie zapominaj o tym. Ty jesteś po prostu oazą spokoju.

Inną poważną różnicą pomiędzy Pablem a Gilbertem jest to, że mężczyzna, którego wciąż kocham i za którym ciągle tęsknię, zawsze mnie cenił. Pablo nigdy nie obraża mojej inteligencji ani nie prawi banalnych komplementów, gdy widzi, że jestem smutna z powodu jego problemów, chociaż nie mam odwagi wyznać mu prawdziwej przyczyny mojego zmartwienia. Pablo nie powie nigdy złego słowa o swoich wspólnikach, nienawidzi tylko zwolenników Galana, swoich zaprzysięgłych wrogów. Pablo zawsze wysyła całą obiecaną kwotę następnego dnia i nigdy nie prosi o rachunki. Pablo nigdy nie rozmawia o błahostkach i nigdy nie traci czujności, a już na pewno nie ze mną, bo ani ja, ani on nie potrafimy poprzestać na tym, co mamy: wszystko mogłoby być dla nas jeszcze większe, tysiąc razy lepsze, jesteśmy zachłanni na życie do granic możliwości. W naszym świecie, naszym związku, języku, rozmowach wszystko musi być największe, najlepsze, najcudowniejsze. Jesteśmy oboje rozsądni, lubimy przyjemności, mamy wielkie marzenia i niewiarygodne ambicje, potrafimy być przerażający i nienasyceni, jedynym problemem jest to, że zasady moralne, którym hołduje każde z nas, są nie do pogodzenia. Ja zawsze mu powtarzam, że okrucieństwo procesu ewolucji nie przestaje mnie przerażać i że po to Jezus przyszedł na świat, żeby nauczyć nas współczucia. Po długiej dyskusji zdołałam go chyba przekonać, że dla osoby, której nazwisko znajdzie się na kartach historii, właściwym horyzontem czasowym jest sto lat, i że nie powinien nigdy działać, nie analizując przyczyn i nie przewidując konsekwencji swoich czynów, bo to bardzo niebezpieczne. Pablo i ja ciągle siebie zaskakujemy, wstrząsamy sobą nawzajem, zaprzeczamy sobie, spieramy się i oburzamy jedno na drugie. Przebywanie razem jest dla nas doświadczeniem granicznym, obecność tego drugiego sprawia, że czujemy się oboje wszechmogącymi bogami, dla których nie ma nic niemożliwego. Po takim doświadczeniu niezmiernie trudno jest powrócić do rzeczywistości. Bo nie ma na świecie nic, co by tak bardzo rozdmuchiwało ego jak spotkanie kogoś o równie wielkim mniemaniu o sobie. Takie osoby przyciągają się jak magnesy, a kiedy są przeciwnych płci, nieuchronnie kończą w miłosnym uścisku.

Pewnego wieczoru Gilberto Rodríguez zaprasza mnie na świętowanie historycznego zwycięstwa América de Cali, drużyny piłkarskiej swojego brata Miguela. Ten okazuje się sympatycznym, acz poważnym dżentelmenem, nie ma w nim śladu urokliwego łobuzerstwa, jakie cechuje jego starszego brata. Intuicja podpowiada mi również, że nie podziela on jego intelektualnych niepokojów, które są bardziej natury egzystencjalnej i artystycznej niż zainteresowania Pabla, skupiającego się na historii i polityce. Robię wywiad z Miguelem Rodriguezem, potem gawędzę z nim chwilę prywatnie, żeby wysondować jego stosunek do mnie, jestem pewna, że jego brat gaduła niejedno mu o mnie opowiedział, poznaję jego dzieci z pierwszego małżeństwa, które są dla mnie bardzo miłe. Kiedy się żegnam, nalega, że odprowadzi mnie do samochodu, chociaż tłumaczę, że nie ma takiej potrzeby. Obawiam się bowiem, że na widok mojego mitsubishi rodzina Rodriguezów zapisze na swoje konto kolejnego gola, który wcale nie jest jej zasługą.

– Ach, słońce moje, jaki piękny wóz! – wykrzykuje, jakby miał przed sobą rolls royce'a silver ghost.

– Nie przesadzaj, to nie karoca Kopciuszka. To zwykły samochód dziennikarki, która pracuje ciężko na chleb w Grupo Radial Colombiano. A poza tym wyznam ci w sekrecie, że moje serce to nie garaż. Już prędzej hangar. A właściwie trzy hangary.

– A kto jest właścicielem tego potrójnego hangaru, księżniczko?

– Mężczyzna, który jest w Australii, ale lada chwila wróci.

– Zaraz, zaraz... Więc nie wiesz, że ten twój mężczyzna wrócił już jakiś czas temu? A jego flota powietrzna znajduje się obecnie w jednym hangarze, w hangarze policyjnym? I kiedy przyjedziesz do Cali, kochana? Może moglibyśmy któregoś wieczora pójść razem na kolację?

Opowiadam, że w Bogocie też nie brakuje restauracji już od czasów kolonialnych, ale że w sobotę wybieram się do Cali, mam zamiar kupić kilka antyków dla mojej przyjaciółki Clary. A potem się żegnam.

Nie przestaję płakać aż do siódmej w sobotę wieczorem, gdyż dowiaduję się od Clary, która z kolei usłyszała to od Beatriz, narzeczonej Joaca i sąsiadki siostry Pabla, że ten ostatni wrócił do kraju i wylądował prosto w jacuzzi z parą supermodelek podkręconych marihuaną. Myślę, że dzięki Bogu Gilberto nie wydaje się gustować w lesbijkach ani w gandzi hodowanej przez Dalivów, nie jest też człowiekiem ściganym listem gończym, ale prawdziwym i niekwestionowanym królem Valle del Cauca. A ponieważ traktuję królów jak pionki, a pionki jak królów i spędziliśmy już setki godzin, rozmawiając o tym, co boskie, i o tym, co ludzkie, o polityce i finansach, o literaturze i muzyce, o filozofii i religii, pewnego dnia, po pierwszym łyku whisky, proszę go, żeby jako importer substratów do produkcji towaru i właściciel dyplomu z wyróżnieniem wydziału chemii, a nie zasłużony bankier, porozmawiał ze mną w końcu o rzeczywistości.

– Jaki jest wzór chemiczny kokainy, Gilberto?

Widzę, że boli go ten cios, ale zaraz odparowuje z uśmiechem:

– Więc ciebie też kręci cała ta mafia, słoneczko? Z drugiej strony dziwię się, że jeszcze nikt nie zrobił ci intensywnego kursu na ten temat. Nie wiem w takim razie, o czym rozmawiałaś z tym Australijczykiem. Liczyliście razem owce?

– Nie, wprowadzałam go w tajniki teorii względności, wyjaśniałam mu ją cierpliwie, krok po kroku, w końcu miał już gwiazdy przed oczyma, ale zrozumiał. I nigdy, przenigdy nie wspominaj mi o tym psychopacie, bo nie mam zwyczaju rozmawiać z facetami o mężczyznach, których kochałam. Jestem ciekawa, jaki jest twój przepis na kokę. Obiecuję, że nie sprzedam go nikomu, no, chyba że zapłaciłby więcej niż sto tysięcy dolarów…

– Tak, on nigdy nie potrafił pojąć, że w tym biznesie, jak to w życiu, czasem się wygrywa, a czasem przegrywa. Zawsze sprzątną ci dwieście kilo tu, trzysta tam… I co możesz zrobić? Dać sobie spokój, bo nie ma innego wyjścia. On tymczasem za każdym razem, kiedy skonfiskują mu pięć kilo, zabija pięć osób. W tym tempie niedługo wykończy całą ludzkość!

Potem udziela mi intensywnego kursu chemii: tyle i tyle pasty kokainowej, tyle i tyle kwasu siarkowego, nadmanganian potasu, eter, aceton i tak dalej, i tak dalej. Kiedy kończy, pyta:

– No dobrze, moja słodka, skoro widzę, że mówimy tym samym językiem, pozwól, że zaproponuję ci pewien interes, dzięki któremu staniesz się multimilionerką. Jak wyglądają twoje stosunki z Gonzalem, Meksykaninem?

Tłumaczę mu, że wszyscy narkobaroni mnie szanują, byłam jedyną gwiazdą telewizyjną, którą zaproszono na Forum przeciw Ekstradycji; że prędzej czy później zapłacę za to wysoką cenę i ucierpi na tym moja kariera. Głównie z tego powodu zgodziłam się pracować dla Grupo Radial Colombiano.

– To mój jedyny spadochron, kiedy odbiorą mi wszystkie inne programy. A moja tragedia polega na tym, że potrafię z wyprzedzeniem przewidzieć, co się zdarzy.

– Nie, nie, Virginio, nie możesz tak myśleć. Taka kobieta jak ty nie urodziła się po to, żeby się martwić o głupstwa. Posłuchaj, ja spędzam coraz więcej czasu w Bogocie, a Gonzalo tam mieszka. Chciałbym, żebyś pomogła mi przekonać go, co jest dla niego najlepsze. Po tym ciosie, jaki stanowiła likwidacja laboratoriów w Yarí, powinien przejść na naszą stronę, bo jesteśmy największymi importerami koniecznych do produkcji substratów w kraju. Gonzalo jest inteligentny, wie, że w Los Angeles znajdzie milion Meksykanów zdesperowanych, żeby dostać jakąkolwiek pracę. To najlepsi, najbardziej honorowi ludzie na świecie. Ci, którzy transportują towar Meksykanina, nie kradną ani grama. Niestety, twój przyjaciel, który działa w Miami, musi współpracować z kubańcami – całą tą zgrają morderców, gwałcicieli i złodziei, którą Fidel

Castro przysłał jaknesom w 1980 roku. A z nimi można postępować tylko twardą ręką. To dlatego Escobar kompletnie zdziczał. Ja nie jestem tak ambitny, nie muszę zawsze wygrywać, zadowolę się skromnym rynkiem, Wall Street i bogaczami ze Studia 54; tego, co zarobię, wystarczy mi, żeby przeżyć spokojnie do końca życia. Czego się nie robi dla dzieci, sama rozumiesz...

Ja doskonale wiem, jak myślą i postępują Pablo Escobar, Gustavo Gaviria, Jorge Ochoa i Gonzalo Rodríguez. Są twardzi jak głazy, zwłaszcza w tej chwili, kiedy świat leży u ich stóp. Wiem też, że moim zawodem nie jest sprzedaż substratów ani produktów chemicznych, ale pasjonuje mnie zbieranie, przetwarzanie, klasyfikowanie i przechowywanie wszelkiego rodzaju informacji, użytecznych czy nie, dlatego nie przepuszczam nadarzającej się okazji i proszę Gonzala o spotkanie.

Meksykanin przyjmuje mnie w położonej za miastem siedzibie swojej drużyny piłkarskiej Club Millonarios. Wychodzi mi na spotkanie i prosi, żebym chwilę zaczekała. Podejmuje właśnie w swoim gabinecie kilku generałów i nie chce, żeby mnie zobaczyli. Przechadzam się więc po imponującym parku pełnym stawów z kaczkami. Czas oczekiwania upływa mi na obserwacji dominującego samca i jego zachowania wobec kaczorów rywali i samic. Cierpliwie czekam, aż generałowie sobie pójdą i Gonzalo będzie mógł porozmawiać ze mną w cztery oczy. Wspólnicy Pabla zawsze traktowali mnie niezwykle uprzejmie. Gonzalo uśmiecha się, kiedy mówię, że są dla mnie milsi niż sam Escobar. Opowiada, że nie może już rozmawiać spokojnie nawet w swoim gabinecie, bo z pewnością ktoś zdążył założyć mu podsłuch. To budzący respekt mężczyzna, który zaczynał karierę od przemytu szmaragdów i musiał pracować z najokrutniejszymi zbirami. Przy nim Pablo wydaje się wytworny jak księżna Alby. Jest dwa lata od nas starszy, ma bardzo ciemną cerę, szczupłą budowę ciała i metr siedemdziesiąt wzrostu. Jest wyrachowany i bardzo uparty. Ma siedemnaście posiadłości ziemskich w Llanos Orientales na granicy z Wenezuelą, chociaż są mniej warte, niektóre przekraczają rozmiarami Haciendę Nápoles. Jak każdy kolumbijski ziemianin jest zaprzysięgłym antykomunistą, nienawidzi szczerze partyzantki, żyjącej z porwań i kradzieży bydła; z tego powodu w jego posiadłościach wojskowi zawsze witani są z otwartymi ramionami, dostają talerz znakomitej *ternera a la llanera* i pieniądze na nowe buty dla żołnierzy, gdyż armii ciągle brakuje środków. Przekazuję mu wiadomość od Gilberta. Meksykanin zamyśla się na długą chwilę, a potem mówi:

– Virginio, nie wiem, co dzieje się między tobą a Pablem. Nie mogę się wtrącać, bo to mój przyjaciel, ale powiem ci jedno: on szaleje za tobą, odkąd się poznaliście. Osobiście uważam, że nie ma odwagi skontaktować się z tobą po tym, co się stało. Ale ty też musisz zrozumieć, że zadali nam dotkliwy cios, monumentalny... Takich rzeczy się nie wybacza. Nie można było odpuścić, w przeciwnym razie nikt by się nie bał, nikt by go nie szanował.

Potem opowiada mi o tym, co zaszło w Panamie, i tłumaczy, w jaki sposób z pomocą byłego prezydenta Alfonsa Lopeza niedługo wszystko zacznie powracać do normy. Dodaje, że prawie wszystkie ich samoloty są już bezpiecznie rozsiane po krajach Ameryki Środkowej, w końcu po coś przekupywali dyrektora lotnictwa cywilnego. Ja żalę mu się, że od chwili śmierci ministra Lary nie przestałam odbierać telefonów z pogróżkami i żyję w ciągłym strachu. On proponuje, że odda do mojej dyspozycji swoich podwładnych, którzy wyśledzą autorów połączeń i wyeliminują z gry ludzi zatruwających mi życie. Odpowiadam, że wystarczą mi już ofiary Pabla. Niestety, wolę czuć się ofiarą niż oprawcą, chociaż rozumiem doskonale ludzi, którzy w kraju takim jak nasz biorą sprawiedliwość w swoje ręce. Gonzalo zapewnia mnie, że zawsze mogę na niego liczyć, szczególnie wtedy, kiedy zabraknie mi Pabla, bo jest mi bardzo wdzięczny za mój program o pomocy społecznej w Medellín i za mój udział w Forum przeciw Ekstradycji. Skarżę się, że jego przyjaciel nigdy mi za nic nie podziękował. Gonzalo odpowiada stanowczo, z każdym zdaniem coraz bardziej podnosi głos:

– Tobie nie mówi ani słowa, bo jest bardzo dumny, a odkąd zdobył twoje serce, uważa się za króla świata! Ale przy mnie wielokrotnie wychwalał twoją odwagę i lojalność. Ten człowiek naprawdę cię potrzebuje, Virginio, bo jesteś jedyną wykształconą i dorosłą kobietą, z którą był w całym swoim życiu. I jedyną, która potrafi nad nim zapanować. Sądzisz, że którakolwiek inna z twojej klasy społecznej zaryzykowałaby wszystko dla bandyty takiego jak on, nie prosząc o nic w zamian? Ale, przechodząc do innego tematu... Jak możesz być taka naiwna? Nie wiesz, że Gilberto Rodríguez to najzacieklejszy wróg Pabla Escobara? Nie rozumiem, jak ten nikczemnik ma w ogóle czelność robić posłanniczkę mafii z takiej księżniczki jak ty. Jeśli rzeczywiście chce ze mną współpracować, niech pobrudzi sobie ręce krwią w MAS, niech zacznie zabijać porywaczy i komunistów i przestanie zgrywać wielkiego pana. Przecież wiadomo, że wyszedł z nędzy, jak my wszyscy, jest tylko posłańcem na rowerze, szeregowym pracownikiem drogerii, który się wzbogacił. W przeciwieństwie do niego ja wiem, gdzie leży moje terytorium i kto jest moim wspólnikiem. Powiedz mu, że substratów wystarczy mi do roku trzytysięcznego, że podobnych interesów nie załatwia się z aniołami podobnymi do ciebie, ale ze skurwielami jego pokroju, tyle że mającymi jaja jak Pablo Escobar. Zapewniam cię, że nie zdradzę mojemu przyjacielowi ani słowa z tej rozmowy. Ale przypomnij Szachiście, że nie ma nic, ale to nic bardziej niebezpiecznego dla mężczyzny, niż podpaść Pablowi Escobarowi.

Gonzalo doskonale zdaje sobie sprawę, że ja również nie będę mogła powtórzyć jego słów Gilbertowi. Dziękuję mu za poświęcony mi czas i zaufanie, jakim mnie darzy, i się żegnam. Odebrałam właśnie najważniejszą lekcję ostatnich kilku lat: wszechpotężne środowisko narkobaronów jest bardziej podzielone, niż ktokolwiek z zewnątrz mógłby przypuszczać. I że zawsze najtwardsi z nich zewrą szeregi wokół Pabla, cokolwiek się stanie.

Nigdy nie zrozumiałam, w jaki sposób Pablo potrafił wzbudzić tak bezwarunkową lojalność w innych silnych mężczyznach. Widziałam Gonzala trzy albo cztery razy w życiu, a kiedy zabili go w 1989 roku, zrozumiałam, że dni Pabla są policzone. Powiadają, że był kolejnym psychopatą, że wykończył wszystkich lewicowców, że należał do największych potworów, jakich kiedykolwiek wydała na świat Kolumbia. To wszystko, a nawet o wiele więcej, jest bolesną prawdą. Ale w imię prawdy muszę również powiedzieć, że ten brzydki mężczyzna, ten bezduszny morderca, który w latach osiemdziesiątych z pomocą wojska i sił bezpieczeństwa wysłał na tamten świat setki członków Unii Patriotycznej i ich kandydatów na prezydenta, miał również cechę dość rzadko w Kolumbii spotykaną: był prawdziwym mężczyzną. Gonzalo Rodríguez Gacha, Meksykanin, potrafił być wiernym przyjacielem, człowiekiem niezłomnym, na którego zawsze można było liczyć.

Kiedy wracam do domu, telefonuję do Carlosa Luisa Sarmienta Angula. Powiadamiam go o tym, że prezes należącego do niego Banco de Occidente, mającego siedzibę w Cali, stanowczo odmawia utworzenia kont rodzinie Rodríguez Orejuela, obecnie najbogatszej w regionie Valle del Cauca, mającej parę milionów dolarów i kilka zupełnie legalnych przedsiębiorstw oraz banków, między innymi Banco de los Trabajadores, El First Interamericas de Panamá, i setki drogerii.

– Że cooooo? – ryczy z wściekłości najbogatszy przedstawiciel kolumbijskiego establishmentu.

Spotykam się jeszcze raz z Gilbertem w Cali, bo uważa, że mój telefon jest na podsłuchu, a w dodatku jestem śledzona. Mówię, że mam dla niego dwie wiadomości: dobrą i złą. Ta druga brzmi: Gonzalo dziękuje za propozycję, ale nie potrzebuje substratów do trzytysięcznego roku.

– Rozumiem, że kazał ci posłać mnie do diabła. I co, mówił, że jest wspólnikiem Robin Hooda z Medellín, a nie moim, prawda? I że jestem pedałem, bo nie chcę należeć do MAS? Jak długo rozmawialiście?

Odpowiadam, że około kwadransa, bo był bardzo zajęty. Gilberto nie ukrywa wzburzenia:

– Nie okłamuj mnie, moja droga. Z kimś tak dobrze poinformowanym jak ty rozmawia się przynajmniej trzy godziny. Nikt normalny nie odprawi cię z kwitkiem po kwadransie. Co jeszcze mówił?

– Że doskonale rozumie, dlaczego ty i Miguel macie takie opory przed zabijaniem komunistów. Jest w stanie uszanować różnice ideologiczne… i że ty jesteś niezwykle inteligentny i szkoda mu posyłać taką wiadomość za pośrednictwem takiej księżniczki jak ja. Rozumiesz, co mam na myśli? Ale mam też dobrą wiadomość: Luis Carlos Sarmiento nie pojmuje, dlaczego nie możesz prowadzić kont swoich drogerii w jego bankach. Opowiedziałam mu, że lubisz rozliczać się z fiskusem co do grosza – wiemy oboje, że nie ze względów patriotycznych, prawda? – i to go ujęło, bo obecnie jest jednym z płatników najwyższego podatku w kraju. A moja skromna teoria głosi, że im więcej magnatów zapłaci uczciwy podatek, tym bardziej skorzystamy na tym my, zwykli obywatele. Prawda jest jednak taka, że z wyjątkiem was dwóch, będących teraz najbogatszymi mężczyznami w Kolumbii, cała reszta, słysząc o tym, macha rękami i jęczy: *Vade retro, Satana*. Sarmiento prosił, żebym przekazała ci, że spotka się tobą, kiedy zechcesz.

– Ty naprawdę jesteś absolutnie cudowną osobą! O takiej narzeczonej można tylko pomarzyć! Nie, narzeczonej nie. Ty się urodziłaś, żeby być kimś o wiele większym, kochanie!

– Tak, ja urodziłam się, żeby być archaniołem stróżem. Żeby wyświadczać przysługi, nie prosząc o nic w zamian, a nie po to, żeby mediować między handlarzami narkotyków, Gilberto. Ktoś taki jak ja rozumie doskonale, że nie możesz trzymać dwóch miliardów dolarów w jednym banku. A teraz, kiedy wkraczasz na właściwą drogę, zrób mi tę przysługę i nigdy nie wstępuj do MAS razem z moimi przyjaciółmi z Medellín. Nigdy.

Ponieważ wydarzenie domaga się, żeby je uczcić, idziemy potańczyć do dyskoteki Miguela. Tej nocy Gilberto pije o wiele za dużo, a ja zdaję sobie sprawę, że pod wpływem alkoholu całkowicie się zmienia, traci nad sobą panowanie. Wracamy do hotelu Intercontinental, a on upiera się, że odprowadzi mnie do pokoju. Czuję się bardzo niezręcznie, kiedy przechodzimy przez hol, bo wszyscy w Cali doskonale go znają, a wszyscy w kraju doskonale znają mnie. Przy drzwiach nalega, że to on otworzy. Popycha mnie do środka, a potem już wiadomo, co się dzieje: Gilberto podpada Pablowi Escobarowi, który rozpęta kolejną wojnę trojańską.

Kilka dni później Gilberto przyjeżdża do Bogoty. Przeprasza za to, co się wydarzyło, mówi, że nic z tej nocy nie pamięta, odpowiadam, że dzięki Bogu ja też nie, co jest absolutnym kłamstwem, bo mam pamięć sawantki nawet do rzeczy, o których zdecydowanie lepiej byłoby zapomnieć. Pragnie mi udowodnić, jak bardzo mnie ceni, dlatego zaprasza mnie, żebym wybrała się z nim do Panamy na spotkanie z byłym prezydentem Alfonsem Lopezem. Pyta, czy go znam.

– Oczywiście, że tak. Kiedy miałam zaledwie dwadzieścia dwa lata, Julio Mario Santo Domingo sadzał mnie przy głównym stole podczas kampanii prezydenckiej, obok prezydenta Lopeza i prezydenta Turbaya. A Pablo Escobar również posadził mnie przy głównym stole Forum przeciwko Ekstradycji, na które ty nie raczyłeś się pofatygować, więc jestem chyba idealną osobą, żeby zrobić relację prasową z tego spotkania.

W Panamie poznaję szefów firm należących do Gilberta i jego wspólników. Zdaje mi się, że zwołał ich niczym kardynałów na konklawe. Nie widzę jednak wśród nich Alfonsa Lopeza Michelsena. Szefowie firm to mężczyźni wywodzący się z klasy średniej, wspólnicy bardziej niż mafiosami wydają mi się specjalistami od księgowości i finansów. Nie mogę się oprzeć wrażeniu, że osoby z otoczenia Pabla rozmawiają zawsze o polityce, ci zaś, którzy otaczają Gilberta, mówią wyłącznie o interesach. Oczywiście nie przychodzi mi przez myśl, że zaprosił ich tylko po to, żeby pokazać się ze mną. Ale kiedy wracam do Bogoty cztery dni później, słyszę od znajomych historię, która będzie mnie prześladować przez kolejne dwadzieścia lat mojego życia i złamie mi karierę zawodową. Podczas mojej nieobecności w Jorge Barón Televisón, studiu produkcyjnym *El show de las estrellas*, odebrano tuziny telefonów od kogoś, kto podszywał się pod Virginię Vallejo i jej głosem przepraszał za nieobecność podczas kilku kolejnych nagrań. Kobieta mówiła, że moja twarz została przeraźliwie oszpecona brzytwą na polecenie żony Pabla Escobara, która kazała odebrać mi czarnego SUV-a otrzymanego w prezencie od jej męża. Kiedy wchodzę do studia, wspaniale opalona i bez śladu obrażeń, słyszę, jak technicy szepcą między sobą, że zrobiłam sobie w weekend operację plastyczną w Rio de Janeiro, a słynny chirurg Ivo Pitanguy dokonał prawdziwych cudów, żeby ocalić moją twarz, ale nic dziwnego – kiedy ktoś ma tyle forsy co Pablo, nie ma rzeczy niemożliwych. Cały kraj powtarza sobie historyjkę w najrozmaitszych wersjach, zmieniają się marki i kolory samochodu, który mi odebrano (inni mówią nawet, że chodziło o wspaniałą kolekcję biżuterii), a wszystkie koleżanki z pracy i damy z towarzystwa nie mogą odżałować, że jesteśmy z Ivem przyjaciółmi, odkąd zoperował mi nos w 1982 roku, bo po tym zabiegu wyglądam jeszcze lepiej i młodziej niż wcześniej.

Dopiero po paru dniach rozumiem, że padłam ofiarą wyrachowanej szachistki, która upiekła kilka pieczeni na jednym ogniu. I chociaż zostałam napadnięta, pobita i poraniona tylko w fantazjach kobiety chorej z nienawiści, za sprawą dziennikarzy z „El Tiempo y el Espacio", setek kolegów z mikrofonami, z którymi nie umówiłabym się nawet na kawę, i milionów kobiet przekonanych, że młodość i urodę można kupić w gabinecie chirurga plastycznego, stałam się bohaterką mrocznego skandalu, a niewinna żona Pabla Escobara niebezpieczną i żądną zemsty zbrodniarką. Pablo wyszedł zaś na idiotę, który pozwala napadać na swoją dziewczynę, i tchórza, który nie kiwnął palcem, żeby ukarać sprawców ataku.

Pewnego wieczora wracam do domu po nagraniu spotu dla agencji reklamowej. Przyglądali mi się przez pięć godzin niemal przez lupę i uznali jednogłośnie, że w mojej długiej kreacji od Mary McFadden i z wysoko upiętymi włosami wyglądam o wiele lepiej niż dwa tygodnie temu. Kiedy wchodzę do mieszkania, zaskakuje mnie zapalone światło w salonie. Zaglądam tam i zastaję Pabla: ogląda moje albumy ze zdjęciami i wydaje się spokojniejszy, widząc mnie w jednym kawałku. Szczęśliwy, jakby to nie on rozkazał zabić ministra Larę. Uśmiechnięty, jakbym nie otrzymywała przez niego telefonów z pogróżkami i opowieściami o torturach i gwałtach ani przez ostatnie dwa tygodnie nie dementowała historii o napadzie oraz pokaleczonej twarzy. Zadowolony, jakby od naszego ostatniego spotkania nie wydarzyło się nic złego. Promienny, jakby pośród ośmiu milionów dorosłych Kolumbijczyków był moim jedynym pretendentem. Patrzy na mnie jak na Penelopę, wyczekującą cierpliwie powrotu swego Odysa, mającą obowiązek rzucić się w jego ramiona, roztopić w uścisku jak lody z marakui z kawałkami czereśni, tylko dlatego, że wspomina się o nim codziennie na pierwszych stronach gazet; tylko dlatego, że stał się narodowym czarnym charakterem, gangsterem, mordercą, psychopatą, pewnym kandydatem do ekstradycji albo przynajmniej do celi w bogotańskim więzieniu Modelo.

Natychmiast zyskuję pewność, że nie doszły go słuchy na temat mojego przelotnego romansu z Gilbertem, bo w jego spojrzeniu nie widzę nawet cienia pretensji, a jedynie podziw i najczystsze uwielbienie. On natychmiast zauważa, że nie jestem już tą samą osobą co wcześniej. I nie może się oprzeć pokusie, żeby przemówić do mnie w sposób, w jaki nigdy wcześniej tego nie robił, posługując się wyświechtanymi komplementami: twierdzi, że jestem najpiękniejszą kobietą, jaką w życiu widział, że nigdy nie wyobrażał mnie sobie mnie w takiej długiej sukni, z włosami upiętymi w ten sposób, że przypominam boginię, która zeszła prosto z Olimpu, i tak dalej, i tak dalej. Sięgam do barku, pociągam potężny łyk alkoholu i tłumaczę, że swoim wyglądem i elokwencją zarabiam na życie. Mówi, że przeglądał magazyny, na których okładkach jestem, ale na żadnej z kilkudziesięciu nie wyglądam tak olśniewająco jak w rzeczywistości. Tłumaczę, że skoro kolumbijska prasa nie dysponuje pieniędzmi wystarczającymi, żeby opłacić Hernana Díaza, który jest geniuszem fotografii i ma doskonały gust, czasopismo „Semana" wprowadziło modę na umieszczanie na okładce seryjnych morderców i robienie z nich żywych legend.

Ciągnę dalej, a jego twarz smutnieje:

– Jak ci poszło w Panamie z tatusiem właściciela gazety? Czy to prawda, że ty i twoi koledzy oddacie samoloty i porzucicie swoje szlaki, żeby zainwestować fortuny w kraju w zamian za obietnicę Belisaria Betancura o wycofaniu się z ekstradycji? Czy Alfonso López ma już pomysł, w jaki sposób zapobiec inflacji, która nieuchronnie nam grozi wraz z zastrzykiem kapitału, przewyższającym cały nasz dług zagraniczny?

– Kto ci tego wszystkiego naopowiadał, Virginio? I kto telefonuje do ciebie co piętnaście minut o tak późniejszej porze?

Proponuję, że odbierzemy następny telefon. Przy odrobinie szczęścia będzie miał okazję posłuchać opisu kompletnej sesji tortur. Najbardziej przekonującym tonem, na jaki potrafi się zdobyć, zapewnia mnie, że nie mam się czego bać, że te pogróżki pochodzą najpewniej od jakichś bezbronnych galanistów. Milczę, więc zmienia temat i ton:

– Komu podarowałeś prezenty, które przywiozłaś dla mnie z Rzymu? Beatriz mówi, że nic u niej nie zostawiłaś, a Clara potwierdza jej wersję.

Nie mogę uwierzyć własnym uszom.

– Jeszcze tylko tego brakowało mi do szczęścia, Pablo! Tym razem kupiłam ci prezenty za dziesięć tysięcy dolarów. Sądziłam, że przekonałeś się już wielokrotnie o mojej hojności, ale jeśli w nią wątpisz, obawiam się, że to twoja sprawa. Nie rozumiem, dlaczego dosięga mnie ta koszmarna klątwa. I pomyśleć, że przed wyjazdem do Rzymu podarowałam każdej z nich po tysiąc dolarów, żeby zrobiły

sobie zakupy w Saksie. Pewnie myślały, że wyjechałeś na zawsze…
albo że już nigdy się nie spotkamy… A że obie mają głowy do interesów, zapewne sprzedały twoją walizkę. Ciekawe za ile…

Prosi mnie, żebym nie wspominała im o tym ani słowem, bo
dla naszego wspólnego bezpieczeństwa lepiej, żeby żadna z nich
nie dowiedziała się, że wrócił i się ze mną spotkał. Stwierdza, że
powinnam się wreszcie nauczyć, iż takie osoby jak ja nie powinny mieć przyjaciół. Że Clara i Beatriz są zdolne zrobić cokolwiek za dziesięć tysięcy dolarów. Nagle otwiera teczkę i wyrzuca
z niej na podłogę około dwudziestu kaset magnetofonowych.
Mówi, że to moje rozmowy telefoniczne nagrane przez tajniaka,
który jest na jego usługach. Ale są zniszczone, więc nie można
ich odsłuchać. Pablo widzi, że ani mu nie wierzę, ani nie jestem
zdziwiona, ani zaalarmowana, czuję się po prostu zbyt wyczerpana emocjonalnie, żeby jeszcze bardziej się denerwować, więc
mówi złowrogim tonem:

– Kim jest mąż tej gangsterki, która dzwoni do mediów i opowiada bajeczkę o tym, że moja żona poharatała ci twarz? Bo oboje
doskonale wiemy, że na taki pomysł nie wpadłaby żadna z bogo-
tańskich księżniczek. To musi być żona jakiegoś mafiosa.

– Sądzę, że to tylko ci bezbronni galaniści, Pablo. Poza tym
nie odejmuj sobie zasług, gdyż moimi kochankami byli, są i zawsze będą najbogatsi mężczyźni w Kolumbii, a nie jacyś mafiosi. Możesz poprosić swojego agenta, żeby dowiedział się, kto to.
Cieszę się, że wróciłeś. Przez pięć ostatnich godzin musiałam znosić najbardziej bezlitosne zniewagi przebrane za pochlebstwa i padam z nóg. Dobranoc.

Grozi, że nie zobaczę go już nigdy w życiu. Bez słowa wchodzę po schodach do sypialni, a za plecami słyszę odgłos windy. Nie chcę więcej zastanawiać się nad tym, co się wydarzyło

tej nocy, więc wkładam do magnetofonu moją ulubioną taśmę i wsypuję do wanny wszystkie sole do kąpieli, które mam pod ręką. Zamykam oczy i myślę, że miałam szczęście, że widział mnie po raz ostatni w długiej sukni i eleganckim uczesaniu, a nie w koszuli nocnej i papilotach. Zastanawiam się, po jaką cholerę potrzebny był mi romans z mafiosem, seryjnym zabójcą, i oczywiście odpowiadam sobie, że po nic, kompletnie po nic, chyba że po to, by podjąć decyzję o samobójstwie! Nie rozumiem, dlaczego łzy same napływają mi do oczu, kiedy słucham Sarah Vaughan śpiewającej *Smoke Gets in Your Eyes* czy *Something* Shirley Bassey. Czy przyczyną tego smutku jest tylko to, że nie mogę nikomu zaufać, jestem skazana na zupełną samotność i żyję otoczona żmijami… bo nie wiem, jak nazwać inaczej te grube dziennikarki, kobiety z towarzystwa na nieustającej diecie i odrzuconych facetów oraz dwie złodziejki, które uważałam za swoje najlepsze przyjaciółki.

Coś wpada ciężko do wanny i robi chlup! Przerażona otwieram oczy. Widzę w odmętach piany i baniek najpiękniejszy stateczek na świecie, „Virgie Linda I" z żaglami w pasy i nazwą wymalowaną białymi literami.

– Twój pierwszy jacht. Jeśli nie powiesz, jak nazywa się ten mafioso, zabiorę ci go. Albo lepiej, utopię cię w tej wannie… tak… Jaka szkoda, że ta ściana nie pozwala mi stanąć u twych stóp i podnieść cię za nogi, powolutku… powolutku… a ty nie mogłabyś nic na to poradzić. Albo nie, zmoczyłbym ci tę elegancką fryzurkę, a przecież wszyscy chcielibyśmy, żebyś pięknie wyszła na swojej pośmiertnej fotce w „El Espacio", obok innych trupów ociekających krwią, pod nagłówkiem… hm… sam nie wiem. „Żegnaj, bogini!". Podoba ci się? Czy może wolałabyś: „Zapłaciła za kontakty z mafią"? Powiedz mi, co zrobimy, żebyś wreszcie

powiedziała mi, kim jest ten skurwiel, i żebym ja mógł pokroić go na kawałki? I pociąć twarz jego kobiecie. Niech się nauczy,
jak kończą ci, co mają odwagę uprzykrzać życie mojej kochance!
I mojej żonie!

– Brawo, Pablo! Naprawdę znakomity pomysł. Poszukamy tej
dziwki po całej Kolumbii i zmienimy jej twarz w puzzle o tysiącu
kawałków. A potem zrobimy to samo z kochanką typa – krzyczę,
wygrażając pięściami w powietrzu. A potem wybucham śmiechem i sięgam po żaglówkę.

Wściekły, wyrywa mi ją z rąk, a potem chwyta magnetofon.
Klęka przy wannie i mówi, że to nie żarty, że wrócił tylko po to,
by mnie zabić, choćby miał tego żałować do końca swoich dni.
Przemyka mi przez myśl, że ten mężczyzna rozkładający ramiona,
jakby miał zostać ukrzyżowany, na którego twarzy, w każdym jej
grymasie, maluje się strach, że stracił mnie dla innego, jest naj-
żałośniejszym, najbardziej komicznym obrazkiem, jaki kiedykolwiek widziałam. I wtedy dostrzegam w jego oczach tę samą roz-
pacz, którą tylko on spośród dziesiątków osób dostrzegł tego dnia,
kiedy o mało się nie utopiłam. Nagle, chociaż zawsze uważałam,
że tak naprawdę istnieją tylko przeszłość i przyszłość, zdaję sobie
sprawę, że jest jedyną osobą zdolną wypełnić moją egzystencję,
moją teraźniejszość. Jest jedynym, co liczy się tu i teraz, uzasad-
nieniem dla przeszłych cierpień i wszystkich tych, które dopiero
nadejdą. Przyciągam go do siebie za koszulę, zarzucam mu na szyję ramiona i szepcę:

– Słuchaj, Pablo, a może wejdziemy do wanny razem i wrzuci-
my do niej ten magnetofon. Wreszcie znaleźlibyśmy się w niebie,
ty i ja, na całą wieczność…

Traci równowagę i przez chwilę myślę, że naprawdę wyląduje
w tej wannie z magnetofonem i moją żaglówką. Potem upuszcza je

na podłogę, wyciąga mnie z wody, owija ręcznikiem i zaczyna wycierać, zbyt energicznie, zapewniając, że na niego czeka już komitet powitalny w piekle. A ja, nie przejmując się niczym, zaczynam nucić mu mój własny przekład rozbrzmiewającej właśnie piosenki *Fever* i jednocześnie przyglądam się drobnym szczegółom zabawki moich marzeń. Zauważam, że „Virgie Linda II" powinna być godna kochanki mafiosa i mieć przynajmniej sto stóp długości. Wtedy wszystkie nasze demoniczne fantazje i anielskie koszmary zaczynają się od nowa w rytmie *Cocaine Blues* i innych piosenek Johnny'ego Casha napisanych dla urodzonych morderców. W ten sposób odzyskujemy stracony czas. Tym razem nie mam najmniejszego zamiaru tłumaczyć słów, bo kto w takiej chwili zaśpiewałby Pablowi Escobarowi w jego własnym języku zdanie:

I shot a man in Reno just to watch him die?

Tylko nie ten wieprz bogatszy ode mnie!

„Wolimy grób w Kolumbii niż celę w Stanach Zjednoczonych", krzyczą zewsząd komunikaty nowej grupy Extraditables, założonej przez zagrożonych ekstradycją przeciwników traktatu. Chociaż środki masowego przekazu raz po raz powtarzają, że nazwiska jej członków pozostają nieznane, tożsamość jej założycieli, ich wspólny fach, potwierdzona skuteczność zemsty i kapitał, który za nimi stoi, nie są tajemnicą w żadnym zakątku Kolumbii. Jest ich świadom nawet ostatni wioskowy głupek. Detonatorem tej jawnie wypowiedzianej wojny jest decyzja nowego ministra sprawiedliwości, galanisty Enriquego Pareja: kilka dni po mianowaniu go na następcę Rodriga Lary Parejo podpisał decyzję o ekstradycji Carlosa Lehdera i Hernana Botera, bankiera i głównego akcjonariusza drużyny piłkarskiej Atlético Nacional, poszukiwanego przez północnoamerykański wymiar sprawiedliwości za wypranie ponad pięćdziesięciu milionów dolarów. Lehder ucieka z kraju, Botero jednak zostaje poddany ekstradycji. Wszystkie mecze piłkarskie zostają odwołane na znak żałoby, a jego zdjęcie, ciągniętego przez agentów FBI ze skutymi dłońmi i stopami, staje się symbolem nacjonalistycznej walki Extraditables.

Gilberto Rodríguez i Jorge Ochoa wyjeżdżają wraz z rodzinami do Hiszpanii. Gilberto tłumaczy, że mają zamiar wycofać się z interesu i zainwestować większą część swojej fortuny w Europie. Wyznaje, że będzie za mną bardzo tęsknił i ma nadzieję, że prędko znów się zobaczymy. Zdaje sobie sprawę z tego, że jestem jedyną dziennikarką, z którą może otwarcie porozmawiać o swojej działalności, o swoich znajomych i problemach nękających środowisko, nie ryzykując, że kiedykolwiek go wydam. Prawdą jest, że w tej chwili, kiedy znam bolączki tego gremium, ostatnią rzeczą, którą chciałabym zrobić, jest wywołanie nowych podziałów lub pogłębienie już istniejących. Poza tym mam świadomość, że w tak szczególnym dla nich momencie za jakąkolwiek nielojalność mogłabym zapłacić głową, więc mój wzorzec relacji z przedstawicielami środowiska narkobaronów bazuje na wzorcu *omertá* w najlepszym stylu cosa nostry. Obserwuję wyjazd Gilberta z łezką nostalgii w oku, z jaką obserwuje się odjazd osób lubianych, ale nie ukochanych, bo tak naprawdę nigdy nie byliśmy kochankami. Oczywiście zapewniam, że będę tęsknić za naszymi długimi rozmowami, ale w głębi serca nie wybaczę mu nigdy rozgłosu, jakiego nadał naszemu przelotnemu romansowi. Nie sposób wybaczyć takiej niedyskrecji osobie obdarzonej jego zdolnościami.

W ciągu kilku następnych miesięcy udaje się nam z Pablem wskrzesić na nowo entuzjazm naszych pierwszych wspólnych chwil. Teraz jednak spotkania wymagają skomplikowanej logistycznie strategii, więc staramy się, żeby każda spędzona razem minuta była intensywna, głęboka i absolutnie szczęśliwa. Jestem zmuszona podróżować wynajętymi samolotami i tylko dwóch mężczyzn, z którymi spotykam się na lotnisku, uzbrojonych w karabiny R16, wie, że jadę na spotkanie z nim. A że mieszkam w odległości niecałych stu metrów od ogrodów rezydencji amerykańskiego ambasadora i Pablo boi się, że DEA może mnie śledzić albo że wpadnę w ręce wywiadu, nigdy nie pytam pilotów, dokąd lecimy ani gdzie on się ukrywa. Nasze spotkania odbywają się w nocy, w domach sprawiających wrażenie niewykończonych albo wykończonych bardzo licho, do których dociera się po przemierzeniu wielogodzinnej trasy podrzędnymi drogami, pełnymi błota i dziur. Wkrótce pojawiają się budki wartowników, a chłopcy tłumaczą, że zbliżamy się do jednego z wielu domów, które Pablo kupił w prowincji Antioquia; w drodze powrotnej zawsze docieramy do szosy w pięć minut, domyślam się więc, że wszystko zostało pomyślane tak, żeby utrudnić dojazd, jak to tylko możliwe, i ułatwić Pablowi ucieczkę, gdyby został otoczony. Dopiero jakiś czas później dowiedziałam się, że niektóre z tych domów znajdowały się na terenie Hacienda Nápoles. Było to jedyne miejsce na Ziemi, gdzie Pablo czuł się całkowicie bezpieczny. To właśnie tam przyszykował sobie wiele kryjówek i skorzystał z nich podczas wszystkich wojen, które – o czym już wcześniej wiedział doskonale, a przynajmniej to przeczuwał – wypełniły mu całe życie do końca jego dni.

Chociaż nigdy nie mówimy tego głośno, oboje doskonale zdajemy sobie sprawę z tego, że każde z tych spotkań może się okazać naszym ostatnim. Wszystkie mają delikatną aurę pożegnania. Kiedy patrzę za nim, jak odjeżdża, ogarnia mnie głęboki smutek i zastanawiam się, co będzie ze mną, jeśli go zabiją. Wciąż mam jeszcze nadzieję, że Pablo wycofa się z interesu i zawrze jakiś układ z rządem albo ze Stanami Zjednoczonymi. Tęsknię za Faberem – sekretarzem, który wcześniej odbierał mnie z lotniska albo przywoził pieniądze przed moimi podróżami – ale Pablo tłumaczy, że Fáber to przyzwoity człowiek, a on musi się teraz otaczać ludźmi, którzy nie boją się zabijać, bo robili to już wiele razy. Zawsze odbierają mnie z lotniska i odwożą na nie inni mężczyźni. Wszyscy mamy broń, ja moją berettę, Pablo karabin maszynowy MP-5 albo niemiecki pistolet, a chłopcy karabiny maszynowe mini uzi albo karabiny R15 i AK-47, takie same, jakich używa partyzantka.

Czekam na niego zawsze w domku, z pistoletem w jednej kieszeni i listem żelaznym w drugiej, w zupełnej ciszy. Kiedy słyszę silniki nadjeżdżających dżipów, gaszę światło, póki się nie upewnię, że to nie tajna policja, DAS albo wojsko, gdyż Pablo nauczył mnie, że powinnam popełnić samobójstwo, zanim wpadnę w ich ręce. On nie wie natomiast, że ja również przygotowuję się psychicznie na to, żeby wpakować mu kulkę w łeb, gdyby zatrzymano go w mojej obecności. Wiem, że w niecałe dwadzieścia cztery godziny znalazłby się w celi, której nie opuściłby nigdy w życiu. Wolałabym zabić go własnymi rękoma, niż patrzeć, jak odsyłają go do Stanów.

Oddycham z ulgą, widząc, że to on w otoczeniu swoich „żołnierzy". Chłopcy po chwili odjeżdżają i znów zapada kompletna cisza. Słychać tylko cykanie świerszczy i szmer wiatru w listowiu. Mam wrażenie, że z wyjątkiem tych dwóch mężczyzn, którzy mnie eskortują, nikt nie wie, że spotyka się ze mną. Przez okno zaczynam rozpoznawać niektórych chłopców z jego świty. Zmienią się wkrótce w jego najbardziej rozpoznawalnych zabójców, nazywanych w Kolumbii *sicarios*, a przez media i dziennikarzy opłacanych przez Escobara ochrzczonych jako „zbrojne skrzydło kartelu z Medellín". W gruncie rzeczy jego zaufani ludzie to tylko banda morderców pochodzących z dzielnic biedoty w Medellín. Są uzbrojeni w karabiny maszynowe i potrafią rekrutować kolejnych żołnierzy spośród setek tysięcy niezadowolonych młodych ludzi, którzy dorastali otoczeni wszechobecną nienawiścią do społeczeństwa, uważają Escobara za idola i symbol walki z imperializmem i są zdolni do wszystkiego, żeby tylko dla niego pracować. Oczywiście mają też nadzieję, że skapnie im nieco legendarnego bogactwa szefa. Niektórzy z *sicarios* mają okropne twarze, inni, na przykład Pinina, anielskie i uśmiechnięte buźki. Pablo nie ma zastępców ani powierników, ponieważ nie ufa do końca nikomu. Jest świadom, że najemnik, choćby najlepiej opłacany, zawsze sprzeda swoją spluwę, informacje, serce i duszę temu, kto lepiej zapłaci, zwłaszcza w tak lukratywnej branży jak jego własna. Ze smutkiem wyznaje mi, że gdy zginie, wszyscy przejdą pewnie na stronę jego zabójców. Wielokrotnie słyszałam, jak mówi:

– Nie rozmawiam o moich kuchniach z księgowymi ani o księgowości z kucharzami. Nie rozmawiam z politykami o pilotach ani z Santofimiem o moich szlakach. Nigdy nie opowiadam rodzinie o swojej kochance ani nie rozmawiam z tobą o problemach rodziny czy o misjach moich chłopców.

Jeśli chodzi o „skrzydło finansowe kartelu z Medellín", wbrew dumnej nazwie nie jest to wcale siatka kont bankowych i firm na Bahamach, Kajmanach i w Luksemburgu, lecz jego brat „Miś" Escobar, pan Molina, Carlos Aguilar alias Brudas oraz ludzie zatrudnieni do liczenia pieniędzy i pół tuzina gości, którzy w Miami upychają pliki banknotów w sprzętach gospodarstwa domowego. Wypranie stu tysięcy dolarów jest zapewne bardziej kłopotliwe niż poupychanie ich pomiędzy zamrażarkami, lodówkami, telewizorami i przesłanie ze Stanów Zjednoczonych do Kolumbii, w której przysłowiowa uprzejmość celników ułatwia sprawy i niweluje jedną z naszych najgorszych narodowych przywar, a mianowicie umiłowanie biurokracji. Wystarczy skwitować, że biurokracja jest dla głupich – czytaj: uczciwych – bo kto powiedział, że bogaci mają stać w kolejkach i wypełniać papierki albo otwierać walizki i paczki przed celnikami jak zwyczajni przemytnicy?

Spośród tuzina największych mafiosów jedynie Gilberto Rodríguez marzy o tym, żeby jego dzieci były rozpoznawane w przyszłości jako dzieci biznesmenów, a nie przemytników narkotyków, płaci legalne podatki z tytułu prowadzonych przez siebie firm i deponuje pieniądze w tradycyjnych bankach. Pablo i Gonzalo korzystają z nich jedynie po to, żeby wyjaśnić przed fiskusem, pod przykrywką takiej czy innej zarejestrowanej spółki, zakup posiadłości, samolotów i samochodów. Ale większość pieniędzy, które wydają na zakup broni, żyraf i luksusowych zabawek, nie przechodzi przez ręce żadnego bankiera, ani lokalnego, ani szwajcarskiego: mają posiadłości ziemskie o powierzchni od dwóch i pół do dziesięciu tysięcy hektarów wyposażone w pasy startowe i wiedzą, że forsę najlepiej zakopać we własnej ziemi, żeby mieć do niej dostęp w każdej chwili, nie prosząc o pozwolenie jakiegoś urzędasa, i korzystać z niej, by zapewnić sobie bezpieczeństwo, przygotować się do ewentualnej wojny i dobrze się bawić, nie tłumacząc fiskusowi swoich wydatków.

W tamtym czasie biedny dyrektor generalny policji w Bogocie zarabia jakieś pięć tysięcy dolarów miesięcznie, tymczasem policjant na zarośniętych dżunglą terytoriach – od dwudziestu do pięćdziesięciu tysięcy i nie musi się martwić o rentę, emeryturę ani odszkodowanie na wypadek śmierci. Nie musi się martwić robieniem kariery w instytucji ani innymi tego typu głupstwami. Wszystkie te regiony, zapomniane od wieków przez rząd centralny, zaczynają się rozwijać w szalonym tempie, wypełniać barwnymi dyskotekami i radosnymi dziewczętami. W wielu z nich rozmawiają, jak gdyby nigdy nic, komendant policji z lokalnym baronem narkotykowym, kapitan piechoty z szefem lokalnej *guerilli* czy wójt z partyzantami. I kiedy zdarzy się, że nad ranem zaczną do siebie strzelać, bogotańskie gazety donoszą o rzekomych konfliktach natury wojskowej, policyjnej, prawnej, sądowej, ideologicznej lub narodowościowej. W rzeczywistości jednak powody są o wiele prostsze: upojenie alkoholowe w połączeniu z jakimś wspólnym obiektem erotycznych zainteresowań albo umowa, która nigdy nie mogłaby zostać sformalizowana w żadnej kancelarii notarialnej. Wszyscy na południowym wschodzie kraju piją whisky Royal Salute, wioski wypełniają się *narco* toyotami, a ludzie bawią się tu jeszcze lepiej niż w dyskotekach Paprocha Ocampa w Medellín czy Miguela Rodrigueza w Cali. I z pewnością są szczęśliwsi niż w Bogocie, gdzie bez przerwy pada, ulice ciągle się korkują, grasują kieszonkowcy kradnący zegarki, torebki i biżuterię, a tysiące autobusów wypluwają z siebie czarny dym za dnia i biały w nocy. Innym problemem stolicy jest to, że Bogota to nie selwa, tutaj przemyt narkotyków stanowi tabu, a *narcos* nie są społecznie akceptowani: nie dlatego, że mają na pieńku z prawem – kogo to obchodzi? – ale dlatego, że pochodzą z ubogich warstw społecznych, mają ciemną skórę, są niscy, brzydcy, ostentacyjnie obnoszą się ze swoimi złotymi łańcuchami i bransoletami, i sygnetami z diamentem na palcu serdecznym lub małym. Bardzo dobrze widziane jest tu natomiast, jak w każdej szanującej się metropolii, wciąganie koki. Wyższe klasy zaczęły już eksperymentować z *basuco* czy crackiem, gdyż z narkotykami dzieje się dokładnie tak samo jak z prostytucją czy aborcją: nie jest w dobrym tonie oferować podobne usługi lub towary, ale korzystanie z nich jest całkowicie akceptowane.

Sekretna narzeczona Króla Koki oraz założyciela i spiritus movens ruchu Extraditables uczęszcza na strzelnicę z oficerami z komisariatu El Castillo i jest zapraszana do Pałacu

Prezydenckiego, do którego ubiera się coraz bardziej elegancko, i na koktajle w rozmaitych ambasadach, i na śluby kuzynów w Jockey Club w Bogocie i Club Colombia w Cali. Kiedy w moim mieszkaniu o trzeciej nad ranem wybucha umywalka, a strumienie wody tryskają niepowstrzymanie na wszystkie strony, grożąc zalaniem apartamentu, cztery wozy strażackie docierają na miejsce w niecałe trzy minuty. Wzniecają przy tym niesamowity rejwach, w rezydencji amerykańskiego ambasadora wyją syreny, a sąsiedzi myślą, że znów się do niej włamano. Na szczęście strażacy ratują mnie przez utonięciem, a ja o wpół do piątej rozdaję moim bohaterom autografy w płaszczu Burberry narzuconym na samą bieliznę.

Innego wieczora ktoś bardzo ważny przyjeżdża po mnie swoim autem i zaprasza na kolację, a kiedy pytam przyjaciółkę, co to za zwoje czarno-czerwonego materiału na tylnym siedzeniu, ona odpowiada:

– Sądziłam, że skoro masz taki świetny gust, mogłabyś mi powiedzieć, co myślisz o nowej fladze JEGA, najbardziej okrutnego oddziału partyzantki miejskiej wszech czasów.

Każdy dobrze poinformowany człowiek wie, że wiele z najatrakcyjniejszych, najciekawszych i najważniejszych kobiet mediów romansuje z komendantami M-19, ale nie rozmawiamy o tym głośno, gdyż każda z nas dobrze wie, jak wyglądają sale tortur naszej rodzimej świętej inkwizycji, i wolimy zachować stosowną rezerwę. W 1984 roku w kolumbijskich mediach pracuje bardzo wiele pięknych kobiet, niektóre z nich pochodzą z wyższych sfer, kilka to naprawdę odważne dziewczyny. Nie można tego powiedzieć o dziennikarzach, spikerach czy aktorach płci męskiej: to zwykle faceci nudni jak flaki z olejem, zadufani w sobie, ultrakonserwatywni i w większości brzydcy. Pochodzą z klasy średniej lub niższej klasy średniej, więc żadnej z szanujących się dziennikarek nie przejdzie nawet przez myśl, żeby się z nimi spotykać. Wszyscy bez wyjątku natomiast, również moi koledzy z rady nadzorczej Kolumbijskiego Stowarzyszenia Spikerów, obdarzeni są najgłębszymi, najbardziej czarującymi głosami, jakie słyszano kiedykolwiek w jakimkolwiek hiszpańskojęzycznym kraju. Żadna z moich koleżanek nie pyta mnie nigdy o Pabla Escobara, a ja nie pytam ich o komendanta Antonia Navarra czy Carlosa Pizarra, mam bowiem świadomość, że po porwaniu Marthy Nieves Ochoi Extraditables i M-19 śmiertelnie się nienawidzą, i domyślam się, że one zwierzają się ze wszystkiego swoim narzeczonym, podobnie jak ja opowiadam o wszystkim Pablowi. Pablo śmieje się z anegdotki o strażakach przez długą chwilę, ale potem nagle poważnieje i pyta mnie zaalarmowany:

– A gdzie miałaś berettę, kiedy w negliżu rozdawałaś tuzinom mężczyzn autografy?

Odpowiadam, że w kieszeni płaszcza, który na siebie narzuciłam, a on prosi, żebym nie obrażała jego inteligencji, wie przecież doskonale, że kiedy jestem w Bogocie, trzymam berettę w sejfie. Obiecuję, że od tej pory będę spała z nią pod poduszką. Uspokaja się dopiero wtedy, kiedy przysięgam mu to kilkakrotnie, obsypując go przy tym pocałunkami. Naszą parę nazywano kiedyś coca-colą: ta koka oczywiście na cześć Pabla, słowo *cola* oznacza zaś w Kolumbii zgrabny tyłek, jakim niewątpliwie mogę pochwalić się ja – teraz jednak nikt nie ma pojęcia o sekretnym etapie naszego związku. Każdemu, kto ma odwagę o to zapytać, tłumaczę, że przestałam się widywać z Escobarem całe wieki temu; nigdy nie ośmielam się zapytać Pabla, co odpowiada on, gdyż boję się, że odpowiedź mogłaby sprawić mi ból. Pablo uważa, że kobiety cierpią o wiele bardziej niż mężczyźni. Przyznaję mu rację, ale mówię, że jest tak tylko w czasie wojny, bo w życiu codziennym w gruncie rzeczy mamy o wiele łatwiej: zawsze wiemy, co robić – dbać o nasze dzieci, o naszych mężczyzn, o naszych starców, dbać o zwierzęta i plony, uprawiać ogród i zajmować się domem. Z miną wyrażającą współczucie dla przedstawicieli jego płci zapewniam, że „bycie mężczyzną to prawdziwe wyzwanie". Chcę utrzeć mu trochę nosa, bo prawda jest taka, że Pablo podziwia jedynie mężczyzn. Kobiety, które rzeczywiście szanuje, można policzyć na palcach jednej ręki i chociaż nigdy mi się do tego nie przyznał, wiem, że dzieli przedstawicielki naszej płci na trzy kategorie: te należące do jego rodziny, jedyne, które naprawdę kocha, chociaż nudzą go niemiłosiernie; te piękne – traktuje je jak rozrywkę i płaci im za jednorazowy seks, zanim się pożegna; oraz całą resztę: to te brzydkie kury domowe, które mogłyby dla niego po prostu nie istnieć. Ja pochodzę z innego środowiska: Pablo nie robi na mnie wielkiego wrażenia, bo nie jest ani wysoki, ani piękny, ani elegancki, ani specjalnie oczytany. Myślę, że jestem dla niego kobietą niemieszczącą się w żadnej z tych kategorii, bo potrafię go rozśmieszyć, niczego mi fizycznie nie brakuje, jestem jego panterą, chodzę uzbrojona i oddałabym za niego życie, potrafię porozmawiać z nim na męskie tematy, używając męskiego języka. Pablo podziwia i szanuje tylko ludzi odważnych, myślę więc, że ma dla mnie w swoim sercu osobne miejsce, gdzieś obok Margaret Thatcher. To miejsce dla kobiet przekraczających ograniczenia swojej płci, ale nieupodabniających się przy tym do mężczyzn.

Po rodzinie kolejną najświętszą dla Pabla rzeczą są wspólnicy. Chociaż i tego mi nie powiedział wprost, podejrzewam, że mężczyźni z jego rodziny, z wyjątkiem Gustava i Misia, nudzą go, gdyż są zbyt konwencjonalni. O wiele bardziej ekscytujący wydają mu się tacy przyjaciele jak Gonzalo, Jorge i wariat Lehder: odważni, bogaci hedoniści, nieustraszeni i pozbawieni skrupułów tak samo jak on. Wiem, że wyjazd Jorgego Ochoi, którego kocha jak brata, był dla niego potężnym ciosem, przewiduje bowiem, że Ochoa prawdopodobnie nie wróci już do kraju. Z wyjątkiem Lehdera nad żadnym nie wisi jeszcze groźba ekstradycji, bo Stany Zjednoczone nie mają wciąż solidnych dowodów na ich udział w narkobiznesie. Wszystko to ma się wkrótce zmienić.

Po kilku tygodniach sielankowego szczęścia Pablo wyznaje, że musi wrócić do Nikaragui. Ja jestem przekonana, że sandiniści przynoszą mu pecha, dlatego próbuję odwieść go od tej decyzji, używając wszystkich argumentów, jakie tylko przyjdą mi do głowy. Mówię, że rozumiem, że oni są komunistami, a on handlarzem narkotyków, i wiem, że najbardziej zaprzysięgli wrogowie Wuja Sama, jeśli chcą być skuteczni, muszą połączyć ideologię tych pierwszych z milionami dolarów tych drugich. Tłumaczę, że *gringos* nie przejmują się zbytnio marksistowskimi dyktaturami, o ile nie zagrażają im za bardzo i są biedne, ale te zasilane pieniędzmi z przemytu narkotyków i znajdujące się zbyt blisko USA i Fidela Castro z czasem staną się wyzwaniem coraz trudniejszym do zaakceptowania. Nalegam, że nie może ryzykować życia, interesu i spokoju dla Hernana Botera i Carlosa Lehdera. Oburzony odpowiada, że wszystkich Kolumbijczyków, którym grozi ekstradycja, łączy wspólna sprawa, wszystko jedno, czy są wielcy, czy mali, bogaci czy biedni, i że on pozostanie jej wierny aż do śmierci. Obiecuje, że niedługo wróci, a jeśli nie, to spotkamy się gdzieś w Ameryce Środkowej. Na pożegnanie ostrzega, żebym bardzo uważała na podsłuch w telefonie i na przyjaciółki oraz nie zapominała o pistolecie. Tym razem, kiedy odjeżdża, ogarnia mnie nie tylko smutek, ale też lęk o jego kontakty z radykalną lewicą i skrajną prawicą. Zastanawiam się, która z kolumbijskich grup partyzanckich posłużyła mu za kontakt z sandinistami. Ilekroć go o to pytam, udziela mi wymijającej odpowiedzi, że we właściwym czasie wszystkiego się dowiem. Odpowiedź nadchodzi nie tylko w sposób najmniej oczekiwany, ale również każe mi od razu przypuszczać, że sprawa jest o wiele bardziej skomplikowana, niż mogłoby się na pierwszy rzut oka wydawać.

Kontakt nazywa się Federico Vaughan* i jego zdjęcia z Pablem Escobarem i Rodriguezem Gachą podczas załadunku siedmiu ton koki na jednym z pasów startowych rządu Nikaragui obiegają cały świat. Wcześniej Bary Seal, jeden z pilotów organizacji, ochrzczonej przez Amerykanów mianem „kartelu z Medellín", wpadł w ręce DEA. Agencja obiecuje mu pomoc w odwołaniu się od wyroku, pod warunkiem że wróci do Nikaragui, jakby nic się nie stało, i z pomocą kamer ukrytych w kadłubie samolotu sfotografuje Pabla Escobara i jego wspólników, co pozwoli udowodnić, że przemycają narkotyki, oraz będzie podstawą, żeby wystąpić do kolumbijskiego rządu z wnioskiem o ich ekstradycję. Władzom Stanów Zjednoczonych przyświeca cel znacznie istotniejszy niż wrzucenie Escobara, Ochoi, Rodrigueza Gachy do celi i zatrzaśnięcie jej na cztery spusty – chcą przy okazji udowodnić, że junta sandinistów uczestniczy w procesie przemytu substancji odurzających, co mogłoby stanowić moralne uzasadnienie dla wojskowej interwencji w regionie, który staje się dla nich politycznie bardzo groźny: dyktatorskie rządy w tak bliskim sąsiedztwie USA mogą zarazić ideologią kolejne kraje, co z kolei spowodowałoby masową emigrację do Stanów.

---

* Federico Vaughan miał być pracownikiem nikaraguańskiego ministerstwa spraw wewnętrznych, istnieją jednak hipotezy, że od początku działał na zlecenie amerykańskich służb jako podstawiony sabotażysta. W 1987 roku Richard Gregorie, przedstawiciel amerykańskiego wymiaru sprawiedliwości, przyznał, że organa ścigania mają problem z ustaleniem tożsamości Vaughana.

W Meksyku na przykład nieśmiertelna Partia Rewolucyjno-
-Instytucjonalna (PRI) otwarcie deklaruje poparcie dla Fidela
Castro i innych najbardziej lewicowych polityków na świecie,
a kraj obdarzony najsilniejszą tożsamością kulturową w całej
Ameryce Łacińskiej – „tak odległy od Boga, tak bliski Stanom
Zjednoczonym" – staje się jednym z obowiązkowych punktów
przemytniczego szlaku, wzbogacając z dnia na dzień nie tylko lokalnych kacyków i policję, cieszącą się wątpliwą sławą najbardziej
skorumpowanej na świecie, ale również siły zbrojne.

Zdjęcia Pabla i Gonzala z Nikaragui są jedynie pierwszym
rozdziałem afery Iran-Contras[**] oraz początkiem końca władzy
generała Manuela Antonia Noriegi w Panamie. Kiedy je oglądam we wszystkich ważniejszych gazetach świata, w duszy dziękuję Bogu, że Pablo nie zabrał mnie ze sobą do Nikaragui podczas swojej pierwszej podróży ani po zabójstwie ministra Lary,
a przede wszystkim teraz. Wiem, że Pablo zaczyna wypowiadać
się coraz bardziej otwarcie przeciwko republikańskiemu rządowi Stanów Zjednoczonych, i ogarnia mnie strach, że wkrótce
mężczyzna, którego kocham, stanie się najbardziej poszukiwanym przestępcą na świecie, bo chociaż wiem, że cechuje go jedyny w swoim rodzaju zmysł pozwalający przewidywać wszystkie grożące mu niebezpieczeństwa i przyszykować najbardziej
brutalną odpowiedź, zdaję sobie również sprawę z tego, iż jego
najgorszą wadą jest całkowity brak pokory. Przez to pozostaje
osobą całkowicie niezdolną do rozpoznawania swoich błędów
oraz naprawiania ich i nie potrafi przewidzieć skutków swoich
własnych czynów.

[**] Afera Iran-Contras – ujawniony w 1986 roku skandal polityczny, polegający na zasilaniu przez
USA bojówek Contras w Nikaragui pieniędzmi uzyskanymi z tajnej sprzedaży broni Iranowi.

Pewnego dnia Gloria Gaitán zapowiada, że odwiedzi mnie w towarzystwie dziennikarza Valeria Rivy, który właśnie przyjechał z Rzymu. Zjawiają się z kamerzystami, rozstawiają w salonie światła i prawie bez uprzedzenia Włoch zaczyna przeprowadzać ze mną wywiad dla telewizji swojego kraju. Potem wyjaśnia, że Mario i Vittorio Cecchi Gori – obok Dina De Laurentisa najważniejsi z włoskich producentów – chcieliby nakręcić film o życiu Pabla Escobara. Obiecuję, że dam odpowiedź, jak tylko ten ostatni wróci z Australii, chcę się spotkać z Rivą i jego producentami w Rzymie. Tak, planuję podróż do Rzymu i do Madrytu, bo od dwóch miesięcy nie mam od Pabla żadnych wiadomości i tym razem decyduję, że miarka się przebrała, nie zamierzam czekać kolejny raz, aż zmęczy się tymi „obleśnymi typami w mundurach" albo jakąś przelotną kochanką. I przyjęłam zaproszenie Gilberta Rodrigueza, który za mną bardzo tęskni, a nie możemy rozmawiać przez telefon. Bo z kim innym miałby tam, w Madrycie, rozmawiać o Noriedze, o Danielu Ortedze, o Josephie Conradzie i Stefanie Zweigu, o M-19 i o FARC, o Piotrze Wielkim i Toscaninim, o Meksykaninie i PRI, o swoich ulubionych dziełach sztuki, o płótnach Renoira i filmach z Sophią Loren, o bankierze Jaime Michelsenie i Alfonsie Lopezie Michelsenie, o Kidzie Pambelé i o Pelém, o Belisariu Betancurze i swojej żonie, i o tym, jak należy elegancko zjeść szparagi? A ja, z kim miałabym rozmawiać o Carlosie Lehderze, o pilocie Barrym Sealu, o CIA i całej tonie tematów, które tłumię w sobie, gdyż nie znajduję partnera do takich dyskusji?

Kilka dni przed wylotem przejeżdżam obok Raad Automóviles, firmy mojego przyjaciela Teddy'ego Raada, na którego ślubie byliśmy świadkami z Anibalem Turbayem. Podobnie jak malarz Fernando Botero, dekorator Santiago Medina i handlarz helikopterami i obrazami Byron López, Raadowie stali się bogaczami, sprzedając luksusowe towary nowej klasie magnatów – oni akurat zajęli się mercedesami, bmw, porsche, audi, maserati i ferrari. Podziwiam te auta – ich ceny zaczynają się od dwustu pięćdziesięciu tysięcy dolarów – i pytam Teddy'ego, jak często udaje mu się sprzedać taki egzemplarz.

– Sprzedaję mercedesy codziennie, Virgie! Inna sprawa, czy mi za nie płacą. Ale kto miałby odwagę powiedzieć tym typom, że nie da im samochodu, kiedy za każdym razem, gdy rozładują kolejną dostawę, przychodzą i płacą za pół tuzina? Spójrz, nadjeżdża jeden z naszych najlepszych klientów, Hugo Valencia z Cali.

Hugo jest ucieleśnieniem mafiosa pogardzanego przez wyższe klasy i uczciwych obywateli Kolumbii: ma dwadzieścia pięć lat, bezczelne spojrzenie, bardzo ciemną karnację, jest niezwykle pewny siebie, pomimo zaledwie stu sześćdziesięciu centymetrów wzrostu. Nosi na szyi siedem złotych łańcuchów, oprócz tego po cztery na każdym nadgarstku i sygnet z diamentem na każdym palcu serdecznym. Sprawia wrażenie ostentacyjnie zadowolonego z życia, jest przesympatyczny i lubię go od pierwszej chwili. Moja sympatia wzrasta, kiedy mówi:

– Wyglądasz superelegancko, Virginio! Wybierasz się do Rzymu? Bo widzisz, akurat potrzebuję kogoś, kto ma doskonały gust, żeby przekonał właściciela Brioniego, by zgodził się mi wysłać krawca do Cali z milionem próbek i żeby zdjął ze mnie miarę. Mam zamiar zamówić ze dwieście garniturów i około trzystu koszul. Miałabyś mi za złe, gdybym ci dał dziesięć tysięcy dolarów zaliczki za podobny trud? A poza tym zawsze chciałem cię zapytać, kto zaopatruje cię w tę wspaniałą biżuterię, w której pozujesz do zdjęć na okładki magazynów. Bo mam zamiar kupić kilka kilogramów dla moich dziewczyn, które są naprawdę boskie! Ale nie tak boskie jak ty...

Z przyjemnością zgadzam się wyświadczyć mu przysługę i obiecuję w zamian przywieźć kilka par butów od Gucciego. A że lubię uszczęśliwiać ludzi, zapominam o skradzionej walizce z prezentami dla Pabla i posyłam Hugona do Clary i Beatriz, żeby pomogły mu obwiesić jego narzeczone diamentami i rubinami, a przy okazji zarobiły bajeczne sumki. Wszystkie go uwielbiamy, ubóstwiamy jego rozdmuchane ego i przezywamy go „Młody". Inną osobą, która ulega urokowi Hugona i jego milionów dolarów w gotówce, jest ów młody prezydent Banco del Occidente, który uznał rodzinę narkotykowych bossów z Valle del Cauca za ohydnych mafiosów. Kiedy Młody zostaje przyjacielem błyskotliwego bankiera, ten ostatni uznaje, że dla jego własnej filii w Panamie Hugo Valencia jest prężnym przedsiębiorcą, a nie budzącym odrazę handlarzem narkotyków (a przy okazji właścicielem konkurencyjnych banków w Kolumbii i Panamie, jak Gilberto Rodríguez).

W drodze do Madrytu zatrzymuję się w Rzymie na spotkanie z Valeriem Rivą i producentami z firmy Cecchi Gorich. Oni sami się nie pojawiają, ale przyszły scenarzysta dokumentu o kolumbijskim Robin Hoodzie zaprasza mnie na niedzielny obiad do wiejskiej posiadłości Mariny Lante Della Rovere, która mówi, że przyjaźni się z prezydentem Turbayem, wujem Anibala i ambasadorem Kolumbii w Stolicy Apostolskiej.

Następnego dnia Alfonso Giraldo z przerażeniem pokazuje mi artykuł, który ukazał się w jednym z głównych dzienników. Jest on komentarzem na temat wywiadu, który przeprowadził ze mną Valerio Riva, przedstawiając mnie jako „kochankę latynoamerykańskich potentatów". I kiedy idziemy znów na zakupy na via Condotti, via Borgonona i via Fratinna, mój serdeczny przyjaciel, nawrócony na katolicyzm, z gorliwością neofity prosi, żebym wyznała mu wszystkie swoje grzechy.

– Kochanie, błagam, powiedz mi, kogo miał na myśli. Bo jeśli czterech twoich narzeczonych, o których wiem, to potentaci, to ja jestem kardynałem Brunei. Nie mów mi tylko, że ten gość od kucyków i źrebaków jest tym samym, który hoduje żyrafy, stado słoni i ma na usługach prywatne wojsko! Mam wrażenie, że wkroczyłaś na ścieżkę zatracenia i że musimy czym prędzej umówić się na obiad z jakimś moim przyjacielem księciem, na przykład Giuseppem, w którego pałacu w Palermo sfilmowano *Lamparta*. Nawet królowa Elżbieta zatrzymuje się u niego, gdy odwiedza Sycylię.

Śmiejąc się, wyjaśniam, że muszę być kimś w rodzaju króla Midasa, bo nie tylko reklamowane przeze mnie produkty, czasopisma, na okładkach których pozuję, zmieniają się w żyły złota, ale również moi byli kochankowie stają się najbogatszymi mężczyznami w Kolumbii. Ale tak naprawdę, tłumaczę, to nie moja zasługa, lecz ich własnych ambicji. I, żeby go uspokoić, zapewniam, że rzuciłam na zawsze tego świra od kucyków i zoo, że w Madrycie czeka na mnie właściciel banków, inny multimilioner, który hoduje konie czystej krwi, a jego rodzina, według „Forbesa" i „Fortune", jest szóstą najbogatszą na świecie.

– Brawo, nie wyobrażam sobie nic bardziej szykownego!

Pyta, czy garnitury od Brioniego są dla bankiera, bo naprawdę eleganccy mężczyźni zawsze ubierali się na Savile Row.

– Nie, nie, ci angielscy projektanci są zapewne dobrzy dla Sonny'ego Malborougha, Westminstera i Julia Maria. To tylko przysługa, jaką obiecałam pewnemu dzieciakowi z Cali, który właśnie dorobił się niezłej fortunki i ma setki piętnastoletnich narzeczonych. To całkowite przeciwieństwo tamtego nieokiełznanego rumaka, który miał gdzieś luksusowe ciuchy, złote zegarki, a przywiązywanie zbytniej wagi do wyglądu uważał za pedalstwo.

Roztaczam przed dyrektorem Brioniego wspaniałe wizje na temat szczodrości Młodego – i jego setki kolegów – legendarnej urody kobiet z Cali, słabości naszych modelek do włoskich projektantów mody, eleganckich wiejskich posiadłości w Valle del Cauca, dyskotek w Cali, w których nieustannie rozbrzmiewa salsa, i niezapomnianych widoków pobliskiego rejonu Pance, a on tylko wytrzeszcza oczy ze zdumienia, mówi, że chyba śni na jawie i natychmiast rezerwuje bilet pierwszej klasy w Alitalii na przyszłą niedzielę.

Jemy obiad z Alfonsem i księciem San Vicenzo na tarasie Hasslera, skąd rozciąga się widok na Rzym, który wydaje się przykryty złotą gazą, delikatnie unoszącą się nad starymi różowymi murami. Przed wejściem do restauracji stoją bardzo szczęśliwe siostry Fendi. Obchodzą urodziny jednej z nich. Pytanie sycylijskiego księcia o cosa nostrę to jak rozmowa z Niemcem o Hitlerze czy Kolumbijczykiem o Pablu Escobarze, więc postanawiam rozmawiać z Giuseppem o Luchinie Viscontim i zdjęciach do *Lamparta*. Kiedy się żegnamy, uroczy książę zaprasza mnie, żebym w weekend pojechała z nim na wycieczkę do Emilii-Romanii, ale tłumaczę, że niestety w piątek lecę do Madrytu, gdyż w przyszłym tygodniu muszę być z powrotem w pracy.

W piątek jem kolację z Gilbertem i Jorgem Ochoą w Zalacaín, w 1984 roku najlepszej restauracji w Madrycie. Obaj cieszą się, że jestem w tak dobrej formie, słuchają z zainteresowaniem moich opowieści i czują dumę, kiedy im opowiadam, że odrzuciłam zaproszenie księcia, żeby spotkać się z nimi. A ja gratuluję im, że wycofali się z interesu i że chcą zainwestować swoją fortunę w hodowlę rasowych byków i w budowę apartamentów w Marbelli, a nie w hipopotamy czy armię *sicarios* uzbrojonych w karabiny R-15. Nazwisko rywala Gilberta nie pada podczas tej rozmowy ani razu, jakby w ogóle nie istniał. Ale, z jakiegoś niejasnego dla mnie powodu, jego obecność jest wyczuwalna, unosi się nad białymi obrusami i atmosferą przepychu jak coś niepokojącego, coś, co gdyby miało okazję się zmaterializować, wsadziłoby nas do akceleratora cząstek elementarnych i spowodowało reakcję jądrową.

W weekend jedziemy do Segowii, jemy tamtejszą specjalność – pieczone prosię – obok Alcazaru i Gilberto pokazuje mi maleńkie okienko na wysokości dziesiątków metrów, z którego wieki temu mauretańskiej niewolnicy wypadło z rąk książątko, a ona natychmiast skoczyła za nim. Jestem smutna przez całe popołudnie, rozmyślając o okropnościach, które musiała czuć tamta kobieta, zanim rzuciła się w przepaść. W niedzielę dyrektorzy firm Gilberta zawożą mnie do Toledo, chcę zobaczyć *Pogrzeb hrabiego Orgaza* El Greca, jedno z moich ulubionych dzieł tego kraju najlepszych malarzy świata. Znów ogarnia mnie smutek i znów nie rozumiem dlaczego. Tej nocy jem kolację z Gilbertem, który pyta mnie w cztery oczy, jak miewa się moja kariera. Odpowiadam, że w Kolumbii bycie sławną i piękną wywołuje tylko monstrualną nienawiść, która znajduje ujście w mediach i anonimowych pogróżkach przez telefon ze strony ludzi chorych z nienawiści. On wyznaje, że bardzo za mną tęsknił, że brakowało mu kobiety, z którą mógłby porozmawiać o sprawach związanych z Kolumbią. Bierze mnie za rękę i mówi, że chciałby mieć mnie przy sobie, ale nie w Madrycie, lecz w Paryżu, bo kocha to miasto bardziej niż wszystkie inne na świecie, chociaż nigdy się nie spodziewał, że ktoś tak skromnego pochodzenia jak on będzie mógł zobaczyć je na własne oczy.

– Nie potrafię zaoferować ci namiętności w ilościach hurtowych, ale rozumiemy się tak dobrze, że z czasem moglibyśmy się w sobie zakochać i, kto wie, kto wie, może coś więcej? Myślałem o twoim własnym biznesie, który pozwoliłby nam widywać się weekendy. Co o tym sądzisz?

Propozycja jest dla mnie totalnym zaskoczeniem, ale ma rację, mówiąc, że świetnie się rozumiemy. Oczywiście centrum Paryża jest o wiele piękniejsze od jakiejkolwiek dzielnicy w Bogocie, a Miasto Światła wydaje się odległe o sto tysięcy lat świetlnych od Miasta Wiecznej Wiosny, czyli Medellín. Powoli formułuję odpowiedź i właściwe warunki, pod którymi zgodziłabym się zostać paryską kochanką jednego z najbogatszych mężczyzn w Ameryce Łacińskiej, nie rezygnując przy tym ze swojej wolności: wykluczone, żebym mieszkała w byle jakim mieszkanku i jeździła byle jakim samochodem, gdyż małżeństwo z pierwszym z brzegu kolumbijskim ministrem albo paryżaninem z klasy średniej mogłoby zagwarantować mi nawet mercedesa z szoferem i penthouse; on musiałby na mnie patrzeć, jak patrzą bogaci mężczyźni na piękne kobiety, z których są dumni, i to nie tylko w sytuacjach publicznych, ale i prywatnie, bo moje wyrafinowanie z pewnością uczyni jego życie szczęśliwym, a moi eleganccy przyjaciele mogą okazać się niezwykle pomocni i otworzyć przed nim wiele drzwi; gdybyśmy naprawdę się w sobie zakochali, sprawiłabym, że poczułby się jak prawdziwy król świata i nie nudziłby się w życiu ani przez minutę. Jeśli któregoś dnia zdecydowałby się mnie opuścić, zabrałabym tylko biżuterię, a jeśli ja zostawiłabym go dla innego, zabrałabym ze sobą jedynie garderobę z kreacjami od najlepszych projektantów, rzecz absolutnie podstawową dla narzeczonej faceta, który chce, żeby w Paryżu zaczęto się z nim liczyć.

Z pełnym wdzięczności uśmiechem – bo któż inny mógłby zaproponować milionerowi korzystniejsze warunki – odpowiada mi, że jak tylko na dobre osiedli się w Hiszpanii i podejmie decyzje odnośnie do swoich inwestycji, umówimy się na kolejne spotkanie, gdyż najtrudniejszą dla nich rzeczą jest przewiezienie kapitału, a nie chce ze mną rozmawiać przez telefon. Obawia się, że jest na podsłuchu. Kiedy się żegnamy, z obopólną nadzieją, że spotkamy się niedługo, poleca mi, żebym wyjęła szybko oszczędności z First Interamericas de Panamá, gdyż Amerykanie naciskają na generała Noriegę i w każdej chwili mogą zamknąć mu bank i zamrozić aktywa.

Idę za jego radą i rzeczywiście niedługo bank zostaje zamknięty, a dwa tygodnie później jadę do Zurychu, żeby skonsultować propozycję Gilberta z wyrocznią delficką, bo tak naprawdę wciąż nie otrząsnęłam się z zaskoczenia i chcę się dowiedzieć, co myśli o tym człowiek obeznany w regułach gry panujących w międzynarodowych wyższych sferach. Widząc Davida Metcalfe'a, który wkracza do naszego apartamentu w Baur Au Lac w wysokich butach, obładowany strzelbami i amunicją, pytam go, jak taki dżentelmen z White's może podróżować po świecie w przebraniu mordercy bażantów. Śmieje się i wyjaśnia, że wybiera się na polowanie z królem Hiszpanii, uroczym człowiekiem, pozbawionym tej sztywności, jaka cechuje brytyjską rodzinę królewską. Wyjaśniam mu powody, dla których przyjęłam tym razem jego zaproszenie, a on krzyczy z przerażeniem:

– Czyś ty kompletnie zwariowała? Miałabyś zostać utrzymanką ojca chrzestnego? Uważasz może, że w Paryżu nie dowiedzą się, jak ten facet dorobił się swojej fortuny? Ty, kochanie, musisz się wybrać do Nowego Jorku albo do Miami i postarać o pracę w jednym z hiszpańskojęzycznych kanałów.

Pytam go, jak by się czuł, gdyby kobieta – która mówi tym samym co on językiem, potrafi rozśmieszyć go jak nikt inny na świecie, a w dodatku ma wart miliard dolarów majątek – zaproponowała mu, że będzie go utrzymywać w Paryżu w *hôtel particulier* urządzonym jak pałac księżnej Windsoru, da mu do dyspozycji budżet wystarczający, żeby kupować dzieła sztuki w Sotheby's i Christie's, mieć bentleya z szoferem, zatrudnić najwybitniejszego szefa kuchni, rezerwować najlepsze stoliki w luksusowych restauracjach, chodzić na najlepsze koncerty, do opery, jeździć w podróże marzeń do najbardziej egzotycznych miejsc...

– No cóż, wszyscy jesteśmy ludźmi. Każdy byłby gotów kogoś zabić w zamian za taki układ... – odpowiada ze śmiechem człowieka, którego przyłapano na hipokryzji.

– Przypominasz mi księżną Małgorzatę podziwiającą diament Elizabeth Taylor na swoim palcu. „Już nie wydaje się taki pospolity, prawda, Wasza Wysokość?".

Jemy kolację w restauracji po drugiej stronie mostku tuż przy Baur Au Lac i opowiadam Davidowi, że Gilberto jest właścicielem wielu laboratoriów, a ja zawsze marzyłam o prowadzeniu firmy kosmetycznej. Przecież wszyscy w Ameryce Łacińskiej wiedzą, że jestem w tej sprawie niekwestionowanym autorytetem, więc przedsięwzięcie mogłoby odnieść sukces. Ze smutną miną odpowiada, że ja z pewnością wiem, jak obchodzić się z facetem, który posiada majątek wart miliard dolarów, nie spodziewa się jednak niestety, że on potrafi się obchodzić z taką kobietą jak ja.

Następnego dnia przy śniadaniu podaje mi „Zeitung", bo on sam czyta tylko „Timesa", „Wall Street Journal" i „The Economist".

– To chyba twoi przyjaciele. Nie wyobrażasz sobie, *darling,* jakie masz szczęście!

I rzeczywiście, we wszystkich gazetach – szwajcarskich, amerykańskich i angielskich – znajduję ich zdjęcia. Jorge Ochoa i Gilberto Rodríguez zostali wraz z żonami zatrzymani w Madrycie i prawdopodobnie zostaną poddani ekstradycji do USA.

Żegnam się z Davidem, wsiadam w samolot do Madrytu i udaję się do więzienia Carabanchel. Przy wejściu pytają mnie, czy jestem spokrewniona z którymkolwiek z zatrzymanych. Mówię, że jestem kolumbijską dziennikarką. Nie wpuszczają mnie. Jadę do hotelu, a ludzie z otoczenia Gilberta radzą mi, żebym jak najprędzej wracała do Kolumbii, w przeciwnym wypadku hiszpańskie władze mogą aresztować też mnie i zadawać wiele niewygodnych pytań.

Kilku agentów i policjantów śledzi mnie na lotnisku, uspokajam się dopiero wtedy, kiedy dostaję się na pokład samolotu. Na szczęście szampan potrafi złagodzić wiele tragedii, a lepiej płakać w pierwszej klasie niż w klasie ekonomicznej. Co więcej, obok mnie siada niezwykle przystojny mężczyzna, kopia agenta 007 z pierwszych filmów o Bondzie. Kilka minut później podaje mi chusteczkę i pyta nieśmiało:

– Dlaczego płaczesz w ten sposób, ślicznotko?

Przez następne osiem godzin ta wspaniała madrycka wersja Seana Connery'ego udzieli mi intensywnych korepetycji z działalności spółek z grup March i Fierro, z którymi współpracuje i które należą do największych w Hiszpanii. Uczę się o przepływach finansowych, akcjach, śmieciowych obligacjach, gruntach pod budowę w Madrycie, Marbelli i Puerto Banús, o firmie Construcioness y Contratas, siostrach Koplowitz, królu, Cayetanie de Alba, Heini i Ticie Thyssen, Felipe Gonzalesie, Isabel Prysler, Enriquem Sarasoli, o torreadorach, Alhambrze, *cante jondo*, ETA i cenach obrazów Picassa.

Docieram do domu i odsłuchuję automatyczną sekretarkę. Jedna wiadomość z tysiącem gróźb i ktoś, kto dzwoni kilkadziesiąt razy (na numer telefonu znany tylko trzem osobom), ale nie odzywa się, lecz odkłada słuchawkę. Nie chcę więcej myśleć o koszmarnym finale tej ostatniej podróży, więc postanawiam pójść spać. Zostawiam jednak oba telefony włączone, na wypadek gdyby wydarzyło się coś nowego w sprawie Gilberta.

– Gdzieś ty się podziewała? – w słuchawce odzywa się głos, którego nie słyszałam od jedenastu tygodni. Jego właściciel przemawia tak, jak gdyby był moim panem i władcą.

– Poczekaj, niech pomyślę – odpowiadam niemal przez sen.

– W piątek byłam w Rzymie, w Hasslerze, jadłam kolację z sycylijskim księciem, chyba go nie znasz. W sobotę miałam spotkanie w Baur Au Lac w Zurychu z pewnym anielskim lordem – nie, nie *drug* lordem – chciałam się go poradzić w sprawie przeprowadzki do Europy. W poniedziałek byłam w Villamagna, rozważając tę możliwość. We wtorek płakałam przed bramą do więzienia Carabanchel, bo okazało się, że z przeprowadzki do Paryża nici. Nie wpuścili mnie do środka, więc we wtorek siedziałam już w samolocie Iberii, pijąc szampana Perrier Jouët, żeby uzupełnić płyny po tym, jak przelałam całe hektolitry łez. A wczoraj, żeby nie popełnić z rozpaczy samobójstwa, przetańczyłam całą noc z facetem jak dwie krople wody podobnym do Jamesa Bonda. Jestem wykończona i mam zamiar spać dalej. Dobranoc.

On ma sześć czy siedem telefonów i nigdy nie rozmawia przez żaden z nich dłużej niż trzy minuty. Mówi tylko „zmieniam" i odkłada słuchawkę, a ja wiem, że za kilka minut zadzwoni znowu.

– No cóż, księżniczko, życie masz jak z bajki! Chcesz mi powiedzieć, że teraz, kiedy straciłaś dwóch bogatych narzeczonych, celujesz w jakiegoś arystokratę albo przystojniaka?

– Straciłam tylko jednego, bo między nami wszystko skończone od jakiegoś czasu. Przeprowadziłeś się do kraju sandinistów, gdzie znalazłeś sobie nową królewnę, prawda? Chciałam ci tylko powiedzieć, że prowadzę ostatnio bogate życie towarzyskie, jestem wykończona i chcę iść spać.

Telefonuje raz jeszcze, około trzeciej w nocy.

– Załatwiłem już wszystko, żeby po ciebie posłać. Jeśli nie przyjedziesz dobrowolnie, doprowadzą cię siłą w nocnej koszuli. Pamiętaj, że mam twoje klucze.

– A ja twoją kość słoniową. Poślę im parę kulek, a potem wytłumaczę, że to w obronie własnej.

Piętnaście minut później, używając tonu łagodnej perswazji, tłumaczy, że bardzo wysoko postawieni przyjaciele chcą mnie poznać. Stosując nasz sekretny kod – porozumiewamy się za pomocą cyfr oraz nazw zwierząt z jego ogrodu zoologicznego – daje mi do zrozumienia, że przedstawi mi Tirofija, szefa FARC, i innych komendantów *guerilli*. Odpowiadam, że każdy bez wyjątku, biedny czy bogaty, lewicowiec czy prawicowiec, z wyższych sfer i ze slumsów, marzy o tym, żeby poznać gwiazdy telewizji. I odkładam słuchawkę. Ale kiedy dzwoni po raz piąty i mówi, że jego ludzie pracują ze wszystkich sił nad tym, żeby przekonać hiszpański rząd do wysłania jego najlepszego przyjaciela i „mojego kochanka" na dół (do Kolumbii), a nie na górę (do Stanów) i że chce mi o tym opowiedzieć osobiście, gdyż przez telefon się nie da, uznaję, że zemsta jest słodka:

– To nie jest mój kochanek… Chociaż wszystko było na jak najlepszej drodze. Dobrze, mogę przyjechać.

Wsłuchuję się w ciszę, która zapadła po drugiej stronie słuchawki, i rozumiem, że trafiłam w dziesiątkę. Po chwili ostrzega mnie:

– Tutaj leje jak z cebra. Przywieź kalosze i płaszcz. To nie Paryż, moja droga. Jesteśmy w dżungli.

Proponuję, byśmy przełożyli spotkanie na następny dzień, tłumaczę, że mam jet lag i w dodatku nie chcę zmoknąć.

– Nie, nie i jeszcze raz nie! Widziałem już, jak kąpiesz się w rzece, w morzu, w lagunie, w wannie i pod prysznicem, widziałem cię zalaną łzami. Trochę wody z pewnością ci nie zaszkodzi, księżniczko. Do zobaczenia zatem.

Uznaję, że jeśli mam poznać Tirofija, powinnam raczej włożyć parkę od Hermesa niż płaszcz przeciwdeszczowy. Nie zapominam też o torebce od Vuittona i apaszce, którą wiążę na głowie, zastanawiając się, jaką minę zrobi na mój widok.

Wprawdzie nigdy nie byłam w obozie partyzantów, ale ten wydaje mi się strasznie pusty. Słychać tylko radio grające gdzieś w oddali, w odległości setek metrów.

– Pewnie ci partyzanci kładą się wcześnie i wcześnie wstają, żeby kraść bydło, porywać półprzytomne ofiary dla okupu i wywieźć kokę Pabla z jego terytorium jeszcze przed świtem, zanim złapie ich policja – myślę. – Starzy ludzie wstają wcześnie, a ten cały Tirofijo musi mieć z siedemdziesiąt pięć lat.

Dwaj nieznajomi mężczyźni zostawiają mnie na progu nieukończonego domu i rozpływają się w powietrzu. Najpierw rozglądam się po okolicy, trzymając rękę w kieszeni parki, i przekonuję się, że rzeczywiście nie ma tu nikogo. Do domu prowadzą proste, białe drzwi zamykane na kłódkę. Wchodzę do pomieszczenia, które ma ze dwanaście, może piętnaście metrów kwadratowych, zbudowane jest z gołej cegły, cementu i plastikowych dachówek. Jest jeszcze ciemno i zimno, ale zauważam na podłodze materac, a na nim czystą poduszkę i narzutę z brązowej wełny. Dostrzegam tu jego radio, jego latarkę, jego niewielki karabin maszynowy wiszący naprzeciwko mnie, koszulę i zgaszoną lampę naftową. Pochylam się nad nocnym stolikiem, żeby zapalić ją moją złotą zapalniczką, gdy z ciemności za mną wyskakuje mężczyzna i ściska mi szyję prawym ramieniem. Mam wrażenie, że za chwilę skręci mi kark, on zaś obejmuje mnie lewą ręką w pasie i przyciska do siebie:

– Zobacz, jak sypiam! Prawie pod gołym niebem! Zobacz, jak muszą żyć ci, którzy o coś w życiu walczą, podczas gdy księżniczki jeżdżą sobie po Europie z moimi nieprzyjaciółmi! Przyjrzyj się wszystkiemu dobrze, Virginio, bo to właśnie, a nie paryski Ritz, będzie ostatnią rzeczą, jaką w życiu ujrzysz.

– To ty wybrałeś takie życie, Pablo. Jak jakiś Che Guevara w boliwijskiej dżungli. Tyle że Che nie miał trzech miliardów dolarów. Nikt cię do tego nie zmuszał. A poza tym zerwaliśmy ze sobą jakiś czas temu. A teraz powiedz mi, czego ode mnie chcesz i dlaczego w tak zimną noc jesteś bez koszuli, bo nie przyjechałam spędzać z tobą nocy ani spać na tym materacu pełnym pluskiew.

– Oczywiście, że nie przyjechałaś po to, żeby ze mną spać. Zaraz się przekonasz, czego od ciebie chcę. Musisz zrozumieć, że *capo di tutti capi* nigdy nie pozwoli, żeby jego kobieta przyprawiała mu rogi z wrogiem na oczach przyjaciół.

– A *diva di tutti divi* nie pozwoli, żeby zdradzano ją na prawo i lewo z jakąś byle modelką. I przestań nazywać mnie „swoją kobietą". Chyba pomyliłeś mnie z Tatą.

– Słuchaj, diwo, ściągaj te swoje ciuszki za tysiące dolarów, bo inaczej zawołam moich ludzi, żeby pocięli ci je nożami.

– Zrób to, Pablo, to jedyne, czego jeszcze ci brakuje. Jeśli mnie zabijesz, tylko wyświadczysz mi przysługę. Nigdy nie przepadałam za życiem, nie będę za nim tęsknić. A jeśli mnie oszpecisz, już nigdy nie zbliży się do ciebie żadna kobieta. No dalej, wołaj swoich zbirów! Na co jeszcze czekasz?

Zdziera ze mnie parkę, rozrywa moją koszulę na strzępy, rzuca mnie na ten ogromny biały materac w niebieskie pasy i, potrząsając mną jak szmacianą lalką, zaczyna mnie dusić i gwałcić, jęcząc i dysząc jak dzika bestia.

– Powiedziałaś mi, że któregoś dnia wymienisz mnie na wieprza równie bogatego jak ja! Ale dlaczego musiałaś wybrać tego, właśnie tego? Chcesz wiedzieć, co opowiadał o tobie moim przyjaciołom? Jutro ten żałosny więzień dowie się, że wróciłaś do mnie. Że płakałaś po nim tylko jeden dzień. W więzieniu takie rzeczy bolą! Meksykanin opowiedział mi wszystko parę dni temu. Bo odsłuchałem taśmy F2 i zapytałem, po co do niego dzwoniłaś. Na początku nie chciał o tym rozmawiać, ale w końcu zdradził mi prawdę. Nie mogę uwierzyć, że ten skurwiel i pedał wysłał ciebie, moją narzeczoną, do mojego wspólnika… Naprawdę, jak mógł w ogóle wplątywać cię w ten brudny interes… Ciebie, moją księżniczkę… A ta wiedźma, z którą się ożenił, dzwoniła do mediów, żeby oskarżyć moją żonę, prawda, kochanie? Nie wiem, jak mogłem nie domyślić się wcześniej. Kto inny mógłby coś takiego zrobić? Kiedy ja prawie poświęciłem za nich życie, ten tchórzliwy pętak chciał ukraść mi narzeczoną, najlepszego przyjaciela, wspólnika, terytorium, a nawet mojego prezydenta! Gdyby nie siedzieli w więzieniu z Jorgem, osobiście zapłaciłbym Hiszpanom, żeby wysłali ich w prezencie *gringos*. Nawet nie wiesz, Virginio, jak bardzo cię nienawidzę, jak bardzo marzyłem o tym, że cię zabiję! Uwielbiałem cię, a ty to wszystko zaprzepaściłaś! Mogłem po prostu dać ci się utopić! Zaraz poczujesz to, co się czuje, umierając z braku powietrza! Widzisz? Mam nadzieję, że ci się spodobało, bo teraz naprawdę umrzesz w moich ramionach! Dziś pójdziesz do piekła, czując moje ciało na sobie i wewnątrz.

Kilka razy przyciska mi poduszkę do twarzy. Kilkakrotnie zatyka mi palcami nos, a usta dłonią... Potem mnie dusi, przykładając ręce do szyi. Tej nocy poznaję wszelkie sposoby, na jakie może się dusić człowiek. Zdobywam się na nadludzki wysiłek, żeby nie dać się zabić, i na inny, stokroć trudniejszy, żeby nie wydać z siebie najcichszego choćby jęku skargi. Przez chwilę widzę tunel i światło na jego końcu, ale w ostatniej chwili on pozwala mi zaczerpnąć powietrza. Gdzieś w oddali słyszę jego głos, każe mi krzyczeć, błagać go o życie. Nie odpowiadam na jego pytania, nie odzywam się ani słowem, nawet na niego nie patrzę i to doprowadza go do szału. Nagle przestaję się szamotać, nie odczuwam cierpienia, sama już nie wiem, czy jestem żywa, czy martwa, przestaję się zastanawiać, z czego składa się ta śliska i lepka warstwa, która oddziela nasze ciała, czy to pot, wilgoć, czy łzy. Kiedy już mam na dobre stracić przytomność, on przestaje mnie karać, wyzywać, torturować, poniżać, nienawidzić i kochać, i mścić się za zdradę, bo nie wiem, jak jeszcze nazwać ten horror, który właśnie przeżyłam. Słyszę jego głos, choć nie wiem, czy rozlega się blisko, czy gdzieś daleko:

– Wyglądasz okropnie! Bogu dzięki już nigdy więcej cię nie zobaczę! Od tej pory będę sypiał tylko z młodymi dziewczynami i dziwkami. Idę załatwić ci podróż powrotną. Wracam za godzinę. I biada ci, jeśli nie będziesz gotowa! Wyrzucę cię do lasu, tak jak stoisz!

Kiedy zaczynam wracać do życia, przeglądam się w lusterku, żeby się upewnić, że nadal istnieję, i sprawdzić, czy zmieniłam się na twarzy jak tego dnia, kiedy straciłam dziewictwo. To prawda, wyglądam koszmarnie, mam twarz zniekształconą płaczem i podrapaną jego brodą. Kiedy wraca, zdążyłam już prawie zupełnie dojść do siebie. Wydaje mi się nawet, że dostrzegam błysk uznania w jego oczach. Pod jego nieobecność zdecydowałam, że skoro mam odejść z jego życia na zawsze, wygłoszę mu na pożegnanie mowę, której nie zapomniałby żaden mężczyzna, a już na pewno nie taki, co to musi być największym macho ze wszystkich przez dwadzieścia cztery godziny na dobę.

Wchodzi do pokoju wolnym krokiem i ciężko siada na materacu. Opiera łokcie na kolanach i chowa głowę w dłoniach – tym gestem mówi mi wszystko. Oczywiście, że go rozumiem, ale niestety, zapamiętuję wszystko, co słyszę i czuję, nie potrafię zapomnieć niczego, dlatego wiem, że nigdy nie zdołam mu wybaczyć tego, co dziś zrobił. Siedzę na krześle obrotowym ze skrzyżowanymi nogami i spoglądam na niego z góry. On opiera się o ścianę i patrzy w pustkę. Ja robię to samo, zastanawiając się, jak to jest, że spojrzenia kobiety i mężczyzny, którzy kiedyś kochali się do szaleństwa i wzajemnie szanowali, w chwili rozstania tworzą zawsze kąt czterdziestu pięciu stopni? Byli kochankowie nigdy nie patrzą sobie w oczy. A że zemsta to danie, które serwować należy na zimno, zdobywam się na najsłodszy ton głosu, na jaki w tej chwili mnie stać, i pytam o jego nowo narodzoną córeczkę:

– Jak się miewa twoja Manuelita, Pablo?

– To najpiękniejsza istota na świecie. Ale ty nie masz prawa nawet o niej wspominać.

– A czemu nazwałeś ją imieniem, którym kiedyś nazywałeś mnie?

– Nazywa się Manuela, nie Manuelita.

Czując, że odzyskałam już poczucie własnej wartości i że nie boję się go stracić, bo dziś to on pogrzebał na zawsze moje uczucia, przypominam mu powód mojej wizyty:

– To prawda, że naciskacie na Enriquego Sarasolę***, żeby odesłali ich do Kolumbii?

– Tak, ale nie są to sprawy do wiadomości prasy. To wewnętrzny problem rodzin z mojej branży.

Po dwóch kurtuazyjnych pytaniach przechodzę do zaplanowanego ataku.

– Wiesz co, Pablo? Nauczono mnie, że uczciwa kobieta ma najwyżej jedno futro. Jedyne futro, które mam, kupiłam sobie za własne pieniądze pięć lat temu.

– Moja żona ma całe tuziny futer i jest o wiele uczciwsza od ciebie. Jeśli sugerujesz, żebym po tym wszystkim kupił ci futro, musiałaś upaść na głowę – podnosi wzrok i spogląda na mnie z absolutną pogardą.

To dokładnie odpowiedź, jakiej oczekiwałam, więc mówię dalej:

– A powinni byli mnie nauczyć, że uczciwy facet ma najwyżej jeden samolot. Dlatego, Pablo, już nigdy w życiu nie zakocham się w gościu, który jest właścicielem całej floty powietrznej. Tacy ludzie potrafią być niezwykle okrutni.

– Nie ma wielu takich facetów na świecie, kochanie. Chyba że się mylę. Ilu nas jest?

– Trzech. Nie sądziłeś chyba, że jesteś pierwszy? A doświadczenie nauczyło mnie, że nic, nic na świecie nie przeraża tak bardzo tych magnatów jak możliwość, że zastąpi ich jeden z rywali. Torturują się wyobrażeniami, fantazjują o kobiecie, którą kochali – i która ich kochała – w łóżku z innym, naśmiewającej się z ich braków i kpiącej z ich porażek.

*** Enrique Sarasola – wpływowy hiszpański biznesmen i działacz polityczny, stronnik premiera Felipe Gonzaleza.

– Oczywiście, Virginio, dlatego tak bardzo lubię niewinne dziewczynki – mówi z triumfalnym spojrzeniem. – Nigdy ci nie mówiłem, że tak je uwielbiam właśnie za to, że nie mają porównania z żadnym innym magnatem ani w ogóle z nikim?

Wydaję z siebie przeciągłe westchnienie, biorę torbę podróżną i wstaję. Potem – niczym Manolete**** mający właśnie dobić najbardziej walecznego byka z absolutną precyzją – mówię Pablowi Escobarowi coś, czego nie powie mu w życiu żadna inna kobieta:

– Widzisz, mój drogi, nie ma wielu kobiet z taką skalą porównawczą jak ja. Ale zawsze chciałam ci powiedzieć – a dziś jestem pewna, że się nie mylę – że podobają ci się młode dziewczyny nie dlatego, że nie miały okazji porównać cię z twoimi rywalami, ale dlatego, że ich samych nie sposób porównywać z symbolami seksu. Żegnaj, Pablo.

Nie zadaję sobie nawet trudu, żeby zbadać jego reakcję, i wychodzę z tego ohydnego miejsca, mając wrażenie, że dławiącą mnie furię zastępuje nagła radość, poczucie nieskrępowanej niczym wolności. Idę prawie dwieście metrów w strugach deszczu, który zaczął nagle padać, i dostrzegam w oddali Aguilara i Pininę, czekających na mnie i jak zwykle uśmiechniętych. Za plecami słyszę charakterystyczne pogwizdywanie „szefa" i wyobrażam sobie jego minę, kiedy wydaje swoim ludziom polecenia dotyczące skomplikowanej operacji odstawienia mnie do domu. Tym razem nie odprowadza mnie pod rękę ani nie całuje na pożegnanie w czoło. W podróży trzymam rękę w kieszeni na mojej beretcie; dopiero kiedy odkładam ją na miejsce, zdaję sobie sprawę, że to jedyna rzecz, której mi nie odebrał.

**** Manolete (właśc. Manuel Laureano Rodríguez Sánchez) – hiszpański matador, jeden z najsłynniejszych w historii. Zmarł w 1947 roku po otrzymaniu poważnych ran w walce z bykiem.

Kilka dni później *Los Trabajos del Hombre*, jeden z kolumbijskich programów telewizyjnych cieszących się największą publicznością i emitowany w najlepszym czasie antenowym, poświęca całą godzinę na rozmowę ze mną o mojej pracy w telewizji. Specjalnie na tę okazję pożyczam ekstrawagancką biżuterię i w którymś momencie wypowiadam się przeciwko ekstradycji. Zaraz po emisji dzwoni mój telefon. To Gonzalo, Meksykanin, telefonuje, żeby serdecznie mi podziękować w imieniu Extraditables. Mówi, że jestem najodważniejszą kobietą, jaką kiedykolwiek poznał. Następnego dnia Gustavo Gaviria dziękuje mi i rozpływa się w podobny sposób nad moim niezłomnym charakterem. Odpowiadam obu, że to mój gest solidarności z Jorgem i Gilbertem. Dyrektorka zapewnia mnie, że był to cieszący się największą oglądalnością program w tym roku, ale ani Pablo, ani rodziny Ochoów czy Rodríguez Orejuela nie odzywają się do mnie ani słowem.

Jorge Barón oświadcza, że wbrew wcześniejszym ustaleniom nie zamierza odnowić ze mną kontraktu na kolejny rok z rzędu na *El show de las estrellas*. Nie wyjaśnia mi nic ponad to, że ludzie oglądają ten program ze względu na występujących w nim muzyków, a nie ze względu na mnie. Program ma pięćdziesiąt cztery punkty ratingowe, najwyższy wynik w historii stacji, bo w Kolumbii nie ma jeszcze kablówki, ogląda się go w wielu krajach i chociaż zarabiam tylko tysiąc dolarów miesięcznie – o wiele więcej wydaję na stroje – przynosi mi dochód pośredni, gdyż zapewnia udział w reklamach. Ostrzegam Barona, że może zapomnieć o międzynarodowej popularności. Oczywiście nie mija nawet kilka tygodni, a wszystkie zagraniczne stacje wypowiadają swoje umowy, on jednak kompensuje sobie straty, przyłączając się do grupy przedsiębiorców ze swojej rodzinnej Tolimy. Ich interesy są warte miliony dolarów i z czasem znajdą się pod lupą prokuratury. Kiedy zostanę wezwana jako świadek w procesie Jorgego Barona o bezpodstawne wzbogacenie, zeznam pod przysięgą, że moja jedyna rozmowa z nim trwała zaledwie dziesięć minut i dotyczyła moich stosunków z Pablem Escobarem. Wyjaśniłam wówczas, że mają one charakter wyłącznie polityczny a Barón oświadczył, że rozwiązuje ze mną umowę, gdyż jego studio nie może płacić mi tysiąca dolarów miesięcznie. Wiem doskonale, że ten producent, tak przeraźliwie brzydki i pospolity, nie poświęciłby międzynarodowej widowni dla mizernego tysiąca dolarów – jego nowi wspólnicy po prostu zażądali mojej głowy.

Wszystkie te wydarzenia koszmarnego 1984 roku sprawiły, że stałam się katalizatorem całej serii procesów historycznych, mających doprowadzić bohaterów tej opowieści do więzienia, ruiny lub nawet śmierci. Wszystko to zdarzyło się za sprawą karmicznego prawa przyczyny i skutku, do którego zawsze żywiłam szacunek i czułam wobec niego nabożny lęk. Być może z tym samym podziwem lub tą samą grozą mój ukochany suficki poeta z XIII wieku streścił w zaledwie ośmiu słowach i dwóch zdaniach ten kosmiczny mechanizm zbrodni i kary, żeby przerazić nas doskonałą wizją współczucia albo wzbudzić w nas najbardziej wysublimowaną odmianę empatii:

„Zerwij płatek lilii, a sprawisz, że zadrży gwiazda".

Pod niebem Nápoles

Samolot jest rozmiarów wszystkich jedenastu należących do Escobara razem wziętych, a mężczyzna, który z niego wysiada, w otoczeniu załogi i czterech par młodych ludzi, sprawia niezwykle władcze wrażenie. Ma sześćdziesiąt pięć lat, imponujący krok króla świata, a w ramionach kilkumiesięczne niemowlę.

Początek 1985 roku. Jestem na lotnisku w Bogocie wraz z dwoma tuzinami innych osób zaproszonych do Miami i Caracas na premierę *Miłości w czasach zarazy*, najnowszej książki laureata Nagrody Nobla Gabriela Garcíi Marqueza, i „Mistrzów Literatury Światowej". Za dystrybucję obu publikacji odpowiada Bloque De Armas z Wenezueli, a my, jako goście kolumbijskiej filii firmy i domu wydawniczego, gawędzimy z lokalnymi kierownikami podległymi cesarzowi prasy latynoamerykańskiej, którzy będą z nami podróżować, a także innymi, przybyłymi tylko po to, by przywitać się z szefem. Armado de Armas zajmuje się dystrybucją większości książek wydawanych po hiszpańsku, jest też właścicielem dziesiątków gazet, dzienników i magazynów w Wenezueli. Niemowlę to nie wnuk, ale najmłodsze z jego licznych dzieci, matka zaś musiała widocznie zostać w Caracas.

Już w samolocie de Armas dowiaduje się, że jestem najpopularniejszą prezenterką telewizyjną w Kolumbii i że numer „Cosmopolitan" z moim zdjęciem na okładce wyprzedał się w jeden dzień. Niedługo po starcie ktoś do niego dzwoni. Po powrocie na miejsce patrzy na mnie i w mgnieniu oka orientuję się, że o tym właśnie musiał poinformować go jeden z sumiennych podwładnych, którzy zostali na ziemi. To oczywiste, że ten o trzydzieści lat starszy ode mnie mężczyzna nikogo się nie boi, ale równie oczywiste, że żadna kobieta w kreacji za trzy tysiące dolarów, z dodatkami ze skóry krokodyla wartymi pięć tysięcy i biżuterią za trzydzieści czy czterdzieści tysięcy nie mogłaby być zamieszana w narkotyki, zwłaszcza gwiazda rozpoznawalna przez dwadzieścia milionów widzów, która podróżuje z trzema walizkami największym prywatnym samolotem całej Ameryki Łacińskiej, żeby spędzić pięć dni w Miami i Caracas. Przy pierwszym kieliszku różowego szampana Cristal proszę Armanda o okładkę „Harper's Bazaar", „jedyną, której brakuje w mojej kolekcji", a on, na dowód, że za nic ma to, co mówią o kobietach wyglądających jak ja, odpowiada: „Załatwione!". W ciągu pół godziny od startu na oczach kilkunastu niczego niepodejrzewających osób ustaliły się reguły dziwnej, pełnej konfliktów przyjaźni, która przetrwa lata.

Docieramy do Miami. De Armas wraz ze zjawiskową modelką, która z nami leciała, wsiada do śliwkowego rolls royce'a czekającego obok schodków samolotu. Tego wieczoru przy długaśnym stole, u szczytu którego zasiada on sam, dowiem się od jego niedyskretnych podwładnych, że Carolina Herrera, marka należąca do Bloque De Armas i sygnowana nazwiskiem założycielki, eleganckiej Wenezuelki, przynosi poważne straty. Niedawno, podczas kolacji z Davidem u hrabiów Crespi w Nowym Jorku, miałam okazję poznać tę słynną projektantkę, żonę Reinalda Herrery. Jej bliskie stosunki z najbogatszymi i najelegantszymi tego świata są nie do przecenienia dla kogoś obdarzonego taką władzą i takimi aspiracjami jak Armando. Żeby udowodnić, że nie mam żadnych blizn ani deformacji, de Armas instruuje słynną fotografkę mody Iran Issę-Khan (kuzynkę szacha perskiego), by zdjęcie na okładkę wykonała w jak największym zbliżeniu. Choć sesja trwa wiele godzin, efekt końcowy strasznie mnie rozczarowuje. Elegancka, lecz niezmiernie poważna fotografia wcale nie przypomina mojej twarzy. Już w Caracas, po długiej rozmowie na osobności, de Armas wyznaje, że zaczyna się we mnie zakochiwać i chciałby, żebyśmy spotkali się znowu w możliwie najbliższym terminie.

Armando nie dzwoni do mnie codziennie, nie: dzwoni rano, po południu i wieczorem. Budzi mnie o szóstej rano, ale nie narzekam. O trzeciej pyta, z kim jadłam obiad – bo praktycznie każdego dnia ktoś mnie zaprasza – między siódmą a ósmą wieczorem dzwoni powiedzieć mi dobranoc, bo ma zwyczaj wstawać o trzeciej nad ranem, kiedy niezmordowane młodzieniaszki dopiero się kładą. Problem w tym, że tę właśnie godzinę wybrał sobie pewien kwalifikujący się do ekstradycji psychopata, żeby błagać mnie o wybaczenie, a przy okazji sprawdzić, czy jestem w domu i nie w objęciach Kupidyna. Odkładam słuchawkę, mówiąc sobie: „No tak, nie chciałam linii lotniczej, to teraz mam dwie do wyboru". Pomyślałam, że przy takiej pokoleniowej różnicy rozkładów dnia ci dwaj faceci – jeden z Caracas, drugi z Medellín – zupełnie mnie wykończą.

Pracuję teraz w emitowanym w południe programie informacyjnym, jedynym w całej Kolumbii, gdzie chciano zatrudnić mnie jako prezenterkę. Z nadludzkim wysiłkiem – i nieludzko niskim budżetem – udało nam się podnieść rating z czterech punktów do czternastu, co nie wystarczy właścicielowi i dyrektorowi, weteranowi dziennikarstwa Arturowi Abelli, nawet na pokrycie kosztów

INRAVISIÓN˙. Mój romans z Pablem to tajemnica poliszynela w naszym towarzystwie, ale nie wiedzą o nim ani opinia publiczna, ani eleganckie Europejki i mieszkanki Bogoty, z którymi umawiam się na obiady w Pajares Salinas czy La Fragata. Zresztą oboje zawsze kategorycznie zaprzeczaliśmy. Przez ostatnie dwa lata błagałam najbardziej zaufanych kolegów po fachu, żeby nie mówili o Escobarze jako o „handlarzu narkotykami", ale jako o „byłym parlamentarzyście" – niemal wszyscy na to przystali, zgrzytając zębami, być może z cichą nadzieją, że kiedyś Pablo udzieli im czegoś więcej niż tylko wywiadu.

Co tydzień dostaję serenadę w wykonaniu *mariachis*. Następnego dnia anonimowy dusiciel oznajmia mi przez telefon, że to zasługa Meksykanina, światowego autorytetu w dziedzinie muzyki *ranchera*, który mu doradzał, bo on sam woli raczej hard rocka i nie zna się za bardzo na folku. Odkładam słuchawkę. Kolejna strategia polega na apelowaniu do mojego współczucia dla biednych i cierpiących: „Wiesz, że teraz mam już tylko osiem samolocików, bo resztę mi zabrali?!" – woła, a potem przysyła osiemdziesiąt orchidei. Rozłączam się bez słowa. A potem: „Zobacz, teraz już zostało mi tylko sześć samolotów" i sześćdziesiąt kwiatów w innym kolorze. Ciskam wściekle biedną słuchawką i zastanawiam się, z czego robią te telefony, chyba kupię akcje producenta. W kolejnym tygodniu słyszę: „Widzisz, jaki teraz jestem biedniutki? Mam już tylko cztery samolociki" i dostaję czterdzieści *Phalaenopsis*, jakbym nie wiedziała, że te, które nie są akurat w hangarach policyjnych, znajdują się w Panamie, Kostaryce i Nikaragui. Albo jakbym nie zdawała sobie sprawy, że stać go na zakup nowych, a przy okazji podarować mi jakąś kolię z rubinów

---

* INRAVISIÓN – kolumbijski nadawca publiczny, istniał w latach 1964–2004.

czy szmaragdów zamiast jakże patriotycznego bukietu *Cattleya trianae*. I niech sobie wsadzi *Cucurrucucú Paloma* i *Tres meses sin verte, mujer,* i *María bonita,* i wszystkie inne piosenki z repertuaru Josego Alfreda Jimeneza, Loli Beltrán, Agustina Lary i Jorgego Negretego. Raz po raz powtarzam sobie:

– Po co takiej kobiecie jak ja przestępca z własną linią lotniczą, skoro pada mi do stóp uczciwy mężczyzna z jednym tylko samolotem, ale setką tytułów prasowych, obracający się w dobrym towarzystwie, wspierający finansowo Reinalda i Carolinę Herrerów, telefonujący trzy razy dziennie tylko po to, żeby wyznać, że za mną szaleje?

– Wyobraź sobie, co by było, gdybyś została szefową Caroliny! – śmieje się David z Londynu, ale z uznaniem w głosie.

Armando informuje mnie, że jakaś stacja w Miami szuka prezenterki, żeby wypromować nowy serwis informacyjny, i chętnie zaproszą mnie na przesłuchanie. Lecę na miejsce, dokonuję nienagannej prezentacji i dowiaduję się, że w ciągu paru miesięcy poinformują mnie o decyzji. Tego wieczoru jem kolację z Cristiną Saralegui – pracowniczką Armanda – i jej mężem Marcosem Ávilą, szczęśliwym, że jego zespół, z Glorią Estefan na czele, zaczął cieszyć się wielką popularnością dzięki hitowi *Conga*. Po kilku miesiącach zalotów przez telefon przyjmuję w końcu zaproszenie Armanda do Meksyku. Tym razem podróżujemy sami, a na lotnisku czeka na nas czerwony dywan, prowadzący od schodków samolotu aż do drzwi kontroli celnej, jak na prezydenta i pierwszą damę z Grupy Andyjskiej. Jako że superbogacze nigdy nie muszą przechodzić kontroli celnej – o ile nie są gwiazdami rocka podejrzanymi o czerpanie inspiracji z nie do końca legalnych źródeł – udajemy się, w towarzystwie kolejnego zastępu podległych mu kierowników, na zwiedzanie meksykańskich oddziałów imperium. Staję na wewnętrznym balkonie, wychylam się nieco i widzę coś w rodzaju supermarketu z tysiącami książek i gazet, poukładanych w wieże o kilkumetrowej wysokości. Pytam, co to wszystko jest, a Armando odpowiada, że to tytuły do dystrybucji na ten tydzień.

– Na jeden tydzień?! – pytam w szoku. – A ile zarabiasz na jednej książce?

– Pięćdziesiąt procent. Pisarz dostaje między dziesięć a piętnaście...

– Wow! Czyli masz lepiej niż García Márquez czy Hemingway!

Już w hotelu María Isabel sieci Sheraton, w apartamencie prezydenckim z dwiema sypialniami, cesarz świata wydawniczego wyznaje mi prawdziwy cel swoich zalotów: pragnie zrobić gromadkę dzieci, bo uwielbia maluchy, i to mnie właśnie wybrał na szczęśliwą matkę ostatnich – i zapewne również najbardziej rozpieszczonych – w jego długim i płodnym życiu, oprócz ślubnych potomków ma bowiem również kilkanaścioro z nieprawego łoża.

– Poproś mnie, o co tylko chcesz! Do końca swoich dni będziesz żyła jak królowa! – mówi szczęśliwy, przyglądając mi się jak najwspanialszej cielnej krowie na targach bydła.

Odpowiadam, że ja też uwielbiam dzieciaki, ale nie urodziłabym bękartów ani Karolowi V, królowi Hiszpanii i cesarzowi rzymskiemu narodu niemieckiego, ani Ludwikowi XIV – Królowi Słońce. Wtedy pyta, czy wyszłabym za niego i czy po ślubie moglibyśmy mieć dzieci. Przyglądam się jego twarzy i stwierdzam, że nawet wtedy nie, ale na pewno i tak będziemy się dobrze bawić.

Wpada w furię i powtarza wszystko, co wypisuje się na mój temat w prasie:

– A mówili mi, że nienawidzisz dzieci i nie chcesz rodzić, bo się boisz o figurę! Do tego przyniosłaś mi pecha, właśnie wybuchł strajk!

– Tak? Jeśli jutro nie załatwisz mi powrotu do Kolumbii, dołączę do manifestacji i będę krzyczała: „Dość zagranicznego wyzysku!" przed wszystkimi kamerami Televisy. Mam już dość magnatów, właścicieli linii lotniczych, a nawet jednego samolotu: wszyscy jesteście tyranami! Żegnam, Armando.

Tydzień później dzwoni do mnie z Caracas o szóstej rano. Podobno wpadł do Kolumbii, żeby się ze mną zobaczyć, po tym jak załatwił już sprawę strajku, ale musiał czym prędzej uciekać, bo Pablo Escobar próbował go uprowadzić.

– Pablo Escobar ma trzy miliardy dolarów, a ty trzysta milionów. On ma trzydzieści pięć lat, tak jak ja, a ty sześćdziesiąt pięć. On ma parenaście samolotów, a ty tylko jeden. Nie myl Escobara z Tirofijem, bo podstawowe zasady logiki mówią, że to raczej ty mógłbyś chcieć porwać Pabla, a nie na odwrót. I przestań już do mnie wydzwaniać o tej porze, bo ja wstaję o dziesiątej, tak jak on, a nie o trzeciej nad ranem, jak ty!

– Nic dziwnego, że nie chciałaś urodzić mi dzieci! Ciągle jesteś zakochana w Królu Koki! Pracownicy mówili mi, że jesteś kochanką tego zbrodniarza!

Odpowiadam, że gdybym była kochanką siódmego najbogatszego mężczyzny na świecie, moja stopa nigdy nie postałaby na pokładzie jego samolotu – ani w styczniu, z grupą zaproszonych gości, ani tym bardziej przy okazji wypadu do Meksyku – i się rozłączam.

Nie wierzę w ani jedno słowo o rzekomej próbie porwania. Dwa dni później dostaję dziesięć orchidei, wycinek z gazety z moim ulubionym zdjęciem i liścik od mężczyzny, który ma już tylko jeden jedyny samolocik i nie może wyobrazić sobie reszty życia bez widoku mojej twarzy na swojej poduszce. Znowu dzwoni, ale odkładam słuchawkę, a podczas następnego długiego weekendu dochodzę do wniosku, że pora już przestać znosić ataki agresywnego maniaka i odzyskać spokój poprzez powrót do tradycyjnych wartości: w hotelu Fontainebleau w Miami czeka na mnie David Metcalfe, na leżaku i z drinkiem z parasolką. Następnego dnia dołącza do nas Julio Mario Santo Domingo, bierze mnie w ramiona, podnosi wysoko i okręca się dwukrotnie, wołając:

– Spójrz na nią, Davidzie! To jest prawdziwa kobieta! Znowu tu jest! Wróciła ze świata najbogatszych ludzi do nas, biedaków! – David nas obserwuje, przez jego twarz przebiega chyba pierwszy w życiu cień zazdrości, a tymczasem Julio Mario wyśpiewuje ze śmiechem na cały głos:

Hellooo, Dolly! It's so good to have you back where you belong!
You're lookin' sweeelll, Dolly, we can teeelll, Dolly...

W taksówce na lotnisko, skąd mamy złapać samolot powrotny należącej do Santa Dominga linii Avianca, obaj mężczyźni są zadowoleni, śmieją się z pacjentek Ivona Pitanguya, swoich wspólnych znajomych. Julio Mario mówi, że skoro zaoszczędził dzięki Davidowi majątek – bo ten zapłacił za jego pokój – jest teraz tak szczęśliwy, że „najchętniej zostałby w tej cudownej taksówce i śmiał się z nami do końca życia". Po wylądowaniu w Bogocie żegnam się i patrzę, jak znikają błyskawicznie między kilkunastoma samochodami i armią ochroniarzy czekających przy wyjściu z samolotu. Nie przechodzą kontroli celnej, a jakiś pracownik Grupy Santo Domingo zabiera mi paszport i prowadzi pośpiesznie do innego auta. Myślę sobie, że to ludzie tacy jak Julio Mario i Armando – a nie Pablo czy Gilberto – są prawdziwymi panami świata.

Parę dni później znajomy dziennikarz błaga mnie o spotkanie, bo ma do mnie ogromną prośbę, w największej tajemnicy. Wybieram się co prawda na uroczystą kolację, ale chętnie przystaję na propozycję. To Édgar Artunduaga, były redaktor naczelny „El Espacio", popołudniówki publikującej głównie makabryczne zdjęcia trupów, który w przyszłości zostanie senatorem. Błaga, bym wyprosiła u Pabla wsparcie finansowe, bo po tym, jak pomógł mu rozpowszechnić nagranie, na którym Rodrigo Lara przyjmuje czek od Evarista Porrasa, nie może znaleźć pracy i znajduje się w krytycznej sytuacji. Tłumaczę, że dziesiątki dziennikarzy prosiły mnie o tego typu przysługi, a ja zawsze kieruję ich bezpośrednio do gabinetu Pabla, żeby on sam zdecydował, co robić. Ani nie interesują mnie tarapaty kolegów po fachu, ani nie mam zamiaru robić za pośredniczkę w tego typu transakcjach. W tym przypadku zrobię jednak wyjątek, bo jego historia nie tylko poruszyła mnie do głębi, lecz także zdaje się wymagać pilnego rozwiązania.

Pablo dobrze wie, że nigdy nie dzwonię do mężczyzn, do których coś czuję, nawet nie oddzwaniam. Wybieram jego prywatny numer, on osobiście podnosi słuchawkę, a ja od razu orientuję się, że cieszy go mój telefon. Kiedy jednak mówię, że siedzę z Artunduagą, a potem wyłuszczam całą sprawę, zaczyna wyć opętańczo jak wariat i po raz pierwszy od dawna zwraca się do mnie per pani:

– Niech pani wyrzuci tego szczura ściekowego z domu, zanim przyniesie jakąś zarazę! Oddzwonię za piętnaście minut. Jeśli nadal tam będzie, pożyczę trzech chłopaków od Meksykanina, on mieszka tylko dziesięć przecznic od pani domu, żeby tam przyszli i go wykopali!

Nie wiem, czy Artunduaga słyszy wrzaski i epitety miotane przez Pabla na drugim końcu linii: ten wyzywa go od żmij, szantażystów, kanalii, hien, naciągaczy, łajdaków za dychę. Czuję się okropnie niezręcznie i kiedy w końcu odkładam słuchawkę, mówię tylko, że Escobar się zdenerwował, bo zwykle nie omawiamy kwestii wypłacania pieniędzy osobom trzecim. Dodaję, że jeśli nie ma nic przeciwko, mogę nazajutrz zapytać Artura Abellę, czy nie mianowałby go redaktorem działu politycznego. Żeby nieco podnieść go na duchu, obiecuję, że dyrektor na pewno chętnie się zgodzi, bo podobno negocjuje właśnie sprzedaż pakietu akcji z bardzo bogatymi inwestorami.

Zanim Pablo zdąży oddzwonić, ja wychodzę już na kolację z Davidem Metcalfe'em, gdzie prezydent López pyta mnie, kim jest towarzyszący mi wysoki Anglik. Odpowiadam, że to wnuk lorda Curzona i chrześniak Edwarda VIII, po czym przedstawiam ich sobie. Następnego dnia Arturo Abella przekazuje mi, że Fernando Carrillo, nowy właściciel stacji, zaprasza nas na kolację w Pajares Salinas i chce poznać Artunduagę, żeby podjąć decyzję o jego ewentualnym zatrudnieniu. Abella opowiada mi, że Carrillo – główny udziałowiec drużyny piłkarskiej Santa Fe z Bogoty – osobiście przyjaźni się z postaciami tak różnymi jak César Villegas (prawa ręka Álvara Uribego w Lotnictwie Cywilnym) i Tirofijo. Dodaje, że Carrillo zaoferował wypożyczenie swojego helikoptera, żebyśmy mogły ze znajomą dziennikarką przeprowadzić wywiad z legendarnym przywódcą partyzantów w obozie FARC. Coś mi mówi, żeby nie poruszać tego tematu przy Artunduadze, a po paru godzinach żegnam się, bo według moich wyliczeń David powinien już wrócić z kolacji biznesowej i czekać na mnie, żebyśmy zobaczyli się przed jego powrotem do Londynu.

Abella dzwoni i nalega, żebym zajrzała do jego gabinetu, zamiast jechać prosto do studia, bo ma dla mnie wieści. Na miejscu wręcza mi wypowiedzenie i informuje mnie, że Artunduaga przekonał Carrilla, żeby ten anulował mój kontrakt i to jego mianował nowym prezenterem wiadomości. Własnym uszom i oczom nie wierzę! Arturo dziękuje mi za podniesienie ratingu o blisko dziesięć punktów, w czasie gdy znajdowałam się na wizji. Tłumaczy, że opłaty administracyjne doprowadziły go niemal do ruiny, i ze łzami w oczach oznajmia, że nie miał innego wyjścia, jak sprzedać całą stację „tym panom od futbolu". Przy pożegnaniu zapowiadam mu, że w ciągu sześciu miesięcy stacja najpewniej upadnie, bo nikt nie włącza telewizora, zwłaszcza w porze obiadu, żeby oglądać Edgara Artunduagę, którego wspaniały Pablo Escobar uważa za „szczura ściekowego". (Jeszcze przed końcem roku stacja ogłosi bankructwo i Carrillo straci całą wielomilionową inwestycję na pokrycie zobowiązań).

Samotny skrzypek wygrywa pod moim oknem *Por una cabeza*, moje ukochane tango. Powtarza utwór trzy razy, po czym znika. Dwa dni później znowu dzwoni Pablo:

– Podobno widziano, jak wysiadałaś z samolotu Avianca z Santem Domingiem i jakimś cudzoziemcem. Ja może i nie jestem właścicielem linii lotniczej tak jak on, ale mam własny samolot od trzydziestego roku życia! Wiesz, że nie mogę przyjechać po ciebie do Bogoty. Ale dajmy sobie już spokój z tymi głupotami, życie jest zbyt krótkie, a ten więzień, Rodríguez Orejuela, obchodzi nas tyle co nic. Umieram z tęsknoty za umysłem ukrytym za tą twoją twarzą i nie mam najmniejszego zamiaru oddawać ich nikomu innemu, kropka! Jeśli nie wsiądziesz do ostatniego samolotu, który jeszcze mam, żeby opowiedzieć mi, dlaczego zostałaś bez pracy, to kiedy wreszcie zdecydujesz się ze mną spotkać, będziesz musiała kupić bilet na lot Aviancą od Santa Dominga i ten stary sknera wzbogaci się twoim kosztem o sto dolarów!

Nigdy jeszcze nie słyszałam bardziej przekonującego argumentu. Pablo może być najbardziej poszukiwanym człowiekiem świata, ale w naszej relacji to ja stawiam warunki. Wołam z radością:

– Lecę do ciebie. Ale hej! Nawet nie waż się czekać na mnie na lotnisku, bo wrócę pierwszymi napotkanymi taczkami!

Samolot jest malutki, na pokładzie towarzyszy mi wyłącznie młody pilot. Po jakimś czasie rozpętuje się straszna ulewa, wkrótce zostajemy bez łączności radiowej. Widoczność jest bliska zera, a ja – niewytłumaczalnie spokojna – przygotowuję się psychicznie i duchowo na ewentualność śmierci. Nagle przypomina mi się samolot Jaimego Batemana. Chłopak błaga mnie, żebym usiadła w fotelu drugiego pilota, bo co dwie pary oczu, to nie jedna. Pytam, czy moglibyśmy wylądować po osiemnastej, kiedy lotnisko w Medellín będzie już zamknięte, więc ryzyko roztrzaskania się o inny samolot spadnie do minimum, a on odpowiada, że właśnie taki miał plan. Kiedy niebo się przeciera i udaje nam się dojrzeć ziemię, lądujemy bez problemów.

Wiem, że Pablo nie może się nawet zbliżać do lotniska, ale dwóch jego ludzi czeka na mnie tam gdzie zawsze. Zabierają mnie najpierw do biura, żeby upewnić się, czy nikt mnie nie śledzi. Jeśli biznes Armanda de Armas przypominał supermarket, to ten „Armanda Guerry" (pseudonim kuzyna i wspólnika Pabla) wygląda jak restauracja z fast foodem w godzinach szczytu. Gustavo Gaviria miota się między radością na widok mojego odzyskanego entuzjazmu dla niezbyt tradycyjnych wartości a próbą telefonicznego opanowania kryzysu wywołanego nadmiernym popytem:

– Świetnie, że wróciłaś, Virginio! Dziś mamy tu straszny młyn... A te siedemset kilo dla Czarnego, co z nimi?... Wysyłam z pół tuzina samolotów, oczywiście wynajętych... Czterysta dla Mony, Matko Przenajświętsza! Jeśli się nie zmieszczą, to babsko mnie jutro wykastruje!... Pablowi świetnie się teraz powodzi, ale nie mów mu, że ci powiedziałem... Sześćset dla Yaidera, uwaga!... Jak ty to robisz, że zawsze wyglądasz na taką wypoczętą, co?... Jak to, do tego ostatniego nie da się już więcej załadować?... Nawet sobie nie wyobrażasz, jaka to stresująca praca... To jakaś tragedia, stary!... Z tej roboty żyje sto tysięcy osób, a pośrednio z milion... No to załatwcie mi inny samolot, kurwa!... Nie wiesz, jaka to odpowiedzialność za tylu ludzi... A co, nie ma więcej samolotów w tym kraju czy jak? Będzie trzeba pożyczyć jumbo jeta od Santa Dominga!... A satysfakcja z możliwości służenia klientom... Chryste! A co zrobimy z tymi dwustu pięćdziesięcioma Smerfa, to nowy klient, na śmierć zapomniałem! O, zobacz, Virginio, przyjechali po ciebie... Ten mój kuzyn to ma dobrze, nie haruje tak niewolniczo jak biedny ja!

Wreszcie rozumiem, dlaczego Pablo wysłał tamten samolocik. To nie był ostatni, jaki mu został, ale ostatni, jaki został w całej Kolumbii! W drodze myślę o tym, że każda z największych korporacji w tym kraju tworzy tysiąc, dwa tysiące stanowisk pracy, zapewniając chleb dziesięciu tysiącom osób, i zastanawiam się, czy w obliczu cyfr podanych przez Gustava nie powinniśmy zmienić skali wartości. Milion osób... Po jakichś dwóch godzinach podróży nagle wyjeżdżają skądś trzy samochody, otaczają nas. Jestem przerażona, pewna, że zaraz zostanę porwana albo że śledzi mnie DIJIN[**]. Ktoś zabiera mi walizkę i każe się przesiąść do innego pojazdu. Po kilku sekundach paniki zauważam, że za kierownicą siedzi Pablo! Całuje mnie, szczęśliwy, i ruszamy w stronę Hacienda Nápoles, pędząc jak bolidem, a on tymczasem opowiada:

– Tylko tego mi brakowało, po tych wszystkich miesiącach, żebyś mi się zamieniła w drugą Amelię Earhart! Pilot chwalił cię, że w ogóle nie narzekałaś i zachowałaś absolutny spokój. Dziękuję,

---

[**] DIJIN (Dirección Central de Policía Judicial e Inteligencia) – wydział śledztw kryminalnych kolumbijskiej policji.

kochanie. Zobaczysz, że nie pozwalam tym wynajętym samolotom lądować na moim lotnisku, bo ciągle zaostrzam środki bezpieczeństwa. Nawet sobie nie wyobrażasz, jak muszę się teraz pilnować, upewniać, że nikt cię nie śledzi! Ale wykorzystajmy okazję, że nie pracujesz. Spędzimy razem wiele dni i nadrobimy czas stracony przez całą tę głupią sytuację, tak? Obiecujesz, że zapomnisz to, co się stało w zeszłym roku, i już nigdy nie wrócimy do tego tematu?

Odpowiadam, że nigdy nie zapominam, ale że już dawno przestałam o tym myśleć. Potem, już w jego ramionach, pytam, czy nie przypominamy przypadkiem Charlotte Rampling i Dirka Bogarde'a w *Nocnym portierze*, a następnie opowiadam mu tę historię: minęło kilkanaście lat od zakończenia drugiej wojny światowej, piękna trzydziestolatka jest żoną dyrygenta orkiestry. Pewnego dnia Bogarde – strażnik, który gwałcił ją w obozie koncentracyjnym – przychodzi na koncert słynnego muzyka. Rampling i Bogarde wpadają na siebie, rozpoznają się i od tej chwili między elegancką kobietą a obecnie szanowanym byłym nazistą zaczyna się związek oparty na totalnie obsesyjnej i perwersyjnej zależności seksualnej. Nie wspominam Pablowi, że teraz role kata i ofiary się odwróciły – byłoby to nieco zbyt wyrafinowane jak na umysł przestępcy za pieniądze sypiającego z nastolatkami, bo przypominają mu żonę, w której zakochał się, kiedy ta była szczuplutką trzynastolatką.

– A cóż ty za okropne filmy oglądasz... – odpowiada. – Nie, nie, kochanie, ty nigdy nie zdradzałaś mężów, a ja nie jestem nazistowskim gwałcicielem! Jutro zabiorę cię w najpiękniejsze miejsce na świecie, żebyś na własne oczy zobaczyła raj na Ziemi. Odkryłem je stosunkowo niedawno i jeszcze nigdy nikomu nie pokazałem. Wiem, że tam zaczniesz dochodzić do siebie i zapominać, co ci zrobiłem tamtej nocy. Wiem, że jestem szatanem... Nie potrafiłem się opanować... Ale teraz pragnę tylko twojego szczęścia, niewyobrażalnego szczęścia. Przysięgam.

Prosi, żebym opowiedziała mu ze szczegółami całą historię z Jorgem Baronem i Arturem Abellą. Słucha mnie w absolutnej ciszy, a w miarę jak relacjonuję mu swoją wersję niedawnych wydarzeń, jego twarz staje się coraz bardziej nachmurzona:

– Myślę, że to zemsta Ernesta Sampera za to, że publicznie doniosłeś o czekach, które w jego imieniu przekazywałeś na kampanię prezydencką Alfonsa Lopeza. Samper kazał temu lizusowi Artunduadze sprawdzić, czy faktycznie załatwiałam łapówki dla dziennikarzy. Tak gadają te moje grube i brzydkie koleżanki, co to oddałyby wszystko, żeby przelecieć się twoim odrzutowcem i wskoczyć ci do łóżka; co udają moje przyjaciółki, żeby dowiedzieć się czegoś o nas, ale wracają z niczym, bo nigdy z nikim o tobie nie rozmawiam. Skoro oznajmiłeś, że nie dasz mu ani grosza, Artunduaga doniósł Samperowi, że nadal się widujemy, czyli że nadal o wszystkim ze mną rozmawiasz. Ernesto Samper poprosił o przysługę swojego bliskiego przyjaciela Cesara Villegasa. Villegas z kolei poprosił o przysługę swojego bliskiego przyjaciela Fernanda Carrilla, a Carrillo kupił od Abelli sto procent udziałów w serwisie informacyjnym. Samper i Artunduaga pozbawili mnie pracy: jeden dlatego, że dałeś mu kupę kasy, drugi dlatego, że nic mu nie dałeś. Nie wiem, jak ty to robisz, że tak się znasz na ludziach, ale zawsze masz rację! Ale przestań tak polegać na swoim towarzystwie, bo wszystkie te typy zazdroszczą ci bardziej niż mnie te dziennikarki, które nigdy nie potrafiłyby rozkochać w sobie magnata.

Pablo mówi, że może porozmawiać z Carrillem – to tylko jeden z wielu klientów Meksykanina – żeby zwolnił Artunduagę i przywrócił mnie na stanowisko.

Dziękuję mu, ale błagam też, żeby zrozumiał, że nie mogę wrócić do telewizji jako jego protegowana: karierę zawdzięczam wyłącznie sobie, swojemu talentowi, elegancji i niezależności. Nigdy nie korzystałam z układów politycznych, nie spotykałam się z nikim z tego środowiska nawet na kawę. Ukazuję mu, jak niewiarygodna jest sytuacja, w której jego towarzystwo zaczyna przejmować władzę nad moim, mafiosi nawiązują sojusze z politykami, których *capo di tutti capi* przekupił i zadenuncjował, żeby pozbawić mnie posady w branży, z której utrzymywałam się przez ostatnie trzynaście lat:

– Mszczą się na tobie, Pablo, ale nie powinieneś z mojego powodu konfrontować się z tym nieszczęsnym bandytą, którego doktor Varito*** zostawił wam w lotnictwie. Zobacz, skoro jakiś nic nieznaczący wspólnik Meksykanina i kumpel Alvarita byli w stanie zrobić mi coś takiego, to czego możesz się spodziewać po reszcie tego niewdzięcznego towarzystwa, na czele którego stoisz i którego bronisz własną piersią? Tak czy inaczej, jestem niemal pewna, że wybiorą mnie na prezenterkę wiadomości jednego kanału w Miami, który niedługo ma ruszyć. Ci, co widzieli nagranie, mówią, że jestem obecnie prawdopodobnie najlepszą spikerką telewizyjną w świecie hiszpańskojęzycznym. Myślę zresztą, że powinnam wyjechać z Kolumbii, zanim będzie za późno.

– Co ty wygadujesz?! Chcesz mnie teraz zostawić, kiedy dopiero co do mnie wróciłaś, kochanie? Poczekaj, zaraz zaczną do ciebie dzwonić z propozycjami z innych programów. Jak zamierzasz przeżyć w Miami, skoro nie prowadzisz, a telewizja dla Latynosów raczej nie załatwi ci szofera? Zobaczysz, że wybiorą

*** Chodzi o Alvara Uribego Veleza, prezydenta Kolumbii w latach 2002–2010, który na początku lat 80. pełnił funkcję dyrektora lotnictwa cywilnego przy Ministerstwie Pracy; więcej o związkach Escobara z Alvarem Uribe Velezem w rozdziale *Kochanka Wyzwoliciela*.

jakąś Kubankę! Jeśli wyjedziesz, umrę. Poddałbym się nawet ekstradycji, żebyś mogła odwiedzać mnie w więzieniu w Miami! A co
napiszą wszystkie gazety na Florydzie, kiedy okaże się, że wielka gwiazda telewizji odwiedza co niedziela biednego skazańca?
Wybuchnie skandal, wyrzucą cię z pracy, deportują do Kolumbii
i już na zawsze nas rozdzielą! Oboje wyjdziemy z tego stratni, nie
zdajesz sobie sprawy, najdroższa? Przekonasz się, jutro zaczniesz
leczyć te straszne rany... Od tej chwili będziemy razem bardzo
szczęśliwi i nigdy niczego ci nie zabraknie. Przysięgam na to, co
kocham najbardziej na świecie, czyli na moją córkę Manuelę!

Najcudowniejsze dwadzieścia cztery godziny mojego życia
w Kolumbii, idealna pełnia szczęścia, zaczynają się następnego
dnia tuż przed południem, na wspaniałej maszynie prowadzonej przez jednego z najlepszych motocyklistów świata. Z początku kurczowo obejmuję jego tors obiema rękami, jak przyklejona
super glue, z rozwianym włosem i powiekami zaciśniętymi ze
strachu; po godzinie jednak nieco się uspokajam i tylko od czasu do czasu łapię go za koszulkę czy za pas, podziwiając szeroko
otwartymi oczami widok, którym do tej pory z nikim nie chciał
się podzielić.

Najpiękniejsze miejsce stworzone przez Boga na Ziemi widać
z pagórka pokrytego idealną łąką, ani zbyt niskiego, ani zbyt wyso-
kiego, który nie tylko chroni nas przed tropikalnym słońcem, lecz
także pozwala nam się ukryć. W cieniu drzewa średniej wysokości
panuje idealna temperatura. Nie może jej zakłócić nawet wiejący
od czasu do czasu wiaterek, który przypomina nam, że czas się nie
zatrzymał, aby zrobić przyjemność parze kochanków. Otacza nas
niemal trzysta sześćdziesiąt stopni równin ciągnących się kilometrami, zielonych niczym szmaragdowy aksamit, z rozsianymi tu
i tam plamami wody odbijającymi słońce. Ani śladu ludzi, szlaków,

najmniejszego nawet domku czy odgłosów zwierząt domowych. Nic nie świadczy o dziesięciu tysiącach lat cywilizacji, która poprzedzała nasze istnienie. Wspólnie odkrywamy ten świat, pokazujemy sobie jego kolejne elementy i stwierdzamy, że czujemy się jak Adam i Ewa w raju, pierwszego dnia po stworzeniu. Rozmawiamy o strasznym losie, jaki spotkał tamtą parę, i stwierdzam, że jeśli Bóg istnieje, to musi być sadystą, bo przeklął ludzkość, skazał ją na bezsensowne cierpienie i uczynił okrutną, żeby zmusić do ewolucji. Pytam Pabla, czy cały ten teren, rozciągający się aż po horyzont, stanowi część Hacienda Nápoles, czy jest nowym nabytkiem. On uśmiecha się i odpowiada, że nic tak naprawdę nie należy do niego. Potem wpatruje się w horyzont. Dodaje, że Bóg powierzył mu tę ziemię, żeby jej strzegł, pozostawił nietkniętą i chronił żyjące na niej zwierzęta. Zamyśla się na długą chwilę, po czym nagle pyta:

– Naprawdę uważasz, że jesteśmy przeklęci? Że urodziłem się przeklęty, jak Judasz... albo Hitler? Jak ty mogłabyś być przeklęta, skoro jesteś aniołem?

Odpowiadam, że czasem bywam diablicą i dlatego mam różki. Uśmiecha się, więc zanim znów przyjdą mu do głowy podobne myśli, dodaję, że dopóki jesteśmy skazani na przeżycie, będziemy przeklęci, i że żadna istota na świecie nie zdoła uniknąć tego losu. Kiedy tak podziwiam otaczające mnie piękno, coś przychodzi mi do głowy:

– Kojarzysz tekst *Imagine* Johna Lennona? Musiał napisać go właśnie w takiej chwili... w miejscu takim jak to... Ale w przeciwieństwie do tamtej piosenki uważam, że za wszystko to, co teraz widzimy, warto jest zabić lub umrzeć! Prawda, Pablo?

– Zgadza się. I za całe to niebo również... Muszę o nie dbać, bo obawiam się, że od tej pory nieczęsto będę miał okazję stąd wyjeżdżać...

Ostatnie słowa łamią mi serce. Żeby to przed nim ukryć, radzę, że skoro ma tyle paszportów, powinien uciekać z Kolumbii i żyć gdzieś za granicą jak król, z nową tożsamością.

– Ale po co, kochanie? Tutaj mogę mówić w swoim własnym języku, tutaj rządzę i mogę kupić praktycznie wszystko i wszystkich. Prowadzę najbardziej dochodowy biznes na świecie i żyję w ziemskim raju. I tutaj też, na całej tej mojej ziemi i pod całym tym moim niebem, ty jesteś ze mną. Gdzie indziej uda mi się sprawić, żeby najpiękniejsza kobieta w kraju kochała mnie tak, jak ty mnie kochasz, i mówiła mi wszystko to, co ty mi mówisz? Gdzie, powiedz mi, gdzie, skoro w momencie śmierci jedyne, co będę mógł zabrać ze sobą do piekła, to wizja tej perfekcji, z tobą pośrodku trzystu sześćdziesięciu stopni pomnożonych przez miliardy miliardów?

Jestem tylko człowiekiem, więc muszę przyznać, że wyznanie tak niewyobrażalnej czułości potrafi jak za dotknięciem czarodziejskiej różdżki uleczyć nawet najbardziej sponiewierane serce. Tego majowego dnia wszystko zdaje się jasne, powietrze jest przejrzyste jak kryształ, a skóra nie kłamie. W uniesieniu wpatruję się w to niebo i do głowy przychodzi mi kolejna myśl:

– Wiesz, jak zatytułuję powieść, w której opiszę kiedyś twoją historię, kiedy oboje będziemy już starzy i wszystko to pozostanie za nami? *Niebo przeklętych*!

– Ej, nieee! Jaki paskudny tytuł, Virginio! Brzmi jak jakaś grecka tragedia. Nie rób mi takich numerów, mowa przecież o mojej biografii.

– Ale nie rozumiesz, że twoją biografię mógłby napisać każdy dziennikarz, jeśli tylko trochę by się przyłożył? Twoja historia, Pablo, to zupełnie inna sprawa: to historia wszystkich rodzajów władzy, które potrafią owinąć sobie cały ten kraj wokół palca.

Myślę, że mogłabym ją opisać, bo znam historię twojego towarzystwa i *la petite historie* rodów prezydenckich... i wszystkie inne.

– To może opowiedz mi to wszystko w ciągu najbliższych dni?

– A co dasz mi w zamian?

Zastanawia się chwilę, a potem wzdycha, głaszcze mnie po policzku i mówi:

– Uczynię cię świadkiem rzeczy, o których nikt inny się nie dowie, bo... jeśli umrę przed tobą... może będziesz mogła opowiedzieć prawdę. Rozejrzyj się wokół. Jesteś taka roztrzepana i nigdy nie wiesz, gdzie jesteś, więc mogę chyba ci wyznać, że owszem, to wszystko należy do mnie. Moje posiadłości rozciągają się nawet poza horyzont, dlatego nie mam żadnej słabej flanki. A teraz spójrz w górę: co widzisz?

– Niebo... ptaki... i chmurę, tam, zobacz! Olbrzymi kawał nieba, który Bóg ci podarował, żeby chronił wszystko to, co pod spodem, i żeby miał cię w opiece...

– Nie, kochanie. Ty jesteś poetką, ja realistą: to, co roztacza się nad naszymi głowami, to przestrzeń powietrzna rządu Kolumbii! Jeśli nie uda się uwalić ekstradycji, to będzie poważny problem. Dlatego myślę, że powinienem jak najszybciej załatwić sobie wyrzutnię rakiet...

– Rakiet? Brzmisz jak Dżyngis-chan, Pablo! Obiecaj mi, że nie poruszysz tego tematu z nikim innym, bo uznaliby chyba, że zwariowałeś! No dobrze... Jeśli nawet uda ci się ją zdobyć, a za swoje pieniądze możesz kupić wszystko i sprowadzić potem do domu dzięki własnemu lotnisku, to myślę, że i tak nie na wiele ci się przyda, kochanie. Z tego, co wiem, wyrzutni nie da się szybko przeładować. No więc załóżmy, że jedną rakietą – niech będzie, nawet dziesięcioma! – zestrzeliłeś wszystkie samoloty sił powietrznych, które naruszyły twoją przestrzeń powietrzną. Ale co zrobisz z samolotami USA, które następnego dnia urządzą nalot, puszczą serię ze stu dział i nie zostawią nawet atomu twojego raju?

Milknie na dłuższą chwilę, a potem, jakby zastanawiał się na głos, mówi bardzo poważnie:

– Tak... Trzeba by trafić jednym strzałem w cel, który byłby naprawdę tego wart...

– Przestań już myśleć o tych bzdurach. Łatwiej i taniej wyjdzie ci przekupić czterdzieści procent najbiedniejszych Kolumbijczyków, żeby zagłosowali na „prezydenta Pabla" i odrzucili przepis o ekstradycji! A tak w ogóle to czego mam być świadkiem i kiedy?

– Tak... masz rację... zapomnij. A niespodzianek nie można zapowiadać, najdroższa.

Przestaliśmy być już jednością, znowu jesteśmy dwojgiem; jak Adam i Ewa czujemy chłód i się zakrywamy. On pogrąża się w myślach, kontemplując przestrzeń powietrzną z dłońmi splecionymi pod karkiem. Ja pogrążam się w myślach, kontemplując niebo przeklętych z głową opartą na jego piersi. On marzy o swoim dziale, ja o swojej powieści; on rozpracowuje partię szachów, ja splatam i rozplatam wątki łamigłówki. Nasze ciała układają się w kształt litery „T" i myślę sobie, że jesteśmy nieskończenie szczęśliwi, że ta idealna chwila to wizja raju, którą i ja zabiorę ze sobą do nieba po śmierci. Tylko... Co to za niebo, skoro jego tam ze mną nie będzie?

Przez następne miesiące widujemy się z Pablem raz–dwa razy w tygodniu. Co czterdzieści osiem godzin przenoszą mnie w inne miejsce i zaczynam mieć nawet większą obsesję na punkcie bezpieczeństwa niż on. Bez przerwy piszę, a że nie oglądam telewizji, nie słucham radia ani nie czytam gazet, nie mam pojęcia, że zamordował Tulia Manuela Castra Gila, sędziego w procesie o zabójstwo Rodriga Lary Bonilli. On czyta moje rękopisy, zgłasza uwagi, doprecyzowuje, po czym palimy zapiski. Stopniowo przekazuję mu wszystko, co wiem o trzech największych siłach współistniejących w Kolumbii i o *modus operandi* najbogatszych rodów w kraju, próbuję uświadomić mu, że – przy jego majątku i posiadanej ziemi – powinien zacząć myśleć w kategoriach bardziej „dynastycznych":

– Kiedy człowiek ich trochę pozna, niektórzy okazują się tak okrutni i bezduszni, że ty wydajesz się przy nich porządnym człowiekiem, Pablo. Wysłuchaj mnie i błagam, nie obrażaj się. Gdyby nie krwawe walki partyzantki i niedostateczna władza, rody prezydenckie i grupy interesów już dawno zmiażdżyłyby ten biedny lud. Możemy jej nienawidzić, ale to jedyne, co ich przeraża i powstrzymuje. Oni wszyscy, absolutnie wszyscy, mają na sumieniu zbrodnie i trupy: swoje, swoich ojców z czasów La Violencia⁣**** , swoich dziadków – właścicieli ziemskich, swoich pradziadków – właścicieli niewolników i swoich prapradziadków – inkwizytorów czy *encomenderos*. Ostrożnie wykładaj karty na stół, kochanie, bo chociaż trochę już przeżyłeś, to ciągle jesteś jeszcze dzieckiem i masz czas naprawić niemal wszystkie swoje błędy, bo jesteś bogatszy, sprytniejszy i odważniejszy niż oni wszyscy razem wzięci. Pomyśl, że masz przed sobą jeszcze pół wieku, żeby w tym biednym kraju zamiast wojny zapanowała miłość. Nie popełniaj już więcej kosztownych błędów, Pablo, i wykorzystaj mnie do tego, do czego nadaję się najlepiej, bo ty i ja to dużo więcej niż dwa jaja i para cycków!

On słucha mnie uważnie i chłonie jak gąbka, analizuje i kwestionuje, porównuje i zapamiętuje, trawi i przetwarza, selekcjonuje

---

**** La Violencia – okres zbrojnych walk między partami Liberalną i Konserwatywną, które trwały w Kolumbii w latach 1948–1958.

i odrzuca, klasyfikuje i archiwizuje. Pisząc dla siebie i poprawiając dla niego, zachowuję w sercu wspomnienia i rozmowy z tamtych dni, ostatnich szczęśliwych chwil, które spędziliśmy razem, on i ja, zanim nasz świat pękł najpierw na pół, potem na tysiąc, a w końcu na milion kawałeczków, których już nigdy nie udało się pozbierać ani nawet rozpoznać, bo życie jest okrutne i nieprzewidywalne, a wyroki boskie – niezbadane.

– Jutro przyjeżdża Santofimio – oznajmia mi Pablo któregoś wieczoru. – Oczywiście chce mnie prosić o kupę kasy na wybory prezydenckie w przyszłym roku. Błagam, przyjdź na to spotkanie i zrób wszystko, co w twojej mocy, żeby ukryć antypatię, jaką do niego czujesz. On rozpowiada wszystkim, że nie widział mnie od 1983 roku i chcę mieć świadka, że kłamie. Dlaczego? Jeszcze nie wiem, Virginio, ale potrzebuję cię tam. Błagam, nie mów o tym nikomu. Masz tylko słuchać, obserwować i milczeć.

– Wiesz przecież, że nie da się mnie uciszyć, Pablo. A za tę rolę będziesz mi winny Oscara!

Następnego wieczoru spotykamy się w jednym z olbrzymich domów wynajmowanych i ciągle zmienianych przez Pabla i Gustava. Jak zwykle jesteśmy sami, bo ochroniarze wycofują się, kiedy przyjeżdża jakiś ważny gość. Pablo rozmawia przez telefon, a ja przez drzwi po mojej lewej widzę przybycie Santofimia, w czerwonej koszulce, którą zawsze nosi na demonstracje polityczne. Na mój widok w pierwszej chwili chce się cofnąć, ale od razu dociera od niego, że jest już za późno. Wchodzi do malutkiego gabinetu i całuje mnie na powitanie. Pablo prosi, żebyśmy poczekali, bo właśnie kończy załatwiać jakąś sprawę. Ktoś przynosi nam dwie whisky i znika.

Santofimio pyta, kiedy przyjechałam, a ja odpowiadam, że ładnych parę dni temu. Wydaje się zaskoczony i dopytuje o przyczyny mojej nieobecności w telewizji. Mówię, że podobnie jak on zapłaciłam bardzo wysoką cenę za przyjaźń z Pablem. Dołącza do nas Gustavo i wiem, że ma za zadanie w odpowiedniej chwili mnie wyprowadzić, żeby Pablo i „pan Santofimio" mogli porozmawiać o pieniądzach. Już za dziesięć miesięcy odbędą się wybory prezydenckie 1986 roku, wszyscy obstawiają zwycięstwo oficjalnego kandydata liberałów Virgilia Barca – inżyniera z MIT, z bogatej, tradycyjnej rodziny, z żoną Amerykanką. Pozostali dwaj kandydaci to Álvaro Gómez z Partii Konserwatywnej, człowiek błyskotliwy i znienawidzony przez lewicę, z winy nie tyle swojej, ile swojego ojca, i Luis Carlos Galán, z nowej partii Nuevo Liberalismo, odłamu ugrupowania większościowego pod przywództwem eksprezydentów Lopeza i Turbaya. Po cierpliwym wysłuchaniu przewidywań Pabla i Santa co do wyników głosowania w okręgach sąsiadujących z Medellín, zanim się wycofam, żeby mogli spokojnie porozmawiać na swój ulubiony temat, postanawiam sprowadzić rozmowę na ten najbardziej przez nich znienawidzony:

– Arturo Abella zdradził mi ostatnio, że według jednego z jego „najbardziej zaufanych źródeł" Luis Carlos Galán zamierza wziąć pod uwagę ustąpienie miejsca Barcowi, żeby uniknąć ponownych oskarżeń o wprowadzanie podziałów w partii. Galán może nawet poprzeć rządzących, jeśli pomoże mu to odnieść ostateczne zwycięstwo nad konserwatystami, a w dziewięćdziesiątym roku, dzięki wsparciu liberalnych eksprezydentów, żaden rywal nie będzie w stanie mu zagrozić w wyścigu po prezydenturę.

– W takim razie to źródło Abelli chyba zupełnie zwariowało! Partia Liberalna nigdy w życiu nie wybaczy Galanowi! – niemal chórem protestują Escobar i Santofimio. – Nie widziałaś, że we wszystkich sondażach zajmuje trzecie miejsce, o lata świetlne za

Álvarem Gomezem? Galán już się skończył, Virgilio Barco do niczego nie potrzebuje jego czterech głosów!

– Tak, tak, wiem. Ale świat polityki to księstwo Machiavellego. Galán może na razie się skończył, bo w pojedynkę stanął przeciwko całej machinie Partii Liberalnej. Ale w osiemdziesiątym dziewiątym, kiedy będzie miał ją po swojej stronie, będziecie musieli zdecydować, co zrobić, bo Ernesto Samper to gówniarz jak na kandydata w wyborach w dziewięćdziesiątym. Ledwie skończył trzydzieści cztery lata…

– Prędzej sfinansowałbym kampanię Galana niż tego skurwysyna! – wrzeszczy Pablo.

– A dzień po objęciu urzędu Galán podda cię ekstradycji – komentuje nerwowo Santofimio. – Za to jeśli go wyeliminujesz, rzucisz cały kraj na kolana! Musisz mu to wytłumaczyć, Virginio…

– Nie, Alberto. Jeśli wyeliminujecie Galana, następnego dnia obu was ekstradują. Nawet o tym nie myślcie, mieliśmy już cyrk z Rodrigiem Larą! Próbuję wam uświadomić, że musicie wymyślić sobie innego kandydata na wybory w dziewięćdziesiątym.

– Galán się skończył, a do wyborów w dziewięćdziesiątym zostało jeszcze pięć lat, kochanie – mówi Pablo, wyraźnie zniecierpliwiony. – Teraz trzeba zająć się problemem Barca i w związku z tym właśnie pan tu przyjechał…

– Chodź, Virginio, chcę ci pokazać moje najnowsze brylanty, właśnie je przywieźli – proponuje jego kuzyn. Żegnam się z Santofimiem i umawiam z Pablem na następny dzień. Wyładowując olbrzymie kasetki na biżuterię z sejfu, Gustavo wyznaje:

– Mam już tej całej polityki po dziurki w nosie, Virginio, a do tego jestem przecież konserwatystą! Mnie tam interesuje biznes, samochody wyścigowe, motocykle i drogie kamienie. Spójrz na te cacka… Co sądzisz?

Mówię, że ja też nienawidzę politykowania, ale niestety, od tego zależy sprawa ekstradycji. A dopóki umowa obowiązuje, dopóty jestem jedyną osobą z całego towarzystwa, która może liczyć na pozostanie w kraju.

– Niech Bóg da, żeby Barco okazał się rozsądniejszy od Betancura, bo jeśli odda Galanowi ministerstwo sprawiedliwości, to nie chcę nawet myśleć, jaka wojna się rozpęta!

A potem podziwiam setki pierścionków lśniących w nieskończonych rzędach na wyłożonych czarnym aksamitem tackach o wymiarach trzydzieści na czterdzieści centymetrów. Gustavo ewidentnie woli diamenty od lodówek wypchanych plikami banknotów i skrzyń zakopanych pod ziemią. Nigdy nie zależało mi na biżuterii ani bezcennych dziełach sztuki, ale kiedy tak podziwiam jego kolekcję, nie przestaję zadawać sobie z pewnym smutkiem pytania: skoro podobno „diamenty są wieczne", to dlaczego tamten mężczyzna, o majątku wartości trzech miliardów dolarów, który twierdzi, że tak bardzo mnie kocha, pożąda i potrzebuje, nigdy nie zaproponował mi, żebym jeden sobie wybrała? Jeden jedyny.

Pałac w ogniu

Pablo Escobar jest posiadaczem najbardziej nowoczesnego umysłu, z jakim kiedykolwiek miałam do czynienia, i jest prawdziwym ekspertem w dziedzinie geopolityki karaibskiej. W niecałą dekadę zbudował najbardziej dochodowy interes wszech czasów, a teraz włada nim żelazną ręką niczym prezes międzynarodowej korporacji. Dzięki połączeniu nieprzeciętnego talentu do patrzenia w przyszłość ze swego rodzaju starą mądrością potrafi w ułamku sekundy radzić sobie ze wszystkimi najpilniejszymi kwestiami praktycznymi i zawsze ma pod ręką gotowe rozwiązania każdego problemu, które innemu człowiekowi wydałyby się nie tylko nie do pomyślenia, lecz także niemal niemożliwe do wprowadzenia w życie.

Pablo ma jedną prawdziwą pasję: sprawowanie władzy dla osiągnięcia jak największych korzyści z prowadzonych interesów. W każdym aspekcie życia dąży do spełnienia tego jednego celu, więc oczywiście dotyczy to również mnie. Ponieważ w równym stopniu kocham go i krytykuję – a do tego nigdy w pełni mu się nie poddaję – stanowię dla niego permanentne wyzwanie. Dlatego ćwiczy ze mną na poziomie indywidualnym sztukę uwodzenia, a potem stosuje ją na poziomie zbiorowym całego kraju, który postrzega, traktuje i próbuje wykorzystać, jakby stanowił on zaledwie przedłużenie Hacienda Nápoles. Jestem nie tylko jedyną rówieśniczką, z którą miał się kiedykolwiek w życiu związać, lecz także jedyną wykształconą wolnomyślicielką, a ze względu na wykonywany zawód na zawsze pozostanę dla niego kochanką stojącą za kamerą. Kiedy potrzebuje sprawdzić potencjalną reakcję ludzi na swoje przemowy polityczne, wykorzystuje mnie na zimno jako rozmówczynię. Gram wtedy role obrońcy, prokuratora, świadka, sędziego i opinii publicznej. Pablo jest w pełni świadomy, że podczas gdy on uwodzi kobietę zdobycz, kobieta kamera analizuje go, kwestionuje, kataloguje i niemal na pewno porównuje z innymi ludźmi jego pokroju.

Escobar jest jednym z najbardziej okrutnych i bezlitosnych mężczyzn w historii narodu, którego synowie często z mlekiem matki wysysają nienawiść, zazdrość i żądzę zemsty. Jednak w miarę upływu czasu i ewolucji łączącego nas uczucia zaczęłam postrzegać go jako duże dziecko, dźwigające na barkach coraz cięższy krzyż zbudowany z wyimaginowanych, szalonych obowiązków. Te obowiązki są typowe dla ludzi, których nadmierna ambicja prowadzi do obsesji kontroli i dominacji nad absolutnie całym, bez wyjątków, otoczeniem, losem, a także nad wszystkimi osobami tworzącymi ich przeszłość, teraźniejszość i przyszłość.

Mój kochanek jest nie tylko jednym z najlepiej poinformowanych ludzi w kraju, lecz także – jak na syna nauczycielki przystało – w głębi duszy moralistą. Wymaga od tych, którzy chcą zasłużyć na jego miłość czy szacunek, przestrzegania rygorystycznego kodeksu etycznego. Przynajmniej raz w tygodniu ktoś umawia się ze mną za spotkanie, żeby za moim pośrednictwem zaoferować mu najwspanialsze posiadłości po najbardziej absurdalnych cenach. Pablo, z uśmiechem i pieszczotą, niezmiennie odpowiada: „Nie". Obrazowym przykładem kierujących nim motywów może być odpowiedź, jakiej udzielił wysłannikowi ministra Carlosa Artura Marulandy.

– Ma ci do zaoferowania dwanaście tysięcy hektarów na południu Cesar za jedyne dwanaście milionów dolarów. Bellacruz nie graniczy co prawda bezpośrednio z Nápoles, ale gdybyś kupił jeszcze niedrogie tereny tutaj i tutaj – mówię, wskazując palcem na mapach, które dostałam – mógłbyś je wszystkie połączyć i stworzyć w samym środku kraju gigantyczny korytarz prowadzący na wybrzeże i do Wenezueli. Wkrótce wartość tych terenów znacznie wzrośnie, bo dobrze wiemy, że przy wysokim popycie generowanym przez ludzi z twojego towarzystwa ziemia i nieruchomości w Kolumbii osiągną niebotyczne ceny.

– Marulanda jest szwagrem Enriquego Sarasoli. Przekaż temu pośrednikowi, że ja dobrze wiem, że Bellacruz to największa hacjenda w kraju, nie licząc kilku posiadłości Meksykanina na llanos, ale tam ziemia jest nic niewarta. Nie dam mu za nią jednak nawet jednego miliona, bo nie jestem takim sukinsynem jak ojciec ministra. Pewnie, że wkrótce będzie warta dwa razy więcej, kochanie! Ale niech poszuka sobie innego gościa pozbawionego skrupułów, takiego jak on i jego brat, żeby wykopał stamtąd potomków wszystkich tych biedaków, których ich ojciec przepędził z domów ogniem i mieczem, wykorzystując chaos panujący w czasach La Violencia.

Tłumaczy mi, że sytuacja w Bellacruz przypomina bombę zegarową, która prędzej czy później wybuchnie i doprowadzi do masakry. Ojciec ministra, Alberto Marulanda Grillo, kupił pierwsze sześć tysięcy hektarów jeszcze w latach czterdziestych i od tamtej pory sukcesywnie powiększał posiadłość z pomocą *chulavitas* – członków grup zbrojnych podpalających rancza, gwałcących, torturujących i mordujących na zlecenie każdego, kto się do nich zgłosił. Siostra Carlosa Artura Marulandy jest żoną Enriquego Sarasoli, powiązanego z hiszpańską spółką Ateinsa należącą do Alberta Cortiny, Alberta Alcocera i Josego Entrecanalesa. Sarasola, bliski przyjaciel Felipego Gonzaleza, zainkasował 19,6 miliona dolarów prowizji i załatwił przyznanie „największego kontraktu inżynierskiego stulecia", na budowę metra w Medellín, hiszpańsko-niemieckiemu konsorcjum Metromed i jego wspólnikom, między innymi Ateinsie. Diego Londoño White, kierownik projektu budowy metra, bliski przyjaciel Pabla i właściciel – wraz z bratem Santiagiem – wielkich domów wykorzystywanych przez niego i Gustava jako biura, był odpowiedzialny za negocjację warunków umowy i załatwienie przekazania sowitych prowizji. Według relacji jednego ze świadków tego de facto rozboju dokonanego przez chciwą grupę pod przywództwem Sarasoli konkurs ofert na budowę metra – w toku którego zawrotnie wysokie honoraria otrzymali i kolumbijscy adwokaci nazwiskiem Puyo Vasco, i niemiecki szpieg Werner Mauss – „przypominał raczej film gangsterski niż przetarg na wykonanie prac budowlanych". Pablo Escobar, jako socjaldemokrata, w pełni podziela ten pogląd.

Bomba zegarowa na włościach szwagra Enriquego Sarasoli miała wybuchnąć w 1996 roku, gdy Carlos Arturo Marulanda służył jako ambasador do Unii Europejskiej za rządów Ernesta Sampera Pizana. W akcji, w której udział wzięły uzbrojone oddziały – podobne do *chulavitas* wykorzystanych przez jego ojca pół wieku wcześniej – blisko czterysta rodzin wiejskich zmuszono do ucieczki z Bellacruz, po tym jak podpalono im domy oraz torturowano i zamordowano ich przywódców w obecności armii. Marulanda, oskarżony o wspieranie organizacji paramilitarnych i łamanie praw człowieka, zostanie aresztowany w Hiszpanii w 2001 roku i ekstradowany do Kolumbii rok później. Już po dwóch tygodniach wyjdzie jednak na wolność, gdyż przestępstwa miały rzekomo zostać popełnione przez grupy partyzanckie z departamentu Cesar, a nie przez milionera przyjaźniącego się z prezydentem. Amnesty International uważa wydarzenia w hacjendzie Bellacruz za jeden z najbardziej skandalicznych przykładów bezkarności w najnowszej historii Kolumbii. Zarówno Diego Londoño White, jak i jego brat Santiago zostaną później zamordowani. Niemal wszyscy, którzy wzbogacili się na przekręcie z metrem w Medellín i zbrodniach w Bellacruz, a także ich potomkowie, cieszą się dziś pobytem na luksusowym wygnaniu w Madrycie czy Paryżu.

– Pora już chyba przedstawić ci moich przyjaciół, którzy skontaktowali mnie z sandinistami – mówi Pablo kilka dni później przy pożegnaniu przed moim powrotem do Bogoty. – Szykujemy coś bardzo poważnego i chciałbym poznać twoją opinię na ich temat. Jeśli wszystko potoczy się zgodnie z planem, będziemy mogli wreszcie żyć w spokoju. Ze względów bezpieczeństwa tym razem nie będę mógł nawet do ciebie zadzwonić. Za jakieś dziesięć–piętnaście dni, nie wcześniej ani nie później, skontaktuje się z tobą pewien pilot i przekaże ci zaproszenie na obiad w jakiejś restauracji. To będzie sygnał, a ty sama zdecydujesz, o której godzinie w ciągu dwóch następnych dni chcesz lecieć.

W Bogocie czeka na mnie list ze stacji telewizyjnej w Miami. Zapraszają mnie na drugą próbę i omówienie warunków ewentualnego zatrudnienia. Pensja wynosi pięć tysięcy dolarów miesięcznie, mam się stawiać w studiu codziennie o piątej rano, żeby makijażyści zdążyli mnie pomalować, a potem prezentować kilka programów. Kilka dni później dzwoni do mnie Armando de Armas i mówi, że dzięki tej ofercie będę mogła na nowo zacząć karierę, i to w wielkim stylu. Nalega, żebym nie przepuściła takiej okazji. Opowiadam, że w Kolumbii zarabiałam dokładnie tyle samo już w 1980 roku w *Noticiero 24 Horas* za prowadzenie jednego wydania o 19.00. Nie mogę jednak się przyznać – ani przed nim, ani przed nikim innym – do lęku, że ktoś wyśle do kierownictwa stacji moje zdjęcia z Escobarem, a wtedy Amerykanie zerwą umowę w atmosferze wielkiego skandalu. Po powrocie do Medellín pokazuję Pablowi list z ofertą i jestem zbulwersowana, kiedy okazuje się, że on nadal podsłuchuje moje rozmowy telefoniczne:

– Masz prowadzić pięć programów dziennie za pięć tysięcy dolarów miesięcznie? Co ci Kubańczycy sobie myślą! – Podpala list i dodaje: – Powiem ci, co zrobimy, kochanie: dam ci osiemdziesiąt tysięcy dolarów, a ty poszukaj pracy w stacji, która doceni twoją wartość, albo w jakimś kraju, gdzie będę mógł regularnie cię odwiedzać. Ale nie dam ci tych pieniędzy naraz, bo mi uciekniesz do Miami z jakimś milionerem z Wenezueli i więcej cię nie zobaczę. Wiem, że nie możemy się widywać co tydzień, ale teraz, kiedy do mnie wróciłaś, potrzebuję cię bardziej niż kiedykolwiek. Chcę, żebyś przeżyła ze mną serię niezwykle ważnych wydarzeń, które nastąpią w tym kraju w ciągu najbliższych miesięcy.

Okazuje się, że Armando de Armas miał rację: Escobar faktycznie go pogonił! Odrzucam jednak absurdalną teorię, jakoby miał próbować go uprowadzić. Pablo ewidentnie odkrył, kto stał za ofertą złożoną mi przez kubańską stację, więc postanawiam już o nic więcej nie pytać. Zamiast tego opowiadam mu o pewnym włoskim dziennikarzu, zainteresowanym jego historią i rozważającym nakręcenie filmu, który miałby zostać wyprodukowany przez wytwórnię Cecchi Gori. Perspektywa przeniesienia jego życia na wielki ekran sprawia, że Pabla rozpiera duma. Jednak nawet w obliczu tak ekscytujących wieści Escobar pozostaje przede wszystkim biznesmenem:

– Nie zdajesz sobie sprawy, że dla kogoś takiego jak ty istnieje cała masa alternatywnych posad, znacznie bardziej prestiżowych i dochodowych? Powiedz temu tam Valeriowi Rivie, że jeśli chce się ze mną spotkać za twoim pośrednictwem, musi zapłacić ci sto tysięcy dolarów za zarys fabuły i w ramach zaliczki na scenariusz. I że albo będziesz brała udział w pracach nad scenariuszem, albo nie ma umowy. Jeśli odmówi, to znaczy, że za projektem wcale nie stoją bogaci włoscy producenci i koleś chce cię po prostu wykorzystać, żeby zrobić kasę na historii, którą wszyscy mieliby ochotę poznać. Tym bardziej że po tym, co niedługo się wydarzy, nie będzie mi już groziła ekstradycja. Będziemy mogli swobodnie podróżować razem po niemal całym świecie, nie licząc oczywiście Stanów Zjednoczonych. Ty zresztą będziesz mogła tam sobie jeździć, kiedy tylko zechcesz ode mnie odpocząć… na parę dni.

Dokładnie dwa tygodnie później, w połowie sierpnia 1985 roku, jestem z powrotem w Medellín. Wieczorem dwóch chłopaków przyjeżdża po mnie dyskretnym samochodem i przez całą drogę nie przestają zerkać w lusterko wsteczne, żeby upewnić się, że nikt nas nie śledzi i nie wytropi miejsca pobytu Pabla. Nie zapytawszy, dokąd jedziemy, zapadam w sen. Budzą mnie głosy: ludzie Pabla informują go przez radio, że już się zbliżamy. Kiedy dojeżdżamy pod Nápoles, z bramy niczym z procy wystrzela jakieś białe autko z kierowcą i dwoma pasażerami i mija nas, spowite mrokiem nocy. Chłopaki mówią, że to samochód Álvara Fayada, głównego komendanta M-19. Zaskoczona – byłam bowiem święcie przekonana, że partyzanci i MAS nienawidzą się na śmierć i życie – obracam się i próbuję dostrzec pojazd. Siedzący na jego tylnym fotelu mężczyzna również odwraca się, żeby mi się przyjrzeć, i nasze spojrzenia na chwilę się spotykają. Z dużą prędkością wjeżdżamy na teren posiadłości, po czym zatrzymujemy się przed głównym budynkiem. W głębi korytarza dostrzegam skąpaną w żółtawym świetle grupkę dwóch czy trzech mężczyzn, ale zaraz odchodzą w towarzystwie tych, którzy mnie przywieźli. Chowają się na widok zbliżającego się Pabla, więc nie udaje mi się ich zidentyfikować i dedukuję, że nie tylko zostali tu zaproszeni w największej tajemnicy, lecz także wymagają dyskrecji co do poruszanych tematów, zachowania odpowiedniego dystansu od szeregowych pracowników i nadzwyczajnych środków bezpieczeństwa.

Jako ekspert od komunikacji Pablo zawsze już po kilku sekundach dowiaduje się, za pośrednictwem radia albo walkie-talkie, o wszystkim, co się dzieje w jego otoczeniu. Od razu wychodzi mi na powitanie, otwiera drzwiczki samochodu i bierze mnie w objęcia. Potem cofa mnie na długość ramion i podziwia z dumą, jak jakiegoś Renoira ze swojej kolekcji. Jest wyraźnie podekscytowany czymś, co udało mu się zaplanować, i nie może się doczekać, żeby przedstawić mnie swojemu gościowi (teraz już wiem, że to tylko jedna osoba). Każe mi zgadnąć, kto to taki. Pytam, czy to członek saudyjskiej rodziny królewskiej, który przywiózł mu tonę pieniędzy samolotem dyplomatycznym, albo jakiś rewolucjonista z Ameryki Środkowej, albo meksykański generał z trzema słońcami na naramienniku, albo któryś z wielkich wodzów azteckich bądź brazylijskich, albo jakiś wysłannik Stroessnera, wieloletniego dyktatora Paragwaju. Kiedy wyjaśnia, o kogo chodzi, nie mogę uwierzyć własnym uszom:

– Chciałbym przedstawić ci dwóch spośród założycieli i przywódców M-19. Już od dłuższego czasu blisko się przyjaźnimy, ale nie mogłem ci o tym powiedzieć, dopóki nie byłem ciebie w stu procentach pewny. Po uprowadzeniu Marthy Nieves Ochoi zawarliśmy pakt o nieagresji. Álvaro Fayad przed chwilą wyjechał, bo odniosłem wrażenie, że obawia się spotkania z tobą. W środku czeka jednak Iván Marino Ospina, najtwardszy z komendantów. Nie zareagował na twoje nazwisko, bo od lat siedzi w dżungli i nie ogląda telewizji. W zależności od tego, jak potoczą się sprawy, albo zdradzimy mu, kim jesteś, albo pozostaniesz incognito. – Potem obejmuje mnie i dodaje tym tonem toreadora, którym zwraca się do mnie, kiedy jest szczęśliwy: – Odrobinka anonimowości chyba ci na tym etapie nie zaszkodzi. Prawda, kochanie?

– A ile lat ma nasz VIP rodem z XIX wieku, Pablo? – pytam.

Odpowiada ze śmiechem, że czterdzieści trzy. Stwierdzam, że jeśli jakikolwiek czterdziestolatek w Kolumbii nie wie, kim jestem, to musi chyba pochodzić z któregoś z plemion mieszkających w najgłębszych ostępach selwy, gdzie nikt nie zna jeszcze hiszpańskiego ani nie słyszał o wynalezieniu biustonosza.

– To poganiacz bydła z doliny rzeki Cauca, nie boi się nawet mnie, a tym bardziej nie zawraca sobie głowy intelektualnymi gierkami ani głupimi uwagami! Obiecaj, że będziesz ze mną współpracować i ten jeden raz skupisz się na kwestiach wewnętrznych, krajowych. Przysięgnij, że nieważne, jak bardzo by cię korciło, powstrzymasz się od szkalowania Pol Pota i rewolucji kulturalnej!

– Sugerujesz, Pablo, że nie mogę zapytać komendanta najsłynniejszego oddziału partyzanckiego w kraju o *modus operandi* Montoneros i Świetlistego Szlaku, o IRA i ETA, o Czerwone Brygady i Baader-Meinhof, o Czarne Pantery i Tamilskie Tygrysy, o Hamas i Fatah? – drażnię się z nim. – Po co mnie tu sprowadziłeś? Żebym pogadała sobie z nim o dziewiątym kwietnia[*], o sandinistach i Belisariu? A o zajęciu koszarów Moncada[**] mogę wspomnieć czy też nie? Hawana leży niedaleko stąd, między Cartageną a Miami…

---

[*] Chodzi prawdopodobnie o datę zamachu na Jorgego Eliecera Gaitana – 9 kwietnia 1948 – po którym rozpoczął się okres La Violencia.

[**] Zajęcie koszar Moncada – nieudany atak przeprowadzony przez bojowników Fidela Castro 26 lipca 1953 roku na koszary w Santiago de Cuba, poprzedzający rewolucję kubańską.

– Pozwól mu mówić o Simonie Bolivarze czy o czym tam chce, bo o Fidelu Castro na pewno nie będzie z tobą rozmawiał, to już mogę ci zapowiedzieć... To właśnie człowiek, którego potrzebowałem, żeby rozwiązać wszystkie swoje problemy... No dobrze, nie trzymajmy go już tak dłużej. I na miłość boską, nie rób miny gwiazdy, sam strój to przesada! Zachowuj się normalnie i uprzejmie, jak ładna, dyskretna dziewczynka, okej? Aha, muszę też cię ostrzec, że mój znajomy jest mocno naćpany... Ale ty i ja widzieliśmy już chyba wszystkie... słabości innych. Czy nie, kochanie?

Wyobrażam sobie, że komendant z Amazonii – wystrojony jak sierżant armii w mundur moro – będzie traktował mnie jak intruzkę na spotkaniu dla macho i zrobi wszystko, co w ludzkiej mocy, żeby się mnie pozbyć i móc spokojnie porozmawiać z Pablem o forsie. Iván Marino Ospina to mężczyzna średniego wzrostu, o grubych rysach, przerzedzonych włosach i wąsach – Escobar wygląda przy nim jak Adonis. Ja jestem ubrana w krótką jedwabną sukienkę i buty na wysokim obcasie, więc kiedy Pablo nas sobie przedstawia, wyraźnie pęka z dumy. Od razu dociera do mnie, że ten legendarny przywódca partyzancki rzeczywiście wcale nie boi się Pabla ani nikogo innego. Ani na chwilę nie odrywa oczu od mojej twarzy, ciała i nóg. Po dziś dzień nie widziałam bardziej rozpalonego wzroku u żadnego innego mężczyzny.

Szef M-19 ubrany jest po cywilnemu i mówi, że wraca właśnie z kilkumiesięcznego pobytu w Libii. Nikt nie jeździ z Ameryki Południowej do Libii „pozwiedzać", jak mówią turyści z kolumbijskiej klasy średniej: jeździ się tam robić interesy dotyczące albo ropy, albo broni, a M-19 raczej nie ma nic wspólnego z przemysłem naftowym. Dobrze wiem o fascynacji Pabla dyktatorami, więc wspominam, że podobno Muammar Kaddafi podjął decyzję o detronizacji króla Idrisa I, kiedy zobaczył, jak ten jednego wieczoru przegrał pięć milionów dolarów – a był to koniec lat sześćdziesiątych – w kasynie w Monte Carlo. Pytam Ospinę, czy zna Kaddafiego, ale on zaprzecza i dodaje, że M-19 jeździ do Libii wyłącznie na szkolenia bojowe. Próbuję się dowiedzieć, czy ich organizacja utrzymuje dobre stosunki z Ligą Arabską, ale wtedy obaj mężczyźni wymieniają spojrzenia i Pablo proponuje, żebyśmy zostawili już temat odległych pustyń Afryki i skupili się raczej na ciężkim życiu w kolumbijskiej selwie.

Iván Marino opowiada mi o długich latach spędzonych na wschodnich llanos Kolumbii. Tamtejsze rzeki, rozlewające się szeroko w porze deszczowej, zbierają dwieście głównych dopływów Orinoco, której dorzecze zajmuje powierzchnię miliona kilometrów kwadratowych równin i dżungli Wenezueli, Brazylii oraz Kolumbii. Przyglądając mi się uważnie i obserwując reakcję na każde słowo, które wypowiada, zaczyna opowiadać o strętwach. Wyjaśnia, że to właśnie z ich powodu walczący z oligarchią Bogoty i imperializmem Waszyngtonu muszą zachować maksymalną ostrożność podczas brodzenia w tamtych rzekach, chronić się zwłaszcza od pasa w dół, a przemoczone buty i spodnie stanowią dodatkową przyczynę bolesnych ran. Z przerażeniem wysłuchujemy z Pablem historii o rybach przypominających kolczaste rekiny, które wyszarpują mięso ofiary, kiedy odrywa się je specjalnymi kleszczami po tytanicznej walce między lekarzem gospodarza „terytorium" a strętwą próbującą rościć sobie do niego prawa. Wpadam w zastawioną pułapkę: pytam, czy te przeklęte bestie włażą do ust, nosa czy uszu.

– Dużo niżej. Wciskają się we wszystkie otwory w ciele, przede wszystkim te baaardzo nisko! Nasze towarzyszki mają więc podwójny problem! – odpowiada Ospina, pożerając mnie wzrokiem, jakby chciał zademonstrować mi, co ma na myśli, żeby na pewno mnie przekonać.

Gloria Gaitán zawsze wyrzucała mi, że jak na kobietę w moim wieku i o mojej inteligencji jestem nienormalnie wręcz bezpośrednia, więc daję prawdziwy pokaz swoich umiejętności w tej dziedzinie – z szeroko otwartymi oczami pytam najwyższego komendanta M-19:

– A pan, Ivanie Marino, ile rybek musiał sobie powyjmować przez wszystkie te lata walki rewolucyjnej?

Patrzy na ścianę naprzeciwko z pewnym smutkiem, jakby nagle ogarnęły go jakieś mroczne i bolesne wspomnienia, o których, jak sądził, zdążył już zapomnieć, i odpowiada: „Niejedną, niejedną".

Pablo gromi mnie wzrokiem, a ja wstaję, żeby pójść do toalety i nie narażać jego przyjaciela na więcej pytań na temat, który wybrał, by sprzedać mi ideologię rewolucyjną.

Wracając, przystaję za uchylonymi drzwiami, bo słyszę, że partyzant domaga się czegoś od Escobara tonem nieznoszącym sprzeciwu:

– Nie, bracie, nie i jeszcze raz nie. Chcę ją taką, jaka jest. Nie chcę żadnej innej, kropka. Taką samiutką, nic jej przecież nie brakuje. Skąd ją wytrzasnąłeś, taką idealną? Ech, bracie, jak ona krzyżuje i rozkłada nogi... i jak pachnie... jak się rusza! Taka jest w łóżku? Niezła lala! To właśnie taka kapitalna babka, o jakiej zawsze marzyłam! Nie... po namyśle... chcę dwie takie jak ona! Tak, dwie, w jacuzzi, i możesz mi je nawet odliczyć od tego miliona!

– Od tego miliona?... Niech się zastanowię, bracie... Bo to mi brzmi... Mamy tu dwa problemy: jeden polega na tym, żeee... Virginia jest najsłynniejszą prezenterką telewizyjną w Kolumbii... Sama mówi, że to tak, jakby była „gwiazdą kina w kraju pozbawionym przemysłu filmowego"... Sprawdź sam w tych wszystkich gazetach, jeśli mi nie wierzysz. A po drugie, skoro o wszystkim wiesz i o wszystkim mówisz... Ona jest moim skarbem. Ile bym dał, żeby mieć taką drugą!

– To czemuś mnie nie uprzedził, bracie? No dobrze, dobrze, dobrze... W takim razie najmocniej przepraszam, bracie! Po namyśle więc... Możesz znaleźć mi dwie podobne do Sophii Loren, nie? Mogą być nawet niemowy... A im głupsze, tym lepiej! – woła Ospina i zanosi się śmiechem.

– Peeewnie, człowieku! Takich mogę ci załatwić, ile tylko chcesz. Sophię Loren brunetkę, blondynkę, a nawet i rudą, jeśli zmieszczą się wszystkie w jacuzzi! – odpowiada Pablo z ogromną ulgą. – I nie martw się o pieniądze, nikt tu nie będzie niczego odliczał, bracie.

Korci mnie, żeby zostawić ich samych i iść spać, ale postanawiam wejść. Po otwarciu drzwi widzę wzrok najbardziej poszukiwanego przestępcy świata, który patrzy z przerażeniem na najbardziej poszukiwanego partyzanta Kolumbii, jakby błagał go, żeby się zamknął. Pablo czułym gestem zaprasza mnie, żebym usiadła obok niego, ale ja go ignoruję i zajmuję miejsce przy stole, na którym obaj zostawili swoje karabiny. Widzę, że Ospina przygląda się mojemu zdjęciu na okładce „Al Día" – na którym klęczę i wyglądam, jakbym była naga, choć w rzeczywistości mam na sobie miniaturowe cieliste bikini – więc pytam, czy chce autograf na pamiątkę.

– Nie możemy tak ryzykować! – protestuje Pablo, zbiera gazety i zamyka je na klucz w szufladzie. – A jeśli wojsko znajdzie je podczas jakiegoś nalotu i potem będą mi ją przesłuchiwać na okoliczność miejsca pobytu tego bandyty? A przy okazji może i mojego!

Pytam Ivana Marina, dlaczego zajął się walką rewolucyjną. Wędruje myślami do miejsca, w którym wszyscy przechowujemy najbardziej bolesne wspomnienia z dzieciństwa, i zaczyna opowiadać mi, jak po zabójstwie Jorgego Eliecerea Gaitana w 1948 roku w jego rodzinnej Tului konserwatywne „ptaki"*** z Valle del Cauca zamordowały mu trzech wujków – jednego z nich maczetą, na oczach jedenaściorga dzieci. Po krótkiej przerwie z głębokim smutkiem zaczynam opowiadać, jak moja rodzina straciła wszystkie ziemie w Cartago – bardzo blisko Tului – z winy tych właśnie „ptaków". Przez pierwsze lata La Violencia mój dziadek – liberalny minister żonaty z konserwatywną właścicielką ziemską – każdego tygodnia znajdował w swoich hacjendach zwłoki majordomusa z obciętymi uszami, językiem i genitaliami wciśniętymi do brzucha młodej żony, nabitej na pal lub rozpłatanej i wypatroszonej. Jeśli była akurat w ciąży – a młode wieśniaczki są w niej permanentnie – nierzadko płód znajdował się w ustach martwego małżonka lub w innych rozszarpanych otworach ciała nieszczęsnej kobiety.

– Oboje dobrze wiemy, że jedynym bestialstwem, jakiego te „ptaki" nie dopuszczały się względem wieśniaczek, był kanibalizm. Mężczyźni z mojej rodziny nigdy nie złapali za broń, czy to ze strachu, czy z powodu wiary, i woleli sprzedać swoje ziemie za bezcen Caicedom, rodzinie potentatów cukrowych, która finansowała działalność tych potworów, często przyjaciół i sąsiadów.

– Ależ jak pani może porównywać nasze sytuacje! – oponuje Ospina. – U oligarchów „ptaki" zabijały służących pod nieobecność gospodarza. U nas, wieśniaków, masakrowali ludzi na oczach ich dzieci!

Daję wyraz swojemu przerażeniu tymi wszystkimi okropnościami, współczuciu dla jego cierpienia i głębokiemu szacunkowi dla źródeł walki zbrojnej w Kolumbii. Konstatuję, jakie to dziwne,

---

*** Mianem „ptaków" (hiszp. *pájaros*) określano konserwatywną grupę zbrojną działającą w Kolumbii w czasie La Violencia, głównie na terenie Valle del Cauca, zwłaszcza w Tului.

że troje ludzi o tak różnych historiach spotkało się tego wieczoru w najcenniejszej hacjendzie w kraju: przywódca oddziału partyzantów, boss narkotykowy i kobieta nieposiadająca na własność nawet skrawka ziemi, ale spokrewniona z połową oligarchii i zaprzyjaźniona z drugą. Uświadamiam mu, że losy bardzo różnie się plotą i że jego przyjaciel Pablo jest teraz znacznie potężniejszym właścicielem ziemskim niż mój pradziadek i jego bracia razem wzięci, a powierzchnia posiadłości jednego z jego wspólników wielokrotnie przewyższa te należące do Pepego Sierry, najbogatszego ziemianina w historii Kolumbii i przyjaciela moich przodków. Moi rozmówcy milczą, więc pytam Ivana, dlaczego M-19 zerwało w czerwcu zawieszenie broni podpisane z rządem Betancura. Tłumaczy, że po demobilizacji członkowie tej i innych grup rebelianckich objętych amnestią zaczęli być systematycznie mordowani przez ciemne siły najskrajniejszej prawicy. Pytam, czy ma na myśli MAS.

– Nie, nie, nie. Dzięki temu człowiekowi – wskazuje na Pabla – ani my się do nich nie mieszamy, ani oni do nas. Mamy wspólnego wroga, czyli rząd... a sama pani wie, że „wróg mojego wroga jest moim przyjacielem"... Minister obrony generał Miguel Vega Uribe i szef połączonych sił zbrojnych Rafael Samudio Molina przysięgli wykończyć lewicę. Za rządów Turbaya wsadzali nas do więzienia i torturowali, ale za Betancura ani jeden z nas nie ujdzie z życiem. W Kolumbii nadal władzę sprawują de facto „ptaki" Lauerana[****] i jego syna Alvara Gomeza, tyle że teraz są wojskowymi i wierzą, że kraj można naprawić wyłącznie według modelu Pinocheta: powybijać rozbrojoną lewicę jak karaluchy.

[****] Laureano Eleuterio Gómez Castro – prezydent Kolumbii w latach 1950–1953, radykalny przedstawiciel Partii Konserwatywnej, obalony przez przyszłego dyktatora Rojasa Pinillę.

– Owszem, w mojej grupie społecznej praktycznie nikt nie kryje podziwu dla modelu chilijskiego, ale Álvaro Gómez to nie Laureano, komendancie... Choć może być panu trudno w to uwierzyć, w 1981 roku straciłam najlepiej płatną posadę w telewizji, ponieważ uparcie odmawiałam nazywania was „bandą kryminalistów" w dzienniku, którego dyrektorem był Mauricio Gómez, syn Álvara i wnuk Laureana.

Ospina zdaje się zaskoczony, że ktoś mojego pokroju mógłby tyle poświęcić w imię poglądów politycznych, a ja tłumaczę, że skoro teraz sama należę do tych, którzy nic nie mają, nie mam też nic do stracenia. Wtrąca się Pablo:

– Virginię już wcześniej zwolniono z innego programu za wspieranie założenia związku zawodowego pracowników technicznych... A teraz odrzuciła propozycję pracy w Miami, bo przekonałem ją, żeby została w Kolumbii, mimo że przez naszych wrogów jest bezrobotna. Więc widzisz, bracie, że ta kobieta ma w sobie więcej odwagi niż my dwaj razem wzięci. Dlatego jest tak wyjątkowa i dlatego zależało mi, żebyście się poznali.

Wstaje i podchodzi do mnie. Wódz partyzantki wstaje, żeby się pożegnać, i odnoszę wrażenie, że patrzy na mnie teraz zupełnie inaczej. Jest mocno naćpany i prosi gospodarza, żeby ten nie zapomniał o złożonej obietnicy. Escobar proponuje mu, żeby poszedł na kolację, a potem spotkają się po północy. Zanim się pożegnam, życzę mu wielu sukcesów w walce o prawa najsłabszych:

– Proszę na siebie uważać. Może pan na mnie liczyć, gdyby potrzebował mikrofonu... o ile jeszcze kiedyś jakiś dostanę... kiedykolwiek.

– I co sądzisz o moim przyjacielu? – pyta Pablo, gdy zostajemy sami.

Odpowiadam, że Iván Marino zrobił na mnie wrażenie człowieka odważnego, dzielnego i działającego z autentycznego przekonania i powołania, ale rzeczywiście zdaje się też nikogo nie bać.

– Jeśli ktoś nie boi się zupełnie nikogo, to ma osobowość samobójcy... Wydaje mi się też, Pablo, że brakuje mu autorytetu, godności. Nie wyobrażam sobie, żeby Lenin poprosił Armanda Hammera o załatwienie dwóch prostytutek w obecności dziennikarki, tak samo jak nie wyobrażam sobie Mao Zedonga, Fidela Castro czy Ho Chi Minha (który znał zresztą kilkanaście języków) naćpanych. A teraz: za co dajesz mu ten milion?

– Za zdobycie i spalenie moich akt. Bez papierów nie będą mogli mnie ekstradować – oznajmia z triumfalnym uśmiechem.

– Ale nie odzyskasz przecież w ten sposób niewinności, Pablo! Sądy i Amerykanie będą mogli je odtworzyć! To Iván Marino podsunął ci taki pomysł?

– Dobrze wiesz, że mnie nikt nie podsuwa żadnych pomysłów. To jedyny sposób, nie ma innego. Miną całe lata, zanim je odtworzą... A myślisz, że ktoś zgłosi się na ochotnika, żeby zeznawać przeciwko nam? Skąd mieliby wytrzasnąć takiego świadka, z Anonimowych Samobójców?

Tłumaczy, że akta wszystkich procesów dotyczących jego i jego wspólników są już w Pałacu Sprawiedliwości i że na nic się nie zdały pogróżki wysyłane do Sądu Najwyższego: w ciągu kilku tygodni miało się zacząć badanie dokumentów w celu spełnienia wymogów amerykańskiego wymiaru sprawiedliwości w związku z ekstradycją ich wszystkich.

– Płacisz milion dolarów za wyniesienie paru kartek z jednego miejsca?

– To nie parę kartek, kochanie. Tam jest z sześć tysięcy plików. Powiedzmy, że to raczej... Parę skrzynek.

– Domyślałam się, że twoją przeszłością można by zapisać kilka książek telefonicznych, ale nie że całe kartony takich książek, na miłość boską!

– Nie doceniasz mnie, kochanie… Znajdujesz się właśnie w ramionach najgorszego przestępcy świata, ale wiedz, że już za parę miesięcy będę człowiekiem bez kryminalnej przeszłości. Nie to co ty, kobieta z przeszłością…

Śmieje się i zanim zdążę odpowiedzieć, zamyka mi usta pocałunkiem.

Zakładając adidasy, mówi, że wyświadczy przysługę przyjacielowi, zanim ten doprowadzi go do szału.

– Pablo, M-19 może i rzeczywiście organizuje czasem spektakularne zamachy, ale Pałac Sprawiedliwości to nie ambasada Dominikany… Wtedy im się udało, ale to dlatego, że budynek stoi przy spokojnej ulicy, z wieloma drogami swobodnego dojazdu i ucieczki. Ale Pałac Sprawiedliwości znajduje się przecież przy Plaza de Bolívar, ogromnym i zupełnie nieosłoniętym. Jedyne dwie drogi ucieczki są wąziutkie i wiecznie zakorkowane, a żołnierze z batalionu straży prezydenckiej znajdują się tuż za rogiem. A jeśli jakaś zaplątana kula trafi Bogu ducha winną sekretarkę, matkę trojga dzieci, albo jednego z policjantów stojących przed wejściem? Ten budynek jest całkiem odkryty, kochanie. Wejście do pałacu to bułka z masłem, wynieść papiery może być nieco trudniej, ale niemożliwe, żeby udało im się wyjść! Nie wiem, jak zamierzają to zrobić… chociaż… w sumie chyba nie chcę tego wiedzieć.

Siada na krawędzi łóżka i ujmuje moją twarz w dłonie. Przez chwilę, która zdaje się trwać całą wieczność, wodzi po niej palcami, jakby próbował wyryć ją sobie w pamięci. Przygląda mi się bacznie, próbuje wyczytać z moich oczu, czy za ewidentną dezaprobatą dla planowanego zamachu nie kryje się ryzyko zdrady, i ostrzega mnie:

– Nigdy, przenigdy nie możesz nikomu powiedzieć o tym, co zaszło tutaj dzisiejszego wieczoru, zrozumiano? Nie znasz Ospiny, nie widziałaś tu Fayada. Jeśli zapytają o mnie, to nigdy już się ze mną nie spotkałaś. Nie możesz nawet na chwilę zapomnieć, że potrafią przesłuchiwać ludzi aż do śmierci, żeby zdobyć informacje o miejscu pobytu tamtych facetów... A ci, którzy nic nie wiedzą, wychodzą na tym najgorzej... bo ten, co wie, wyśpiewa wszystko po dziesięciu minutach! Mój przyjaciel to zdolny strateg, a jego odwaga w boju jest powszechnie znana. Nic się nie martw, to będzie szybka i sprawna akcja. To prawdziwi zawodowcy, jak dotąd jeszcze nigdy nie ponieśli porażki. Potrafię dobierać sobie współpracowników, dlatego wybrałem też ciebie... Spośród dziesiątków milionów kobiet! – mówi i całuje mnie w czoło.

– Aż tyle ich?... A dlaczego tak ci zależało, żebym poznała Ivana Marina? – pytam.

– Bo to niezwykle ważny lider, a tylko ktoś taki jak on może wyświadczyć mi podobną przysługę. Tobie zaś przyda się wizja rzeczywistości innej niż to powierzchowne i sztuczne towarzystwo, w którym się obracasz... Są też inne sprawy... ale nikomu nie mogę o nich powiedzieć. Mam prawo opowiedzieć ci o tych dotyczących mnie, żebyś zrozumiała, dlaczego nie jestem w stanie do ciebie dzwonić ani spotykać się z tobą tak często, jak bym chciał, ale nie mogę zdradzić ci sekretów moich wspólników. A teraz spróbuj odpocząć, bo za parę godzin odwiozą cię do hotelu, jeszcze przed świtem. Zobaczysz, że już w ciągu paru tygodni będziemy świętować sukces twoim ulubionym różowym szampanem.

Obejmuje mnie krzepiąco i kilka razy całuje w głowę, jak mężczyźni robią zwykle z kobietami, których nie chcą stracić, a wiedzą, że są smutne. W milczeniu gładzi mnie po policzkach i wstaje.

– Zadzwonię za parę dni. I, na miłość boską, noś berettę w torebce, nie trzymaj jej w sejfie! Mam wielu wrogów, kochanie.

Nigdy nie wiemy, czy jeszcze kiedykolwiek się spotkamy, ale zawsze pilnuję się, żeby o tym nie wspominać, bo zakwestionowałabym tym samym jego absolutne przekonanie, że jest ponad zwykłymi śmiertelnikami, także jeśli chodzi o zdolność przeżycia. Otwiera drzwi, odwraca się jeszcze na chwilkę, żeby posłać mi ostatniego całusa, a mnie udaje się wydusić:

– Pablo, M-19 zawsze przynosiło nam pecha, i tobie, i mnie. Wydaje mi się, że planujecie jakieś szaleństwo...

I znów patrzę, jak odchodzi, dźwigając wśród milczących cieni ten krzyż, o którym tylko ja wiem. Słyszę, jak gwiżdże, a kilka minut później widzę przez okno, że oddala się z niewielką grupką ludzi. Zastanawiam się, czy istnieje ktokolwiek, kto czułby większy strach przed ekstradycją niż strach, który gości w sercu tego mężczyzny, tak bogatego i potężnego, a zarazem tak bezsilnego w obliczu prawa. Wiem, że nikt inny mu nie współczuje i absolutnie z nikim nie mogłabym podzielić się prześladującymi mnie lękami. Zostaję sama i rozmyślam o tych dwóch towarzyszach. Jeden walczy o najbiedniejszych, a drugi dla najbogatszych. Rozmyślam o głęboko ukrytym bólu i niewypowiedzianych lękach, jakie odważni noszą w swoich sercach z ciała, ołowiu, kamienia i złota. Smucę się i martwię, zastanawiam się, czy to Pablo manipuluje Ivanem Marinem za pomocą swoich pieniędzy, czy to szef partyzantki manipuluje multimilionerem za pomocą swojej niepowtarzalnej zdolności do wykonania usługi, od której może zależeć reszta życia Escobara. I mojego z nim...

29 sierpnia 1985 roku, jakieś dziesięć dni po tamtej nocy – ostatniej, którą miałam spędzić w Hacienda Nápoles – otwieram gazetę i czytam, że Iván Marino Ospina zginął w Cali w walce przeciwko armii. Z jednej strony czuję autentyczny ból po stracie tego wspaniałego bojownika, z drugiej – głęboką ulgę, bo zakładam, że bez jego nutki szaleństwa tamten absurdalny plan został na pewno odwołany, a przynajmniej odłożony w czasie. Podobnie jak Pablo uwielbiam Simona Bolivara, który zmarł w Kolumbii z sercem złamanym niewdzięcznością wyzwolonych przez niego ludów, więc modlę się w duchu do Wyzwoliciela za duszę komendanta partyzantki, którego ścieżka na te kilka godzin przecięła się z moją. Zastanawiam się, jak długo wojsko śledziło Ivana Marina, i z dreszczem przerażenia uświadamiam sobie, że to Pablo mógł zginąć. Rozmyślam, co on musi czuć w obliczu straty przyjaciela, i wiem, że od tej chwili do maksimum zaostrzy środki bezpieczeństwa, więc nie spotkamy się pewnie przez długie tygodnie.

W połowie września zaskakuje mnie serenadą z moimi ukochanymi tangami, między innymi *Ninguna* i *Rondando tu esquina*. Jednak ta piosenka, którą zawsze uwielbiałam, teraz przypomina mi tylko, że wciąż jestem obserwowana. Następnego dnia Pablo dzwoni powiedzieć, że bez przerwy za mną tęskni, i poprosić, żebym poważnie wzięła się do pracy nad zarysem scenariusza do filmu, bo jeśli nawet Włosi nie będą chcieli go wyprodukować, on może zrobić to sam. Na początku października oznajmia mi, że w przypadku gdyby sąd wydał zgodę na ekstradycję, będzie musiał zniknąć na jakiś czas. Daje mi do zrozumienia, że plan ataku na Pałac Sprawiedliwości został odrzucony, i tłumaczy, dlaczego nie może zabrać mnie ze sobą, żeby nie narażać mnie na ryzyko. Obiecuje, że spotkamy się tak szybko, jak tylko będzie to bezpieczne, po czym żegna mnie serenadą *mariachis* i romantycznymi obietnicami z *Si nos dejan* i *Luna de octubre.*

„Serce, które cierpiało, ale potrafiło kochać na przekór bólowi...
Jeśli odejdę, nigdy nie myśl, że po to, żeby być z dala od ciebie.

Będę nosił w sercu namiętność, którą czuję od dnia, gdy cię po raz pierwszy zobaczyłem,

od dnia, gdy zamarzyłem, że będziesz moja".

Przez następne tygodnie staram się zapomnieć wydarzenia tamtej ciepłej sierpniowej nocy, ale wspomnienie zuchwałego Ivana Marina i triumfalnego tonu Pabla co jakiś czas przelatuje mi przez głowę niczym motyl o czarnych skrzydłach. Raz po raz do dziennikarzy docierają plotki o pogróżkach Extraditables i M-19 pod adresem sędziów Sądu Najwyższego, ale nikt się nimi nie przejmuje, bo niemal wszyscy pracownicy mediów przywykli już do takich gróźb. Wydaje nam się, że w Kolumbii sprawdza się zasada mówiąca o psach, które dużo ujadają, ale nie gryzą.

Jest 6 listopada 1985 roku. Wraz z koleżanką po fachu czekamy w lobby hotelu Hilton na transmisję radiową z wyborów miss Kolumbii – wydarzenie to co roku przyciąga do Cartageny większość dziennikarek z całego kraju, setki znanych osobistości i każdego, kto jest kimś w świecie mody i branży kosmetycznej. Kandydatki przyjeżdżają ze świtą z reprezentowanego przez siebie departamentu (tak w Kolumbii nazywa się jednostki administracyjne, odpowiedniki stanów), w skład której wchodzą zawsze żony gubernatora i burmistrza stolicy regionu. W dzień poprzedzający noc koronacji – odbywa się ona w centrum konferencyjnym, a po ceremonii następuje wystawny bal w Club Cartagena – przybywają gubernatorzy z krewnymi i dygnitarzami z każdego departamentu, a także przedstawiciele organizacji medialnych: to dla

nich świetna okazja, by przeprowadzić wywiady z tyloma postaciami ze świata polityki, a przy okazji popodziwiać piękne kobiety.
W tych czasach wszyscy zdają sobie sprawę ze związków narkobiznesu z wyborami miss i wiadomo, że bez wsparcia lokalnych
bossów administracja nie mogłaby sobie pozwolić na pokrycie
kosztów świty złożonej z nawet dwustu krewnych i bliskich znajomych, dwóch tuzinów pań z towarzystwa, byłych miss z małżon-
kami i urzędników. Nierzadko zdarza się też, że sama miss jest
narzeczoną bossa (albo jego syna), a relacja łącząca komendantów
policji i regionalnej brygady wojska z lokalnym królem kokainy
czy marihuany okazuje się dużo bliższa, stabilniejsza, trwalsza
i bardziej opłacalna niż ta między dobrze prosperującym biznesmenem a obecnie panującą królową piękności.

Jeśli ktokolwiek wątpi w uprzedmiotawianie kobiet, powinien
wybrać się na wybory do Cartageny: kostiumy i nakrycia głowy
przypominają te noszone przez tancerki samby podczas kar-
nawału w Rio de Janeiro, tyle że one tańczą i śpiewają półnagie
i szczęśliwe, podczas gdy biedne kandydatki na miss ciągną za
sobą pokryte piórami peleryny i błyszczące syrenie ogony, które
ważą po pięćdziesiąt kilo, przy temperaturach sięgających czterdziestu stopni Celsjusza i na dwunastocentymetrowych obcasach.
Trwające cały tydzień parady z powozami i platformami tema-
tycznymi wykańczają nawet najbardziej wytrzymałych oficerów
marynarki eskortujących dziewczyny.

Jest jedenasta, za pięć dni odbędą się wybory i koronacja, a w ol-
brzymim lobby aż huczy od podniecenia obecnością dziennikarzy radiowych, fotografów, piosenkarzy, aktorów, projektantów
mody, byłych miss Kolumbii – coraz piękniejszych – pod rękę
z dumnymi mężami i prezesów firm sponsorujących konkurs.
Członkowie jury, pochodzący z zagranicy, jako jedyni ukrywają

się przed wszystkimi, żeby nikt nie mógł im później zarzucić, że zostali przekupieni przez którąś ze świt lub przyszłego teścia miss. Kandydatki w swoich pokojach przygotowują się na pierwszy pokaz strojów kąpielowych, a na korytarzach zarezerwowanych dla nich pięter roi się od brzydkich mężczyzn w zielonych uniformach i przystojnych mężczyzn w białych uniformach, którzy z bezbrzeżną pogardą patrzą na gejowską armię makijażystów i fryzjerów, a ci z kolei z zaciekłą nienawiścią spoglądają na tych pierwszych, szepcząc jednocześnie z absolutnym uwielbieniem o tych drugich.

O jedenastej czterdzieści wybucha zamieszanie. Wszystkie wywiady i transmisje zostają przerwane. M-19 zajęło Pałac Sprawiedliwości, podobno wzięli na zakładników sędziów Sądu Najwyższego! Biegniemy z koleżanką do mojego apartamentu i siadamy przed telewizorem. W pierwszej chwili stanowczo odrzucam możliwość, jakoby mogło to mieć cokolwiek wspólnego z Pablem, jestem bowiem przekonana, że przebywa za granicą. Koleżance zaś w życiu nie przyszłoby do głowy, że mogłabym być kochanką Pabla Escobara ani że jeden z najbardziej rozpoznawalnych liderów MAS mógłby sfinansować atak partyzancki. Tak samo ja nigdy nie pomyślałabym, że ona może się spotykać z jednym z przywódców M-19.

Plaza de Bolívar to ogromny plac z ustawionym na środku pomnikiem Simona Bolivara spoglądającego na wschód, w stronę katedry. Naprzeciwko niej znajduje się ratusz, a wzdłuż pozostałych boków – budynek Senatu, zwrócony frontem na północ, i Pałac Sprawiedliwości. Za Senatem stoi Pałac Prezydencki – Casa de Nariño – chroniony przez straż prezydencką.

Dwa dni wcześniej ochronę Pałacu Sprawiedliwości (siedziby Sądu Najwyższego i Rady Stanu) powierzono prywatnej firmie, a dokładnie tego dnia Trybunał Sprawiedliwości zaczął rozpatrywać sprawę ekstradycji między innymi Pabla Escobara Gavirii i Gonzala Rodrigueza Gachy. Ataku dokonało Komando Ivana Marina Ospiny z M-19 w ramach „operacji Antonio Nariño w obronie praw człowieka". Pod wodzą komendantów Luisa Otera i Andresa Almaralesa trzydziestu pięciu rebeliantów wdarło się do Pałacu: siedmioro głównym wejściem, jak zwykli obywatele, a reszta za pomocą dwóch niewielkich ciężarówek sforsowała drzwi od piwnicy znajdujące się z boku budynku, przy jednej z wąskich, zakorkowanych uliczek w centrum Bogoty. Partyzanci zamordowali już dwóch strażników i administratora Pałacu, a teraz, po wzięciu niemal trzystu zakładników – sędziów, pracowników i interesantów – domagają się wyemitowania w radiu oświadczenia potępiającego zbrodnie popełnione na tych, którzy poddali się amnestii, oraz nieskuteczność kolumbijskiego wymiaru sprawiedliwości, pozwalającego na ekstradycję rodaków i sądzenie ich w innych krajach. Żądają opublikowania swojego programu w dziennikach, udostępnienia opozycji codziennych pasm nadawania w radiu oraz wywiązania się przez Sąd Najwyższy z ustanowionego w konstytucji prawa do wezwania prezydenta Republiki lub jego pełnomocnika do stawienia się przed sądem za złamanie postanowień traktatów pokojowych z rozbrojonymi grupami: M-19, EPL i Quintín Lame.

W południe Pałac Sprawiedliwości jest już szczelnie otoczony przez wojsko – „prezydent poeta"[*****] rozkazał za wszelką cenę odbić budynek. O czternastej czołgi wjechały już przez piwnicę, helikoptery GOES (grupy odpowiedzialnej za walkę z porwaniami) wysadziły swoich funkcjonariuszy na taras budynku, a pojazd opancerzony Cascavel wyważył drzwi Pałacu wychodzące na plac

---

[*****] Chodzi o Belisaria Betancura, ówczesnego prezydenta Kolumbii i pisarza.

i wdarł się do środka. Za nim jechały dwa kolejne, z członkami straży prezydenckiej i uczniami ze Szkoły Artylerii na pokładzie. Belisario Betancur spotkał się z eksprezydentami, kandydatami na prezydenta, członkami Kongresu i przewodniczącym Senatu, ale odmawia wysłuchania i sędziów, i partyzantów. Inne kraje oferują pomoc w negocjacjach między rządem a rebeliantami, ale prezydent jest głuchy na te propozycje: nie wybaczy M-19 złamania procesu pokojowego – podstawy swojej kampanii prezydenckiej – ani ich wsparcia dla Extraditables, wyrażonego na początku roku przez Ivana Marina Ospinę i potępionego przez pozostałych komendantów:

– Za każdego Kolumbijczyka poddanego ekstradycji musimy zabić jednego obywatela USA!

Czołgi zaczynają strzelać, a stacje radiowe transmitują głos sędziego Reyesa Echandíi, przewodniczącego Sądu Najwyższego – a także Izby Karnej, która kilka lat wcześniej zatwierdziła ekstradycję obywateli Kolumbii do Stanów Zjednoczonych – błagającego prezydenta o wstrzymanie ognia, bo w końcu ich wszystkich pozabijają, ale telefony od niego odbiera szef policji. Historyczne słowa młodego pułkownika Alfonsa Plazasa ze Szkoły Artylerii wypowiedziane do jednego z obecnych na miejscu dziennikarzy definiują tę chwilę:

– Bronimy tu demokracji, szefie!

Kiedy przywódca kraju w Ameryce Łacińskiej daje wojskowym wolną rękę, by bronili demokracji, to ci dokładnie wiedzą, co muszą zrobić. I co mogą zrobić: wreszcie do woli mścić się za całą tę zapiekłą nienawiść, skumulowaną przez dekady walki przeciwko rebeliantom. Mogą odłożyć na bok wszelkie restrykcje, jakie nakłada na nich prawo stworzone przez cywilizowanych ludzi dla ochrony bezbronnych obywateli. Tym bardziej że w kolumbijskim Pałacu Sprawiedliwości – oprócz wszystkich tych grubych jak książki telefoniczne plików opowiadających o przeszłości Escobara i jego wspólników – znajduje się równie wiele skrzyń z aktami z tysiąca ośmiuset procesów przeciwko armii i organom bezpieczeństwa państwa w związku z łamaniem praw człowieka. Żarłoczny pożar, który w niewyjaśniony sposób wybucha w Pałacu o osiemnastej, rozwiązuje za jednym zamachem problem nie tylko kilkunastu Extraditables, lecz także – a może nawet przede wszystkim – kilku tysięcy wojskowych.

Piekielne temperatury zmuszają teraz zarówno partyzantów, jak i zakładników do ucieczki do łazienek na czwartym piętrze, a Andrés Almarales nakazuje ewakuować kobiety i rannych. Wieczorem milkną telefony, za pośrednictwem których sędzia Reyes i komendant Otero porozumiewali się z Pałacem Prezydenckim. Kiedy Betancur decyduje się na dialog z przewodniczącym Sądu, okazuje się to niemożliwe: wojskowi dokonali praktycznie zamachu stanu. Wydarzenia związane z wyborami miss nie zostają odwołane ani nawet przesunięte, co argumentuje się tym, że radosny i silny duch ludu Kolumbii nie da się złamać jedną tragedią, a mieszkańcy Cartageny nie pozwolą pokrzyżować sobie planów z powodu czegoś, co stało się „tam, w Bogocie".

Walki toczą się przez całą noc, a kiedy przedstawiciel prezydenta i dyrektor Czerwonego Krzyża pojawiają się nazajutrz o świecie, żeby zacząć negocjacje z napastnikami, żołnierze zakazują im wstępu do Pałacu i umieszczają ich w historycznym Casa del Florero razem z dwustoma zakładnikami wypuszczonymi przez Almaralesa lub uwolnionymi przez wojskowych. Wśród nich znajduje się radca stanu Jaime Betancur Cuartas, brat prezydenta. Każdy jest rejestrowany i długo przesłuchiwany przez szefa B-2 (wywiadu wojskowego), pułkownika Edilberta Sancheza Rubiana, z pomocą oficerów artylerii i wydziału F2 policji. Wielu z nich myli niewinne ofiary z partyzantami, więc dziesiątki urzędników sądowych – w tym sędziów i radców – unika zatrzymania wyłącznie dzięki błaganiom kolegów z pracy. Każdy, kto budzi choć najmniejsze podejrzenia, jest pakowany do ciężarówki wojskowej, kierunek: Szkoła Kawalerii w Usaquén, na północy Bogoty. Wyłącznie dwóch studentów prawa, porzuconych na odległej drodze po torturach, zostaje potem uwolnionych.

O drugiej nad ranem cały świat z niedowierzaniem ogląda w telewizji chwilę, w której czołg Cascavel jednym czystym strzałem z działa wybija ogromną dziurę w ścianie czwartego piętra, gdzie chronią się ostatnie grupki partyzantów i zakładników. Potem przez ten sam otwór policyjni snajperzy, rozmieszczeni na dachach sąsiednich budynków, strzelają bez skrupułów do wnętrza Pałacu, na rozkaz swojego szefa, generała Victora Delgada Mallarina. Tymczasem armia ciska granaty, a nad wszystkim krążą helikoptery. Choć napastnikom kończy się amunicja, odmawiają poddania się komisji humanitarnej i późniejszemu procesowi, mimo licznych gwarancji. W miarę jak grad pocisków systematycznie pokonuje ich opór, ogień kończy trawić resztki Pałacu. Żołnierzom wydano rozkaz, by z tej ostatniej sześćdziesięcioosobowej grupy nikogo nie pozostawić przy życiu, więc giną prawie wszyscy, łącznie z sędziami, świadkami okrutnej rzezi. Wśród nich znajduje się przewodniczący Sądu Najwyższego i cztery osoby, które miały wypowiedzieć się w kwestii ekstradycji, w tym Manuel Gaona Cruz, obrońca praw człowieka. Minister obrony nakazuje rozebrać i umyć wszystkie ciała, bez wyjątku, niszcząc tym samym cenne dowody, a także zabrania wstępu lekarzom sądowym, którzy mieli wynieść zwłoki.

Tymczasem zarządzeniem minister komunikacji Noemí Sanín Posady – kuzynki Maríi Líi Posady, żony Jorgego Ochoi – wszystkie stacje telewizji kolumbijskiej nadają wyłącznie mecze piłki nożnej i relacje z wyborów miss. Blisko dwadzieścia siedem godzin po rozpoczęciu oblężenia słychać ostatni wybuch i we wnętrzu budynku zapada cisza. O czternastej trzydzieści generał Arias Cabrales składa ministrowi obrony raport o zwycięstwie, a generał Vega Uribe informuje prezydenta, że udało się odeprzeć atak i odzyskać Pałac Sprawiedliwości.

– Jaki pałac? Szkielet ruin z setką spalonych trupów wewnątrz? – pytamy się wszyscy w osłupieniu.

O dwudziestej Belisario Betancur przemawia do narodu:

– Na dobre czy na złe, prezydent Republiki bierze na siebie odpowiedzialność.

– Jaką odpowiedzialność? Za zmasakrowanie władzy sądowniczej za pomocą bezlitosnego bombardowania przez armię i policję? – mówię do siebie, słuchając najwyższego zwierzchnika sił zbrojnych, w którym mieszkańcy Kolumbii, wciąż kuszeni wizją nieistniejącego państwa, ujrzeli w 1982 roku przyszłego męża stanu, a przynajmniej tak im się wydawało.

Z tej okrutnej zagłady zwycięsko wyszły trzy grupy: wojskowi, Extraditables i dwie największe partie. Szanse na przekształcenie M-19 i innych grup rebeliantów w jakikolwiek projekt polityczny legły bowiem w gruzach razem z władzą sądowniczą. Życie straciło jedenaścioro sędziów, czterdzieścioro troje cywilów, trzydzieścioro troje partyzantów i jedenaścioro członków sił zbrojnych i DAS. Kamery serwisów informacyjnych uchwyciły moment, w którym kilkanaścioro pracowników stołówki i jej kierownik, a także dwie rebeliantki zostali wyciągnięci z Pałacu Sprawiedliwości przez wojsko. Następnego dnia, kiedy rodziny zapytają o miejsce pobytu zatrzymanych, dowiedzą się, że tymczasowo przebywają w garnizonach wojskowych. Nikt nie uściślił, w których i gdzie, a słuch po zatrzymanych zaginął.

12 listopada wracam z feralnego konkursu piękności, ostatniego, którym miałam się zająć w swojej karierze zawodowej. Nazajutrz, 13 listopada tego *annus horribilis* w Kolumbii ma miejsce największa tragedia wszech czasów i światowe media szybko zapominają o setce ofiar w Pałacu Sprawiedliwości w Bogocie. Skupiają się na dwudziestu pięciu tysiącach zmarłych w Armero, bogatym regionie słynącym z upraw ryżu i kawy w departamencie Tolima. Myślę sobie, jak niezwykły fart mają ci opłacani przez państwo zbrodniarze, i dochodzę do wniosku, że ktoś chyba rzucił klątwę na moją biedną ojczyznę i na nas wszystkich. Zastanawiam się, czy ten, którego uważałam dotychczas z najdzielniejszego z mężczyzn, nie przeistoczył się po prostu w najtchórzliwszego z potworów. Zmieniam numer telefonu i z sercem ściśniętym z przerażenia postanawiam już nigdy w życiu nie spotykać się z Pablem Escobarem. Z dnia na dzień przestałam go kochać.

Tarzan kontra Pancho Villa

Trzynastoletnia Omayra Sánchez kona przed kamerami telewizji z całego świata. Tylko głowa i ramiona dziewczynki wystają nad powierzchnię brudnej wody, pod którą tkwi betonowy słup przygniatający jej nogi. Otacza ją krajobraz spustoszenia, a ciągnące się kilometrami połacie błota ze sterczącymi gdzieniegdzie pojedynczymi koronami drzew czy szczątkami utopionych krów zdają się nie mieć końca. Na wydobycie Omayry z potrzasku i transport do szpitala, gdzie można by amputować jej nogi, potrzeba wielu dni. Choć w jej ciele szerzy się gangrena gazowa, nastolatka napawa nadzieją miliony rodaków i tych, którzy poruszeni jej cierpieniem i męstwem w obliczu śmierci patrzą bezsilnie z każdego zakątka świata. W Kolumbii wiemy, że nie da się jej uratować, możemy co najwyżej być świadkami jej agonii i modlić się, żeby ból jak najszybciej się skończył. Po sześćdziesięciu godzinach aniołek opuszcza nas na zawsze i ulatuje do nieba, gdzie czekają już dusze pozostałych dwudziestu pięciu tysięcy ofiar, a także setki winnych i niewinnych, którzy zginęli dziesięć dni wcześniej w oblężeniu Pałacu Sprawiedliwości.

Mała Omayra to tylko jedna z dwudziestu jeden tysięcy rannych i okaleczonych, którzy przeżyli katastrofę w Tolimie. W ciągu zaledwie kilku minut od wybuchu krateru Arenas wulkanu Nevado del Ruiz lawa i skały wulkaniczne wypełniły spokojną dotychczas Río Lagunilla, która około północy zalała Armero rwącym strumieniem szerokim na kilka kilometrów. Powódź błota i odłamków skalnych dosłownie zmyła z mapy miasteczko, które od dziewięćdziesięciu lat dobrze prosperowało w tym miejscu. W Kolumbii wszystkie tragedie są zapowiedziane i w tym przypadku nie było inaczej: już od kilku miesięcy wulkanolodzy zwracali uwagę na obfite wyziewy z krateru, ale rząd, jak zwykle obojętny na przestrogi, postanowił zignorować naukowców, bo jak niby mieliby ewakuować pięćdziesiąt tysięcy ludzi i gdzie ich zakwaterować?

Dwie następujące po sobie katastrofy pozostawiają kraj pogrążony w żałobie i głębokim poczuciu absolutnej bezsilności. Tragedia w Armero okazuje się jednak prawdziwym błogosławieństwem dla wojskowych, którym znudziło się już gwałcenie, duszenie, obdzieranie ze skóry, wyrywanie paznokci, oblewanie kwasem siarkowym, podpalanie, grzebanie lub wyrzucanie na wysypiska śmieci wszystkich zatrzymanych w związku z atakiem na Pałac Sprawiedliwości. Teraz chcą za wszelką cenę odbudować swój wizerunek aniołów stróżów, gotowych służyć obywatelom w nieszczęściu, więc oddają wszystkie siły, środki, ludzi, samoloty i helikoptery do dyspozycji dwudziestu kilku tysięcy pozbawionych zdrowia i dachu nad głową. Jak za dotknięciem czarodziejskiej różdżki z łotrów stają się bohaterami.

Cały ten horror, niekończące się historie o niewyobrażalnym cierpieniu i nieodwracalnych stratach, od rana do wieczora przewija się przez ekrany telewizorów. Wezbrany potok łez i zbiorowy ból łączą się z moim cierpieniem, a kiedy wreszcie dostrzegam, jak nieodpowiedzialnego i zaślepionego egoistę kochałam, ogarnia mnie poczucie winy, że żyję. Chciałabym już tylko spoczywać w pokoju ze zmarłymi.

Kilka miesięcy później moja przyjaciółka Alice de Rasmussen zaprasza mnie na parę dni do domu na Islas del Rosario, niewielkim archipelagu położonym pięćdziesiąt pięć kilometrów od Cartagena de Indias. Koralowe wysepki tworzące park narodowy stanowią własność państwa, ale dziesiątki starych, bogatych rodzin z Cartageny, Bogoty i Medellín pobudowało na nich najróżniejsze domki i dworki, oficjalnie nazywane „ulepszeniami". W tym kraju powszechnie stosowane praktyki stają się w końcu legalne – wyspy może i należą do państwa, ale ich powierzchnia już do tych, którzy zajęli ją celem wprowadzenia ulepszeń poprzez stawianie budynków. A komu przeszkadza, że podwodna część jakiejś wysepki, w regionie Kolumbii słynącym z luksusowej turystyki, należy do kogoś innego? W roku 1986 nie ma już ani skrawka nieużytku, każda działka warta jest małą fortunę, a ceny najskromniejszych nawet domków nie spadają poniżej ćwierć miliona dolarów.

Rafael Vieira Op Den Bosch jest synem jednego z białych osadników z parku narodowego Islas del Rosario oraz matki pochodzenia karaibsko-holenderskiego. Ma trzydzieści cztery lata i chociaż nie posiada własnego zoo, jest ekologiem szanowanym przez turystów, sąsiadów i samego dyrektora rezerwatu, na terenie którego on i jego rodzina zbudowali dochodowy interes: oceanarium Acuario de las Islas. Rafa (bo tak wszyscy się do niego zwracają) nie jest bogaty, ale w jego lokalu codziennie stołuje się osiemset osób. Nie jest niski, brzydki ani gruby, lecz wysoki, przystojny i atletyczny. Zamiast motorówkami pływa wielkim, starym kutrem. Nie kolekcjonuje żyraf i słoni, lecz barakudy, i jedyne, co łączy go z Pablem Escobarem, to Pancho Villa: podczas gdy Pablo morduje ludzi – a na zdjęciach, w sombrero i stroju kowboja, wygląda jak nowe wcielenie meksykańskiego bandyty – Rafa tylko uprowadził

groźnego rekina zwanego Pancho Villą, sam zaś, zawsze bez kapelusza i w miniaturowych kąpielówkach, wygląda jak chodząca
kopia Krisa Kristoffersona.

Od miesięcy czuję się smutna i okropnie samotna, więc nie-
trudno mi zakochać się od pierwszego wejrzenia w kimś tak atrak-
cyjnym jak Rafael Vieira. A skoro on najwyraźniej też zakochuje
się w moim uśmiechu i biuście, a zaraz potem nadaje mi przydomek Pussycat, już pierwszego dnia z nim zamieszkuję. Żyję z jego
rybami, skorupiakami, delfinami, koleniami i jego celem: ochroną
morskiej fauny w kraju, w którym do najstarszych tradycji należy
połów za pomocą dynamitu – dla oszczędności czasu i kosztów,
bo liczy się tylko rum i to, co dziś, a nie przyszłość naszych dzieci.

Na San Martín de Pajarales, malutkiej wysepce należącej do
Vieirów, nie ma plaż ani palm, a woda pitna stanowi dobro luksusowe. Rezyduje tu około dwudziestu robotników afrokolum-
bijskich, potomków rdzennych mieszkańców wyspy, oraz matka
Rafaela. Ojciec z macochą wyprowadzili się do Miami, a bracia
do Bogoty. Stoi tu kilkanaście domków, drzwi do naszego zawsze
pozostają otwarte. Rafa całymi dniami pracuje nad powiększe-
niem oceanarium, a ja pływam, nurkuję i uczę się nazw gatunków
zwierząt z Morza Karaibskiego po łacinie, angielsku i hiszpańsku.
Niczym Cousteau zamieniam się w prawdziwą specjalistkę od eto-
logii skorupiaków, a niczym Darwin zastanawiam, dlaczego rekiny dzięki trzystu milionom lat ewolucji osiągnęły ideał, a ludzie
mają ich za sobą wyłącznie pięć i przez to całą masę defektów, jak
na przykład moja krótkowzroczność. Rozumiem, w czym tkwi
przyczyna: ludzie pochodzą od małp, którym wiele milionów lat
zajęła nauka chodzenia na dwóch nogach, a jeszcze dłużej – polo-
wania, a nie od gatunków morskich, bardziej dociekliwych, wolnych i skłonnych do ryzyka.

Rafa uczy mnie łowić ryby, nurkować z butlą i pozbyć się strachu przed mantami, które czasem się z nami bawią, oraz przed ciekawskimi barakudami, chętnie podpływającymi do ludzi, żeby bliżej przyjrzeć się przedstawicielom najbardziej drapieżnego gatunku świata, jedynego zdolnego do tortur. Tłumaczy mi, że morskie zwierzęta nie atakują, o ile się ich nie zaczepia lub nie nabije nieodpowiednio na harpun, ale ja nie chcę się tego nauczyć, bo nie cierpię zabijać ani krzywdzić żywych istot, wolę się nimi opiekować. Każdego dnia schodzę coraz głębiej, bez fajki, zwiększając tym samym pojemność płuc. Spędzam w wodzie po sześć–siedem godzin, pokonuję coraz dłuższe dystanse, więc zaczyna się ze mnie robić sportsmenka, wyglądam na kilka lat młodszą. Codziennie podziwiamy zachód słońca nad rozświetlonym horyzontem, pijąc drinka na niewielkim pomoście własnoręcznie zbudowanym przez Rafę – jak niemal wszystko na wyspie – i rozmawiając o środowisku, podróżach do Afryki, zwierzętach i ewolucji. Rafa nie przepada za książkami, ale lubi opowieści, więc wieczorami czytam mu Hemingwaya. Moje życie stało się niewiarygodnie proste. Jesteśmy szczęśliwi, rozważamy ślub, a nawet dzieci.

Co sześć tygodni spędzam kilka dni w Bogocie. Miasto robi teraz na mnie wrażenie dziwnego i niegościnnego, miejsca, gdzie trzeba się poruszać w elementach zbroi typowej dla *femina sapiens* – długie pomalowane szpony, makijaż, fryzura, szyta na miarę garsonka z jedwabną bluzką, pończochy oraz szpilki – i funkcjonować wśród tłumów złośliwych kosmopolitów, którzy rozmawiają wyłącznie o zdradach i intrygach. Patrzą przy tym na mnie z głębokim współczuciem, lekko zabarwionym zazdrością, bo porzuciłam karierę, podróże i życie towarzyskie, żeby wyjechać „na mikroskopijną wysepkę z miłości do »beach boya«, może i ładniutkiego, ale bez grosza przy duszy". Zaglądam więc tylko do mieszkania, płacę rachunki i czym prędzej wracam do mojego morskiego życia w kochających ramionach Rafy. Przeglądając pewnego ranka pocztę, podczas jednej z takich wizyt w połowie 1986 roku, trafiam na brązową kopertę, w której znajduje się chyba gazeta.

Absolutnie nic nie mogło mnie przygotować na zawartość koperty: szesnaście fotografii rozczłonkowanych zwłok momentalnie przypomina mi o realiach życia w Kolumbii na stałym lądzie. Tekst anonimu jest skierowany do mężczyzny, którego już od wielu miesięcy nie widuję ani nie kocham, a po którym wspomnienie straciło już słodko-gorzki smak zakazanego owocu, przerodziwszy się w zbiór oderwanych wspomnień, coraz bardziej mglistych, pełnych niepewności i agonii, równie kosztownych, co niepotrzebnych. Ktoś ewidentnie powiedział o naszym spotkaniu z M-19 jakiemuś funkcjonariuszowi służb bezpieczeństwa albo wywiadu wojskowego, być może jednemu z zamieszanych w najbardziej bestialskie tortury. Ktoś, kto oskarża Pabla i Gonzala o zbrodnie potworniejsze niż cokolwiek, co mogłabym sobie wyobrazić, przysięga, że zapłacę za nie każdą kroplą krwi i każdym skrawkiem skóry. Przepłakuję kilka godzin, modląc się do dusz tych ofiar, żeby doradziły mi, co mam zrobić, po czym postanawiam zadzwonić do dwóch osób: do znajomej – mówię jej, że zmieniłam zdanie w kwestii siedemdziesięciodwukaratowego diamentu, o którym mi wspominała, i że owszem, chętnie pokażę go kolekcjonerowi (właściciel żąda za kamień miliona dolarów i oferuje mi sto tysięcy prowizji za pośrednictwo); i do mojej przyjaciółki Susanity, pośredniczki w handlu nieruchomościami, z prośbą o wystawienie mojego mieszkania na sprzedaż. Potem zaś, zamiast wrócić do Cartageny, łapię pierwszy samolot do Medellín.

Gustavo Gaviria wita mnie ze zwykłą szorstką, acz szczerą uprzejmością. Rozmawiamy o jego interesach, moich zerwanych umowach i sytuacji w kraju, ale w jego spojrzeniu zauważam zaczątki głębo-kiego smutku egzystencjalnego. Po krótkiej pogawędce pokazuję mu diament, który – jak mi powiedziano – należał do jednej z europej-skich dynastii królewskich. Bierze lupę jubilerską, która pozwala mu wypatrzyć nawet najmniejsze skazy w pozornie idealnym kamieniu, i zaczyna analizować lśniący klejnot wielkości przepiórczego jajka.

– To naprawdę jeden z największych kamieni, jakie w życiu wi-działem... Długi na pół palca... Tak, na pewno jest z jakiejś ko-rony... Cena sugeruje, że pochodzi z kradzieży... Ale nie jest zbyt czysty... Żółtawy, ani biały, ani kanarkowy... Niby niedrogi, ale kolor mi się nie podoba... I ma węgielki...

– Chryste, Gustavo! Oboje dobrze wiemy, że gdyby to był nie-skazitelny diament klasy D albo *canary*, kosztowałby cztery–pięć razy więcej...

Ktoś puka do pokoju. Nie czeka, aż Gustavo zaprosi go do środ-ka, tylko wchodzi i zamyka za sobą drzwi.

– Proszę, proszę, kogo my tu mamy! Sama Syrenka we własnej osobie! I jaka opalona! Czemu zawdzięczamy ten zaszczyt?

– Przyjechała do mnie z tym, Pablo – mówi Gustavo i pokazuje mu diament. – Virginia straciła wszystkie kontrakty, nawet rekla-mowe, więc potrzebuje pieniędzy z prowizji.

Pablo ujmuje lśniący kamień między kciuk a palec wskazujący i przygląda mu się z daleka, na odległość wyciągniętego ramienia, jakby trzymał rozkładający się palec trupa swojego najgorszego wroga. Na jego twarzy maluje się tak głębokie obrzydzenie, że przez chwilę obawiam się, czy nie wyrzuci miliona dolarów przez okno. Potem, jakby rzeczywiście oparł się takiej pokusie, patrzy na wspólnika i mówi:

– Tu nie jubiler! My robimy w narkotykach, a z nią nie pro-wadzimy żadnych interesów. Jeśli potrzebuje pieniędzy, niech pogada ze mną! I pamiętaj, bracie, że czekają na nas na spotkaniu.

Gustavo Gaviria wzdycha ciężko i mówi, że nie kupuje tak dużych diamentów, bo w przypadku nagłej potrzeby nie da się ich wymienić ani sprzedać za pierwotną cenę. Pytam, jak ktoś, kto posiada miliard dolarów gotówką, może mieć problemy z wysupłaniem miliona, a on wzrusza tylko ramionami, uśmiecha się z rezygnacją i odpowiada, że bogaci też czasem płaczą. Całuje mnie w policzek na pożegnanie, a kiedy zostajemy sami z jego kuzynem, pokazuję mu kopertę ze zdjęciami i anonimem.

– Powinieneś chyba to zobaczyć. Przyszło pocztą, zamierzałam przekazać ci to przez Gustava. Wygląda na to, że z powodu jakiejś sprawki twojej albo Meksykanina ktoś chce mi zrobić to samo co tym ludziom. Kto jeszcze wiedział o naszym spotkaniu z Ivanem Marinem, Pablo? Kto stoi za marcowym zabójstwem Álvara Fayada?

Otwiera kopertę i wysypuje na stół jej zawartość. Ze zdumienia aż go zatyka, bez słowa siada. Nie blednie, bo nic nie mogłoby sprawić, żeby Pablo Escobar zbielał, nigdy nawet nie zadrżał w obliczu sytuacji, które zwykłego śmiertelnika pozbawiłyby zmysłów. Jubilerskimi szczypcami Gustava podnosi po kolei każdą z szesnastu fotografii i przygląda się im w milczeniu. Potem czyta na głos niektóre fragmenty towarzyszącego zdjęciom tekstu, a w końcu oznajmia:

– Wydaje mi się, że czeka nas poważna rozmowa. I to długa… Wyszłaś za mąż?

Odpowiadam przecząco, ale dodaję, że Rafael spodziewa się mnie wieczorem w Cartagenie. Prosi, żebym w takim razie zwróciła diament, wmówiła koleżance, że udaję się w podróż, i czekała w jego mieszkaniu, aż będzie miał wolną chwilę, bo musi omówić ze mną sprawę życia i śmierci.

– Zadzwoń do narzeczonego, czy kim on tam dla ciebie jest, i powiedz, że uciekł ci samolot i wrócisz jutro. Spokojnie, włos ci z głowy nie spadnie, nie mam najmniejszego zamiaru robić ci krzywdy. Zabieram te zdjęcia, poproszę znajomych, żeby sprawdzili odciski palców. Może się dowiemy, co za zwyrodnialec je zrobił, co za psychopata ci je wysłał i co za pierdolony skurwysyn każe mi płacić za tę masakrę!

– Nie, nie, Pablo! Na tych zdjęciach jest już miliard moich odcisków, tylko pogorszysz sytuację. Nawet się nie waż ich nikomu pokazywać ani próbować dojść, skąd się wzięły, błagam! Mieszkam teraz na rajskiej wysepce z prawdziwym aniołem i nie ponoszę winy za wasze zbrodnie! – wykrzykuję mu w twarz, wybucham płaczem i próbuję wyrwać mu fotografie.

Wstaje i mnie obejmuje. Kiedy udaje mu się już mnie uspokoić, chowa zdjęcia z powrotem do koperty i obiecuje je spalić, ale najpierw przyjrzeć się im dokładnie, żeby sprawdzić, czy twarze ofiar odpowiadają tym, którzy zniknęli z Pałacu Sprawiedliwości. O ile uda się zidentyfikować kogokolwiek potraktowanego kwasem siarkowym. Nalega, żebym została na noc w Medellín, a kiedy w końcu niechętnie się zgadzam, wychodzi pośpiesznie. Zgodnie z zaleceniem dzwonię do Rafaela i mówię, że przylecę nazajutrz, bo odwołali lot z powodu złej pogody. Nigdy nie mogłabym wyznać mu, jak bardzo jestem przerażona, a tym bardziej dlaczego postanowiłam udać się po pomoc do Pabla. Po przyjeździe do mieszkania kładę walizkę na łóżku, żeby się trochę rozpakować, i dostrzegam jakiś błysk w gęstym włosiu dywanu: to delikatna złota bransoletka, zaraz ją przymierzam. Mam nadgarstki szczupłe jak u dziecka, ale gdybym chciała zapiąć tę niewiele wartą błyskotkę, musiałaby być jednak ciut większa.

Dopiero gdy Pablo dołącza do mnie kilka godzin później, zdaję sobie sprawę, że w ciągu ostatniego roku postarzał się o pięć. Ma dopiero trzydzieści sześć lat, ale jego krok zdaje się bardziej powłóczysty i niepewny. Zauważam też, że przybrał na wadze, a skronie zaczynają mu siwieć – mnie zresztą też, ale kobietom dużo łatwiej to ukryć. Sprawia wrażenie nieco spokojniejszego niż po południu, ale w oczy rzuca się zmęczenie i smutek, jakby potrzebował, żeby ktoś mocno go przytulił. Jego twarz jest jednym wielkim pytaniem, moja – oskarżeniem. Przygląda się naszym oddzielnym odbiciom w lustrze, w którym tyle razy przeglądaliśmy się razem, i stwierdza, że wyglądam na o dziesięć lat młodszą od niego, że przypominam złoty posąg, a ja uprzejmie dziękuję za komplement, za który zaledwie rok wcześniej zasypałabym go setką pocałunków. Dopytuje, dlaczego bez ostrzeżenia zmieniłam numer telefonu, a ja podaję swoje powody w kilku krótkich i zwięzłych zdaniach. Przez chwilę milczy smutno, jak to on, a potem wzdycha, podnosi wzrok i oświadcza, że mnie rozumie. Potem patrzy na mnie z czymś w rodzaju nostalgii za straconymi marzeniami, uśmiecha się markotnie i dodaje, że naprawdę bardzo się cieszy, że mnie widzi i może ze mną porozmawiać, nawet jeśli tylko przez kilka godzin. Pyta, czy mam coś przeciwko, żeby się położył, a kiedy odpowiadam, że nie, opada ciężko na łóżko, krzyżuje ręce pod karkiem i zaczyna relację z prawdziwego życia, z zupełnie nieodległej przeszłości, na przykład z 6 listopada ubiegłego roku:

– Sekretarka sędziego Carlosa Medellina trafiła do szpitala imienia Simona Bolivara z poparzeniami trzeciego stopnia. Kiedy przyjechali po nią mundurowi i ordynator oddziału oparzeń próbował się sprzeciwić, zagrozili mu oskarżeniem o kolaborację z partyzantami, aresztowaniem i przesłuchaniem w koszarach. Przez kilka godzin męczyli niewinną biedaczkę w Szkole Artylerii, aż w końcu zmarła, kiedy te bydlęta dosłownie darły z niej pasy. Kobiecie, która zaczęła rodzić w furgonetce wojskowej, zabrali dziecko, a po porodzie skatowali ją na śmierć. Rozczłonkowane zwłoki innej ciężarnej znaleziono na wysypisku śmieci w Mondoñedo. Niejaką Pilar Guarín, dziewczynę, która miała tego dnia zastępstwo w stołówce, przez cztery dni gwałcili w garnizonie. Później rozpuścili ją i wiele osób w kwasie siarkowym, a ciała innych zakopali na cmentarzu przy Szkole Kawalerii, gdzie leżą setki z tysięcy zaginionych bez wieści za rządów Turbaya. A wiesz, dlaczego to wszystko zrobili? Żeby wyciągnąć informacje na temat siedmiu milionów dolarów, które miałem rzekomo dać M-19 do podziału między wojskowych i funkcjonariuszy służb bezpieczeństwa. Torturowali nie po to, żeby dowiedzieć się, kto sfinansował zamach, bo to już dobrze wiedzieli. Chcieli poznać miejsce pobytu Álvara Fayada i całej tej kasy, łącznie z tą, którą dostał już Iván Marino Ospina.

– Ile naprawdę zapłaciłeś M-19, Pablo?

– Dałem Ivanowi Marinowi milion gotówką, obiecałem kolejny milion w broni i wsparciu finansowym. Dzięki lotnisku w Nápoles mogliśmy sprowadzić część materiałów wybuchowych, ale broń i amunicja nie dotarły na czas i to nas zgubiło: trzeba było zorganizować zamach zbyt wcześnie, bo tego dnia sąd miał zacząć obradować nad ekstradycjami, a dowody przeciwko nam były niepodważalne. M-19 chcieli tylko wygłosić oświadczenie i domagać się wyjaśnień od prezydenta, ale wszystko poszło nie tak. Armia podpaliła Pałac i powyrzynała sędziów, żeby nie został żaden świadek tego, co zaszło w środku. Gonzalo dowiedział się wszystkiego i mi przekazał. Tobie mogę się przyznać, że ten milion z kawałkiem to była najlepsza inwestycja w moim życiu. Ale niezależnie od tego, jak blisko Meksykanin jest z B-2 i jak bardzo nienawidzi lewicy, ani on, ani ja nigdy nie zapłacilibyśmy wojsku za zamordowanie sześciu komendantów M-19! To najpodlejsze łgarstwo, jakie w życiu słyszałem. Fayad i Ospina byli nie tylko moimi przyjaciółmi, lecz także naszym łącznikiem z Noriegą, sandinistami i Kubą. Nie ma sensu cię oszukiwać, Virginio, zbyt dobrze mnie znasz, więc wiesz, że musiało tak być. Teraz mogę ci też wyznać, dlaczego zależało mi, żebyś poznała tamtego wieczoru najważniejszych szefów M-19. Wiedziałem, że będą się domagać od rządu pasm radiowych, i pomyślałem, że może mogłabyś dla nich pracować.

Na pytanie, kto jeszcze wiedział o jego układach z Ospiną i Fayadem, odpowiada, że tylko najbardziej zaufani ludzie. Pytam więc, ilu z nich wiedziało o mojej obecności na spotkaniu w połowie sierpnia 1985 roku. Wygląda na zaskoczonego i twierdzi, że jak zwykle – tylko dwójka, która przywiozła mnie z hotelu i odstawiła na miejsce. Uświadamiam mu, że musi mieć w swoim otoczeniu zdrajcę: na pewno wspomniał którejś ze swoich licznych dziewczyn o naszym spotkaniu, a ona zadzwoniła do służb bezpieczeństwa, żeby na mnie donieść, a dzięki temu na dobre się mnie pozbyć albo przynajmniej zmusić mnie do wyjazdu z kraju. A teraz jakiś najbardziej chory umysł świata próbuje wcisnąć mi absurdalną historię, jakoby Pablo i Meksykanin mieli zlecić armii zabicie zarówno sędziów, jak i partyzantów, żeby nie musieć płacić M-19 obiecanych pieniędzy w przypadku udanego zamachu. On komentuje, że w takim przypadku wojsko i służby wywiadowcze wyciągałyby od niego kasę do końca życia i wyszłoby mu to dużo drożej niż M-19.

– Pablo, nie interesuje mnie, kto powiedział o naszym spotkaniu z Ospiną, ale musisz zacząć się pilnować przed swoimi ludźmi i przed tymi drogimi dziwkami, które ciągle sobie sprowadzasz. Ty może i masz małą armię, która cię obroni, ale ja jestem pozostawiona na pastwę twoich wrogów. Jestem jedną z najsłynniejszych kobiet w tym kraju, więc kiedy mnie poćwiartują albo zniknę, szczegóły naszego związku wyjdą na światło dzienne, oskarżą cię o moją śmierć, a wszystkie twoje misski, modelki i prostytutki pójdą się gonić.

Wciskam mu złotą bransoletkę i oznajmiam, że jest trochę za duża na jego córeczkę Manuelę.

– To biżuteria dla dziewczynki! Uzależniasz się od marihuany i nie tylko powoli padasz ofiarą własnego biznesu, ale jak tak dalej pójdzie, to staniesz się zboczeńcem! Czego ty szukasz u tych wszystkich dziewic? Swojego jedynego ideału kobiecości, kopii tej, która kiedyś była kobietą twoich marzeń, trzynastolatki, w której się zakochałeś?

– Nikt nie ma prawa tak do mnie mówić! Psiakrew, za kogo ty się masz? – z krzykiem zrywa się na równe nogi i rzuca na mnie jak dzikie zwierzę. Potrząsa mną jak szmacianą lalką, a ja nie mogę się opanować i wrzeszczę mu w twarz:

– Mam się za twoją jedyną prawdziwą przyjaciółkę, Pablo! Jedyną kobietę, która nigdy niczego od ciebie nie żądała, nie oczekiwała, że będziesz ją utrzymywał, nawet nie przyszło jej do głowy prosić, żebyś odszedł od żony czy zostawił dzieci! Jedyną kobietę z prawdziwego zdarzenia, która cię kochała i będzie kochać do śmierci! Jedyną, która z miłości do ciebie straciła wszystko, na co przez całe życie pracowała, i jedyną, którą siódmy najbogatszy mężczyzna świata zostawił z pustymi rękami i bez możliwości zarobienia na życie! Nie wstyd ci? A kiedy już myślałam, że to, co nas łączyło, zostało w przeszłości i będę wreszcie mogła być szczęśliwa u boku dobrego człowieka, dostaję taki prezent od zawodowego dręczyciela! Przywiozłam ci te zdjęcia, żebyś na własne oczy zobaczył, co spotkało te niewinne kobiety z twojego powodu. Żeby uświadomić ci rzeczy, o których nikt inny nie odważyłby się ci powiedzieć, bo jestem jedyną osobą, która się ciebie nie boi, a zarazem jedyną w twoim otoczeniu niepozbawioną sumienia! Wiesz, że nienawidzę tortur, Pablo. Zabij mnie wreszcie, raz a dobrze, zanim wpadnę w ręce tych zwyrodnialców. Zrób to sam, skoro przycisnąłeś już setki osób i jesteś światowej klasy ekspertem od technik duszenia! Ale tym razem zrób to szybko, błagam cię!

– Nie, nie, nie! Nie proś mnie o coś tak potwornego, jesteś aniołem, a ja zabijam tylko bandytów. Tylko tego mi brakowało po tym wszystkim, co przeszedłem w ciągu ostatnich miesięcy! – mówi, próbując mnie uspokoić, uciszyć, przytulić, choć ja nie przestaję okładać go pięściami. Kiedy opadam z sił, kapituluję i zaczynam szlochać mu w ramię, całuje mnie we włosy i pyta, czy kocham go jeszcze chociaż troszkę. Odpowiadam, że już dawno nie jestem w nim zakochana, ale będę kochała go do śmierci, bo jest jedynym mężczyzną, który dobrze mnie traktował... Mnie i najbiedniejszych biedaków. Zapada długa cisza, w której słychać tylko mój płacz. Potem, jakby zwracał się sam do siebie, podczas gdy ja próbuję się uspokoić w jego objęciach, zaczyna mówić z bezbrzeżną czułością:

– Może to i lepiej, że przez jakiś czas pomieszkasz na wyspach, kochanie. Jestem spokojniejszy, niż gdybyś siedziała sama w Bogocie. Bóg wie, co robi... Ale szybko się znudzisz, bo potrzebujesz przestrzeni... i prawdziwego mężczyzny. Taka kobieta to za wiele dla tego dzieciaka... Ty jako Jane u boku Tarzana z oceanarium! Kto by pomyślał!

Odpowiadam, że po Tarzanie z zoo już nic mnie w życiu nie zdziwi. Śmiejemy się z pewną rezygnacją, on siada przy mnie i ociera mi łzy. Po dłuższej chwili namysłu mówi nagle:

– Zaproponuję ci pewien układ: skoro masz teraz tyle wolnego czasu, to może wstawisz do scenariusza naszego filmu całą prawdę o wydarzeniach w Pałacu Sprawiedliwości? Jeśli Włosi nie dadzą ci tych stu tysięcy dolarów, to dostaniesz je ode mnie. Jako zaliczkę.

Odpowiadam, że według tamtego dziennikarza z Włoch producenci nie zapłacą takiej kwoty, po czym dodaję:

– Poza tym musiałabym wyjechać z kraju i porzucić życie z Rafaelem. Tak czy inaczej, musisz zrozumieć, że na tym etapie nie mogłabym napisać apologii... Ani usprawiedliwiać twoich motywacji, Pablo.

Patrzy na mnie z urazą, a potem pyta z głębokim smutkiem w głosie, czy teraz ja też widzę w nim już tylko przestępcę, bandytę z kupą pieniędzy.

– Gdyby miłością mojego życia był po prostu kryminalista, jak by to o mnie świadczyło? Wiem, że ta sprawa z Pałacem wymknęła się spod kontroli i wam, i M-19, i Belisariowi. Ale wiem też, że dzięki tej masakrze uda się znieść ekstradycję. Nie oczekuj gratulacji, Pablo, bo przerażają mnie konsekwencje twojej działalności. Mogę powiedzieć ci tylko tyle, że skoro rzuciłeś już cały kraj na kolana, to nie ma sensu dalej zabijać ludzi. Nie przechwalaj się tym zwycięstwem i do samego końca wypieraj się jakiegokolwiek udziału w tym zamachu, może wreszcie znajdziesz trochę wytchnienia od piekła, w którym żyjesz, i zostawisz nas wszystkich w spokoju. Zachowam twój sekret, o ile można go tak nazwać, ale ty będziesz musiał znieść ciężar wszystkiego, co mi opowiedziałeś, na sumieniu. Zresztą każdy ze sprawców tej rzezi, bez wyjątku, prędzej czy później odpowie przed Bogiem. Historia dowiodła, że sprawdza się irlandzka klątwa *The crimes of the father...*: niespłacony dług za zbrodnie popełnione przez ojca przechodzi na potomków.

Pablo zmienia temat – może dlatego, żeby nie myśleć o swoich dzieciach – i postanawia podzielić się ze mną bólem, jaki czuł po stracie Ivana Marina Ospiny. Opowiada, że wojsko zabiło go w domu Gilberta Rodrigueza, bossa kartelu Cali przebywającego w więzieniu, który opłakał jego śmierć.

– Twój przyjaciel i współautor zamachu zginął w domu Gilberta? Po tym jak usłyszałam o żalu założyciela MAS i najwyższych bossów obu karteli za komendantem grupy partyzanckiej, nie zdziwi mnie już w tym kraju nawet widok Julia Maria Santa Dominga i Carlosa Ardili Lüllego padających sobie w objęcia i opłakujących Tirofija zmarłego po wypiciu dzbanka *refajo*! (*Refajo* to napój złożony w równych proporcjach z piwa Bavaria i napoju gazowanego Postobón).

On pyta, dlaczego zerwano ze mną także kontrakty reklamowe, więc tłumaczę, że według dziennikarza Fabia Castilla z „El Espectador" „Pablo Escobar podarował mi fabrykę pończoch Di Lido i studio telewizyjne, żebym nie musiała wychodzić z domu nagrywać programów". Rodzina Kaplanów poczuła się urażona i rozwiązała umowy. Pod pretekstem, że zatrudnianie gwiazdy mediów wychodziło im zbyt kosztownie, zastąpili mnie modelką. Potem już nikt nie kupował ich produktów i marka upadła. Chociaż praktycznie każdy dziennikarz w kraju dobrze wie, że w moim mieszkaniu nie zmieściłoby się studio telewizyjne, ani jeden nie stanął w mojej obronie. Co więcej, choć powszechnie wiadomo, że nikt mnie nigdy nie uderzył i mam idealną cerę, kobiety, które przez lata spiskowały, żeby wyrzucić mnie z telewizji – zwłaszcza kuzynka Santofimia i jej córka, synowa byłego prezydenta Alfonsa Lopeza – powtarzają każdemu, kto zechce słuchać, że doznałam masy straszliwych obrażeń twarzy, a potem przeszłam równie wiele operacji plastycznych i w rezultacie wycofałam się z mediów, postanowiwszy zostać utrzymanką Pabla Escobara.

– Te dwie są jak złe siostry Kopciuszka... A „El Espectador" i Fabio Castillo rozpętali całą tę nagonkę, żeby pozbawić cię pracy.

Słyszałem już, że wszyscy szefowie mediów są zgodni, żeby zrobić teraz z tobą to, czego nigdy by się nie odważyli, kiedy byłaś ze mną. A pułkownik policji, który sprowadził DEA do laboratoriów w Yarí, dostarczył temu nędznemu dziennikarzynie masy informacji do jego kłamliwej książki. Ale ja biorę ich wszystkich na siebie, kochanie. „Usiądź na brzegu rzeki i czekaj, aż spłyną nią ciała twoich wrogów", bo twoi nieprzyjaciele są też moimi.

Wstaję z krzesła i siadam na łóżku, przy jego stopach. Mówię, że ja staram się żyć raczej według zasad „co cię nie zabije, to cię wzmocni" i „najlepsze jest to, co się dzieje". Proszę, żeby obiecał mi, że jeśli uda się zablokować ekstradycję, zacznie myśleć już tylko o tym, jak zaplanować kolejne pół wieku życia, które mu jeszcze zostało, i porzuci obsesję na punkcie tego, co mówią media. Oświadczam stanowczo, że żadne z nas nie jest sędzią, katem ani Bogiem, wymieniam setkę argumentów na dowód, że z dala od tych wszystkich szumowin czuję się teraz niemal idealnie szczęśliwa, nie tęsknię ani za sławą, ani za socjetą, ani za karierą w telewizji.

Słucha mnie w milczeniu, bacznie przyglądając się moim oczom, ustom, każdemu milimetrowi mojej twarzy, zarezerwowanym dla innych wzrokiem konesera, którym rzadko mnie obdarza. Potem, autorytatywnie, jak zwykle pewny, że zna mnie lepiej niż ktokolwiek inny, oznajmia, że sama siebie oszukuję, że uciekłam na tamtą wyspę, żeby nie myśleć o tym, jak bardzo zostałam skrzywdzona; że skryłam się w ramionach Rafaela, żeby spróbować zapomnieć o nim. Z namysłem gładzi mnie po policzku i dodaje, że to dziwne, jak czysta jest moja dusza – przez wszystkie te lata nie ubrudziła się od jego, czarnej jak węgiel. Nagle zrywa się na równe nogi jak na sprężynie, całuje mnie w czoło, dziękuje, że pofatygowałam się aż do Medellín z tak poważnymi dowodami, a tuż przed pożegnaniem każe mi obiecać, że zawsze dam mu swój nowy numer telefonu, że zawsze będę, kiedy stanę się mu potrzebna, tak jak on będzie dla mnie, dyskretnie, ale trwale i niezmiennie, i że nigdy całkowicie nie zniknę z jego życia.

– Obiecuję, ale tylko do czasu, gdy ponownie wyjdę za mąż. Musisz zrozumieć, że tego dnia na zawsze zerwiemy kontakt.

Wyjeżdżam z Medellín nieco spokojniejsza niż wcześniej, przekonana, że jeśli umowa o ekstradycji zostanie wypowiedziana, Pablo będzie mógł zacząć budować swoje życie na nowo, na fundamentach hojności i wizji, w których zakochałam się przed niemal czterema laty. W samolocie do Cartageny modlę się do dusz torturowanych kobiet, żeby zrozumiały moje milczenie, bo nie wiem, komu mogłabym donieść o tych nieludzkich zbrodniach popełnionych przez morderców i złodziei opłacanych przez państwo. Wiem, że gdybym powiedziała głośno o okrucieństwach potwierdzonych przez Pabla, media powiązane z wpływowymi ludźmi zaczęłyby domagać się wtrącenia mnie do więzienia za współudział w Bóg jeden wie czym, dla uciechy kraju, w którym tchórze wyżywają się na kobietach, bo brak im odwagi, żeby stawić czoła mężczyznom pokroju Escobara.

Próbując wyrzucić z pamięci wizje mrożących krew w żyłach tortur i przerażającej agonii, na które nie mógł mnie przygotować nawet Pablo ze swoją berettą, zanurzam się w morskiej toni i zaczynam trenować, żeby dopłynąć do dużej wyspy naprzeciwko. Wyspa pozostaje w stanie naturalnym dzięki fundacji rodziny Echavarríów, którzy kupili ją, żeby uchronić przed zasiedleniem. To sześć mil morskich w jedną stronę i sześć z powrotem na San Martín de Pajarales, czyli w sumie sześć godzin wpław, o ile morze jest spokojne. Nie zdradzam swoich planów Rafie, bo nie pływam zbyt dobrze kraulem. Chcę to jednak zmienić, więc postanawiam podczas najbliższej podróży do Bogoty zoperować sobie wzrok, żeby móc obywać się bez soczewek kontaktowych.

Kiedy po raz pierwszy udaje mi się dotrzeć do celu, dzięki płetwom, masce i fajce – pozwalają pokonywać dystans bez większego wysiłku i konieczności wynurzania głowy, by oddychać – pękam z dumy i wyrzucam w górę ramiona w triumfalnym geście. Wyruszyłam z domu o siódmej, bo na wyspach życie zaczyna się tuż po świcie, i dotarłam na miejsce o dziesiątej. Podczas samotnej wyprawy nie zauważyłam rekinów ani innych dużych zwierząt – to pewnie wina połowów z użyciem dynamitu oraz silników statków turystycznych, które niszczą rafę koralową i stanowią największe zagrożenie dla malutkiego archipelagu. Po krótkim odpoczynku na bezludnej plaży, zapełniającej się turystami wyłącznie w niedziele, ruszam w drogę powrotną, już dużo bardziej pewna siebie, i docieram na San Martín o pierwszej po południu, w sam raz na obiad. Kiedy Rafa pyta, z czego się tak cieszę, nie mówię mu prawdy, bo wiem, że dostałby szału. Odpowiadam więc, że chyba odpuszczę trochę pływanie i zacznę pisać w opuszczonej szopie na pobliskiej wysepce. Tłumaczę, że jako persona non grata w mediach, a zarazem przyszła ślepa zawsze marzyłam, żeby moi koledzy po fachu nagrywali książki, kiedy są akurat bez pracy – niewidomi mogliby słuchać tych pięknych głosów. Komentuje, że ludzie zbyt leniwi, żeby czytać, też na pewno chętnie by z tego skorzystali, ale on wolałby słuchać moich historii opowiadanych moim własnym głosem.

– A o czym chcesz pisać, Pussycat?

Odpowiadam, że książki o mafiosach, w stylu *Ojca chrzestnego*, czy o myśliwych i rybakach, jak Hemingway.

– Wow! Ta o rekinie i inne o zwierzętach są fantastyczne! Ale nawet nie waż się pisać o tych zdegenerowanych mafiosach, którzy

powoli wykańczają nasz kraj. Handlarzy narkotyków można poznać na pierwszy rzut oka, nawet w kąpielówkach: zachowują się
jak królowie życia. Ten ich sposób chodzenia, patrzenia na kobiety, jedzenia, mówienia... Wszystko! Obrzydliwi, wstrętni! Jeszcze
kazaliby cię zamordować, a ja bym został bez mojej Pussytalindy!

W następną niedzielę schodzę po drabince sznurkowej z piętra,
na którym znajdują się nasza sypialnia i taras, żeby sprawdzić, do
kogo należy olbrzymi jacht zacumowany przed domem, i wpadam
wprost na Fabita Ochoę – brata Jorgego, wspólnika Pabla – z żoną.
Podziwiają akwarium w jadalni, a Rafa opowiada ich dzieciom
o ciężarnych samcach koników morskich i o Potworku, moim pu-
pilu niewiadomego gatunku. Podejrzewam, że Rafa zrobił wyjątek dla królów narkobiznesu z Antioquii dlatego, że tak naprawdę
profesją Ochoów jest miłość do zwierząt i hodowla najpiękniejszych okazów koni i byków, a ta druga działalność stanowi tylko
coś w rodzaju bardzo dochodowego hobby.

Niemal każdy odwiedzający wyspy zagląda do oceanarium.
Nieliczni, którzy nie znają Rafy Vieiry, znają mnie, więc nasze
życie towarzyskie jest znacznie bardziej ożywione, niż można by
się spodziewać. Pewnej niedzieli, podczas obiadu z Ornellą Muti
i Pasqualinem De Santisem – kręcą właśnie w Cartagenie adaptację
Kroniki zapowiedzianej śmierci Garcíi Marqueza – słynny operator
zaczyna się nagle we mnie wpatrywać. Oświadcza, że jestem „au-
tentyczną *donną* ekranu" i nie może zrozumieć, dlaczego nie wy-
stępuję już przed kamerami. Wiem, że wiele osób zastanawia moja
nieobecność w mediach, ale wiem też, że tylko ja i Pablo znamy
prawdziwe powody. Tak czy inaczej, komplement od legendy wło-
skiego kina wprawia mnie na dobre kilka dni w pogodny nastrój,
który potęguje się jeszcze w następnym tygodniu, kiedy udaje mi
się powtórzyć wyczyn z przepłynięciem dwunastu mil morskich.

Często chodzimy z Rafą na przyjęcia na sąsiednich wyspach, zwłaszcza do Germana Leongomeza, którego siostra wyszła za admirała Pizarra. Ich syn Carlos Pizarro Leongómez został wybrany na nowego szefa M-19 po śmierci Ivana Marina Ospiny i Alvara Fayeda. Pizarro jest powszechnie nazywany „komendantem Przystojniakiem", bo jako jedyny szef partyzantki w dziejach wyglądał na zdjęciach jak Che Guevara, a nie jak zbieg z więzienia Modelo w Bogocie. A w życiu tak się dziwnie plecie, że jego bogaty wujek Germán – którego poznałam jako konkurenta do ręki znacznie bogatszej wdowy po Rasmussenie – miał zostać wkrótce narzeczonym jedynej członkini kolumbijskiego parlamentu, która mogła mieć ambicje polityczne we Francji: Ingrid Betancur.

Kilka miesięcy później wracam do Bogoty, bo żeby sprawdzić, czy mogę poddać się operacji oczu, muszę na dwa tygodnie odstawić soczewki kontaktowe. Postanawiam spędzić te dni w swoim mieszkaniu zamiast na wyspie, gdzie mógłby przydarzyć mi się jakiś wypadek – jeszcze bym się potknęła i skończyła w szczękach Pancho Villi Trzeciego. Chociaż zaledwie dwadzieścia osób zna mój obecny numer telefonu i wszyscy wiedzą, że mieszkam w Cartagenie, automatyczna sekretarka pęka od setek wiadomości, od niezawodnych Davida Metcalfe'a i Armanda de Armasa, ale i od dziesiątków osób, które rozłączają się bez słowa albo rzucają pogróżki. Kilka dni po przyjeździe odbieram telefon od Pabla:

– Nareszcie wróciłaś! Znudziło ci się z Tarzanem?

– Nie, nie znudziło mi się z Rafaelem. Przyjechałam sprawdzić, czy mogą zoperować mi oczy, zanim zupełnie oślepnę. A tobie nie znudziło się to, co zawsze robiłeś?

– Nie, nie, kochana: codziennie cieszę się nowymi bezeceństwami! Ale co ty robisz całymi dniami na tej wyspie, poza pływaniem i opalaniem? Pracujesz nad moim scenariuszem albo nad powieścią?

– Z powieścią w ogóle mi nie idzie... Za każdym razem, gdy skończę rozdział, myślę z przerażeniem, że ktoś mógłby to przeczytać, i wyrzucam go do kosza. Jesteś chyba jedyną osobą na świecie, której nie wstydzę się pokazywać swojej twórczości...

– Miło mi to słyszeć! To naprawdę wielki zaszczyt, skarbie! Co trzy minuty będę dzwonił z innego telefonu, okej? Zmiana.

W kolejnych rozmowach Pablo mówi, że ma dla mnie propozycję najlepszego interesu wszech czasów: to niepowtarzalna okazja, o której możemy porozmawiać wyłącznie sam na sam, w największej tajemnicy, i na razie nic nie może mi zdradzić. Twierdzi, że dla spokoju ducha chce raz na zawsze zabezpieczyć mi przyszłość, bo strasznie mu smutno na myśl, że zaprzepaściłam przez niego karierę. Dziękuję za ofertę, ale odpowiadam, że naprawdę nie zależy mi na bogactwie. Następnego dnia znów dzwoni i upiera się, że chce wynagrodzić mi straty. Prosi, żebym zastanowiła się, co ze mną będzie, gdybym z jakiegoś powodu rozstała się z Rafaelem, nikt by mnie nie zatrudnił, a do tego – broń Boże! – lekarzom nie udałoby się uratować mojego wzroku.

– Zdajesz sobie sprawę, że gdybyś przyjęła wtedy ofertę pracy w Miami, teraz nie żyłabyś tak szczęśliwie? Wyobraź sobie, że jeśli przyjmiesz moją ofertę, będziesz mogła odbić się od dna i zapewnić sobie spokojną przyszłość. Teraz albo nigdy, kochanie, bo w przyszłym tygodniu... mogę już nie żyć! Obiecaj, że wpadniesz tu przed powrotem do Cartageny. Nie dręcz mnie, to dla twojego dobra... i dobra twoich dzieci. Bo mówiłaś, że chciałabyś mieć dzieci... czy nie?

– Nie wiem... Zamierzasz założyć stację telewizyjną i mnie w niej zatrudnić! O to chodzi, prawda?

– Nie, nie, nie! To coś dużo lepszego! Ale na razie nie mogę ci nic więcej powiedzieć.

– No dobrze. Przyjadę, ale jeśli okaże się, że nie było warto, już nigdy nie odezwę się do ciebie ani słowem i zrezygnuję z roli twojej biografki. Niech ci okrutni dziennikarze spiszą twoją historię i rozpowszechnią, że jesteś zwykłym psychopatą z żyrafami.

– To mi się podoba, kochanie! Napisz, że jestem psychopatą bez serca, możesz zaświadczyć. Żeby mnie szanowali i bali się mnie jeszcze bardziej!

Lekarze stwierdzają, że nie mogą mnie operować, ale moja dolegliwość nie jest ciężka. Wkurza mnie, że muszę nadal nosić soczewki, i nie mogę się doczekać, kiedy znów przytulę Rafę, który dzwoni do mnie codziennie i mówi, że za mną tęskni. W drodze powrotnej do Cartageny zatrzymuję się na kilka godzin w Medellín, żeby dotrzymać obietnicy złożonej Pablowi, który zlecił koordynację szczegółów naszego spotkania jednemu ze swoich najbardziej zaufanych ludzi. Już w mieszkaniu odbieram od niego telefon: spóźnia się i błaga, żebym poczekała parę godzin. Kiedy dwie wydłużają się do czterech, rozumiem, że próbuje mnie zmusić do noclegu w Medellín. W końcu przychodzi i tłumaczy, że za każdym razem, gdy ma się ze mną spotkać, musi odczekać i upewnić się w stu procentach, że nikt go nie śledzi i jesteśmy bezpieczni. Dodaje, że z powodu otrzymanego przeze mnie anonimu musiał znowu założyć mi podsłuch na telefonie, tym, którego numer mają wszyscy. Nie mógł mi tego powiedzieć, dopóki nie spotkaliśmy się osobiście. Usprawiedliwia się, że w przypadku ewentualnego uprowadzenia zidentyfikowanie głosów autorów pogróżek mogłoby pomóc mnie zlokalizować i uwolnić, ale ja zastanawiam się, jak długo jeszcze Pablo Escobar będzie stosował swoje jakże subtelne formy sprawowania nade mną kontroli. Postanawiam, że o ile proponowany przez niego układ biznesowy nie okaże się rzeczywiście rewelacyjny i nie będę mogła połączyć go z moim nowym życiem, to w odpowiednim momencie oznajmię mu, że zaręczyłam się z Rafą i nie możemy się już spotykać.

Pyta mnie, czy chcę zioło, bo on zamierza zapalić parę skrętów. Jestem zaskoczona, nigdy przy mnie nie palił. Odpowiadam, że chętnie bym się poczęstowała, gdyby marihuana wywoływała u mnie jakiekolwiek ciekawe efekty, ale tylko mnie otumania i zasypiam jak kamień aż do następnego dnia. Kiedy pyta, skąd to wiem, wyznaję, że mój argentyński mąż lubił sobie zapalić, więc i ja parę razy spróbowałam – bez powodzenia.

– Ten stary gość? A to niespodzianka!

Opowiadam mu, jak członkowie Clan Stivel – prawdopodobnie najważniejszej i najlepszej grupy teatralnej w Argentynie – w latach siedemdziesiątych poddawali się zbiorowej psychoanalizie przy użyciu LSD pod nadzorem psychiatry, najbardziej stukniętego z całego tego towarzystwa, i że to jedyny narkotyk, jakiego chciałabym spróbować, żeby otworzyć tytułowe drzwi percepcji z dzieła Aldousa Huxleya. Wyznaję swój podziw dla tego brytyjskiego filozofa, ucznia Krishnamurtiego, i jego badań nad peyotlem i meskaliną. Dodaję, że na łożu śmierci Huxley poprosił żonę o zastrzyk z LSD, żeby mógł przekroczyć próg zaświatów całkowicie pozbawiony bólu i z pełną jasnością, którą udało mu się osiągnąć już kilka razy, kiedy znikały czas, przestrzeń i materia. Pytam Pabla, czy zdobyłby dla mnie kwas, żebym mogła spróbować choć raz i zachować sobie odrobinę na moment śmierci.

– Czyżbyś sugerowała, żebym zajął się importem środków halucynogennych? Cóż za skandaliczna propozycja, Czysta Duszyczko! Jestem w szoku!

Od tamtej pory Pablo zwracał się tak do mnie za każdym razem, kiedy chciał się ze mną podrażnić albo ponabijać z tego, co nazwał moją „poczwórną moralnością w kwestii narkotyków": zaciekłej nienawiści do kokainy, cracku i heroiny, głębokiej pogardy dla jego ukochanego cannabisu, zainteresowania rytuałami plemion mezoamerykańskich i amazońskich wykorzystujących pejotl i ayahuascę oraz sekretnej fascynacji myślą o czymś, co w momencie przekroczenia mitycznego Styksu w drodze do Hadesu mogłoby pomóc mi zastąpić ból i lęk uczuciem pełnego zrozumienia, które przekracza wszelkie racjonalne doświadczenia i które Huxley opisał jako wrażenie unoszenia się w lekkim i przejrzystym eterze ponad najbardziej subtelnymi rozkoszami i przyjemnościami.

Pablo chce wiedzieć, czy na wyspach zażywa się dużo narkotyków, więc mówię, że wszyscy – z wyjątkiem Rafy – palą i wciągają na tony. Uparcie dopytuje, czy kocham Vieirę tak, jak kiedyś kochałam jego. Nie chcę powiedzieć tego, co pragnie usłyszeć, więc tłumaczę, że miłość występuje w niezliczonych formach, tak jak inteligencja. Świadczy o tym chociażby to, że najprostsze organizmy zdołały zaprojektować i zbudować przepiękne muszle, opierając się na złotej proporcji – którą wyraża liczba 1,618033 – stosowanej także w wielkich dziełach renesansowych, przewijającej się w najsłynniejszych obiektach architektonicznych i w najbardziej imponujących tworach natury, również na wielu ludzkich twarzach. Zawsze fascynowała mnie myśl – dodaję – że tak różne umysły: Boga, geniuszy i mięczaków, potrafią, czy to racjonalnie, czy to instynktownie, zastosować ten sam podział do prostokątnych kompozycji, a w rezultacie uzyskać godne podziwu formy geometryczne.

Pablo leży na łóżku i słucha mnie w milczeniu, pogrążony w stanie sprawiającym wrażenie idyllicznego spokoju. Z tego samego miejsca, w którym kiedyś zawiązał mi oczy i pieścił rewolwerem, patrzę zimno na króla narkotyków pod wpływem środka odurzającego wyprodukowanego przez innych. Nagle wstaje i podchodzi do mnie, jak w zwolnionym tempie, ujmuje moją twarz w dłonie, delikatnie, jakby zamierzał mnie pocałować i nie chciał przestraszyć, przygląda się jej uważnie i stwierdza, że może to właśnie z powodu złotej proporcji zawsze tak go fascynowała. Mówię, skrępowana, że nigdy bym na to nie wpadła, próbuję się wyswobodzić i pytam, o czym chciał ze mną porozmawiać. Gładzi mnie po policzkach i pyta, czy z innymi milionerami też rozmawiałam o irlandzkich klątwach i o geometrii. Odpowiadam z zaskoczeniem, że nie, bo od nich to zawsze ja się tylko uczyłam. Nie spuszcza ze mnie wzroku, trzyma mocno i chce wiedzieć, czy czuję coś do tych bogaczy. Skoro rozmawialiśmy o wielkich grupach interesów, a nie o innych mężczyznach, odpowiadam przecząco i nalegam, żeby natychmiast wyjaśnił, po co mnie ściągnął do Medellín. Pyta, czy chciałabym wyciągnąć kupę kasy od starych skąpców, a kiedy śmieję się, że sama ta wizja wywołałaby mentalny orgazm u każdej kobiety, woła triumfalnie, że właśnie o tym miał zamiar ze mną porozmawiać:

– Zamierzam uprowadzić najbogatszych ludzi w tym kraju i potrzebuję twojej pomocy. Oferuję ci dwadzieścia procent... Dwadzieścia procent z setek milionów dolarów, słońce...

Czyli Armando de Armas jednak nie kłamał!

Pablo trafił w moje ramiona jeszcze jako dziecko, a że ja – choć jego rówieśniczka – byłam już kobietą, przywykłam do tego, by się o niego troszczyć. On jeszcze nie zna tych ludzi tak dobrze jak ja, więc pytam z niedowierzaniem:

– Ale po co chcesz porywać tych biedaczków za dwieście, trzysta czy nawet pięćset milionów dolarów, skoro sam masz ze trzy miliardy? Jesteś bogatszy niż oni wszyscy razem wzięci, a jeśli staniesz się porywaczem, twoi wrogowie stwierdzą, że nie tylko oszalałeś, lecz także brakuje ci kasy. Zjedzą cię żywcem! Palisz teraz nawet nie Samarian Gold, tylko Hawaiian Platinum, Pablo. Na miłość boską, aż tak ci zależy na pieniądzach?!

– Wypaliłem może ze trzy skręty, a jeśli będziesz dalej tak się do mnie zwracać, to już nigdy nie zaproponuję ci żadnego interesu. Potrzebuję gotówki, bo przepisy przeciwko praniu brudnych pieniędzy zamieniły nam życie w piekło, prawie całą kasę z interesu musimy trzymać poza krajem. Nie można już jak dawniej przemycać jej w transportach sprzętu AGD, Botero nie da rady malować jednego obrazu dziennie, a De Beers wydobywać więcej diamentów tygodniowo, ferrari już nam się nie mieszczą w garażach. Ekstradycja upadnie, to pewne, ale w chwili, gdy *gringos* wytoczą nam procesy w USA, wyznaczą cenę za nasze głowy, zwłaszcza za moją. Żeby przygotować się na nadchodzącą wojnę, potrzebuję milionów dolarów na miejscu, w Kolumbii, a nie miliardów za granicą. Przyjaciele z M-19 nauczyli mnie wszystkiego, co musiałem wiedzieć o uprowadzaniu, a ty jesteś specjalistką od potentatów i jedną z niewielu osób, które darzę bezgranicznym zaufaniem. Zawsze uważałem, że jesteś genialna i odniosłabyś spektakularny sukces w naszym środowisku, gdyby nie te twoje skrupuły. Chcesz poznać plan czy wolisz zgrywać Czystą Duszyczkę?

Pablo nie zdaje sobie chyba sprawy, że teraz jest taki jak dawni potentaci. Z najsympatyczniejszym uśmiechem pytam, jaki rodzaj spółki proponuje, a on, podekscytowany, wpada w pułapkę:

– Na pierwszy cel wezmę sobie właścicieli obu rozlewni napojów: Santo Domingo jest kilkakrotnie bogatszy od Ardili, porwałbym go w Nowym Jorku, bo chodzi tam bez ochrony, albo podczas którejś z podróży. Widzieli cię, jak wysiadałaś z samolotu z nim i swoim angielskim znajomym... Jakiś rok temu, pamiętasz? Z kolei nad Carlosem Ardilą mam tę przewagę, że nie może mi uciec, bo jest przykuty do wózka. Luis Carlos Sarmiento sam do ciebie dzwoni i się z tobą umawia... Wybacz, że podsłuchuję twoje rozmowy, słońce... A co do tego Żyda od oleju i mydła, kumpla Belisaria, twojego sąsiada Carlosa Haimego, to żebym mógł zacząć go śledzić, będziesz musiała użyczyć mi swojego mieszkania, kiedy sama będziesz w Cartagenie.

W miarę jak zdradza mi kolejne szczegóły planu uprowadzenia czterech najbogatszych mężczyzn w Kolumbii, zaczynam dostrzegać, że całą strategię opracował z myślą o mnie. Tłumaczę, że rodziny Santo Domingo, Sarmiento Angulo, Ardila i Gutt mają stu-, stupięćdziesięcioosobowe armie, szkolone w USA i Izraelu w jednym tylko celu: za wszelką cenę uniknąć uprowadzenia przez partyzantów któregoś z członków rodziny i próby wyciągnięcia okupu.

– To jeden z ich ulubionych tematów rozmów, zwłaszcza od czasów porwania Juana i Jorgego Bornów w Argentynie, a także Camili Sarmiento, Glorii Lary i Adriany Sarmiento tutaj, w Kolumbii. Do tej pory najbogatsi nie pałali do ciebie nienawiścią, bo choć nigdy nie przyznaliby tego publicznie, w głębi serca pochwalają działalność MAS. Jeśli jednak porwiesz któregokolwiek z nich, wszyscy o tym zapomną i zjednoczą się przeciwko tobie. A nawet nie masz pojęcia, jaką straż posiada Carlos Ardila, jakim zaciekłym wrogiem może być Julio Mario Santo Domingo! Kiedyś na oczach tłumu zabił żmiję w klatce trzema splunięciami. Na ciebie wystarczą mu cztery czy pięć, Pablo!

– Ojeeej... Biedna gadzinka! A ty nie pałasz nienawiścią do nich? Nigdy nic od nich nie dostałaś, a teraz skazali cię na medialną banicję i śmierć z głodu!

– Owszem, ale co innego nienawidzić ich z tego czy innego powodu, a co innego chcieć ich skrzywdzić. Jeśli chodzi o Luisa Carlosa Sarmienta, to zastanów się nad spotkaniem z nim: to największy ekspert od bankowości w Ameryce Południowej i może mógłby wymyślić jakiś sposób na rozwiązanie twojego problemu „nadprogramowych milionów". Oddałeś mu swoich ludzi do dyspozycji, kiedy porwano mu córkę, więc dużo lepiej wyjdziesz na współpracy z nim niż na zrobieniu sobie z niego wroga. Rozumiesz chyba, że dużo lepszym interesem jest zalegalizować miliard dolarów, niż urwać pięćdziesiąt milionów? A skoro podsłuchujesz moje rozmowy, to wiesz już, że nie miał nic przeciwko kontaktom z Gilbertem Rodriguezem.

W jego oczach miga wściekły błysk.

– Cóż, w przeciwieństwie do niego ja nie przepadam za bankami ani kartami kredytowymi, wolę zapach banknotów! A podatków nienawidzę prawie tak jak Santo Domingo, dlatego to on, FARC i ja jesteśmy najbogatsi w tym kraju! Zapomnijmy o twoich byłych, bo mam wrażenie, że próbujesz ich chronić... Zejdźmy o poziom niżej: znasz Echavarríów, cukrowników z Valle de Cauca, hodowców kwiatów z Sabana de Bogotá i wszystkich tych bogaczy, z którymi się kiedyś przyjaźniłaś. Ich żony odwróciły się do ciebie plecami przez naszą znajomość... A ja tylko chcę podać ci na tacy szansę, żeby się na nich odegrać, słońce: po kolei na każdej! I jeszcze inna kopalenka złota: Żydzi...

Uświadamiam mu, że w chwili, gdy na karku siedzą mu rządy Stanów Zjednoczonych i Kolumbii oraz prasa, nie może jeszcze zrażać do siebie bogatych, niezależnie z jakiego szczebla, a do tego wszystkich grup partyzanckich, które od czasów porwania Marthy Nieves Ochoi już i tak nie chcą mieć z nim nic wspólnego:

– Jesteś Pablem Escobarem, najpotężniejszym magnatem Ameryki Łacińskiej, założycielem Muerte a Secuestradores, a nie Tirofijem! Porwania to domena FARC! Jak byś się czuł, gdyby Tirofijo zechciał nagle zostać nowym cesarzem koki?

– Jeszcze tego samego dnia bym go obalił! Możesz mi wierzyć, kochanie! Musisz jednak przyznać, że porwania to bardzo dochodowy biznes, dlatego ci z FARC mają więcej kasy ode mnie. Nie jestem też żadnym magnatem, zrozumiano? Jestem największym przestępcą Ameryki Łacińskiej i tak też myślę, mówię i się zachowuję. Nie wrzucaj mnie do jednego worka z tymi wyzyskiwaczami, bo mnie wpojono inne wartości!

Tłumaczę, że nikt, nieważne jak dzielny, przerażający i bogaty, nie da rady stawić czoła jednocześnie *gringos* za granicą i wszystkim w kraju, to samobójstwo. Kiedy kończą mi się logiczne argumenty, mówię wprost, że jego śmierć złamałaby mi serce, bo kochałam go bardziej niż wszystkich swoich byłych razem wziętych, a w dniu, w którym wrogowie w końcu by go dopadli, mnie również dosięgnąłby zabójczy strzał.

Przygląda mi się w milczeniu i głaszcze mnie po twarzy z dawną czułością. Nagle obejmuje mnie i woła radośnie:

– Przecież tylko cię sprawdzałem, Czysta Duszyczko! Teraz wiem, że nawet jeśli zupełnie przestałabyś mnie kochać, a nawet znienawidziła, to nigdy z nikim nie będziesz spiskować, żeby przekazać mnie *gringos*, za żadne pieniądze świata, nawet jak już wyznaczą cenę za moją głowę! – Odsuwa mnie na odległość ramion i z dłońmi mocno opartymi na moich barkach dodaje:

– Tak czy inaczej, chciałbym ci przypomnieć, że... jest tylko jeden sposób, by dowieść lojalności: powiedzieć coś, czego nikt inny na świecie nie wie, nieważne, czy to prawda, czy nie. Jeśli ten sekret wróci do naszych uszu, miesiąc, rok czy nawet dwadzieścia lat później, to znak, że ta osoba zdradziła. Zapamiętaj tę lekcję na zawsze. Też bardzo cię kocham.

Udaje mi się powiedzieć, że jeśli zrelacjonowałabym naszą rozmowę komukolwiek, to nie tylko wsadziliby mnie do szpitala psychiatrycznego, ale też cała moja rodzina, przyjaciele, a nawet służba uciekliby w popłochu, a ja musiałabym dożyć końca swych dni nie na wysepce Rafy, tylko na bezludnej wyspie. Przed pożegnaniem dorzucam jeszcze:

– Jesteś bardzo kreatywny, Pablo. Mam pewność, że znajdziesz jakiś sposób na zdobycie pieniędzy bez narażania się jednocześnie bogatym i partyzantom. Na miłość boską: „idź w pokoju, nie grzesz więcej", masz już wystarczająco grube akta!

– Zawsze wiem, co się wydarzy w przyszłości... Nie spędzisz reszty życia z Tarzanem, nie urodzisz mu dzieci. Nie mam ci nic do zaoferowania, Virginio, ale nie miną trzy miesiące, a znów będziesz tu ze mną. I chociażbyś tego nie chciała, będziesz musiała patrzeć na moją twarz i słyszeć moje imię każdego dnia do końca swojego życia...

W samolocie do Cartageny dochodzę do wniosku, że niekoniecznie mnie sprawdzał. Choć pozornie zrezygnował z uprowadzenia szefów największych spółek w Kolumbii, wiem, że prędzej czy później Escobar zostanie porywaczem, a do tego niezwykle sprawnym. Sama nauczyłam go kiedyś, że „wybrańcy bogów umierają młodo", jak Aleksander Macedoński. I choć nie dałabym sobie głowy uciąć, to myślę, że Pablo postanowił zabawić się z życiem w rosyjską ruletkę albo w bardziej zaplanowaną grę. To sprawa znacznie poważniejsza niż walka z nakazem ekstradycji i niewyobrażalnie większa niż kontrola nad imperium narkotykowym. Przede wszystkim jednak zdecydowanie wykraczająca poza jego czasy.

Jak szybko zapomniałaś o Paryżu!

Dwie godziny przedzieram się przez ławicę meduz, zdaje się, że są ich tam tysiące, może nawet miliony. Na szczęście to nie tak zwane meduzy księżycowe – tego bym nie przeżyła – ale przedstawicielki niegroźnej odmiany, tej z brązowymi kropkami. Co prawda znajduje się wśród nich kilka okazów parzącej chełbi modrej, ale łatwo je omijać, zresztą założyłam dziś po raz pierwszy specjalny kostium z lycry, który przywiozłam z Miami specjalnie po to, żeby uniknąć oparzeń. Mam też przy sobie zegarek z kompasem, nieodzowny na morzu. Wyszłam z domu o dziewiątej rano, ale choć wybiło już południe, nie udało mi się jeszcze dotrzeć do celu. W innych okolicznościach zajęłoby mi to jakieś trzy godziny.

„Jestem w kiepskiej formie, bo przez całą noc nie mogłam zmrużyć oka... Nie powinnam była tak późno wychodzić... Tylu krewnych Rafy przyjechało spędzić Boże Narodzenie na wyspie! Męczą mnie też turyści, ciągle pałętają nam się po domu... Chcą sobie robić zdjęcia, a kiedy odmawiam, to mówią, że zadzieram nosa. Tak jakbym nie wiedziała, po co tym wszystkim facetom zdjęcia ze mną w bikini... Nawet moi byli nie mają moich fotografii w kostiumie kąpielowym... Chryste, ile meduz może mieszkać w jednym Morzu Karaibskim? No dobrze, już prawie dotarłam... Dziś niedziela, więc mogę zabrać się z powrotem łódką dla turystów. Ale nie jestem wcale zmęczona, poszłabym na łatwiznę... Muszę uważać, żeby motorówki nie przerobiły mnie na mielonkę"...

Opuszczona zwykle plaża jest dzisiaj pełna ludzi, którzy przypływają tu łodziami w kilkunastoosobowych grupach, a potem idą na obiad do oceanarium. Zdejmuję lycrę i postanawiam się poopalać, zanim podejmę decyzję, co zrobić. Kapitan jednej z łódek rozpoznaje mnie i pyta, czy chcę z nim wrócić na San Martín. Mówię, że nie, wrócę wpław. Stwierdza, że jeszcze nigdy nie słyszał o takim wyczynie, i radzi mi wypłynąć jak najszybciej, bo po piętnastej przypływ utrudni mi powrót. Po jakichś dwudziestu minutach czuję się wystarczająco wypoczęta, żeby wyruszyć w drogę, i postanawiam, że gdybym się jednak zmęczyła, to koło San Martín poproszę jakąś łódkę, żeby mnie zabrała.

„Ale... to jakiś cud... Po meduzach ani śladu! Gdzie one się wszystkie podziały? Jakby je ktoś wciągnął odkurzaczem. Ja to mam szczęście! Teraz już bez przeszkód wrócę w mniej niż trzy godziny"...

Jakiś czas później wynurzam głowę i widzę, że San Martín zdaje się dużo dalej niż zwykle. Odwracam się, ale duża wyspa również jakby się oddaliła, nie ma zresztą sensu wracać, bo łódki z turystami już wypłynęły. Nie rozumiem, co się dzieje, zaczynam się zastanawiać, czy halucynuję z niewyspania. Postanawiam płynąć z całych sił i co pięć minut wystawiam głowę nad wodę, ale obie wyspy coraz bardziej się oddalają. Szybko orientuję się, że nie płynę w linii prostej, lecz po torze w kształcie litery V – silny prąd, który w ciągu zaledwie dwudziestu minut usunął z mojej drogi miliony meduz, teraz znosi mnie na otwarte morze. Nigdzie nie widać ani jednej łódki, bo zrobiła się pora obiadowa, a w niedzielę nie można liczyć nawet na kuter rybacki.

Jest już trzecia po południu, wieje, fale sięgają dwóch metrów. Szacuję, że teraz powrót na San Martín zajmie mi z pięć godzin. W tropikach zaczyna się ściemniać około wpół do siódmej, za jakieś trzy godziny zapalą się pierwsze światła, więc może będę mogła płynąć w ich stronę. Wiem, że nie można się utopić z fajką i płetwami, które utrzymują pływaka na wodzie i pozwalają przemieszczać się bez zmęczenia. Na otwartym morzu roi się jednak od rekinów, a o ile nie trafię przypadkiem na jacht, który zboczył z kursu, to nie mogę liczyć na więcej niż siedemdziesiąt dwie godziny życia. Przygotowuję się psychicznie na śmierć z pragnienia, ale o dziwo, nie czuję strachu. Powtarzam sobie, że wybrańcy bogów umierają młodo, i zastanawiam się, po co Pablo ratował mi życie.

„I znowu Pablo... Kiedy wreszcie przestanie zabijać wszystkich, którzy stają mu na drodze? Ostatnio zamordował pułkownika, który doprowadził DEA do Tranquilandii, i redaktora naczelnego dziennika prześladującego go od czterech lat! Ta rana nigdy się nie zabliźni: otwieram gazetę, a tam znowu on... z tą groźną miną. Ciekawe, jakie nowe pogróżki czekają na mnie na automatycznej sekretarce! Może Bóg woli, żebym zginęła na morzu zamiast z rąk oprawców... Tak, koniec tego cierpienia będzie prawdziwą ulgą. Bardzo kocham Rafę, ale w tym kraju kobieta nie wychodzi za mężczyznę, tylko za całą rodzinę. Rodziny są straszne... a ojciec to paskudny staruch... Odpocznę sobie chwilę, nie ma sensu walczyć z prądem, a będę potrzebowała sił, żeby dopłynąć do jakiejś łódki, o ile się pojawi".

O szesnastej obie wyspy są już tylko dwoma punkcikami w oddali. Nagle zauważam – nareszcie! – elegancki jacht, sunący wolno po tafli morza. Zdaje się płynąć w moją stronę i myślę sobie, że mam niewiarygodne szczęście. Po dłuższej chwili mija mnie jednak, a ja zauważam parę zakochanych, objętych i całujących się na dziobie, oraz sternika pogwizdującego na rufie. Zaczynam jak najszybciej płynąć za statkiem, ale nikt mnie nie dostrzega. Rozumiem już, jakim błędem był zakup czarnego stroju – żeby wydawać się chudszą – zamiast żółtego albo pomarańczowego, jak radził mi Rafa. Przez następne dwie godziny krzyczę, aż do utraty głosu, ale nikt mnie nie słyszy w huku silników. Zdaję sobie sprawę, że gdybym podpłynęła zbyt blisko, woda wzburzona przez śruby jachtu mogłaby zerwać mi z twarzy maskę, a brak fajki do oddychania i soczewek kontaktowych tylko pogorszyłby moją sytuację. Koło szóstej po południu, kiedy lada chwila mam już paść z wyczerpania po wykonaniu setek podskoków w dwuipółmetrowych falach, wydaje mi się, że sternik wreszcie mnie zauważa. Gasi silniki, a ja zbieram resztki sił na ostatni podskok. Sternik woła do pary, że chyba płynie za nimi jakiś delfin, a oni podchodzą do rufy, żeby się mu przyjrzeć. Kiedy znów udaje mi się podskoczyć i słabym głosem wezwać pomocy, nie mogą uwierzyć, że na środku oceanu widzą właśnie kobietę. Wciągają mnie na pokład, a ja tłumaczę, że mieszkam na San Martín de Pajarales, że nie umiem pływać kraulem, ale od dziewięciu godzin jestem w wodzie, z czego ponad pięć na otwartym morzu, że zniósł mnie prąd. Patrzą na mnie z niedowierzaniem, a ja padam na ławeczkę z białego plastiku, zastanawiając się, po jaką cholerę Bóg w ostatniej chwili uratował mnie przed śmiercią, już po raz czternasty w moim życiu.

Kiedy docieram na San Martín, Rafa zapędza mnie pod prysznic i kilkakrotnie bije po twarzy dla otrzeźwienia, tak mi się zdaje. Potem dzwoni po ojca i po mieszkającego po sąsiedzku Germana Leongomeza, wuja Pizarra z M-19. We trzech urządzają naradę wojenną i decydują, że powinnam odlecieć pierwszym samolotem. Raz po raz próbuję tłumaczyć, że zniósł mnie prąd, błagam Rafę, żeby pozwolił mi odpocząć przynajmniej jeden dzień, ale jego ojciec wrzeszczy, że mi nie wierzy, i każe synowi jak najszybciej przepędzić mnie z wyspy – nawet nie pozwala mi się spakować – a tymczasem Leongómez w kółko powtarza, że próbowałam się zabić i stanowię zagrożenie dla jego przyjaciół.

Rafael stoi za sterem swojej starej łodzi, plecami do mnie i w całkowitym milczeniu. Odstawia mnie do Cartageny. Przyglądam się ołowianym wodom morza i dochodzę do wniosku, że człowiek, z którym spędziłam ostatnie dziesięć miesięcy, to zwykły synalek tatusia, pozwalający innym tchórzom rozkazywać sobie, co ma zrobić z kobietą. Przyznaję Pablowi rację: Rafa nie jest mężczyzną, jest trzydziestopięcioletnim dzieckiem. W jego wieku Escobar stał już na czele własnego imperium i podarował setki domów tysiącom ludzi. Kiedy Rafa próbuje mnie pocałować na pożegnanie, odwracam twarz i szybkim krokiem oddalam się w kierunku samolotu. Do Bogoty docieram o dwudziestej drugiej, szczękając zębami w letnim stroju. Vieirowie i Leongómez nie pozwolili mi się napić przed wyjazdem nawet łyka wody. Śpię jak kamień przez dziesięć godzin, a kiedy następnego ranka staję na wadze łazienkowej, okazuje się, że straciłam sześć kilo – niemal dwanaście procent masy ciała – w zaledwie jeden dzień.

Już nigdy nie zadzwonię do Rafaela Vieiry. Kiedy próbuję się dowiedzieć o nazwiska sternika i pary moich wybawców na morzu, żeby im podziękować i zaprosić na kolację, nikt nie potrafi mi nic o nich powiedzieć. Kilka miesięcy później dowiem się, że „to byli bandyci, ktoś ich zabił", na co odpowiem: „Bandytami są także ci, którzy budują wille i robią interesy na ziemiach zrabowanych narodowi".

Kilka dni po powrocie rozchorowuję się, więc odwiedzam znanego otorynolaryngologa Fernanda Garcíę Espinosę:

– Czy pani wpadła do kloaki? Znalazłem u pani trzy gatunki paciorkowców, które występują tylko w ludzkich odchodach!

Okazało się, że te żółtawe wysepki o średnicy od ośmiu do nawet dwunastu metrów, które codziennie napotykałam na powierzchni morza i z obrzydzeniem omijałam, rozsiewały wokół miliony mikrobów. Jednak infekcja okazała się zaledwie początkiem długiej odysei, która nastąpiła po cudownym uratowaniu na morzu. Był początek 1987 roku. Całą poprzednią noc przepłakałam, bo wiedziałam, że aby za wszelką cenę powstrzymać mnie przed powrotem do telewizji, media należące do rodzin prezydenckich każą mi zapłacić za śmierć zamordowanego redaktora. Pablo nie był już moim kochankiem, czyli już mnie nie chronił. Istniała więc możliwość, że państwowe służby bezpieczeństwa odważą się teraz w stosunku do mnie na o wiele więcej, niż kiedy jeszcze z nim byłam.

Wkrótce po powrocie do Bogoty dostaję zaproszenie na kolację od Felipego Lopeza Caballera, redaktora czasopisma „Semana", który ma w życiu trzy obsesje. Nazywają się one Julio Mario Santo Domingo, Pablo Escobar i Armando de Armas, a mimo że jestem jedyną osobą, która zna ich wszystkich, zawsze stanowczo odmawiam mu rozmów na ten temat. Felipe to wysoki i przystojny mężczyzna o sefardyjskich rysach, podobny do swojego brata Alfonsa, który sprawuje urząd ambasadora w kolejnych największych stolicach świata. Choć sympatyczny i pozornie nieśmiały, Felipe to człowiek z kamienia, który nigdy nie potrafił zrozumieć, dlaczego on, tak wpływowy, elegancki i „prezydencki", nie potrafi wzbudzić we mnie podobnych uczuć co ten brzydki, niski robol – a do tego pierwszorzędny kryminalista – nazwiskiem Escobar.

Zaskakuje mnie propozycja wyjścia do restauracji, bo choć małżeństwo Lopeza zawsze było otwarte, to raczej nie zaryzykowałby pokazania się publicznie z kobietą, która od lat stanowiła obiekt fanatycznej wręcz nienawiści jego żony i teściowej, nieuznanej córki wuja Santofimia. Przy kolacji w La Biblioteca w hotelu Charleston wyznaje, że ostatnie skandale, o których mówi cała Bogota, przelały czarę goryczy i postanowił się rozwieść. Pomieszkuje tymczasowo u brata i zaprasza mnie do mieszkania. Przy długim drewnianym stole z dwoma olbrzymimi srebrnymi kandelabrami Felipe pyta, czy za niego wyjdę. Słyszałam to pytanie dziesiątki razy i choć zawsze czuję wtedy wdzięczność, to już od dłuższego czasu nie robi ono na mnie wrażenia.

– „Semana" non stop wypisuje, że jestem kochanką Pabla Escobara. Zawsze żyłeś w otwartym małżeństwie, więc może chcesz mnie z nim dzielić?

López błaga, żebym zignorowała te bzdury, bo on przecież nie może kontrolować każdego artykułu na mój temat napisanego przez dziennikarzy w jego gazecie.

– Powiem ci więc tylko tyle, że jeśli jako mąż najbrzydszej kobiety w Kolumbii byłeś Królem Rogaczy, to jak by było u boku najpiękniejszej? Ale ja nie przyprawiam rogów mężom ani narzeczonym, Felipe, zwłaszcza publicznie. Poza tym sądzę, że poznałam już jedynego mężczyznę, dla którego mogłabym rozważyć ponowne zamążpójście.

Na pytanie, o kogo chodzi, odpowiadam, że o pewnego intelektualistę z Europy, o jedenaście lat starszego ode mnie i pochodzącego z arystokratycznej rodziny. Jego największy urok tkwi w nieświadomości, że któregoś dnia okaże się jedynym inteligentnym wyborem mojego życia.

Misja, by uniemożliwić mi za wszelką cenę zatrudnienie w mediach, wymknęła się spod wszelkich ograniczeń zarówno etyki dziennikarskiej, jak i logiki. Poczynając od Caracol Radio – pod kierownictwem Yamida Amata, prawej ręki Alfonsa Lopeza – do samego dołu, wszystkie stacje w Kolumbii rozgłaszają, że próbowałam się utopić w morzu, bo choruję na AIDS. Inni upierają się, że zginęłam i zostałam potajemnie pochowana przez zhańbioną rodzinę. Pewna aktorka i spikerka, naśladując mój głos, obdzwania gabinety znanych lekarzy i z płaczem wyznaje, że cierpi na najbardziej wstydliwe i zaraźliwe choroby, a ci bez najmniejszych skrupułów rozpowiadają na prawo i lewo, podczas przyjęć i koktajli, jak to leczą mnie z syfilisu.

Stacje radiowe coraz natarczywiej domagają się, żebym – jeśli rzeczywiście żyję – pojawiła się wreszcie przed kamerami i mikrofonami, a ja tymczasem spokojnie jem obiad w Salinas, ubrana w Chanel, z żoną dyrektora IBM, właścicielką sieci wypożyczalni filmów wideo, która radzi mi zapomnieć o wszystkim, co wydarzyło się na wyspach, i nie przejmować za bardzo tym, co gadają. Proponuje, żebyśmy pojechały razem do Los Angeles na Festiwal Wideo. Beatriz Ángel przyjaźni się z Felipem Lopezem i mówi, że on też się tam wybiera – musi załatwić dystrybucję swojego filmu *El niño y el Papa* (Chłopiec i papież). López wykorzystał wizytę Jana Pawła II w Kolumbii, żeby zrealizować długi metraż ze środków państwowego instytutu filmowego FOCINE, kierowanego przez jego bliską znajomą Marię Emmę Meję. Osiemdziesiąt tysięcy dolarów pożyczone w 1986 roku na czas nieokreślony – plus dwie godziny darmowej gry aktorskiej samego Ojca Świętego – ma się przełożyć na spodziewany sukces kasowy w katolickiej Ameryce Łacińskiej, porównywalny wyłącznie z produkcjami w rodzaju *La niña de la mochila azul* (Dziewczynka z niebieskim plecakiem).

Kiedy biegnę spóźniona na samolot, pół tuzina fotografów i reporterów goni mnie przez korytarze lotniska. Wysłała ich tu gazeta Diany Turbay, córki byłego prezydenta. Nagłówek na pierwszej stronie następnego wydania, nad moim zdjęciem w okularach słonecznych i futrze z norek, głosi:

„Virginia Vallejo ucieka z kraju!".

Z treści artykułu wynika zaś, że uciekam nie przed paparazzi, ale przed wymiarem sprawiedliwości.

Przyjeżdżamy z Beatriz do Beverly Wilshire. Felipe López, który zatrzymał się w skromniejszym hotelu, dzwoni i błaga, żebym zabrała go na główną galę jako męża – nie musiałby płacić pięćdziesięciu dolarów za bilet. Nie mam wyjścia, muszę się zgodzić, bo jak mogłabym uniemożliwić zaoszczędzenie takiej fortuny producentowi połowy filmów w Hollywood? W trakcie rozmowy na przyjęciu López zauważa:

– Już od jakiejś półgodziny Jon Voight nie może oderwać od ciebie wzroku, jesteś najpiękniejszą dziewczyną na tej imprezie. Nawet teraz, kiedy jestem wreszcie wolny, naprawdę nie chcesz zostać moją narzeczoną?

Zerkam na Jona Voighta, a potem ze śmiechem odpowiadam Felipemu, że jak wyczytałam w magazynie „Semana", okrutny i zły boss Pablo Escobar Gaviria nie jest gotów podzielić się mną z synem eksprezydenta, który uczynił z niego legendę.

Wracam do Bogoty i właśnie rozpakowuję walizki, kiedy dzwoni telefon:

– Czemu oni robią ci takie rzeczy, kochanie? Dlaczego opowiadają, że masz AIDS czy syfilis, że jesteś zbiegiem? Naprawdę próbowałaś popełnić samobójstwo? Aż tak ci dopiekli? Powiem ci, co zrobimy: nie mów mi o tym przez telefon, jutro wyślę po ciebie samolot i opowiesz mi, jak cię skrzywdzili Vieirowie i o co chodzi z całą tą nagonką na ciebie. Pozabijam tych wszystkich sępów i konowałów, wykastruję tych katów z mikrofonami! Tarzana też! I jego tatusia!

Która kobieta na moim miejscu nie zaczęłaby tańczyć z radości, zwłaszcza przy czekającej mnie tamtego wieczoru serenadzie *mariachis*, z piosenkami *Amor de Almas* i *Paloma Querida*, niepodważalnym dowodem na to, że mój święty Jerzy zawsze obroni mnie przed smokiem? Kiedy następnego wieczoru okręca się dwukrotnie dokoła, unosząc mnie wysoko, i mówi, że liczy się dla niego tylko to, że znów może trzymać mnie w ramionach, czuję się najlepiej chronioną kobietą na świecie. Teraz już nic ani nikt nie może mnie skrzywdzić, na kilka dni zapomnę o groźbach i anonimach, złych siostrach i sępach, magnatach i żmijach, ekstradycji i trupach, przestanie mnie obchodzić, czy cała reszta ludzkości kocha mnie, czy nienawidzi. Nic już nie jest ważne, tylko to, by znów móc trwać przy tej twarzy, sercu, torsie i w ramionach Pabla Escobara. A kiedy przysięga, że gdy jest przy mnie, znikają wszystkie inne kobiety, że jestem pierwszą, jedyną i ostatnią, że spędzone ze mną godziny to jedyny prawdziwy raj, jakiego kiedykolwiek zazna taki bandyta, to unoszę się w lekkim eterze, o którym pisał Huxley, bo przy tym mężczyźnie znikają z mojego życia czas i przestrzeń, cała materia tworząca strach i wszystko, w czym mogłyby się zawrzeć choćby najmniejsze cząstki cierpienia. Przy Pablu tracę rozum, on traci przy mnie zmysły, aż w końcu zostaje tylko mężczyzna ścigany przez wymiar sprawiedliwości i kobieta prześladowana przez media, którzy znają się, troszczą się o siebie i potrzebują się wzajemnie, mimo wszystkich rozstań, niezależnie od jego zbrodni i jej grzechów, nie bacząc na ból i cierpienie obojga.

– Ci Vieirowie wsadzili cię do samolotu po tym, jak walczyłaś z prądami na otwartym morzu i schudłaś sześć kilo w jedno popołudnie?! To mordercy... a ty jesteś bohaterką! Rozwalę łódkę temu synkowi tatusia, i to w drobny mak! Znam jednego gościa z ETA, specjalistę od materiałów wybuchowych, który chce przyjechać z Hiszpanii, żeby ze mną pracować. To podobno geniusz. Zamierzam się przekonać, czy rzeczywiście.

– Ale Pablo... Nie uważasz, że ETA to... nieco za duży kaliber na Tarzana? Wiesz, San Martín de Pajarales to nie Kreml ani Pentagon!

– Wiem, to tylko zwykłe tchórze... Ale ja muszę jak najszybciej zacząć trenować tego gościa, bo nadciąga wojna. A co do Pentagonu, to mam inne plany: zdobędę tę wyrzutnię, niezależnie od kosztów, nawet gdybym musiał szukać jej na końcu świata.

Pytam, o jaką wyrzutnię mu chodzi. Przypomina o tej, która kiedyś miała chronić przestrzeń powietrzną nad Nápoles. Jako że z wyrzutni można wypalić tylko raz, zmienił plany: zamierza obrać naprawdę ważny cel, nie jakieś tam samoloty sił powietrznych czy kolumbijski Pałac Prezydencki. Ze strażą prezydencką można się rozprawić za pomocą kilku bazook, nie ma potrzeby wykosztowywać się na okropnie drogą i trudną do zdobycia broń. Jeśliby jednak wystrzelić w sam środek Pentagonu, zniszczyłoby się wszystkie systemy obronne Stanów Zjednoczonych oraz ich powiązania z takimi systemami krajów sprzymierzonych. Dlatego próbuje się skontaktować z Adnanem Chaszukdżim, najbogatszym handlarzem bronią na świecie, a przy tym kolejnym gościem, który nikogo się nie boi.

– Pentagon? Wow... Wooow... Ale nie widziałeś filmów o Różowej Panterze? Zawsze jest tam tysiąckaratowy diament chroniony gęstą siecią promieni widocznych jedynie przez specjalne soczewki. Tak jest właśnie w Pentagonie! Nie wydaje ci się, że Rosjanie już dawno posłaliby rakiety na *gringos*, gdyby to było takie proste? Wiele tysięcy kilometrów przestrzeni powietrznej chronionej imponującą siatką niewidzialnych promieni, zdaje się, że nazywają to laserem! W Białym Domu i Fort Knox jest pewnie tak samo. Ech, kochanie! Zaczynasz przypominać czarne charaktery z filmów o Bondzie, jakiegoś Goldfingera, gotowego unicestwić całą ludzkość, byle tylko osiągnąć swój cel. Ekstradycja to też nie takie wielkie halo...

Patrzy na mnie z wściekłym obłędem w oczach, jestem pewna, że zaraz mnie udusi.

– To ty tak sądzisz, Virginio! Sprawa ekstradycji jest najważniejsza, nic się z tym nie równa. Nic, nic, nic! Jeśli jeszcze raz powiesz coś takiego, wyrzucę cię przez okno! A Pentagon nie jest chroniony przez żadne promienie, widzialne czy nie. Zastanawiałem się, jak wysłać im tę rakietę... Ludzie wierzą, że *gringos* są nietykalni i superinteligentni, ale to nieprawda. Bo niby jak udaje mi się przerzucać do nich całe tony koki? Odkąd cię poznałem, koszt przemytu jednego kilograma spadł mi z pięćdziesięciu tysięcy dolarów do czternastu. Jeszcze się nie zorientowałaś, że my, Kolumbijczycy, jesteśmy od nich znacznie bystrzejsi?

Tłumaczy, że Reagan uparł się, żeby skończyć z nim, a Nancy – z jego biznesem, dlatego ukuto zgrabne hasełko *Just say no to drugs!*, on jednak nie podda się ani im, ani nikomu innemu. Upieram się, że widziałam film, w którym rosyjska rakieta wycelowana w Pentagon doleciała do granicy amerykańskiej przestrzeni powietrznej, a potem zawróciła w stronę terrorystów. Próbuję mu uzmysłowić, że jeśli jego pocisk odbije się od amerykańskiej blokady i wróci do Medellín, to zginą miliony ludzi, jak w Hiroszimie czy Nagasaki.

– Boże, to straszne! Boję się, że rozpętasz trzecią wojnę światową, Pablo!

Odpowiada, że hollywoodzkie filmy robi zgraja republikańskich Żydów, postrzegających świat z perspektywy Reagana, i że zaczynam chyba tchórzyć, jak każda kobieta:

– Myślałem, że jesteś moją bratnią duszą, że tylko ty mnie rozumiesz, ale okazałaś się nie tylko Czystą Duszyczką, ale też moralistką. A do tego imperialistką! Tak nie można... Ale... zaraz, zaraz, chwileczkę... Hiroszima, mówisz? Nagasaki? Ech, Czysta Duszyczko... Jesteś genialna! Z jakiego nieba ty mi spadłaś, miłości mojego życia?! Już myślałem, że będę musiał założyć bazę w jakiejś republice bananowej... A to przecież takie proste!

I jakby właśnie rozwiązał hipotezę Shimury–Taniyamy oraz ostatnie twierdzenie Fermata, zaczyna tańczyć, kręcić mną w powietrzu i śpiewać wesoło:

– „Od dnia, w którym cię poznałem, gołąbeczko, wznoszę radosne toasty!".

Ostrzegam go, że któregoś dnia wsadzą go w końcu w kaftan bezpieczeństwa i odizolują, a potem błagam, żeby przestał już wymyślać takie okropieństwa, bo czasem się go boję:

– Zawsze rozmawialiśmy o polityce i historii, ale odkąd wyjechałam na wyspy, gadasz tylko o wybuchach, porwaniach i zamachach. Wysadzić Pentagon! Za kogo ty się masz, za ministra obrony ZSRR? W życiu są przecież piękne rzeczy, Pablo: pomyśl o Manueli, o Juanie Pablu... Wykorzystaj tę swoją głowę i serce, żeby coś zbudować, stworzyć, zamiast marzyć o zniszczeniu wszystkiego i wszystkich. Chcę trochę odpocząć od ciągłych gróźb i podłości...

Zamyśla się na chwilę, a potem mówi:

– Tak... Powinnaś jakiś czas odpocząć od pogróżek. Podróżuj, ile chcesz, bylebyś zawsze do mnie wracała... Byle nie do Europy, nie, tam czyha zbyt wiele pokus, jeszcze byś mi tam została...

Do Stanów, to bliżej, okej? Chociaż nie możemy się spotykać zbyt często, szaleję za każdym razem, kiedy mi znikasz. Po twoim powrocie będę już gotowy rozprawić się z Tarzanem, żeby wiedzieli, że z tobą też nie wolno zadzierać... Mam już dość, że tak cię prześladują, biedniutka!

Szczęśliwa lecę do Miami, a po moim powrocie Pablo zaprasza mnie do Medellín. Mówi, że zastosował metodę cierpliwego dochodzenia w stosunku do każdego członka rodziny Vieirów i przygotował już wszystko do wysadzenia łodzi Rafy.

– Podłożę bombę na przystani, gdzie Tarzan zostawia łódkę, kiedy jedzie do Cartageny! Tak będzie dużo łatwiej niż na otwartym morzu, gdzie straż mogłaby capnąć moich chłopaków.

Przerażona protestuję, że rozszarpie na kawałeczki dziesiątki niewinnych pracowników, turystów i klientów restauracji Club de Pesca, nie mówiąc o setce jachtów. Odpowiada jednak, że o to właśnie chodzi:

– Mówiłem ci, że najbardziej na świecie lubię czynić zło, więc nie zgrywaj mi tu znowu Czystej Duszyczki. Przy okazji ustanowimy precedens, który może odstraszy tych wszystkich oszołomów prześladujących cię od lat telefonami. Upieczemy kilka pieczeni na jednym ogniu, tak żeby już ani żadne sępy, ani żmije, ani złe siostry Kopciuszka nie ważyły się z tobą zadzierać. Każdy powinien wypracować sobie szacunek u innych. Kropka!

Przez następną godzinę błagam go na wszystkie możliwe sposoby, żeby nie podkładał tej bomby, żeby pomyślał o wszystkich tych osobach postronnych, o jachtach Ochoów i pary, która uratowała mi życie, ale on nie daje się przekonać. Wypala kilka skrętów z marihuany i w miarę, jak się uspokaja, zaczynam zdawać sobie sprawę, że za jednym zamachem chce załatwić cztery sprawy: ukarać i wszystkich Vieirów, i przede wszystkim Rafę; a do tego zaadresować ostrzeżenie nie tylko do sępów czy reporterów, lecz przede wszystkim do każdego mężczyzny, który próbowałby stanąć między nami. Od czasów obdarowywania Anibala bryłami koki i załatwienia mi rozwodu w trybie ekspresowym Pablo pogonił dwóch rywali multimilionerów, planował uprowadzenie moich byłych i wykorzystywał każdy pretekst, żeby zemścić się na tych, których postanowił winić za nasze rozstania na okresy tak długie, że zdawały się końcem, oraz żeby nienawidzić wszystkich mężczyzn z mojej przeszłości. Teraz pyta, czy może położyć mi głowę na kolanach, a ja nie mam nic przeciwko. Głaszczę go po czole, on zaś wpatruje się w pustkę i mówi jakby do siebie:

– Miarka się przebrała, nie będą cię dłużej upokarzać i prześladować z mojej winy. Zależy im tylko na tym, żebyś na zawsze zniknęła z mojego życia... A jesteś moją jedyną przyjaciółką od serca... jedyną kobietą, która nigdy mnie o nic nie prosiła... jedyną, z którą mogę rozmawiać na tematy, jakich nie porusza się z mamą czy żoną, lecz wyłącznie z innymi mężczyznami... Mogę ufać już tylko trzem osobom: Misiowi, Gonzalowi i Gustavowi. Nikt nie przepada za moim bratem, Meksykanin mieszka w Bogocie, a mój najbliższy wspólnik bardzo się zmienił. Oni są zresztą bardzo podobni do mnie, a ja potrzebuję kogoś, kto mi się przeciwstawi... kto wyznaje inne wartości, ale rozumie mnie i nie osądza. Dzięki tobie nie popełniłem wielu błędów i nie mogę dopuścić, żebyś znowu mi uciekła... Tak jak wtedy po tej sprawie z Pałacem, kiedy tak cię potrzebowałem, a nie mogłem nigdzie znaleźć... Ty, która zawsze odchodziłaś do kogoś bogatszego... wylądowałaś z gościem od delfinów i rekinów! Jak to się stało?

Uświadamiam mu, że Pancho Villa Trzeci nie usprawiedliwia ataku połączonych sił ETA i Pancho Villi Drugiego. W końcu udaje mi się wyperswadować mu zamach i przekonać go, żeby zamiast tego wykonał parę telefonów, co tak dobrze mu wychodzi. Niechętnie obiecuje, że tak zrobi, ale wyłącznie dlatego, że wybuch w porcie mógłby obrócić się przeciwko mnie. Nagle przypominają mi się niedawne wydarzenia i pytam:

– Pablo, nigdy nie przyszło ci do głowy zamordować kogoś zwykłym ciosem pięści?

Osłupiały pyta, co mam na myśli, więc opowiadam mu, jak podczas kolacji u pewnej znanej argentyńskiej impresario „Happy" Lora poprosił mnie o telefon, więc dałam mu numer do portierni, żeby zrobić wrażenie na dozorcach i szoferze, gdyby zadzwonił. Dodaję z upodobaniem:

– Wszyscy w tym kraju zapłaciliby za obejrzenie takiego pojedynku: amator Pablo Escobar kontra wielki „Happy" Lora! Podejrzewam, że w przypadku walki na dwanaście rund bukmacherzy obstawialiby szanse mistrza świata na... bo ja wiem... sto do zera?

– Nieee, najdroższa, nigdy w życiu! Owszem, sto do zera, ale na korzyść Escobara! Bo... jak myślisz, po co wynaleziono serię ołowiu?

Śmiejemy się i rozmawiamy o innych postaciach ważnych dla życia kraju. Wyznaje mi, że za pośrednictwem Gabriela Garcíi Marqueza chce się skontaktować z Fidelem Castro: najprostsza droga do przemytu narkotyków na Florydę wiedzie przez Kubę, a on jest gotowy zaoferować Fidelowi więcej, niż kiedykolwiek zaproponował Noriedze czy Ortedze.

– Pablo, załatwianie narkotykowych interesów z Castro za pośrednictwem laureata Literackiej Nagrody Nobla to jak prosić

Fernanda Botera o nakłonienie Gorbaczowa do otwarcia burdelu! Zejdźże wreszcie na ziemię, kochany, ani Márquez, ani Castro nie zwrócą na ciebie najmniejszej uwagi, a jeszcze cię wyśmieją. Przerzucaj sobie swój towar przez biegun północny czy przez Syberię, ale o Kubie zapomnij: Fidel ma tam u siebie Guantánamo, a po całej tej sytuacji z Contras, kiedy sandiniści zaczęli z tobą współpracować, nie zaryzykuje przecież ani inwazji USA, ani wizerunku narkodyktatora w oczach całego świata!

– *Gringos* finansowali działalność Contras z pieniędzy pochodzących ze skonfiskowanego towaru, wiedziałaś? I to nie z koki, ale z cracku! To dopiero poważnie uzależniający narkotyk, wykończył wiele osób... Próbowałem zablokować handel nim, ale mi się nie udało. Jeśli to nie przejaw podwójnych standardów moralnych, to nie wiem, co nim jest. Dlaczego Nancy Reagan nie powie Oliverowi Northowi*: *Just say no, Ollie!*? Żeby pozabijać komunistów, ten gość dogadywał się z „Ananasem"**, ze skazanymi handlarzami, z samym diabłem!

Obstaję przy swoim: próba układania się z Castro to samobójstwo. Radzę mu, żeby przestał już tak bardzo mieszać politykę do interesów. Wzrusza ramionami i odpowiada spokojnie:

– A kto powiedział, że bycie szefem rządu to jedyna opcja? Nauczyłem się już od meksykańskich generałów, że wojskowi nie muszą mieć tylu skrupułów. A jeśli prezydent nie idzie ci na rękę, to podlegli mu generałowie już prędzej. W biednych krajach każdy wojskowy ma swoją cenę, a po to właśnie słynę z bogactwa, kochanie. Każdy, każdy by zabił, żeby móc ze mną pracować... A Kuba to nie Szwajcaria, zgadza się? To czysta logika: jeśli nie uda się

---

* Oliver North – członek personelu Rady Bezpieczeństwa Narodowego USA zamieszany w aferę Iran-Contras.

** Chodzi o Manuela Noriegę, dyktatora Panamy.

z Fidelem ani Raulem Castro, to trzeba uderzyć do tego, kto jest bezpośrednio pod nimi.

Próbuję mu uzmysłowić, że jeśli Castro dowie się o współpracy kogoś ze swoich ludzi z Pablem Escobarem, gotów jest go rozstrzelać:

– A wtedy *gringos* wyślą Contras przeciwko tobie! Trzymaj się lepiej tego, na czym się znasz, Pablo, żaden z ciebie porywacz ani komunista, tylko handlarz narkotyków. Nie popełniaj błędów politycznych, bo stoisz na czele imperium i tylko to powinno się dla ciebie liczyć. Inaczej przepuścisz całą gotówkę na wojny i wyjdziesz z tego biedniejszy niż na początku. Napychasz kieszenie karaibskich dyktatorów i generałów, jednocześnie zaprzepaszczając przyszłość, jaka może cię czekać we własnym kraju. A jeśli chcesz przejść do historii jako idealista, to robisz wszystko na opak, bo jak to mówią, dobroczynność powinna się zaczynać w domu.

– A kto powiedział, że zamierzam zapisać się w historii jako idealista, słońce? Nawet ci się jeszcze nie śni, jakie mam plany!

Gustavo Gaviria ubłagał mnie, żebym do niego zajrzała przedyskutować jakąś bardzo prywatną sprawę. Kiedy przyjeżdżam do jego biura, zamyka drzwi i wyznaje, że jestem jedyną osobą, której może się zwierzyć z męczącego sekretu. Spodziewam się, że chce poruszyć sprawę zbrodni – albo *les liaisons dangereuses* – swojego wspólnika, bo wiem, że poważnie szkodzą one ich interesom.

– Jestem zmęczony, Virginio... Pablo i Meksykanin muszą się ukrywać, Jorge Ochoa siedzi w więzieniu, a Carlosa Lehdera poddano właśnie ekstradycji. Odpowiedzialność za całą organizację spoczywa praktycznie tylko na moich barkach i czasem zastanawiam się, czy warto... Dzięki Bogu za każdym razem, gdy wracasz, Pablo na jakiś czas odzyskuje zdrowy rozsądek, ale potem znów się rozstajecie i nie ma komu go okiełznać, zostaje sam i pali zioło w tym światku płatnych zabójców i dziewczyn... otoczony rodziną, która traktuje go jak Boga Wszechmogącego... Wiesz co? Dotarło do mnie, że najważniejsze w życiu, kiedy już zabezpieczy się przyszłość dzieci i wnuków, a nie można podróżować za granicę i wydawać pieniędzy, nie jest kupowanie kolejnych diamentów, ale bycie szczęśliwym u boku pięknej kobiety, która kocha tak, jak ty kochasz Pabla. To jedyne, co może człowieka pohamować... Wiesz zresztą, co mam na myśli...

Kiedy pytam, w kim się zakochał, wyznaje, że w jednej aktorce z telewizji, którą na pewno znam. Przysięga, że jej potrzebuje, uwielbia ją, chce się z nią ożenić, jeśli go przyjmie, będzie jej wierny do końca życia. Powtarza, że to najpiękniejsza istota na świecie, że ogromnie cierpi na myśl o odrzuceniu, że z miłości do niej mógłby się wycofać z interesów i stać się dobrym człowiekiem. Jest mi gotów zaoferować wszystko, o co tylko poproszę, jeśli przekonam ją, żeby przyjechała do Medellín, i przedstawię ich sobie, bo z przyczyn bezpieczeństwa on nie może się ruszyć poza swój teren.

– Gustavo, nie chcę nawet poznać jej nazwiska, bo nie życzę żadnej innej kobiecie cierpienia, jakie musiałam znosić przez te wszystkie lata. Zwłaszcza nikomu, kto pracuje w mediach. Nigdy nie bawię się w swatkę, a ty jesteś szczęśliwym mężem. Nie proś mnie o to, na miłość boską, mam już dość ostatnich propozycji Pabla. Z bólem serca, bo darzę cię sympatią, muszę odmówić wyświadczenia ci tej przysługi, nie mogę tak jej skrzywdzić.

Pyta mnie, czego najbardziej pragnę, jakie jest moje najbardziej nieosiągalne marzenie. Odpowiadam, że ciągłe pogróżki zamieniły moje życie w piekło i że też mogę zdradzić mu pewną tajemnicę: chciałabym wyjechać z kraju i uczyć się tłumaczenia symultanicznego w szkole w Genewie. Skoro muszę zostać, najchętniej założyłabym firmę kosmetyczną, ale Pablo upiera się, żebym była świadkiem – scenarzystką czy kronikarką – całej serii zdarzeń i procesów, które z dnia na dzień napełniają mnie większym strachem.

– Jeśli zapoznasz mnie z Aną Boleną Mezą, obiecuję ci, że nie będziesz żałować, Virginio. Przysięgam pomóc ci się wyrwać z kraju i zacząć nowe życie, z dala od tego wszystkiego. Nie zasługujesz na to, co ci robią z naszej winy. A szykują się jeszcze gorsze rzeczy niż kiedykolwiek... ale nie mogę zdradzić ci nic więcej. Obiecaj, że przynajmniej spróbujesz, żebym mógł wreszcie pozbyć się tej koszmarnej niepewności, która nie daje mi spać. Wiesz, że nie uganiam się za spódniczkami jak Pablo: jestem zadeklarowanym monogamistą, umieram z miłości do tej dziewczyny i pragnę tylko ją uszczęśliwić. Pomóż mi, masz wielkie serce i nawet sobie nie wyobrażasz, jak cierpię!

Jestem tak poruszona jego szczerą żarliwością, że obiecuję się zastanowić.

Jadę do San Francisco podziwiać gigantyczne tysiącletnie sekwoje w Muir Woods, zobaczyć znowu Sausalito i część ziemskiego Edenu należącą niegdyś do generała Valleja, mojego przodka, po którym nie została mi nawet piędź kalifornijskiej ziemi. Kiedy w drodze powrotnej z Zachodu przesiadam się na samolot w Miami, zatrzymuje mnie dwóch agentów federalnych. Pytają, czy mam przy sobie gotówkę, a kiedy pokazują odznaki, zauważam, że dłoń tego młodszego drży. Widocznie Pablo wzbudza popłoch nawet wśród funkcjonariuszy FBI. Rozpakowując się po powrocie, spostrzegam, że zawartość walizki została wywrócona na lewą stronę i najwyraźniej dokładnie przeszukana pod kątem pieniędzy. Nigdy nie mam przy sobie więcej niż tysiąc dolarów przy wyjeździe z jakiegokolwiek kraju, więc dochodzę do wniosku, że takie rzeczy się zdarzają, kiedy dużo się podróżuje, a celnikom mówi, że przeszło się na emeryturę, bo jest się zmęczonym pracą.

Jakiś czas temu zadzwoniła do mnie dziewczyna Joaquina Builesa i wyznała, z trudem hamując łzy, że Hugo Valencia wisi jej ponad dwa miliony dolarów w klejnotach i nie chce zapłacić. Błagała, żebym z nim porozmawiała, bo już nie odbiera od niej telefonów, mnie zaś Młody – jak na niego mówimy – darzy sympatią i wielkim szacunkiem. Zadzwoniłam do Hugona i wyjaśniłam mu, że przyjaciółka ma poważne kłopoty z dostawcami, więc apeluje do jego hojności i dżentelmeństwa, żeby spłacił chociaż część długu. Reakcja Młodego, z którym nie rozmawiałam od jakichś dwóch lat, wprawiła mnie w osłupienie:

– Nie wierzę, że dzwonisz do mnie, żeby ściągać długi w imieniu osób trzecich! Zadzwoń sobie może lepiej do swoich kochanków, stara bezwstydnico! Do tego szaleńca Pabla Escobara albo do Gilberta Rodrigueza, który siedzi w pierdlu. Jak śmiesz się tak do mnie odzywać?

– Jeśli nie chcesz, żeby ludzie tak do ciebie mówili, Młody, to spłacaj długi, tak jak robią to uczciwi bogacze. Poza tym dobrze wiesz, że nigdy nie byłam kochanką Gilberta.

– Ach taaak? A jego żona wynajęła jakiegoś pedała, który chodzi po stacjach radiowych i płaci dziennikarzom, żeby to powtarzali! Jeszcze o tym nie słyszałaś? Albo ogłuchłaś, albo już nie mieszkasz w Kolumbii!

Hugo jeszcze przez kilka minut wykrzykiwał okropieństwa, których nawet nasi najgorsi wrogowie nie odważyliby się powiedzieć o mnie i Pablu, a w końcu rozsierdzony rzucił słuchawką. Dwa dni później zadzwoniła jubilerka, tryskając radością, żeby mi podziękować – Młody zapłacił jej milion dolarów za jednym zamachem. Kiedy opowiedziałam, jakich obelg musiałam wysłuchać, żeby wyświadczyć jej tę przysługę, skwitowała, że ktoś taki jak ja nie powinien się tym przejmować, bo Huguito to tylko dzieciak, który miał akurat gorszy okres.

Przy okazji podróży do Cali na premierę jakiejś kampanii reklamowej postanawiam odwiedzić Clarę. Już od progu widzę, że bardzo się zmieniła. Po wysłuchaniu mojej historii o wydarzeniach na wyspach idzie do swojego pokoju, wraca ze szkatułką od Cartiera, otwiera ją i pokazuje mi naszyjnik oraz kolczyki ze szmaragdami i diamentami godne Elizabeth Taylor. Potem, z mieszanką wściekłości i bólu, mówi oskarżycielskim tonem:

– Wiesz, że ten twój Pablito pociachał na kawałki Hugona Valencię? Tak, Młodego, naszego dobrego znajomego, który zostawiał u nas miliony dolarów za biżuterię dla swoich dziewczyn! A teraz, Virgie, przyjrzyj się dobrze tym wielkim szmaragdom i zgadnij, kto je zamówił u Beatriz: otóż... Pablo! A zgadnij dla kogo? Cóż... dla jakiejś misski! Tak, za tę błyskotkę wartą dwieście pięćdziesiąt tysięcy dolarów Pablo kupił sobie na weekend kurewkę w blaszanej koronie! A co dał tobie, gwieździe telewizji, najbardziej eleganckiej i pożądanej w kraju, piękności z wyższych sfer, która spotykała się wyłącznie z arystokratami i multimilionerami? Poza tym, że pozbawił cię możliwości pracy, umieścił na językach wszystkich i sprawił, że grożą ci śmiercią? Spójrz, co ten twój kochanek czy tam były kochanek z twarzą szofera podarował nijakiej dziwce za spędzenie z nim kilku nocy! Co ten nieszczęsny zbir dał ci przez te pięć lat? Co ten łajdak podarował tobie, królowej na piedestale? Przyjrzyj się dobrze: ćwierć miliona dolarów dla głupiej panienki, która nigdy nie będzie mogła pochwalić się klejnotami ani przed kamerą, ani na balu w Monte Carlo, a przyciśnięta potrzebą, sprzedałaby je za pięć tysięcy! Napatrz się, Virgie, żebyś nigdy nie zapomniała, że Pablo Escobar gustuje przede wszystkim w drogich dziwkach ze swojej własnej klasy społecznej!

Nigdy nikogo nie prosiłam o drogą biżuterię ani nie oczekiwałam, że ją dostanę. Do telewizji zakładałam sztuczne błyskotki od Chanel, Valentina czy Saint Laurenta, na sesje zdjęciowe do gazet pożyczałam klejnoty od Beatriz. Zawsze uważałam, że w przeciwieństwie do chciwych magnatów Pablo był najhojniejszym człowiekiem świata, jedynym możnym, jedynym milionerem, któremu zależało na moim szczęściu. Jednak widok tamtych szmaragdów godnych cesarzowej i opis ich odbiorczyni, w połączeniu z całą sprawą z Młodym oraz ostrymi słowami długoletniej przyjaciółki, gwałtownie wyrywają mnie ze snu, w którym żyłam, i sprawiają, że wracam do rzeczywistości. Przełykając łzy, stwierdzam, że miarka wreszcie się przebrała i przyszła pora posłuchać Glorii Gaitán, która radziła mi poszukać źródła finansowania dla mojej własnej firmy kosmetycznej. Umawiam się z właścicielem połowy laboratoriów w Kolumbii, który wrócił właśnie do kraju po przymusowym pobycie w Hiszpanii. Ten zgadza się od razu ze mną spotkać.

Nigdy wcześniej nie odwiedziłam więzienia, ale to okazuje się zupełnie odmienne od moich wyobrażeń: przypomina szkołę średnią, pełną szczęśliwych ludzi chodzących w górę i dół po schodach. Praktycznie nie ma tu strażników – tylko uśmiechnięte i dobrze ubrane adwokatki – a zewsząd dobiegają dźwięki salsy. W zakładzie w Cali więzień numer jeden ma niemal tyle władzy co papież w Watykanie, więc nikt mnie nie legitymuje, nie zakłada żadnej opaski na rękę, nie sprawdza torebki, nie przeszukuje. Jeden z jego pracowników prowadzi mnie prosto do gabinetu dyrektora i znika.

– Matka Boska Miłosierna pozdrawia byłych *extraditables*! – wołam niczym Scarlett O'Hara, kiedy przyszła odwiedzić Rhetta

Butlera w więzieniu, wystrojona w suknię z aksamitnych zasłon z domu w Tarze w *Przeminęło z wiatrem*.

– Ech, królowo! Co to za anioł zstąpił na ziemię? – Gilberto Rodríguez obejmuje mnie serdecznie.

– Jeśli ludzie się dowiedzą, jak to wygląda w środku, połowa kraju ustawi się w kolejce, żeby tu trafić! Macie tu pierwszorzędny hotel! Myślisz, że przyjmą mnie choć na pół roku, kiedy uzbieram już nielegalny majątek porównywalny z twoim?

Śmieje się, choć z pewnym smutkiem, i stwierdza, że nic się nie zmieniłam. Siadamy naprzeciwko siebie przy długim stole i pogrążamy się w rozmowie. Opowiada mi, że miło być z powrotem w ojczyźnie, a lata spędzone w europejskim więzieniu były torturą, w każdej chwili spodziewał się wydania przez Hiszpanów w ręce *gringos*. Po wielu negocjacjach między rządami Belisaria Betancura i Felipego Gonzaleza zdołali, wraz z Jorgem Ochoą, doprowadzić do ponownego otwarcia procesów w Kolumbii, w związku z mniej poważnymi przestępstwami, żeby krajowy wymiar sprawiedliwości mógł się po nich zgłosić przed Amerykanami. Tylko to uratowało ich przed wysłaniem do Stanów Zjednoczonych.

– Tutaj przynoszą mi jedzenie z domu albo z wybranej przeze mnie restauracji, ale w Hiszpanii wyglądało to zupełnie inaczej. Człowiek się jednak łatwo przyzwyczaja do dobrego, królowo, a nawet nie masz pojęcia, jak to jest musieć codziennie jeść niedosolone spaghetti... I ten huk krat, rano, wieczorem i w nocy, koszmarny hałas, który nie pozwala zasnąć... Ale najgorsze są ciągłe myśli, że twoja kobieta przyprawia ci rogi...

– A z kim niby Osa miałaby ci przyprawiać rogi? Na pewno jest ci wierna!

– Nie, nie, kochanie, nie mówię o żonie... Mam na myśli ciebie, mnie i... Paryż. Pamiętasz... czy już zapomniałaś? – pyta z nieskrywanym żalem.

Nigdy nie mogłabym opowiedzieć mu, co zrobił mi Pablo, kiedy dowiedział się o Paryżu. Tamten okropny epizod należy do naszych najintymniejszych sekretów, zresztą słono mi za to zapłacił, wyrównaliśmy rachunki, a ból już niemal zupełnie zapomniałam. Przysięgłam sobie zresztą nigdy z nikim nie rozmawiać na ten temat. Patrzę na Gilberta z czułością, mówię, że przez te trzy lata dostałam od niego tylko jeden list, i pytam, kiedy wychodzi. Odpowiada, że za parę miesięcy i chciałby się jeszcze ze mną spotkać. Potem wpatruje się w moje włosy, komplementuje je i sugeruje, żebym wypuściła szampon firmowany własnym nazwiskiem. Dziękuję za miłe słowa i wyznaję, że chciałabym wylansować linię kosmetyków do makijażu i produktów do skóry, ale nie mam kapitału. Obiecuje mi, że porozmawiamy o tym, kiedy wyjdzie na wolność. Żeby zmienić temat, pytam, dlaczego zabili Hugona Valencię, który był winny masę pieniędzy mojej znajomej jubilerce i kilka samochodów innym znajomym z Raad.

– Huguito nie spłacał długów i napytał sobie wielu groźnych wrogów w Medellín. Dzięki Bogu tutaj, w Valle, nie dzieją się takie straszne rzeczy... Ale nie rozmawiajmy o tym, ja już nic nie wiem o tych sprawach, przeszedłem na emeryturę. Serio! Nie wierzysz?

Owszem, wierzę... że to emerytura przymusowa i tymczasowa. Zauważam, że nie śmieje się już tak chętnie jak kiedyś, stracił sporo ze swojej charakterystycznej sympatycznej złośliwości, ale myślę sobie, że mężczyźni otoczeni aurą tymczasowej porażki mają jakiś szczególny urok dla kobiet, zwłaszcza na tle tych, którzy zdają się niepokonani. Przekonuję go, że może uważać się za największego szczęściarza na świecie, ale on powtarza, że lata spędzone w więzieniu mocno się na nim odbiły i nic już nie będzie takie samo, bo piętno przestępcy przejdzie na jego dzieci. Kwituję, że taka jest cena odziedziczenia miliarda „napiętnowanych" dolarów, a dzieci powinny być wdzięczne za poświęcenie, na jakie się dla nich zdecydował. Z głęboką nostalgią w głosie tłumaczy, że już nigdy nie będzie mógł zaryzykować wyjazdu z Kolumbii, bo w każdym innym kraju mogą zatrzymać go na rozkaz rządu amerykańskiego i poddać ekstradycji do Stanów Zjednoczonych. To oznacza, że niezależnie od wielkości zgromadzonego majątku nigdy już nie będzie mógł zobaczyć Paryża. Rozmawiamy o książkach, które czyta w więzieniu, o *Jądrze ciemności* Josepha Conrada, o jego ulubionym autorze Stefanie Zweigu i o tym, że kiedyś chciał zostać dyrygentem orkiestry. Kiedy kilka godzin później się żegnamy, obiecuje, że zaraz następnego dnia po wyjściu z więzienia przyjdzie mnie odwiedzić. Po powrocie do domu Clary przechodzę obok aksamitnej szkatułki pełnej diamentów i szmaragdów – równie dobrze mogłyby być warte grosze, co miliony – i myślę sobie, że „niezbadane są wyroki boskie", a potem śpiewam wesoło jak Dinah Washington:

What a difference a day makes, twenty-four little hours...

Armando de Armas proponuje mi stanowisko naczelnej „Hombre de Mundo", ale odmawiam, bo wiem, że nie traktuje dobrze redaktorek innych swoich gazet, a dla mnie nie miałby litości. Skoro zaś każdy w moim otoczeniu zdaje się stać na czele jakiegoś imperium, zaczynam prace nad stworzeniem własnego: po uważnej lekturze biografii Heleny Rubinstein, Elizabeth Arden i Estée Lauder dochodzę do wniosku, że przyszła już pora na wylansowanie południowoamerykańskiej marki oferującej praktyczne kosmetyki, w kolorystyce dostosowanej do cery i rysów Latynosek, po przystępnych cenach – za wysokie koszty odpowiadają bowiem przede wszystkim reklamy i opakowania. Proszę Hernana Díaza o sesję zdjęciową i przekonuję się, że w wieku trzydziestu siedmiu lat moja twarz i figura wyglądają tak dobrze jak nigdy wcześniej. Wiem, że przy minimalnym nawet nakładzie finansowym ze strony Gilberta i przy wykorzystaniu jego wielkiej sieci dystrybucji mogłabym zbudować naprawdę dochodowy interes – skoro potrafię namówić kobiety na kupno wszystkiego, co reklamuję, to może i kremy niwelujące ślady po cięciach nożem albo witaminy na syfilis i AIDS? Kupuję najróżniejsze produkty, studiuję je wnikliwie i decyduję, które dałoby się podrobić albo ulepszyć. Myślę, że prędzej czy później wypuszczę też linię dla mężczyzn. Czuję, że jestem gotowa, odliczam dni do chwili wyjścia mojego potencjalnego wspólnika na wolność, ale postanawiam na razie nie mówić mu o swoich planach, dopóki nie upewnię się, że podziela mój entuzjazm. Kilka tygodni później znowu rozmawiamy:

– Już zaraz powinienem wyjść, ale w tym biznesie zawsze jest jakiś nowy problem, księżniczko. Teraz ten twój przyjaciel z Medellín grozi wojną mnie i moim wspólnikom, bo nie chcemy mu wyświadczyć przysługi... Nie mogę ci powiedzieć jakiej, bo to męskie sprawy. Też powinnaś zresztą na siebie uważać, bo coraz bardziej mu odbija... Gotów jest zlecić twoje zabójstwo.

Wyśmiewam absurdalną sugestię – choć nie jesteśmy już z Pablem parą, to on uważa mnie za swoją najlepszą przyjaciółkę i bardzo mnie kocha. Proponuję, że mogę pomóc im naprawić stosunki, zwłaszcza teraz, kiedy Luis Carlos Galán wrócił do partii liberalnej i zostanie następnym prezydentem – Gilberto i Pablo będą musieli rozważyć stworzenie jednolitego, spójnego frontu przeciwko ekstradycji.

– Nie chcę, żebyście się wzajemnie powybijali ani zostali poddani ekstradycji, wszyscy już wystarczająco dużo wycierpieliśmy... Skończcie wreszcie z tą wojną, serce mnie boli. Pozwól mi spróbować doprowadzić do zawieszenia broni, dobrze?

Odpowiada, że jest dość sceptyczny, bo nastroje zrobiły się już mocno bojowe, ale nie ma nic przeciwko, żebym przekazała Pablowi jego wolę nawiązania porozumienia.

W tej chwili nie wiem jeszcze, jakiego rodzaju przysługi Escobar żąda od Rodriguezów. Dwaj najważniejsi wspólnicy Gilberta i Miguela to „Chepe" Santacruz i „Pacho" Herrera, jako jeden z niewielu *narcos* preferujący efebów nad panienki. Pablo domaga się wydania Pacha – jego największego wroga – w ramach spłacenia długu za przysługę wyświadczoną na początku roku Chepemu: pocięcie na kawałki Hugona Valencii. W Cali nie robi się takich rzeczy, ale w Medellín owszem.

Kilka dni później spotykam się w salonie piękności z Aną Boleną Mezą, „ukochaną" Gustava Gavirii. Odpowiedź, jakiej udziela mi ta słodka dziewczyna, to lekcja godności, której nigdy nie zapomnę. Wymieniamy zaledwie kilka uprzejmości, ale jej ogromne niebieskie oczy mówią mi więcej niż jakiekolwiek słowa. W głębi duszy czuję olbrzymią ulgę z powodu niepowodzenia mojej misji – ulgę mieszającą się z wstydliwym i dziwacznym uczuciem radości: są jeszcze na tym świecie ludzie, których nie można kupić.

Gilberto Rodríguez miał wielką ochotę się ze mną spotkać – wczoraj wyszedł z więzienia, a dziś jest już w Bogocie. O piątej po południu stoję w salonie i po raz ostatni sprawdzam, czy wszystko jest idealnie przygotowane: szampan, muzyka, kwiaty, kreacja, książka Zweiga, której jeszcze nie czytał... Dobiega mnie odgłos otwieranych drzwi windy i ze zdziwieniem słyszę śmiechy. Kiedy do mieszkania wchodzi dwóch mężczyzn, nienagannie ubranych w granatowe stroje i tryskających radością, nie mogę uwierzyć własnym oczom: Gilberto Rodríguez przyszedł pokazać mnie Albertowi Santofimiowi, a kandydat Pabla Escobara przyszedł się pokazać z Gilbertem. Mówią, że mogą zostać najwyżej godzinę, bo potem idą do eksprezydenta Alfonsa Lopeza Michelsena, który oczekuje ich w swojej rezydencji w towarzystwie Ernesta Sampera Pizana, żeby uczcić odzyskanie wolności przez Gilberta.

Spędziłam całe życie przed kamerami, przetrwałam lata publicznych obelg, więc udaje mi się chyba ukryć, co sądzę o Santofimiu. Kiedy się żegnamy, wiem, że Rodríguez wykończy Pabla, ale wiem też, że wcześniej Escobar wykończy połowę ludzkości. Gdyby na całym świecie zostali tylko oni dwaj, wybrałabym chyba Pabla: jest bezlitosny, ale wiadomo, czego się po nim spodziewać. Escobar, tak jak ja, jest stuprocentowo szczery i prostolinijny. Przez pięć lat zadzwoniłam do niego nie więcej niż kilka razy, nigdy też tylko po to, żeby powiedzieć, że tęsknię albo chcę się spotkać, ale dziś postanawiam pójść za głosem serca i zrobić to po raz pierwszy i ostatni: musimy pilnie się spotkać, żeby porozmawiać o Cali, przylecę zwykłym samolotem. Nie mówię ani jemu, ani Gustavowi, że zamierzam się z nimi pożegnać. Tym razem już na zawsze.

Przez połowę ostatniej dekady zamieniałam się w coraz bardziej bezsilną obserwatorkę poczynań wszystkich tych mężczyzn. Jutro zrobię wszystko, co w mojej mocy, żeby odradzić Pablowi wojnę, bo przerażają mnie pomysły rodzące się w najgłębszych zakamarkach jego umysłu. Dociera do mnie, że na moich oczach zaczyna się koniec dwóch imponujących postaci, które dopiero co przebiły się do świata wielkich i potężnych. Kiedy już wykończą się wzajemnie z Gilbertem, a władze ostatecznie ich dobiją, ten kraj nadal będzie taki, jaki był zawsze. Zostaną tylko ci co zwykle ćwierćinteligenci, którzy będą rządzić przez kolejne stulecie, tyle że z kieszeniami pełnymi pieniędzy obu pokonanych. Jutro po raz ostatni zobaczę jedynego mężczyznę, przy którym czułam się w stu procentach szczęśliwa, który zawsze traktował mnie jak równą i w pełni doceniał, jedynego człowieka na świecie, przy którym czułam się rozpieszczana i bezpieczna. Patrzę w lustro i mówię sobie, że już za kilka godzin pożegnam się na zawsze ze wszystkim, co nas kiedykolwiek łączyło. Spoglądam w lustro, zanosząc się płaczem, i przez chwilę zdaje mi się, że za odbitym wizerunkiem miga szybko *Krzyk* Muncha.

Diament na pożegnanie

Ekstradycja upadła kilka miesięcy temu ze względów formalnych i Pablo wrócił do pracy w swoim gabinecie. Po przyjeździe dowiaduję się, że są z Gustavem na spotkaniach i proszą, żebym poczekała chwilę, aż wszystko załatwią. Myślę sobie, że po raz pierwszy trafiłam do poczekalni, ale dzięki Bogu także po raz ostatni. Czekam, a jeden z szoferów czy *sicarios* – tak się teraz nazywa w Kolumbii płatnych zabójców na usługach mafii – obrzuca moje nogi lubieżnym spojrzeniem i mówi do swojego towarzysza, na tyle głośno, żebym usłyszała każde słowo, że moja następczyni zdecydowanie nie ma takiej „klasy". Odkąd pojawiłam się w kampanii reklamowej rajstop Di Lido, większość mężczyzn nie patrzy mi już w twarz, tylko nie może oderwać wzroku od moich nóg, bo prości ludzie zawsze wierzą bardziej w to, co pokazują im media, niż w to, co widzą na własne oczy.

Obserwuję tych chłopaków o groźnych spojrzeniach i niewyparzonych językach, niekryjących pogardy dla kobiet i społeczeństwa w ogóle, i myślę sobie, jaką ulgą będzie pożegnać się na zawsze z tą elitą coraz bardziej mrocznego i potężnego półświatka. Wczoraj zdecydowałam, że poproszę Pabla o pieniądze, po raz pierwszy, odkąd się znamy. Przez te pięć lat, przy okazji dziesiątek podróży zagranicznych, często przekazywał mi spore sumy w ramach kieszonkowego, zawsze postrzegane przeze mnie jako wyraz miłości i szczodrości. Jednak odkąd w styczniu 1983 roku spłacił długi mojej stacji telewizyjnej w zamian za reklamy, nigdy nawet nie przeszło mi przez myśl o nic go prosić, bo ciągle mogłam liczyć na wystarczające dochody z pracy. Nigdy nie zależało mi na gromadzeniu majątku czy nieruchomości, przez piętnaście lat byłam jedną z najlepiej zarabiających dziennikarek w telewizji kolumbijskiej i nie przyszłoby mi do głowy, że w moim wieku można zostać bezrobotną. A zmierzam do tego, że obecnie moje oszczędności wystarczyłyby mi na dwanaście miesięcy życia.

Wczoraj liczyłam jeszcze na długą rozmowę z Gilbertem po jego trzyletnim pobycie w więzieniu, jednak wizyta w towarzystwie Santofimia włączyła dzwonki alarmowe – intuicja podpowiada mi, że nie powinnam mieć złudzeń co do naszej współpracy w związku z biznesem kosmetycznym. Dlatego uznałam, że lepiej poprosić Pabla o wsparcie finansowe, jechać do Europy na studia językowe i podjąć pracę, o której marzyłam od dziecka, dopóki planów nie pokrzyżowały mi najpierw małżeństwo, a potem telewizja. Przede wszystkim jednak zamierzam zrobić wszystko, co w mojej mocy, żeby spróbować powstrzymać ewidentnie nieuniknioną wojnę między kartelami z Medellín i Cali, a raczej między ich bossami: Pablem Escobarem i Gilbertem Rodriguezem.

Otwierają się drzwi i z gabinetu wychodzi Pablo w towarzystwie jakiejś kobiety. Dziewczyna ma pewnie z dwadzieścia siedem lat, nosi czerwony sweter z krajowej wełny, złoty łańcuszek ze sporym medalikiem z Maryją na piersi oraz czarną spódnicę. Jest całkiem atrakcyjna, ma niezłą figurę i włosy, ale nie mogłaby uchodzić za modelkę ani królową piękności. Wygląda raczej na sprzedawczynię z eleganckiej drogerii czy butiku. Pablo przedstawia mi ją jako swoją dziewczynę, a ja gratuluję mu tak pięknej kobiety u boku. Ona patrzy na mnie życzliwie, bez cienia zazdrości o kosztowną czerwoną sukienkę od Thierry'ego Muglera, w której mam sylwetkę syreny i przyciągam spojrzenia klientów we wszystkich restauracjach Bogoty. Wybrałam ją spośród ponad stu pięćdziesięciu kreacji projektantów z Mediolanu, Paryża i Rzymu, bo gdzieś czytałam, że na zawsze zostaje z nami wspomnienie ostatniego spotkania. A niezależnie od tego, co nadal czuję do Pabla, postanowiłam pożegnać się z nim dziś na zawsze, nie tylko dlatego, że już się nie kochamy, lecz przede wszystkim dlatego, że nasza przyjaźń przerodziła się z czasem w niewyczerpane źródło problemów, cierpienia i niebezpieczeństw, zwłaszcza dla kogoś tak bardzo na widoku, a zarazem tak bezbronnego jak ja. Żegnam się z dziewczyną uśmiechem i kilkoma uprzejmymi słowami, po czym zwracam się do niego:

– Muszę na chwilkę przeprosić twoją przyjaciółkę, bo przyjechałam tu z Bogoty tylko po to, żeby przekazać ci wiadomość od Gilberta Rodrigueza. Wydaje mi się, że powinnam zrobić to jak najszybciej.

Idę do jego gabinetu, nie czekając na zaproszenie. Zamieniają kilka słów, a potem on wchodzi za mną, zamyka drzwi i siada za biurkiem. Widzę, że aż się gotuje z wściekłości. Wczoraj wieczorem wspomniałam o Cali, a on w ramach zemsty nie wahał się przeparadować mi przed nosem u boku sprzedawczyni z butiku. A na widok kobiety, która nie może mieć większego znaczenia – ani dla niego, ani dla mnie – celebrytka, która poświęciła wszystko dla miłości, nie zawahała się użyć nazwiska jego największego wroga. Pablo patrzy na mnie i jego oczy niedźwiedzia grizzly zdradzają w ułamku sekundy wszystko, co czeka mnie do końca życia. Życia bez niego. Bez niego i bez niczego. Niczego.

– Z góry ostrzegam, że mam tylko parę minut, dziewczyna na mnie czeka. Co chciałaś mi powiedzieć?

– Gilberto i Samper cię zmasakrują, Pablo. Ale nie mogę wyjaśnić ci wszystkiego w kilka minut, bo rozprawienie się z tobą też nie jest takie proste. Albo okażesz mi szacunek, albo wrócę pierwszym samolotem.

Wbija wzrok w podłogę, a po kilku chwilach podnosi głowę i mówi:

– W porządku. Przyślę kogoś po ciebie do hotelu jutro rano, o dziewiątej trzydzieści, spotkamy się o dziesiątej. Nie rób takiej miny, teraz wstaję wcześnie. Tak, o dziewiątej! Codziennie mam grafik pełen spotkań, nauczyłem się punktualności. Gustavo na ciebie czeka. Do jutra, Virginio.

Jego zaciekawienie powiedziało mi wszystko: człowiek, który zapłacił dwieście pięćdziesiąt tysięcy dolarów w brylantach za weekend z jedną z wielu missek, ale na jedno wspomnienie o Cali przedstawił mi tamtą kobietę jako swoją dziewczynę, stracił poczucie proporcji, więc jest wyjątkowo narażony na atak. Wszyscy czterej bossowie z Cali razem wzięci mają więcej władzy i środków niż on. A jest sam, bo wspólnicy nie podzielają jego zaciekłej nienawiści do konkurencyjnego kartelu, a zwłaszcza do Gilberta Rodrigueza. Kiedy zachowuje zimną krew, Escobar jest jak robot, ale gdy ta się w nim zagotuje, zapomina o zdrowym rozsądku i poddaje się nieokiełznanej pasji. Zawsze wiedziałam, że w jego duszy płonie ogień wojowników, podczas gdy jego rywal ma serce z lodu, jak wszyscy bankierzy. Jak nikt znam mocne i słabe strony Pabla Escobara, więc wiem, że choć nie brakuje mu odwagi, dumy i wytrwałości cechujących najdzielniejszych, to atrybuty te przyjmują czasem formę niecierpliwości, arogancji i oślego uporu, typowych dla potencjalnych samobójców, którzy pewnego dnia postanawiają zaatakować wszystkich przeciwników naraz, i to przedwcześnie. Czuję głęboki żal – za niego i za nas – oraz bolesną nostalgię na myśl o tym, kim ten wspaniały, wyjątkowy człowiek, który nie skończył jeszcze nawet trzydziestu ośmiu lat, a którego uważałam za przeznaczonego do wielkich rzeczy, mógł być i kim nigdy już nie zostanie.

Silny mężczyzna jest najbardziej męski, kiedy pozwoli sobie na łzy. Nawet ukradkiem, po nieodżałowanej stracie dziecka, rodzica, bliskiego przyjaciela. Albo niemożliwej miłości. W innym gabinecie ktoś bardzo podobny do Escobara, ale diametralnie inny od wszystkich podwładnych znajdujących się poza tymi czterema ścianami, nie potrafi ukryć bólu na wieść o tym, że jedyna istota na świecie, za którą gotów byłby oddać życie i wszystko dla niej porzucić, to kobieta, której już nigdy nie będzie miał. Gustavo Gaviria błaga mnie o wyznanie całej prawdy, nawet najtrudniejszej, a ja dziękuję za zaufanie, jakim obdarzył mnie ten człowiek, który dotychczas wydawał mi się zbudowany ze stali, lodu i ołowiu. Oświadczam, że na samą wzmiankę o jego nazwisku i pokrewieństwie z Pablem Escobarem Ana Bolena Meza uciekła w te pędy, oznajmiwszy mi wcześniej z oburzeniem:

– Virginio, ty jesteś naszą narodową diwą, a ten *narco* zniszczył ci karierę i zszargał reputację. Ja jestem tylko aktorką, która uczciwie zarabia na życie. Powiedz temu Gavirii, że za żadne skarby świata nie pozwolę, żeby przez tych bydlaków prasa zrobiła mi to, co robi teraz tobie. Kobiety mojego pokroju czują do nich wyłącznie pogardę. Wolałabym umrzeć, niż pozwolić handlarzowi narkotyków zbliżyć się do mnie choćby na krok!

Gustavo nalega, żebym powtórzyła każde słowo wypowiedziane przez kobietę, w której jest szaleńczo, acz beznadziejnie zakochany. Nie potrafi zrozumieć, dlaczego ta piękna dziewczyna o wielkich jasnych oczach tak nim gardzi, więc przypominam, co trąbią o mnie gazety i stacje radiowe: historie o kochankach-dilerach, którzy spuszczają mi okropne lanie, żeby odebrać jachty i posiadłości, o kobietach, które chcą mnie zadźgać, żeby odebrać samochody i biżuterię, o władzach, które mnie rewidują, żeby odebrać narkotyki i broń, o lekarzach, którzy próbują wyleczyć mnie z syfilisu i AIDS. Dodaję, że aby uniemożliwić mi powrót przed kamery i mikrofony, media zdają się domagać, żeby odebrano mi – nie szczędząc ciosów, cięć, kopniaków – najmniejszą cząstkę godności, talentu, elegancji i urody; żeby odmówiono mi jakiegokolwiek prawa do uczciwości, pracy czy honoru.

Nie mogę już się powstrzymać i choć wiem, że prędzej czy później podzieli się tą wiedzą ze swoim najlepszym przyjacielem, zaczynam opowiadać Gustavowi wszystko, do czego nigdy nie mogłam się przyznać przed Pablem. Mówię nie tylko o cenie, jaką musiałam zapłacić za wsparcie stanowiska tego niewdzięcznego towarzystwa przeciwko ekstradycji, lecz także o wielu innych sprawach: że pierwszy lepszy biedak może spać u boku kobiety, która autentycznie go kocha, podczas gdy wszyscy ci multimilionerzy wiedzą w głębi serca, że nie zasługują na miłość i że do końca życia będą skazani na płacenie za jej iluzję. Dodaję, że w Biblii zapisano: „Nie rzucajcie pereł przed wieprze"*, a ludzie pokroju Pabla zasługują wyłącznie na miłość drogich prostytutek, za którymi on tak przepada. Na koniec stwierdzam, że popełniłam wielki błąd, nie ustalając swojej ceny na samym początku, kiedy jego wspólnik błagał, żebym poprosiła, o co tylko chcę, a ja odparłam, że niczego nie pragnę, bo kobiety reprezentacyjne i dobrze wykształcone

---

* Mt 7, 6. Przekład za *Biblią warszawsko-praską* (przyp. tłum.).

jak księżniczki kochają wyjątkowych mężczyzn nie ze względu na bogactwo, biedę czy ewentualne prezenty, ale po to, by je uszczęśliwiać i chronić przed światem zewnętrznym.

Gustavo słucha mnie w milczeniu, ze wzrokiem wbitym w okno. Przyznaje smutno, że oczywiście wychowano mnie na żonę jakiejś wielkiej osobistości, nie na kochankę bandyty. Dodaje też, że oni wszyscy mają partnerki, które kochają i o które się troszczą, niezależnie od bogactwa czy biedy. Odpowiadam, że wszystkie te kobiety znoszą publiczne upokorzenie wyłącznie dlatego, że mężowie obsypują je diamentami i futrami, bo w przeciwnym razie niemal wszystkie by ich zostawiły. Opisuję mu błyskotkę wartą ćwierć miliona dolarów – nie mogła być przeznaczona dla tamtej dziewczyny z medalikiem na szyi – i proszę, żeby pomógł mi namówić swojego kuzyna na podarowanie mi zaledwie stu tysięcy dolarów, a ja tymczasem sprzedam mieszkanie i będę mogła zostawić ten okrutny kraj za sobą jak zły sen, pojechać do Europy i zająć się tym, o czym zawsze marzyłam: opanowaniem kilku języków w mowie i piśmie oraz przyswojeniem podstaw języków nordyckich, zbliżonych do niemieckiego.

Gaviria tłumaczy, że w obliczu nadciągającej wojny będą potrzebowali dużo gotówki, i ostrzega, żebym prosząc o kwotę, którą jeszcze kilka lat temu, zwłaszcza mnie, jego wspólnik podarowałby bez mrugnięcia okiem, przygotowała się na odpowiedź odmowną. Dodaje, że Pablo raczej nie zaakceptuje mojej decyzji o wyjeździe, bo musi wiedzieć, że jego bratnia dusza zawsze będzie pod ręką, gotowa przedyskutować z nim wszystkie sprawy, których nie może poruszyć z żadną inną kobietą, nawet z własnej rodziny.

Gustavo jest drobnym mężczyzną, co chwila odgarnia z czoła kosmyk prostych włosów i podobnie jak kuzyn rzadko patrzy rozmówcy w oczy. Po chwili ciszy wzdycha ciężko, podchodzi do sejfu, wyjmuje tacki z diamentami i kładzie je na stoliku kawowym przed sofą, na której siedzimy. Otwiera kolejne futerały pełne setek pierścionków z jedno- i dwukaratowymi brylantami, po czym oznajmia, że chce mi podarować jeden na pamiątkę, bo docenia wszystko, co dla nich zrobiłam.

Wzruszona odmawiam i dziękuję. Później jednak, w obliczu tych błyszczących drobiazgów, miliardowego ułamka jego majątku, zmieniam zdanie: ocieram łzy chusteczką i oświadczam, że chcę taki z największym brylantem. Nie dlatego, że na niego zasługuję, ale wreszcie przyszła pora, żeby jakiś bogacz podarował mi biżuterię! On śmieje się z zadowoleniem, mówi, że być pierwszym to dla niego wielki zaszczyt, i nalega, żebym wybrała najczystszy, poniżej jednego karata. Odpowiadam, że czystość zostawiam świętej Marii Goretti, węgielki i tak widać tylko przez lupę, a ja chcę największy, z jak najmniejszą liczbą skaz. Przymierzam właśnie pierścionek z owalnym kamieniem – rzadkim, bo diamenty są zwykle okrągłe (szlif brylantowy) lub kwadratowe (szlif szmaragdowy) – w drugiej ręce ściskam chusteczkę, kiedy drzwi się otwierają:

– Ale… co ty tu robisz?! Myślałem, że już dawno sobie poszłaś! I co to ma być? Zaręczyny gwiazdy? Czyżby miała wyjść za… Gilberta?

Gustavo patrzy na mnie z szeroko rozdziawionymi ustami i wytrzeszczonymi oczami, a ja wybucham śmiechem i mówię, że jego wspólnikowi powinni założyć kaftan bezpieczeństwa. Pablo wrzeszczy jak opętany:

– Jej się nie daje diamentów! Ona jest inna! Nie interesują jej brylanty!

– Jak to inna? Może ma wąsy jak ty? – odpowiada Gustavo.

– Nie poznałem jeszcze kobiety, która nienawidziłaby diamentów. Aż tak nimi gardzisz, Virginio?

– Uwielbiam je, ale przez pięć lat oszukiwałam twojego obecnego tu kuzyna, żeby nie pomyślał, że kocham go za jego brudne pieniądze! Jemu jednak najwyraźniej się zdaje, że przez lata zdradzałam go z więźniem i musiałam przyjechać tu jak Helena Trojańska, żeby powstrzymać tę wojnę, zanim się wzajemnie wykastrują i tym samym pogrążą całą żeńską część ludzkości w głębokiej żałobie!

– Zdajesz sobie sprawę, że ona trzyma z Cali, bracie?! – krzyczy wściekły Pablo, zwracając się do Gustava, a ja tymczasem jak zaklęta wpatruję się w mój pierwszy brylant i jestem gotowa bronić go własną piersią. – Diamenty dajemy tylko tym królowom, które są po naszej stronie!

– Nie wygaduj głupot, człowieku. Gdyby Virginia trzymała z Cali, nie byłoby jej tutaj! – gani go Gustavo. – Wszyscy chcą doprowadzić ją do śmierci głodowej, a ja pragnę podarować jej coś, co jej zostanie, co będzie mogła sprzedać choćby jutro, jeśli zajdzie taka potrzeba. Nie muszę nikogo prosić o pozwolenie, nawet ciebie. Poza tym diamenty chronią. A jedyna prawdziwa królowa, z jaką miałeś do czynienia, to właśnie ta kobieta: jeszcze nawet zanim cię poznała, wzdychały do niej miliony mężczyzn!

– No to niech się zajmie pisaniem zamiast pozowaniem fotografom z tych wszystkich gazet! – woła Pablo, patrząc na brylant takim wzrokiem, jakby chciał uciąć mi palec i spuścić pierścionek w ubikacji. – Tak, książki zamiast tej gadaniny! Ma przecież tyle historii do opowiedzenia!

– Brr, nawet mnie nie strasz! Obiecaj mi, Virginio, że jeśli kiedyś coś napiszesz, to nigdy nie wspomnisz o nas… A zwłaszcza o interesach, na miłość boską! – błaga mnie przerażony Gustavo.

Przysięgam, że tego nie zrobię, a on tłumaczy wspólnikowi sytuację z prezentem:

– Już nigdy więcej jej nie zobaczymy, Pablo. Virginia przyszła się z nami pożegnać na zawsze.

– Nigdy? – pyta skonsternowany. Potem, z wyrazem twarzy i tonem głosu, jakie przybiera zapewne podczas przesłuchań nieszczęśników oskarżonych o kradzież stu kilogramów koki, dodaje:

– Jak to na zawsze? To prawda, Virginio? Wychodzisz za mąż czy co? Dlaczego nic mi nie powiedziałaś?

Nadal go ignoruję i obiecuję Gustavowi, że zawsze, gdy znajdę się w niebezpieczeństwie, jak teraz, potrę kamień od niego jak lampę Aladyna, nigdy go nie sprzedam i każę się z nim pochować.

Pablo komentuje, że uważał mnie za inną niż wszystkie, a ja wyrzucam w górę ramiona i radośnie oznajmiam, że się mylił, bo okazałam się dokładnie taka samiutka jak każda kobieta: właśnie odkryłam, że mnie też pociągają diamenty! Gustavo się śmieje, a jego kuzyn zamyka drzwi, ale wcześniej rzuca z mieszanką niesmaku i rezygnacji:

– Rozczarowałem się tobą, Czysta Duszyczko! No dobrze… widzimy się jutro.

Nasze ostatnie spotkanie ma miejsce w wiejskiej chatce o białych ścianach, z doniczkami geranium, jakieś trzydzieści minut drogi od Intercontinentala. Dwóch ludzi Escobara przywiozło mnie z hotelu, a po kilku minutach przyjeżdża i on, małym samochodem, za którym podąża drugi, z dwoma ochroniarzami, którzy natychmiast się oddalają. Jakaś kobieta zamiata podłogę w jadalni i patrzy na mnie z zaciekawieniem. Z doświadczenia wiem, że ludzie zmuszani do wstawania o dziewiątej rano zawsze są w złym humorze. Pablo nie prosi nawet sprzątaczki, żeby zostawiła nas samych, i od progu daje mi do zrozumienia, że przychodzi w bojowym nastroju:

– Mogę ci poświęcić najwyżej dwadzieścia minut, Virginio. Wiem, że przyjechałaś wstawić się za swoim kochankiem, powiedzieli mi też, że chcesz mnie prosić o pieniądze. Nie spodziewaj się ode mnie ani grosza, nie licz też na załatwienie tej pierwszej sprawy, bo zamierzam rozwalić go w drobny mak!

Kobieta nadstawia uszu, a ja tłumaczę jej szefowi, że jedyne życie, za którym chcę się wstawić, należy do niego. I że ktoś, kto spędził trzy lata w więzieniach w Kadyksie i Cali, nie mógłby romansować z kobietą mieszkającą na Islas del Rosario czy w Bogocie. Dodaję też, że nie przyjechałam tu, żeby brać u niego lekcje gitary, ale prosić o pomoc w wydostaniu się z kraju, zanim jego wrogowie mnie poćwiartują. Spuszczam wzrok na dłonie, podziwiam pierścionek z brylantem i dodaję już nieco spokojniej:

– Myślę, że Rodriguezowie i Ernesto Samper cię wykończą. Jeśli chcesz wiedzieć jak, mogę zdradzić ci wszystkie szczegóły w obecności tej pani.

Pablo prosi sprzątaczkę, żeby wróciła później. Kobieta posyła mi spojrzenie wściekłej dezaprobaty i znika. On siada naprzeciwko mnie na niewielkiej, dwuosobowej sofie z bambusa obitej brązową tapicerką w kwiaty, a ja zaczynam relacjonować mu wizytę Gilberta i Santofimia:

– Wpadli na niecałą godzinę, bo śpieszyli się do Alfonsa Lopeza uczcić uwolnienie Gilberta z byłym prezydentem i Ernestem Samperem. Wyglądali strasznie elegancko, nie mogłam uwierzyć oczom ani uszom! Jeśli chcesz wystąpić na ścieżkę wojenną przeciwko Cali, nie możesz już ufać Santofimiowi, Pablo. Pamiętaj, że jego kuzyn jest zięciem Gilberta, a jego wspólnik z Chryslera, Germán Montoya, to szara eminencja w rządzie Virgilia Barca.

Przypominam mu o zasadzie „dziel i rządź" Machiavellego i błagam, żeby nie pakował się w kolejną wojnę, wyraźnie pomyślaną przez DEA w celu wykończenia dwóch największych bossów, bo przyniesie to tylko setki ofiar, a także przywrócenie ekstradycji, nie mówiąc o poważnym uszczerbku dla finansów obu stron konfliktu.

– Chyba jego! Rozpuścić mój majątek będzie dużo trudniej.

Najbardziej przekonującym tonem głosu przypominam mu, że jeśli rzeczywiście byłby tak bogaty, a przynajmniej miał płynność finansową, nie proponowałby mi wspólnego uprowadzania magnatów. Dodaję, że dzięki Bogu ten sekret został między nami. Patrzy na mnie z furią, ale ja ciągnę niewzruszona:

– Rodriguezowie nie mają na utrzymaniu armii złożonej z tysiąca mężczyzn, Pablo, ani ich rodzin. Wychodzi mi, że to jakieś sześć tysięcy osób…

– Rozwinęłaś się, Virginio! Jestem pod wrażeniem! A co z jego armią? Setki parlamentarzystów i dziennikarzy, droższych niż wszystkie moje chłopaki razem wzięte! Wydaje mi się, że mamy zbliżone koszty. Ale ja inwestuję w sympatię ludzi, a to najlepiej wydana forsa! Bo nie myślisz chyba, że jakiś senator oddałby za kogoś życie?

I znowu powtarzam, że Rodriguezów chroni na ich terenie gubernator, policja, armia i tysiące taksówkarzy informatorów. M-19 też z nimi nie zadziera, bo Gilberto był nie tylko przyjacielem Ivana Marina Ospiny, ale przez całe życie trzymał też z rodziną komendanta Antonia Navarra, o którym zawsze powtarzał, że „ten to lubi forsę". Ostrzegam go, że jego przeciwnik przyjaźni się osobiście z kilkoma prezydentami, a każdy postawiony przed wyborem między kasą od Rodrigueza a kulką od Escobara raczej się nie zawaha, co wybrać. Uświadamiam mu, że wprowadza podziały w grupie, której członkowie na początku zjednoczyli się wokół niego, a która teraz rozpadła się na dziesiątki wojujących kartelików, niemogących już aspirować do wielkich celów i gotowych na wszystko, byle pójść w ślady najpotężniejszych bossów.

– Cała masa spryciarzy zarzuca wędkę do tej wzburzonej rzeki, licząc na to, że wy dwaj się pozabijacie i zostawicie im terytorium. Ale jeśli połączycie siły z Gilbertem, koszty spadną o połowę, wasza siła wzrośnie dwukrotnie i razem odniesiecie ostateczne zwycięstwo nad ekstradycją, bo jeśli Galán zostanie następnym prezydentem, to następnego dnia po zaprzysiężeniu ją wprowadzi. Gilberto ma układy z niemal wszystkimi możnymi w tym kraju, a ty wzbudzasz inny rodzaj szacunku, jakiego nikt przy zdrowych zmysłach nie odważyłby się zakwestionować. Przestańcie już wydawać miliony na wyrzynanie się między sobą i pozwólcie żyć Kolumbijczykom w spokoju, ten kraj wszystko wybacza. Zawsze wiedziałeś, do czego służą ludzie, Pablo: wykorzystaj mnie do powstrzymania tej wojny. No dalej, wyciągnij do niego rękę i daj przykład wielkoduszności. A ja nazajutrz wyjadę z Kolumbii i już żaden z was nie będzie zmuszony nigdy mnie oglądać.

– To on musi zrobić pierwszy krok. Dobrze wie dlaczego, a ty nie masz obowiązku tego rozumieć. To męskie sprawy, nie mają nic wspólnego z tobą.

Próbuję mu wytłumaczyć, że nie liczą się przyczyny konfliktu, najważniejsze jest to, ile może zyskać dzięki sojuszowi z Cali.

– Skoro uważasz go za takiego bogatego i ważnego pana, to czemu jego nie poprosisz o pieniądze na wyjazd?

Jeszcze nigdy w życiu nikt mnie tak nie obraził. Reaguję jak rozwścieczona pantera i rzucam, że nie tylko nie potrafiłabym nikogo innego poprosić o pieniądze, ale też, że z Gilbertem Rodriguezem nie łączyły mnie uczucia. Dodaję, że moja kariera legła w gruzach z powodu ciągnącego się przez blisko pięć lat związku z Pablem

Escobarem, nie przez przelotny romans, o którym wiedzą zaledwie trzy osoby i któremu towarzyszyły, owszem, dziesiątki rozmów. Dzięki tym rozmowom dowiedziałam się, jak tanio można kupić prezydentów, gubernatorów i połowę parlamentu. Nie możemy dojść do porozumienia, więc zwracam mu uwagę, że kłócimy się już od godziny, a on jest przecież bardzo zajętym człowiekiem.

Pyta, o której mam samolot. O piątej, więc o trzeciej muszę wyruszyć z hotelu. Wstaje z sofy, opiera ręce na balustradzie balkonu znajdującego się po mojej prawej stronie, i wpatruje się w dal.

– A dlaczego chcesz wyjechać... na zawsze?

Wyjaśniam mu, że zawsze chciałam studiować przekład symultaniczny w Genewie. Dobrzy tłumacze ustni zarabiają nawet tysiąc dolarów dziennie. Potrzebuję tylko stu tysięcy pożyczki, bo i tak sprzedam mieszkanie albo wynajmę je z wyposażeniem jakiemuś dyplomacie. Dodaję też, że znajoma tłumaczka z pięciu-sześciu języków bardzo mu się przyda, bo zawsze będzie mógł mi powierzyć nagrania czy dokumenty, które nie powinny wpaść w niepowołane ręce.

– Za moją forsę nigdzie nie pojedziesz! Tłumaczy jest na pęczki, a ja nie pozwolę, żebyś wyszła za jakiegoś brzuchatego bankiera i wydawała wystawne kolacje w Szwajcarii, podczas gdy ja będę tu cierpiał z rozdartym sercem. Wszystko mi jedno, czy mnie kochasz, czy nienawidzisz, Virginio, ale masz tu zostać i przeżyć to wszystko, co się wydarzy, a potem opisać. Kropka.

Próbuję mu tłumaczyć, że jeśli to zrobię, jego wrogowie mnie poćwiartują; że przez swój egoizm skazuje mnie na śmierć z głodu w kraju, który nie może zaoferować mi nic poza życiem w codziennym strachu przed śmiercią. Pytam, gdzie się podziała jego wielkoduszność. Patrzy na mnie z urazą i odpowiada, że w tym

samym miejscu co moja kariera. Potem, jakby próbując się uspra-
wiedliwić, wzdycha głęboko i mówi:

– Naprawdę wierzysz jeszcze, że możemy wybrać swój los?
Nie, kochanie! Wybieramy zaledwie połowę, druga jest nam z góry
pisana!

Wstaję z kanapy i podchodzę do balkonu, skąd roztacza się widok na sielankowy krajobraz, którego uroda w innych okolicznościach by mnie zachwyciła. Stwierdzam, że człowiek, który w dniu
trzydziestych ósmych urodzin będzie miał na koncie kilka miliardów dolarów, nie ma najmniejszego prawa nazywać się ofiarą losu,
a ja powinnam była wiedzieć, że w końcu pewnego dnia jego okrucieństwo zwróci się przeciwko mnie.

– Nie mogę wyjaśnić ci przyczyn mojej decyzji, ale kiedyś je
zrozumiesz. Chodzi o to, że... znasz mnie i rozumiesz jak nikt,
ja też znam ciebie najlepiej na świecie. Wiem, że choć przestałaś
mnie kochać, a nawet szanować, zawsze będziesz oceniać mnie
według szlachetnych standardów i nigdy nie zdradzisz mojej pamięci. Mojej prawdziwej historii nie będą mogli opisać ani dziennikarze, ani politycy, ani rodzina, ani moje chłopaki, bo żadne
z nich nie spędziło ze mną, ani nie spędzi, setek wieczorów na
rozmowach o sprawach, które my poruszaliśmy. Wybrałem cię
ze względu na twoją uczciwość i wspaniałomyślność, uważam,
że jako jedyna potrafisz wiernie przekazać moje myśli i uczucia... To, dlaczego stałem się tym, kim jestem i kim będę pewnego
dnia... Dlatego muszę mieć pewność, że nawet jeśli zwiążesz się
z kimś innym, nie będziesz chciała mnie widzieć, słuchać ani ze
mną rozmawiać, to gdzieś tam dostrzeżesz z tą swoją wyjątkową
przenikliwością wszystko, co się wydarzy. Że będziesz.

Nie wiem, jak zareagować na takie wyznanie. Udaje mi się jednak powiedzieć, że oboje jesteśmy specjalistami we wzajemnym

podbijaniu sobie ego, kiedy jedno z nas się rozsypuje. Że cała ta jego przemowa to tylko wymówki, żeby nie dać mi ani grosza. Że on ma przecież żonę i tyle kobiet, ile zapragnie, więc nie jestem mu do niczego potrzebna. Że nadal nie rozumiem, dlaczego – jeśli rzeczywiście tyle dla niego znaczę – nie może jednym gestem ulżyć mojemu cierpieniu, tak jak pięć lat temu, kiedy spłacił długi mojej firmy. Kiedy odpowiada, że wkrótce wybuchnie wojna, śmieję się z niedowierzaniem i przyznaję, że przyjaciółka pokazała mi wartą ćwierć miliona dolarów błyskotkę przeznaczoną dla kobiety, o której on najpewniej już dawno zapomniał. Podchodzi do mnie, ujmuje moją brodę między kciuk a palec wskazujący, po czym z całą ironią, na jaką go stać, i jednocześnie z przyganą lub groźbą stwierdza:

– A ty zaraz następnego dnia pojechałaś go odwiedzić w więzieniu. Tak czy nie, słońce?

Puszcza mnie i szybko zmienia temat. Pyta, co sądzę o jego nowej dziewczynie. Cieszę się, że tak piękna i urocza kobieta kocha go i się o niego troszczy. Ostrzegam go też jednak i przypominam, o czym sam przekonał się na własnej skórze, z krwią, potem i łzami:

– Nie zapominaj, że w tym kraju kobiety z niższej klasy średniej, kiedy poczują się kochane przez kogoś takiego jak ty, mają w głowie tylko jedną myśl: dziecko, dziecko, dziecko! Jakby ludzkość miała się skończyć bez ich udziału. Pamiętaj, że w świetle kolumbijskiego prawa każde z twoich dzieci, ślubne czy nie, jest warte miliard dolarów. Wiem, że przeraża cię to niemal tak jak mnie, i myślę, że dlatego właśnie nasz związek tak długo przetrwał: nigdy nie przyszłoby mi do głowy złapać cię na dziecko, Pablo, ani próbować wzbogacić się twoim kosztem.

Zamyśla się na dłuższą chwilę i wiem, że wspomina Wendy. Wygląda okropnie smutno, jakby nagle został sam na świecie i nie miał dokąd pójść. Podchodzi do mnie, obejmuje ramieniem, przyciąga do siebie i wpatrując się w jakiś zaginiony punkt w oddali, zaczyna mówić z tak głęboką nostalgią, jakiej jeszcze nigdy nie słyszałam w jego głosie:

– Wcale nie dlatego. Dostałem od ciebie taką miłość, na jakiej naprawdę mi zależało. Byłaś moją inteligentną miłością. W twojej głowie i sercu mieścił się cały świat... Ten głos, ta skóra... Uczyniłaś mnie niewiarygodnie szczęśliwym, będziesz chyba ostatnią kobietą, w której zakochałem się do szaleństwa... Jestem w pełni świadom, że nigdy nie spotkam drugiej takiej jak ty. Nikt nie będzie mógł mi cię zastąpić, Virginio, a ty wyjdziesz za lepszego ode mnie...

Jego słowa poruszają najmniejsze cząstki mojej duszy. Mówię mu, że taki hołd z ust człowieka, którego kochałam najbardziej w życiu, zachowam na zawsze jak skarb w najskrytszym zakątku serca. Zapomniałam jednak, że u Pabla Escobara po wyznaniach i komplementach zawsze można się spodziewać kubła zimnej wody: już po chwili, zupełnie niewzruszenie, oświadcza, że to właśnie dlatego postanowił zostawić mnie z niczym.

– Dzięki temu, kiedy już o mnie napiszesz, nikt nie będzie mógł ci zarzucić, że mnie chwalisz, bo zapłaciłem za twoją duszę czy serce. Przecież zawsze będą powtarzać, że kupiłem cię za pieniądze...

Nie wierzę własnym uszom. Po wcześniejszych słowach uznania, czułych i zapadających w pamięć, po hojności, jaką zawsze mi okazywał – w słowach, w czasie, w pieniądzach – to nic innego jak najbardziej prymitywna zemsta zrodzona z absurdalnej zazdrości. Nie patrząc na mnie, głosem nabrzmiałym od smutku odpowiada, że nigdy nie był o mnie zazdrosny, a któregoś dnia będę wdzięczna za jego decyzję, bo on zawsze wie, co się wydarzy w przyszłości.

Jestem kompletnie rozbita, chcę zostać sama i porządnie się wy-płakać, więc mówię mu tyko, że rozmawiamy już od dwóch godzin, ktoś na pewno na niego czeka.

On stoi z dłońmi opartymi o barierkę i w milczeniu wpatruje się w przestrzeń, jakby kontemplował swój los. Potem, nie przejmując się upływem czasu, zaczyna opowiadać, że nie ma już odwrotu, wkroczył na ścieżkę wojny przeciwko władzom i prawdopodobnie nie ujdzie z życiem. Przed śmiercią planuje jednak wykończenie ludzi z Cali i każdego, kto stanie na jego drodze, a od tej pory zamierza załatwiać sprawy nie kulkami, ale dynamitem – sprawiedliwi zapłacą za występki grzeszników. Staję obok niego, patrzę w pustkę i słucham go z twarzą zalaną łzami, zastanawiając się, dlaczego ten bajecznie bogaty człowiek ma w sercu tak nieprzebrane pokłady nienawiści, potrzebę ukarania nas wszystkich, wściekłość, desperację. Dlaczego nigdy nie odpuszcza i czy ta tłumiona furia, która lada chwila wybuchnie jak wulkan, nie wynika w gruncie rzeczy z niemocy, niemożliwości zmiany społeczeństwa zarządzanego przez ludzi równie bezlitosnych i pozbawionych skrupułów jak on. Nagle odwraca się w moją stronę:

– I przestańże już wreszcie płakać, nie ty będziesz wdową po mnie!

– Myślisz, że mogłabym płakać nad kimś takim jak ty? Płaczę nad sobą i nad majątkiem, jaki zostawisz żonie, która nie będzie wiedziała, co z nim zrobić! Po co ci te pieniądze, skoro tak ma wyglądać twoje życie? I płaczę nad naszym krajem! Użyjesz dynamitu przeciwko tym biednym ludziom dla swoich egoistycznych celów? Cóż za podłość, Pablo! Wystarczyłoby wzmocnić ochronę i tyle. Naprawdę sądzisz, że oddział jakichś dzielnych żołnierzy odważy się ciebie szukać?

Odpowiada twierdząco. Kolejne oddziały będą atakować go o każdej porze dnia i nocy, a on potrzebuje na nich dynamitu i rakiet. Stwierdzam, że gdyby ktoś go usłyszał, od razu by go wsadzili, ale nie do więzienia, tylko do szpitala psychiatrycznego. Bogu dzięki, że do tej pory miał mnie, której mógł opowiadać wszystkie te bzdury przychodzące mu do głowy. Dodaję, że okropnie się o niego martwię, bo z każdym dniem coraz bardziej przypomina mi Juana Vicentego Gomeza, multimilionera sprawującego tyrańską władzę w Wenezueli na początku XX wieku:

Na łożu śmierci matka kazała mu przyrzec, że przebaczy wszystkim wrogom, przestanie torturować i mordować członków opozycji. Kiedy staruszka wydała ostatni oddech, prezydent wyszedł z jej pokoju i opowiedział swoim zbirom o tej prośbie: „Pewnie, że mogłem przysiąc na Boga, bo biedna staruszka nie miała pojęcia o polityce: ostatniego wroga posłałem na tamten świat już dwadzieścia lat temu!". Różnica między wami polega na tym, Pablo, że Gómez przeżył prawie osiemdziesiąt lat, a ty w takim tempie nie przetrwasz już pewnie nawet pięciu.

– Brzmisz jak stara baba, co potrafi tylko wiecznie narzekać!

Ze spokojem odpowiadam mu, że te stare baby mają rację, bo ich starzy mężowie są głupi i uparci. Przypominam też, że Józefina była o dziesięć lat starsza od Napoleona, a my jesteśmy tak samo „starzy", tyle że ja wyglądam na o dziesięć lat młodszą, bo mam sześćdziesiąt dwa centymetry w talii, a on sprawia wrażenie starszego – nabiera ciała od ciągłego obżerania się fasolą. W końcu, po trzech godzinach rozmowy, oznajmiam, że Gilberto Rodríguez ostrzegł mnie, że któregoś dnia Pablo każe mnie zabić. Tak, nawet mnie! Jak jakiś Juan Vicente Gómez, za przeciwstawianie się mu i narzekanie!

– Ciebie, kochanie? No to on jest bardziej żałosny, niż myślałem! Ja błagam Boga tylko o jedno: żeby w dniu, w którym wreszcie dopadnę tego faceta, nie było cię u jego boku, bo jeśli zobaczę w kostnicy twoje zwłoki obok jego, to się chyba zastrzelę! – Po chwili pyta mnie: – Obiecał ci coś? Powiedz mi prawdę, Virginio.

Odpowiadam, że pomoc w produkcji i dystrybucji szamponu firmowanego moim nazwiskiem, na co on woła:

– Szampon?! No taaak, jasne, tylko pedał mógłby się uczepić twoich włosów! Gdybym miał porządne laboratoria, do tego twoją twarz i głowę, zbudowałbym prawdziwe imperium! Ten facet to tchórz, kochanie. Bardziej się boi tej jędzy, swojej żony, niż mnie. Przekonasz się o tym szybciej, niż myślisz...

Błagam, żeby w takim razie nie zmuszał mnie do proszenia o nic jego wroga, jedynej osoby, która zaoferowała mi pracę i finansowanie, choć możliwe, że bardzo mizerne. Przypominam mu o swoim głębokim lęku przed biedą i o tym, że praktycznie nie mam już ani rodziny, ani przyjaciół, ani nikogo na świecie. Raz po raz proszę go też, żeby nie kazał mi znosić widoku horrorów, o których mi opowiadał:

– Dlaczego nie oszczędzisz mi cierpienia, Pablo, i nie zlecisz mojego zabójstwa jednemu z tych *sicarios*, którzy posłusznie wykonują wszystkie twoje rozkazy, traktują cię jak Boga? Oboje wiemy, że nie brak ci ochoty. Czemu więc wreszcie tego nie zrobisz, kochanie, zanim ktoś cię uprzedzi?

Ta ostatnia prośba najwyraźniej poruszyła w końcu jakieś włókienko w jego sercu z ołowiu, bo Pablo uśmiecha się czule i podchodzi w najdalszy kąt balkonu, gdzie właśnie stoję. Staje za mną, obejmuje mnie ramionami i szepcze mi do ucha:

– Nikt nie zabija swoich biografów, kochanie! Nie mógłbym zresztą znieść widoku tak pięknego trupa... i to z talią o obwodzie sześćdziesięciu dwóch centymetrów! Masz mnie za zupełnie pozbawionego uczuć? A gdybym chciał cię ożywić i nie

mógł? – Całuje mnie w czubek głowy i dodaje: – To dopiero by
była tragedia, gorsza niż Romea i Julii! Nie, nawet niż ta Otella
i Desdemony!... Tak, tych od Jagona, Jagona Santofimia!

Kiedy orientuję się, że sprawdził, kim był Jago, nie mogę powstrzymać się od śmiechu. Z westchnieniem ulgi stwierdza, że
przez te lata naprawdę wiele się wzajemnie nauczyliśmy i rozwija-
liśmy się razem. Mówię mu, że byliśmy jak dwa drzewa połączone
korzeniami, ale nie dodaję tego, o czym myślę: że po raz ostatni
czuję jego ramiona obejmujące moje ciało, po raz ostatni się razem śmiejemy, po raz ostatni widzi moje łzy... Wiem, że cokolwiek by się stało i cokolwiek by zrobił, do końca życia będę tęsknić
za radością, jaką przeżywaliśmy z Pablem. A ponieważ czuję ten
niewytłumaczalny ból, że muszę go opuścić, przerażenie, że nie
będę mogła go zapomnieć, i lęk, że zacznę go nienawidzić, to powtarzam, że jeśli kazałby mnie zabić jednym celnym strzałem, nic
bym nie poczuła, a on mógłby wrzucić moje szczątki do rzeczne-
go wiru z wieńcem leśnych kwiatów. Dodaję, że z nieba mogłabym lepiej się nim opiekować niż z Bogoty, zrobić mu lepszy PR
u wszystkich, których tam wysłał. Wdycha zapach moich perfum,
milczy przez chwilę, a potem mówi, że nikt go nigdy tak nie obraził: przenigdy nie zostawiłby mnie bez porządnego nagrobka!
Luksusowego, kradzionego, z wyrytym następującym napisem:

Tu spoczywają powabne ciało i wspaniałe kości,
Które zdobiły Czystą Duszyczkę – Piękną,
Kiedy odgrywała rolę anioła stróża
Czarnej Duszy – Bestii.

Chwalę jego wyjątkowy talent do układania na poczekaniu poe-
tyckich epitafiów oraz wrodzone predyspozycje do wszystkiego,

co związane z przemysłem pogrzebowym. On tłumaczy, że weszło mu to w nawyk: codziennie układa dziesiątki gróźb śmierci pod adresem swoich wrogów i wysyła je pocztą wraz z odciskiem palca, żeby nikt nie mógł rościć sobie praw do jego własności intelektualnej. Kwituję, że któryś z adresatów w końcu zadźga mnie nożem, i pytam, czy mogłabym zatrzymać sobie berettę... Przynajmniej na jakiś czas.

– Zawsze powtarzałem, że powinnaś mieć ją przy sobie, kochanie, nawet pod prysznicem.

Czuję niewysłowioną ulgę i postanawiam nie prosić o zwrot moich kluczy ze złotym breloczkiem w kształcie serca, dopóki nie przyśle kogoś po swój pistolet. Gładzi mnie po policzkach, przysięga, że nie dopuści, żeby choć jeden włos spadł mi z głowy, po czym wytacza działo cięższe niż wszystkie marmurowe nagrobki razem wzięte:

– Jeśli ktokolwiek odważy się choć tknąć twoją buźkę, obetnę mu obie rączki piłą mechaniczną! A potem zrobię to samo jego paskudnym córkom, matce, żonie, kochance i siostrom. Ojcu i braciom też, nie martw się!

– To rzeczywiście wspaniała nagroda pocieszenia, Pablo! „Czarna Dusza, Bestia"... to świetnie imię dla bohatera mojej powieści, bandyty takiego jak ty, ale z twarzą Tirofija...

– Wtedy to żywcem wrzuciłbym cię w jakiś wir! Jeśli dasz mu rysy komendanta Przystojniaka z M-19, sprzedasz więcej egzemplarzy książki, tamci Włosi ją zekranizują, a ty będziesz mogła wysłać mi jedną z dedykacją: „Dla mojego wróża chrzestnego, który zainspirował tę historię. Kopciuszek".

Śmiejemy się, a potem on zerka na zegarek. Mówi, że dochodzi już druga, więc odwiezie mnie do hotelu i każe swoim ludziom przyjechać po mnie o trzeciej. Najpierw muszę jednak przypudrować nos, czerwony jak pomidor od długiego płaczu, bo recepcjoniści zaczną plotkować, że rzucił się na mnie z pięściami, żeby zabrać mi pierścionek z brylantem.

Skoro już nigdy się nie spotkamy, mogę wreszcie zapytać, dlaczego byłam jedyną kobietą, której nigdy nie obdarował biżuterią czy futrami. Bierze mnie w ramiona, całuje w usta i szepcze do ucha: chciał podtrzymać iluzję, że nie musiał kupować najpiękniejszej kobiety świata. Najdzielniejszej i najbardziej lojalnej, choć owszem, czasem nieco niewiernej... Nakładam puder z zadowolonym uśmieszkiem, a on wpatruje się we mnie z dumą. Komentuje, że taki makijaż potrafi czynić cuda, szkoda, że sam nie ma laboratoriów kosmetycznych jak „ten pedał z Cali", tylko laboratoria kokainy. Dodaje, że gdybym spiratowała skład i wypuściła te kosmetyki na rynek pod własną marką, wkrótce stałabym się bogatsza od niego. Pytam ze śmiechem, czy rozważy kiedyś przerzucenie się na jakieś legalne interesy, a on rechocze głośno i odpowiada:

– Nigdy, kochanie! Przenigdy! Do końca życia pozostanę największym bandytą świata!

Przed wyjściem z domku oświadcza mi, z dziwnym błyskiem w oku, że ma dla mnie niespodziankę, prezent na pożegnanie, żebym nie odchodziła smutna: mam spędzić cały miesiąc w Miami, odpocząć od ciągłych pogróżek.

– Carlos „Brudas" Aguilar jest na miejscu z innym moim zaufanym człowiekiem. Odbiorą cię z lotniska i odwiozą z powrotem, żebyś mi nie uciekła do Szwajcarii! Baw się dobrze, a po powrocie zadzwonię do ciebie i porozmawiamy o czymś, co ci tam pokażą. Myślę, że ci się spodoba, ale chciałbym poznać twoją opinię.

Siada za kierownicą i ruszamy, za nami jedzie samochód z zaledwie dwójką jego ludzi. Dziwią mnie tak ograniczone środki bezpieczeństwa, ale on tłumaczy, że budzi zbyt wielki szacunek w Medellín, by ktokolwiek ważył się go tknąć. W moim języku taki „szacunek" oznacza często strach i pytam, kogo tym razem zamorduje pod moją nieobecność. Szczypie mnie pieszczotliwie w policzek i odpowiada, że nie lubi, kiedy mówię takie rzeczy.

Słyszałam, że te historie o handlarzach narkotyków czyhających na moje jachty wychodzą podobno z jego otoczenia, po tej sytuacji z Vieirą. Pablo wzrusza jednak ramionami i mówi, że nie jest w stanie kontrolować każdego słowa wypowiadanego przez jego chłopaków. A skoro żona tego gościa z Cali postanowiła przedstawiać jego żonę jako psychopatkę, a Pabla jako debila, to on już nic nie poradzi, że teraz każdy może zadzwonić do radia i twierdzić, że Tarzan to *narco*, jego stara łajba to jacht, a wypadek na morzu – próba samobójcza.

– Musisz się pogodzić z tym, że dzięki tej żmii wszystkie media będą od tej pory obwoływały handlarzem każdego mężczyznę, który się do ciebie zbliży.

– Nie, Pablo, nie bądź takim optymistą! Parę miesięcy temu Felipe López zaproponował mi małżeństwo. Na pewno zresztą już wiesz, skoro masz podsłuch na moim telefonie. To syn najpotężniejszego eksprezydenta Kolumbii, wysoki, przystojny, wykapany obywatel Kane. A magazyn „Semana" zawsze traktował cię podejrzanie dobrze, biorąc pod uwagę, że byłeś kimś więcej niż tylko zwykłym rywalem jego właściciela.

Nawet na niego nie patrzę. Po chwili milczenia pyta, jak Kopciuszek zareagował na propozycję. Cytuję mu swoją odpowiedź niemal słowo w słowo:

– „Skoro jesteś takim zwolennikiem otwartych związków, to może chcesz dzielić się mną z Pablem Escobarem, z którego uczyniłeś legendę? Ja nie przyprawiam rogów swoim mężom, a skoro jako mąż najbrzydszej kobiety w Kolumbii byłeś Królem Rogaczy, to jak by było u boku najpiękniejszej?".

Wybucha gromkim śmiechem i kwituje, że Felipe López byłby zdolny do wszystkiego, byle zachować swoje tajemnice... i sekrety chciwych oligarchów. Dorzucam, że chodziło raczej o hojne datki karteli narkotykowych dla jego ojca. I zdradzam, że Lopezowie ściśle przestrzegają instrukcji udzielonych Jerzemu VI przez Winstona Churchilla: pewnego dnia król zapytał premiera, dlaczego ten wcisnął do gabinetu „tych strasznych laburzystów". Churchill mówił tym samym językiem co Jerzy VI, był bowiem wnukiem księcia Marlborough – a zresztą rozmawiali jak mężczyzna z mężczyzną; swoją odpowiedź zilustrował eleganckim gestem dłoni, rysując dwa półkoliste łuki, jeden w jedną stronę, drugi – w drugą.

– „Bo lepiej, żeby byli w środku i sikali na zewnątrz, sir, niż żeby byli na zewnątrz i sikali nam do środka!".

Śmiejemy się, a Pablo stwierdza, że najbardziej będzie mu brakować moich opowieści. Odpowiadam, że jego są jeszcze lepsze i dlatego chce mnie zatrzymać w swoim „gabinecie". Mówi, że na zawsze zapamięta mnie jako jedyną kobietę, która otwierała drzwi do windy z rozmachem na oścież, jak Superman, i nie płakała od gazu łzawiącego, ale wylewała całe potoki łez w innych sytuacjach, zupełnie nie przejmując się makijażem. Nigdy też nie poznał nikogo, kto tak jak ja miałby dwadzieścia żyć, a ja przypominam mu, że on ma tylko jedno, a kiedy któregoś dnia je straci, będę chciała strzelić sobie w głowę. Toczymy naszą typową rozgrywkę werbalnego ping-ponga, ostatnią z tysięcy, aż nagle zatrzymujemy się na czerwonym świetle. Nigdy wcześniej tego nie robiliśmy, bo nocą prowadził zawsze jak wariat uciekający przed pościgiem, a nie spokojnie i powoli jak tego popołudnia. Spoglądam w prawo i zauważam, że kobieta za kierownicą samochodu na sąsiednim pasie nas rozpoznała, ale nie może uwierzyć własnym oczom. Machamy wesoło, a Pablo posyła jej buziaka. Kobieta uśmiecha się z zadowoleniem, a ja proszę Pabla, żeby teraz, skoro jest na najlepszej drodze, by stać się symbolem seksu, przysiągł mi, że skupi się raczej na miłości niż na wojnie. Wybucha śmiechem, bierze mnie za rękę, całuje moją dłoń, dziękuje za całe szczęście, jakim go obdarzyłam, a potem, z ostatnim szelmowskim uśmieszkiem, obiecuje od tej pory jeść mniej fasoli. Ja zaś odpowiadam:

– Dziś wieczorem, kiedy ta szczęśliwa kobieta opowie mężowi, że ją podrywałeś, on wyśle ją do psychiatry albo okulisty. Kpiącym tonem, nie przestając oglądać dziennika, nazwie ją mitomanką, która powinna przejść na dietę. Albo stwierdzi, że jesteś cudzołożnikiem, a ja grzesznicą. To dlatego mężowie są tacy nudni...

A ponieważ, jeśli o niego chodzi, nie mam już nic do stracenia, postanawiam wykorzystać pogodny nastrój i jeszcze raz wrócić do głównej przyczyny mojej wizyty:

– Pablo, Luis Carlos Galán zostanie wybrany na prezydenta i natychmiast podpisze ustawę o ekstradycji. Musisz zawiązać sojusz z Gilbertem i wspólnie z nim obmyślić plan zawarcia pokoju z M-19, bo to inteligentni ludzie i wasi sprzymierzeńcy.

– Nie, słońce, Galán nigdy nie zostanie prezydentem!

– Nie oszukuj się, wybiorą go w dziewięćdziesiątym. Ale każdy na świecie ma swoją cenę, a ty wiesz o tym najlepiej.

– Może i go wybiorą, ale nie obejmie urzędu! A zresztą, czyżbyś sugerowała, żebym go przekupił?

– Nie, nie udałoby ci się to. Myślę, że ceną Galana może być pakt pokojowy, gdyby Meksykanin dał sobie spokój z tą ślepą nienawiścią do komunistów i spróbował pogodzić się z Unią Patriotyczną i FARC, a ty odstąpiłbyś od tej głupiej wojny z Cali i stworzył wspólny blok z Gilbertem i M-19. Jeśli jednak zamordujesz Galana, będziemy mieli powtórkę z historii Jorgego Eliecera Gaitana, a ty zostaniesz kolejnym Roą Sierrą**. Nie jesteś taki, kochanie, a ja nie chcę, żebyś tak zginął, bo zasługujesz na lepszy los. Jesteś wspaniałym liderem, cieszysz się wysoką pozycją, popularnością w całym kraju, potrafisz radzić sobie z mediami. Ludzie cię potrzebują, Pablo, tysiące biedaków. Nie możesz ich zostawić na pastwę losu.

– To wszystko jest dużo bardziej skomplikowane, niż ci się wydaje: mam na karku jeszcze policję i DAS, oni trzymają z tymi z Cali. Meksykanin i ja potrzebujemy pomocy armii. A przy wywiadzie wojskowym, czyli B-2, policja i tajne służby to niewiniątka! Święty ma też sporo kontaktów w służbach bezpieczeństwa i na najwyższych szczeblach wojska. Wiem z dobrego źródła, że świadczy przysługi obu kartelom, bo politycy nie są nikomu lojalni, ale korzystam z tego, tak samo jak Rodriguezowie. Będą się tu działy straszne rzeczy, Virginio, a ty nie możesz zrobić nic, zupełnie nic, żeby zmienić bieg wydarzeń.

Próbuję mu uzmysłowić, że rządzący tym krajem zwyrodnialcy na pewno już zacierają ręce. Mając DAS – należącą przecież do nich – i pieniądze Rodriguezów, amatorów równie niedoświadczonych w polityce jak on, bez protestów pozwolą Pablowi i Gonzalowi pozbyć się każdego kandydata na prezydenta, który mógłby zagrozić nepotyzmowi, ambasadom i pasmom reklamowym w mediach.

– Rodziny prezydenckie i wielki biznes wykorzystają was jako dwóch pożytecznych idiotów. Kiedy cię zabiją, Gilbert przejmie

** Juan Roa Sierra – uznawany za zabójcę Gaitana, zginął krótko po jego śmierci, skatowany przez rozwścieczony tłum. Niektórzy badacze tej sprawy podtrzymują, że Roa Sierra był kozłem ofiarnym i to nie on strzelał do Gaitana.

twoje interesy, a Alfonso López i Ernesto Samper będą mogli się cieszyć wieczną władzą. Ja też znam całą twoją przyszłość.

Powtarza, że nie podoba mu się, kiedy tak do niego mówię. Przyglądam mu się i widzę, że wygląda na zmęczonego, jakby bardzo szybko się postarzał. Rozmawiamy już od czterech i pół godziny, wygarnęłam mu wszystko, czego wcześniej bym się nie odważyła, kilka razy poruszyłam temat jego rywala i żegnam się z nim na zawsze. Diagnozuję na głos największy problem ich wszystkich: otóż nikt nigdy nie mówi im prawdy, bo za każdym obrzydliwie bogatym mężczyzną stoi zawsze albo wspólniczka, albo niewolnica. Patrzy na mnie i z zaskoczeniem pyta, co mam na myśli. Wiem, że moje słowa trafią do jego uszu i zapiszą się w pamięci, więc tłumaczę:

– Twoja żona jest aniołem, żona twojego rywala żmiją i coś mi mówi, że one was zgubią. Nie pytaj mnie dlaczego. Mogę powiedzieć ci tylko tyle, że do końca życia będę nosiła cię w sercu. A teraz idź z Bogiem, kochany.

Zatrzymujemy się kilka metrów od wejścia do hotelu i żegnamy na zawsze.

Oboje wiemy, że widzimy się ostatni raz w życiu.

Kładzie mi dłoń na karku i po raz ostatni całuje mnie w czoło.

W całkowitym milczeniu po raz ostatni gładzimy się po twarzach.

Z oczami wypełnionymi po brzegi nieskończoną rozłąką po raz ostatni patrzymy na siebie.

Wpatruje się we mnie przez chwilę oczami, które zdają się mieścić wszystkie zagrożenia i zapowiadać wszystkie tragedie.

Smutnymi czarnymi oczami, w których zdaje się czaić całe zmęczenie, wszystkie kary.

Żeby na zawsze zapamiętał mnie taką, jaka byłam, przed wyjściem z samochodu dokonuję nadludzkiego wręcz wysiłku, przełykam łzy i daruję mu ostatni przelotny uśmiech, ostatni promienny uśmiech, ostatnie czułe pieszczoty oraz spojrzenie, które może obiecać mu już tylko te wszystkie proste rzeczy, o których Billie Holiday śpiewała głosem jak marzenie w *I'll Be Seeing You*.

Na lotnisku dwaj ludzie Escobara wskazują mi młodego mężczyznę, który sprawia wrażenie kogoś ważnego. Na mój widok uśmiecha się i od razu do nas podchodzi, po czym on i jego dwaj towarzysze wylewnie witają się z moimi. Już od wielu lat nie widziałam tego dobrze zapowiadającego się polityka o inteligentnym spojrzeniu i twarzy uczonego, więc cieszę się, że mogę mu pogratulować – właśnie został wybrany na senatora. Rozmawiamy przez jakiś czas, a przy serdecznym pożegnaniu mówi do ludzi Pabla:

– Pozdrówcie ode mnie szefa!

Mój sąsiad w samolocie okazuje się jednym z wielu znajomych Anibala Turbaya. Takie są zalety podróżowania znowu transportem zbiorowym zamiast prywatnym odrzutowcem.

– Widziałem cię z ludźmi Pabla Escobara, rozmawialiście z Alvarem Uribem Velezem. Bez niego Pablo nie zostałby miliarderem, a bez Pabla Alvarito nie zostałby senatorem! Uribe jest kuzynem Ochoów i dalekim krewnym Escobara, nie wiedziałaś? Z księżyca spadłaś czy co? W Medellín to powszechnie znana historia!

I zaczyna opowiadać mi żywoty całego tego towarzystwa: kim był Alberto Uribe Sierra, ojciec Alvarita, kiedy wybuchnie wojna, kto wygra, a kto przegra, ile kilogramów sprzedają ci z Cali, a ile ci z Medellín, ile „trafiło się" Iksińskiemu, a ilu Igrekowski przyprawił rogi. I jak on sam uciekł agentom federalnym z sądu na Manhattanie podczas przerwy między procesami, zanim rozległ się dźwięk młotka oznaczający wyrok w drugiej sprawie, zanim

sędzia zawołał: *guilty!* i skazał go na dożywocie. Po filmowej niemal odysei wrócił do kraju rok później, ucałował ziemię ojczystą i przysiągł już nigdy nie opuszczać Kolumbii. Teraz mieszka
z żoną w niewielkim gospodarstwie, szczęśliwy, mimo że jest
chyba jedynym byłym handlarzem narkotyków w historii i nie
ma grosza przy duszy!

Myślę sobie, że ten niezwykle sympatyczny człowiek – który
zanosi się śmiechem, ma zęby jak te z piosenki *Mackie Majcher*,
a kiedyś sprzedawał towar włoskim mafiosom z Nowego Jorku
– to zdecydowanie skarb, cenniejszy niż te poszukiwane niegdyś
przez Manolita de Arnaudego. Przez następne pięć i pół roku,
niemal aż do śmierci Escobara, ten elokwentny rozmówca będzie czymś w rodzaju mojego osobistego Głębokiego Gardła,
tajemniczej postaci opisanej w przeniesionej na ekran książce
Wszyscy ludzie prezydenta[***].

W dniu, w którym raz na zawsze pożegnałam się z Pablem,
rozmawiałam również po raz drugi i ostatni z jedynym prezydentem Kolumbii wybranym na drugą kadencję (2002–2006–2010).
Już nigdy miałam się z nimi nie spotkać – ani z Escobarem, ani
z doktorem Varitem, jak Pablo nazywał Alvara Uribego Veleza
– a z Pablem rozmawiałam odtąd tylko przez telefon. Jednak
dzięki dziwnym zrządzeniom opatrzności, a także Głębokiemu
Gardłu w ciągu następnego pięciolecia świetnie wiedziałam
wszystko o życiu i świecie Pabla Escobara. O tym pełnym wzlo-
tów i upadków, przerażającym i fascynującym zarazem, światku
„bandy kuzynów".

[***] Głębokie Gardło był informatorem dziennikarza „Washington Post" Boba Woodwarda i źródłem
przecieku, który pomógł Woodwardowi oraz jego partnerowi Carlowi Bernsteinowi wykryć i opisać
machinacje stojące za aferą Watergate. Przez lata tożsamość informatora pozostawała tajemnicą.
W 2005 roku do bycia Głębokim Gardłem przyznał się Mark Felt, były zastępca dyrektora FBI.

część trzecia

DNI CISZY
I TĘSKNOTY

I have no mockings or arguments... I witness and wait.

WALT WHITMAN, *LEAVES OF GRASS*

Kubański sojusz

Nauczyłam kiedyś Pabla, że najważniejsze decyzje w życiu powinno się podejmować tak, by spełniały przynajmniej trzy założone cele. Dzięki temu, jeśli nie uda się dopiąć jednego czy nawet dwóch, zawsze zostaje pociecha, że ryzyko się opłacało i udało się zyskać cokolwiek, zamiast rozczarowania popełnieniem kosztownej pomyłki i kompletną porażką.

Podróż, którą podarował mi na pożegnanie, spełniała przynajmniej z pół tuzina różnych celów. Po pierwsze, oczywiście, stanowiła coś w rodzaju złotego zatrzasku zamykającego nasz związek. Z jednej strony zapewniła, że będę ciepło o nim myśleć, ale z drugiej zagwarantowała moje pozostanie w Kolumbii. Po drugie, chciał oddalić byłą dziewczynę od odwiecznego rywala, który już nazajutrz po wyjściu z więzienia chodził pod rękę ze swoim prezydentem i kandydatem. Wkrótce miałam poznać nie tylko pozostałe powody, lecz także całą złożoną zdolność machinacji tego przerażającego umysłu.

Kilka tygodni po wizycie z Santofimiem Gilberto Rodríguez dzwoni do mnie z Cali i pyta o odpowiedź „tego mojego znajomego pana" na propozycję pomocy w zażegnaniu konfliktu między nimi. Pablo zadał mi to samo pytanie jakieś dwa tygodnie wcześniej, a ja odparłam, że nie rozmawiałam jeszcze z „tym panem z Valle", ale jeśliby do mnie zadzwonił, nie zamierzałam mówić, że Escobar chce rozwalić go w drobny mak, a tym bardziej zamienić naszą dwójkę w nowe wcielenie Bonnie i Clyde'a na podłodze kostnicy. Na wspomnienie tego, jak określiła nas Gloria Gaitán, Pablo prosi, żebym ją pozdrowiła, i umawiamy się na rozmowę po moim powrocie.

Podejrzewam, że Escobar nadal podsłuchuje mój telefon, więc ważę każde słowo. Mówię Gilbertowi, że to on – od zawsze cieszący się opinią dżentelmena – powinien wyciągnąć rękę do „tego pana z gór", który jest najlepiej predysponowany do rozwiązania ich problemu. Wyznaję, że pożegnaliśmy się z Pablem na zawsze, zasugerował mi dłuższy wypoczynek w Miami, więc za kilka dni zamierzam wyjechać, żeby definitywnie zamknąć cały ten rozdział mojego życia.

Na drugim końcu linii zapada cisza, a potem Rodríguez woła z niedowierzaniem:

– Gdyby naprawdę chciał prowadzić dialog, spotkalibyśmy się w twoim mieszkaniu, nie próbowałby pozbyć się ciebie z kraju! Nie wiem, co mu powiedziałaś, królowo, bo oszalał chyba jeszcze bardziej niż wcześniej! Musiałem pojechać do Cali i obawiam się, że teraz nie będę mógł wrócić do Bogoty! Przyjedź do mnie po powrocie, omówimy nasze sprawy, zaproś też może tę swoją przyjaciółkę Glorię Gaitán, nie mogę się doczekać, żeby ją poznać. Powiedz jej, że szczerze podziwiam jej ojca: kocham Jorgego Eliecera Gaitana najbardziej na świecie, nie licząc Boga i matki!

Odpowiadam, że Gloria na pewno chętnie się zgodzi i zaraz po powrocie pojadę do Cali, porozmawiamy o interesach i może wreszcie wytłumaczy mi, co się dzieje z tym naburmuszonym panem, bo przy pożegnaniu powiedział mi tylko, że bardzo go ceni i życzy nam powodzenia z naszym projektem. Gilberto mówi, żebym w takim razie naprawdę dobrze się bawiła na wakacjach.

Jeden z jego pracowników na Florydzie przywiezie mi do hotelu dwadzieścia tysięcy dolarów na drobne wydatki.

Jestem mile zaskoczona i biorę to za dobry omen. Postanawiam zostawić pieniądze od Pabla w sejfie, razem z berettą, wpłacić połowę prezentu od Gilberta na konto bankowe – w małych transzach – i wydać zaledwie drugą połowę. Lecę szczęśliwa do Miami, żeby zapomnieć o Pablu Escobarze i kupić sobie eleganckie stroje godne bizneswoman.

Nigdy wcześniej nie spotykałam się za granicą z osobami zamieszanymi w handel narkotykami, a z pracownikami Pabla wymieniałam zawsze najwyżej kilka kurtuazyjnych zdań. Carlos Aguilar to młody człowiek o dobrej prezencji, nie sprawia wrażenia przestępcy, a mimo to ma pseudonim „Brudas". Nie mogłabym zwracać się tak do żadnego człowieka, więc mówię na niego „Águila", czyli „Orzeł". Towarzyszy mu wysoki, szczupły, niezgrabny i ponury chłopak, który nigdy się nie uśmiecha, a jego jasne oczy pod zrośniętymi brwiami zdają się krzyczeć: „Uwaga, diler, cyngiel mafii!". Nie pamiętam jego nazwiska, ale twarz mignęła mi wiele lat później w wiadomościach między setkami innych ofiar dziesiątek wojen prowadzonych przez Pabla.

Pytam, jak udaje im się tak swobodnie podróżować do Stanów Zjednoczonych. Z protekcjonalnym uśmiechem odpowiadają, że po to przecież każdy z nich ma paszporty (właśnie w liczbie mnogiej), a tym razem szef wysłał ich, żeby przerzucili osiemset kilo z jednego magazynu do innego, bo pierwszy chyba jest „spalony" i w każdej chwili mogą wpaść do niego agenci DEA albo federalni (czyli FBI).

– Osiemset kilo? Wow! – wołam z podziwem, zarówno co do wartości towaru, jak i ich brawury. – A jak je przerzucacie? Po sto kilo?

– Nie bądź naiwna, Virginio! Na jakim świecie żyjesz? – mówi Aguilar, wpatrując się we mnie uważnie i z głęboką urazą. – Dla Pabla Escobara osiemset kilo to chleb powszedni! Przerzucamy parę ton tygodniowo, a ja odpowiadam za wysyłanie forsy do Kolumbii: to dziesiątki milionów dolarów gotówką, dziesiątki! Raz na jakiś czas coś przepadnie, ale prawie wszystkie docierają.

Dobrze wiem, że bez zgody szefa członkowie kartelu nigdy nie zdradziliby skali interesów dziennikarzom ani cywilom, a zwłaszcza kobietom. Mój były zna mnie na wylot i dokładnie wie, co poczuję, kiedy jego podwładni okażą mi takie zaufanie.

To chyba właśnie tamtego dnia ostatecznie przestałam kochać Pabla i zaczęłam nienawidzić Escobara. Za to, że jako siódmy najbogatszy człowiek świata kazał swojemu dyrektorowi finansowemu sprawić, żebym poczuła się jak najbiedniejsza kobieta na Ziemi. Za to, że zmusił mnie do żebrania o jałmużnę u swojego wroga, a potem go pogonił, zanim ten zdążył mi ją dać. Za to, że traktował mnie jak worek treningowy, żeby wyładować nienawiść w stosunku do kartelu Cali, i próbował wzbudzić we mnie poczucie winy za wojnę, która mogła się skończyć setkami ofiar śmiertelnych.

Wspomniałam kiedyś Pablowi o Quirky Daisy Gamble, bohaterce broadwayowskiego musicalu *W pogodny dzień zobaczysz przyszłość*. Daisy wiedziała rzeczy, o których nikt inny nie miał pojęcia, i potrafiła dokonywać czynów, które normalnym ludziom wydałyby się niemożliwe. Opowiedziałam mu całą historię i kiedy już trochę się pośmialiśmy, doszliśmy do wniosku, że w niezbyt pochmurne dni jedynie ja potrafiłam trafnie przewidzieć wszystko, co tylko on był w stanie wymyślić, zaplanować i wykonać.

Kilka dni po moim przyjeździe do Miami Carlos Aguilar oznajmia:

– Szef kazał nam zabrać cię na przejażdżkę samolotem i pokazać wysepki Florida Keys. Mamy ci przekazać, że z lotu ptaka w pogodne dni można dojrzeć wybrzeże Kuby, które zawsze tam będzie. Wybierzemy jakiś słoneczny dzień w przyszłym tygodniu i damy ci znać...

Brudas i jego towarzysz – który, jak sam mi pokazuje, w obu skarpetkach ma ukryte rewolwery – odbierają mnie z hotelu i zawożą do szkółki lotniczej oddalonej o jakąś godzinę drogi. Tam przedstawiają mi trzech chłopaków, którzy szkolą się, żeby wstąpić do oddziałów Escobara. Wszyscy są bardzo młodzi – dwadzieścia trzy, dwadzieścia pięć lat – i niscy, drobni, czarnowłosi. Jak na tak młody wiek mają bardzo twarde spojrzenia i nawet nie próbują ukryć zdumienia i skrępowania moją obecnością. Poznałam kilkunastu pilotów kartelu, więc od razu zauważam, że te młodziaki żadną miarą nie pasują do profilu narkolotników – eleganckich, bogatych mężczyzn, którzy sprawiają wrażenie odnoszących sukcesy biznesmenów, pewnych siebie i zawsze uśmiechniętych. Ci zaś wyglądają raczej na zwykłych najemników niskiego pochodzenia. Myślę, że nie mogą wyszkolić się w przewożeniu kokainy na Kubę, może ostatecznie w przywożeniu jej stamtąd. Jednak przy przerzucaniu ton narkotyków z Karaibów na Florydę Pablo zawsze współpracował z najbardziej doświadczonymi pilotami z Ameryki i Kolumbii, nie potrzebuje więc nowicjuszy... W inne miejsca towaru nie transportuje się samolotem, a zresztą za dystrybucję na terytorium USA – przynajmniej z tego, co wiem – odpowiadają klienci kartelu Medellín, a nie Escobar i jego najbliżsi współpracownicy...

Nagle prawdziwy powód mojego wyjazdu spada na mnie jak asteroida i przejeżdża po mnie jak walec: Pablo chce mi pokazać, że śmieszą go moje rady i ostrzeżenia, że każdy z moich byłych, tych grubych ryb, był królem czegoś, a pierwszy lepszy Gilberto mógł zostać przyszłym Królem Koki. On zaś postanowił zostać legendą za życia. Tak, przygotowuje się, żeby przejść do historii nie jako jakiś tam król, ale Król Terroru. Chce, żebym to wiedziała, więc zanim na dobre zniknę z jego świata, pokaże mi, na co stać jego okrutny umysł: zaprezentuje swojej biografce to, czego nigdy nie ujawniłby kochance, która ściągała mu wodze, narzekała i robiła wymówki; która przetwarza informacje na jemu tylko znany sposób; właścicielce głowy, którą nauczył się perfekcyjnie manipulować.

Brudas oznajmia, że chłopaki pochodzą z Nikaragui i dopiero niedawno przyjechali do Stanów. Dostali się tam przez „dziurę", czyli nielegalnie przekroczyli granicę z Meksykiem. Wiem, co to tak naprawdę znaczy: są sandinistami, prawdopodobnie żołnierzami, a niemal na pewno fanatycznymi komunistami, gotowymi na wszystko w imię rewolucji. Pablo pokazuje mi, że kiedy forsa płynie szerokim strumieniem i wszystko dobrze się zaplanuje, można wcielić w życie absolutnie każde bezeceństwo. Mam na własne oczy zobaczyć, że ci młodzi adepci sztuki lotniczej, o zmarszczonych czołach i skromnym wyglądzie, przygotowują się na coś, czego żaden amerykański czy kolumbijski pilot nie podjąłby się za żadne skarby świata.

Pablo mówi mi też, że wcale nie potrzebuje aprobaty Castro, żeby robić interesy na Kubie – może i dyktator ignoruje jego propozycje, ze strachu przed Amerykanami czy Contras, ale podlegli mu generałowie są na sprzedaż, a człowiek o praktycznie nieograniczonych zasobach finansowych, taki jak on, może zaoferować im milion razy więcej, niż śmieliby zażądać.

Intuicja podpowiada mi, żebym nie przyjmowała zaproszenia na pokład samolotu, nie chcę z powietrza patrzeć na to, co tylko my dwoje mogliśmy zawsze dojrzeć w pogodny dzień. Jedziemy do centrum handlowego, bo chcę zrobić zakupy, i kiedy siadamy do obiadu, cieszę się z podjętej decyzji. Nagle oślepiają nas dwa flesze. Próbujemy znaleźć ich źródło, ale bez skutku. Po raz pierwszy, odkąd poznałam Escobara, widzę, że jego ludzie się czegoś boją. Błagają, żebyśmy natychmiast się zwijali, a ja też dochodzę do wniosku, że dwa tygodnie w Miami w zupełności mi wystarczą, następnego dnia zamierzam wrócić do Kolumbii.

11 października 1987 roku. Na lotnisku podchodzi du mnie dwóch agentów FBI, chcą mi zadać kilka pytań. Spodziewam się, że tym razem będą próbowali dowiedzieć się czegoś o chłopakach Escobara albo pilotach, których poznałam wczoraj, ale znów pytają tylko, ile mam przy sobie gotówki. Czuję wielką ulgę i odpowiadam, że takie pieniądze trafiają do Kolumbii w tych samych kontenerach co narkotyki, a nie w torebkach dziennikarek telewizyjnych, świetnie obeznanych w sprawach przemytu narkotyków. Mówię im to z absolutnym spokojem, który zawdzięczam świadomości, że DAS najwyraźniej informuje teraz zagraniczne służby za każdym razem, gdy wyjeżdżam z kraju, i przekonaniu, że to właśnie ci *special agents* robili mi wczoraj zdjęcia, żeby porozumieć się z kolegami z Kolumbii i sprawdzić, kim są moi towarzysze.

Przy stanowisku linii lotniczych dowiaduję się, że międzynarodowe lotnisko w Bogocie jest zamknięte: mecenas Jaime Pardo Leal, kandydat Unii Patriotycznej na prezydenta Kolumbii, został zamordowany. Zamachowcy ostrzelali jego skromny samochód, kiedy jechał z jednym tylko ochroniarzem.

Małe auto – w kraju, gdzie przydziela się wozy opancerzone i obstawę byle trzeciorzędnym urzędnikom – i brak jakiegokolwiek zaangażowania ze strony DAS w kwestię ochrony lewicowego kandydata na prezydenta to przestroga przed tym, co czeka wszystkich, którzy nie trzymają z eksprezydentami z dwóch największych partii oraz tymi namaszczonymi przez nich na swoich następców. Kolumbijskie rodziny prezydenckie – których członków można znaleźć w ambasadach i na najwyższych stanowiskach publicznych, a kontrolowane przez nie media zbijają fortunę na reklamach zamawianych przez państwo – powierzają brudną robotę generałowi Miguelowi Mazie Marquezowi, dyrektorowi tajnych służb, odpowiedzialnemu za ochronę kandydatów. Z kolei szef DAS zwala ją na wywiad wojskowy, a B-2 – na Meksykanina, Gonzala Rodrigueza Gachę, który powybijał już setki działaczy Unii Patriotycznej. Dla grupki dożywotnich członków dziedzicznych monarchii – kontrolujących zarówno opinię publiczną, jak i zasoby narodu – narkobossowie okazują się idealnym narzędziem do eliminacji przeciwników: wielcy panowie nie plamią sobie rąk krwią, a przy tym umacniają się we władzy, której owoce będzie zbierać jeszcze kilka kolejnych pokoleń.

Wiem, że Escobar nie może być zamieszany w śmierć Parda Leala – jako liberalny wolnomyśliciel nie dokonuje zamachów z pobudek ideologicznych, a morduje wyłącznie tych, którzy go okradają lub uparcie prześladują. Przy pożegnaniu powiedział mi, że nie ma nic, zupełnie nic, co mogłabym zrobić, żeby zmienić bieg wydarzeń. Ponieważ wiem, że nigdy nie przyznałby się do bezsilności, słabości ani jakiejkolwiek porażki, rozumiem, co tak naprawdę chciał mi przez to powiedzieć: nie będzie nic, zupełnie nic, co on – mimo bojowego usposobienia, zaciekłości i miliardów dolarów na koncie – mógłby zrobić w obliczu połączonych sił establishmentu i podległych mu organów bezpieczeństwa oraz obsesji swojego najlepszego przyjaciela i wspólnika na punkcie wyeliminowania każdego, kogo choćby podejrzewa o sympatie komunistyczne.

Nazajutrz po powrocie piszę do Pabla – szyfrem, a podpisuję się jednym z licznych przydomków, które mi nadał. Radzę mu, by nie zapominał o niezwykle silnej pozycji Fidela w Ruchu Państw Niezaangażowanych i władzy, jaką ma nad wszystkimi de facto rządami świata. Ostrzegam, że gdy tylko Castro odkryje plany jego ludzi, a może nawet ich obecne poczynania, nakaże ich wszystkich rozstrzelać, a wizerunek dyktatora tylko na tym zyska. Przypominam, że prędzej czy później będzie musiał uciec z całą rodziną z Kolumbii. Żaden bogaty kraj nie zechce ich przyjąć, a jednocześnie Castro zablokuje im wstęp do wszystkich rządzonych przez dyktatorów krajów Trzeciego Świata, które przyznały mu paszport, jeśli zaś nawet go wpuszczą, to najpewniej wyłącznie po to, żeby później wydać Amerykanom za hojną nagrodę. Jeśli nadal wierzy, że może sam stawić czoła jednocześnie bossom z Cali, władzom Kolumbii, Fidelowi Castro i Stanom Zjednoczonym, to stracił już wszelkie poczucie proporcji, a wkrótce straci zdrowy rozsądek – jedyne, czego nie można stracić nigdy, choćby pozbawiono nas wszystkiego innego – i jest na prostej drodze do samobójstwa. Na koniec dodaję, że mam już dość bycia prześladowaną zarówno przez jego wrogów, jak i przez służby wywiadowcze, nie zamierzam ryzykować unieważnienia mojej wizy do USA, nie jesteśmy już przyjaciółmi, nie chcę pełnić funkcji wspierającej obserwatorki jego życia i postaram się zapomnieć wszystkie powody, dla których pewnego dnia w odległej przeszłości zakochałam się w tym lwim sercu. Od tej pory stanę się wyłącznie surową obserwatorką, sędzią w jego procesach.

– Jeśli puścisz parę z ust, już nie żyjesz, miłości mojego życia – szepcze w słuchawce pewnej nocy, o trzeciej nad ranem, i wiem, że palił marihuanę.

– Jeśli cokolwiek bym powiedziała, nikt by mi nie uwierzył i wsadziliby mnie razem z tobą, więc pozwolisz, że oszczędzę sobie tego koszmaru. Wiesz, że zabijając mnie, wyświadczyłbyś mi największą możliwą przysługę, a jeśli mnie skrzywdzisz, pójdę do mediów i żadna kobieta nigdy więcej się do ciebie nie zbliży. Z tych powodów, a także dlatego, że już nie mogę niczego od ciebie oczekiwać, pozwolę sobie na luksus bycia jedyną bezbronną istotą, która się ciebie nie boi. Udawaj, że nigdy mnie nie poznałeś. Zapomnij o mnie, nigdy już do mnie nie dzwoń. Żegnaj.

W listopadzie spotykam się z Gilbertem Rodriguezem Orejuelą w Cali. Za każdym razem wydaje się zupełnie innym człowiekiem. O ile w więzieniu wyglądał na przygnębionego i pokonanego, a kiedy wybierał się z Santofimiem do Alfonsa Lopeza sprawiał wrażenie najszczęśliwszego multimilionera na Ziemi, o tyle teraz zdaje się okrutnie zmartwiony. Jeśli ktokolwiek poza mną nie boi się Escobara, to on, równie bogaty jak Pablo albo i nawet bogatszy. Medellín wypowiedziało im już jednak wojnę, więc to tylko kwestia dni, może tygodni, zanim członek któregoś z dwóch wrogich obozów odda pierwszy strzał. Gilberto dzwoni przy mnie do głównego kierownika swoich laboratoriów i wydaje polecenia:

– Chcę, żebyś wiedział, że bardzo kocham Virginię Vallejo, która jest tu teraz i słucha naszej rozmowy. Zadzwoni do ciebie i proszę, żebyś od tej pory z nią współpracował, robił wszystko, o co poprosi.

Potem dodaje jeszcze tylko, że porozmawiamy, kiedy upora się ze swoimi problemami. Wie, że nie mam grosza przy duszy, a ja jestem w pełni świadoma, co to oznacza: wszystko zależy od tego, czy wojna z Escobarem rzeczywiście wybuchnie, ja zaś stanowię obecnie jeden z motywów ich konfliktu. I to wyjątkowo drażliwy, nie dlatego, że Pablo nadal mnie kocha, ale dlatego, że nie pozwoli, by wszystkie jego sekrety i słabe punkty – skarbnica informacji przechowywana przeze mnie w pamięci i w najgłębszych zakamarkach serca – wpadły w ręce najgorszego wroga. Zdaję sobie sprawę, że Pablo wciąż podsłuchuje moje rozmowy telefoniczne i w jakiś sposób uświadomił Rodriguezowi, że w tej kwestii może się okazać dużo bardziej zaborczy i gotowy bronić swojego terenu niż wszystkie jego hipopotamy razem wzięte.

W grudniu Gilberto zaprasza mnie i Glorię Gaitán do Cali. Odnoszę wrażenie, że bardzo przypadli sobie do gustu, a następnego dnia widzę się z nim sam na sam. Potwierdza to, co zgodnie z zapowiedziami Pabla miało się prędzej czy później wydarzyć i co sama przeczuwałam:

– Za każdym razem, gdy Osa widzi cię na ekranie, woła naszego jedenastoletniego syna: „Chodź, zobacz swoją macochę w telewizji!". Jesteś spełnieniem marzeń każdego bogacza i fantazją wszystkich właścicieli laboratoriów kosmetycznych, ale pojawiłaś się w moim życiu zbyt późno.

Odpowiadam, że jeśli czyni ewidentną aluzję do mojego wieku, to jestem teraz w najlepszym momencie życia.

– Nie, to zupełnie nie tak, jak ci się wydaje! Chodzi mi o to, że już dwukrotnie żeniłem się z kobietami z jeszcze niższych sfer niż ja, ty zaś jesteś księżniczką, Virginio. Ale wczoraj wieczorem Osa próbowała się zabić, a kiedy doszła do siebie, powiedziała mi, że jeśli spotkam się z tobą jeszcze raz, nawet na obiad, pozbawi mnie kontaktu z tym małym mistrzem gokartów, którego kocham najbardziej na świecie, jedynym powodem, dla którego ciągle z nią jestem i nie rzuciłem kariery przestępczej. Musiałem wybierać między moim ulubionym synem a interesami z tobą.

Odpowiadam, że jeżeli przeznaczy przyzwoitą sumę na sfinansowanie mojej firmy kosmetycznej, obiecuję zbudować prawdziwe imperium. Nikt nie dowie się, że jesteśmy wspólnikami, a on do końca życia będzie mógł czerpać z tego źródła legalnych dochodów w sytuacjach awaryjnych. Nowe przepisy walczące z nielegalnym wzbogacaniem się, pozwalające na konfiskatę majątku, wkrótce zaczną wywierać na nich bezlitosną presję. Protekcjonalnie i z dużą dozą pogardy oświadcza, że ma już setki legalnych spółek, które odprowadzają prawdziwą fortunę w podatkach.

Żegnam się z nim na zawsze i myślę, że ten przebiegły mężczyzna jest dużo bardziej niebezpieczny niż Pablo Escobar i Gonzalo Rodríguez razem wzięci, a jeden Bóg wie, jak załatwia interesy. Po powrocie do Bogoty przeglądam się w lustrze i żeby dodać sobie nieco animuszu, przywołuję słynne słowa Scarlett O'Hary z *Przeminęło z wiatrem*:

– Cóż… Jutro też jest dzień! Zobaczymy, co przyniesie rok 1988. Niech się nawzajem pozabijają, jeśli tego chcą, ja już nic nie mogę zrobić. Gilberto jest tylko człowiekiem, a kiedy Pablo się na kogoś zasadzi, to nawet najbardziej męscy i najbogatsi muszą przegrać. Zostało mi jeszcze dwanaście tysięcy dolarów w banku i trzydzieści tysięcy w sejfie. Jestem szczupła, inteligentna, mam szafę pełną kreacji od najlepszych projektantów… I jadę do Careyes, podobno jest tam przepięknie!

Careyes, położone na meksykańskim wybrzeżu Pacyfiku, to raj dla najbogatszych i najbardziej eleganckich ludzi na świecie. Zaprosiła mnie tam piękna modelka Angelita, bo nie chciała się czuć samotna wśród tłumów Francuzów i Włochów, w czasie gdy jej narzeczony – gracz polo z Paryża – nadzoruje budowę boiska. Nie zamieniamy nawet słowa na temat Pabla, chociaż pięć czy sześć lat temu tak bardzo do niej wzdychał, ani o moim życiu od tamtego czasu. Pierwszego wieczoru ktoś przedstawia mi Jimmy'ego Goldsmitha, który zasiada u szczytu długaśnego stołu, obsadzonego dookoła jego dziećmi, ich narzeczonymi, byłymi i obecnymi żonami, wnukami i przyjaciółmi, a wszyscy są piękni, opaleni i szczęśliwi. Kiedy ten legendarny brytyjsko-francuski magnat prasowy z uśmiechem wyciąga do mnie rękę, myślę sobie, że to chyba najprzystojniejszy mężczyzna, jakiego w życiu widziałam, że pewnie przyjaźni się z Davidem Metcalfe'em i żc miał peł ną rację, kiedy powiedział:

„Kiedy mężczyzna żeni się z kochanką, tworzy wolne miejsce dla nowej!".

Sir James sprzedał właśnie wszystkie akcje swojej firmy tuż przed krachem na giełdzie, więc może się pochwalić majątkiem blisko sześciu miliardów dolarów, ponadto był kiedyś mężem córki Antenora Patiña, boliwijskiego magnata cynowego. Patrzę na *palapas* (otwarte domki z dachami z suszonych liści palmowych) jego potomków, słucham *mariachis* grających najpiękniej na świecie w urodziny jego córki Alix i zastanawiam się, dlaczego ci chciwi potentaci nie mogą żyć z choć odrobinką dobrego stylu, jak powiedziałby Metcalfe. Myślę też o tym, że Pablo i Gilberto, którzy mają połowę albo jedną trzecią majątku tego człowieka i zaledwie dwie trzecie jego lat, zamiast siedzieć szczęśliwie w miejscu takim jak to, ciesząc się najwspanialszymi cudami świata – morzem, klimatem, *infinity pools*, unikalną architekturą z olbrzymimi korzeniami oplatającymi kolumny podtrzymujące strzechy tych niepowtarzalnych budynków – myślą tylko o jednym: jak się wzajemnie pozabijać.

„Dlaczego Meksykanin nie przyjedzie tu posłuchać *mariachis*, zamiast mordować kolejnych kandydatów na prezydenta?

Dlaczego Pablo woli miss departamentu Putumayo od tych pięknych dziewczyn? Dlaczego Gilberto nie dostrzega potencjału tej ziemi, którą dostaje się za darmo, a za kilka lat będzie warta fortunę? Wszyscy ci europejscy bogacze już dawno zdali sobie z tego sprawę i przyjechali skolonizować ten teren, zanim będzie za późno!".

Dochodzę do wniosku, że wyrobienie sobie dobrego gustu i nabycie swego rodzaju elegancji, tak żeby ludzie nie wyśmiewali nuworyszostwa, musi zająć kilka pokoleń, a biorąc pod uwagę coraz powszechniejszą długowieczność, plebejscy bogacze będą potrzebowali przynajmniej pięciuset lat, żeby to osiągnąć.

Pewnego wieczoru, już po powrocie do Bogoty, idę na kolację z koleżankami i wracam do domu około dwudziestej trzeciej. Pięć minut później dzwoni portier. William Arango, sekretarz Gilberta Rodrigueza Orejueli, ma dla mnie bardzo pilną wiadomość od szefa. Jestem zaskoczona tak późną wizytą, ale każę go wpuścić. Zakładam, że jego szef jest w Bogocie, może zmienił zdanie co do naszych interesów albo w kwestii wojny, a nie chce o tym rozmawiać przez telefon. Automatycznie, jak zawsze, gdy naciskam guzik windy prowadzącej wprost do foyer mojego mieszkania, chowam do kieszeni żakietu moje ulubione dzieło sztuki rusznikarskiej.

Mężczyzna jest kompletnie pijany. Po wejściu do salonu rozwala się na kanapie naprzeciwko stołka, na którym siedzę. Szklanym wzrokiem wpatruje się w moje nogi i prosi o szklaneczkę whisky. Odmawiam – trzymam w domu whisky dla przyjaciół, nie dla ich szoferów. On mówi, że jego szef śmieje się ze mnie przy wszystkich znajomych i pracownikach, że Pablo Escobar, ten zdegenerowany psychopata, robi to samo przy swoich wspólnikach i cynglach, a Gilberto Rodríguez wysłał go do mnie po resztki po obu bossach, bo najwyższa pora, żeby i biednym coś się dostało. Z najwyższym spokojem tłumaczę mu, że na miejscu, które on teraz zajmuje, w ciągu ostatnich siedemnastu lat zasiadało sześciu najbogatszych mężczyzn w Kolumbii i czterech najpiękniejszych, a taki wychudzony karzeł o świńskiej twarzy nie nadaje się, żeby ich zastąpić. Woła, że w takim razie rzeczywiście jestem prostytutką, jak mówiła doña Myriam, dlatego ma też dla mnie prezencik od niej. Niewzruszenie odpowiadam, że skoro o tej kobiecie z nizin społecznych szofer mówi „doña", to i do mnie powinien zwracać się per „doña Virginia", nie po imieniu, bo od ponad dwudziestu pokoleń należę do klasy wyższej, a nie jestem hiszpańską infantką ani żoną bossa mafii.

Krzyczy, że da mi to, na co zasługuję, i wreszcie dowiem się, co dobre. Próbuje podnieść się z niziutkiej sofy, grzebiąc jednocześnie ręką w kieszeni. Zatacza się i opiera o stolik kawowy, żeby nie stracić równowagi. Sześć świeczek wypada z dwóch srebrnych kandelabrów, robiąc masę hałasu, więc typ opuszcza wzrok. Kiedy go podnosi, widzi berettę 9 milimetrów wycelowaną w swoje czoło z odległości półtora metra. Najbardziej opanowanym tonem mówię mu:

– Ręce do góry, obleśny szoferze, zanim cię zastrzelę i poplamię sobie kanapę.

– Taka panienka z dobrego domu przecież nie zdoła nikogo zabić! A na ten pistolecik to raczej nie masz pozwolenia! – śmieje się do rozpuku, zachowując zimną krew, świadomy, że stoi za nim wielki boss. – Mogę się założyć, że to replika broni, a nawet jeśli jest prawdziwa, to nienaładowana. Zaraz to sprawdzimy, żebym mógł donieść na ciebie do DAS. Wsadzą cię za posiadanie nielegalnej broni i bycie byłą dziwką Pabla Escobara!

Kiedy wstaje, odbezpieczam berettę, mówię, że nigdzie nie pójdzie, i każę mu usiąść obok telefonu. Wykonuje polecenie, bo przy
okazji wyjaśniam mu, że ma rację: owszem, nie mam pozwolenia
na broń, pistolet nie należy do mnie, właściciel zostawił go przypadkiem, kiedy był u mnie po południu z wizytą, a dwóch jego
sekretarzy-szoferów już po niego jedzie:

– Tu, na rękojeści, jest napis PEEG. Wymawia się to: „Pig!" i to
właśnie krzyczy właściciel tej broni za każdym razem, gdy jej używa. Nie znasz pewnie angielskiego, więc przetłumaczę: słyszałeś
kiedyś o Gnacie, Pomidorze, Kolczyku, Quice, Pazurze i Brudasie?
Facet blednie jak ściana.

– Widzisz, jak łatwo odgadłeś nazwisko właściciela? Czyli nie
jesteś wcale tak głupi, jak myślałam! A skoro taki z ciebie bystrzak,
a ja mam zajęte ręce, to zachowaj się, proszę, jak na porządnego sekretarza przystało, i pomóż mi wykręcić numer telefonu.
Poprosimy tych miłych chłopców, żeby się pośpieszyli, bo już wróciłam do domu, a oni mieli przyjechać między jedenastą i dwu-
nastą odebrać spluwę, którą zdegenerowany psychopata Pablo
Escobar Gaviria zgubił, kiedy bzykał się ze swoją dziwką, wcale
nie byłą, dokładnie w tym miejscu, w którym teraz siedzisz, a które jutro z samego rana będę musiała zdezynfekować. Dalej! Na co
czekasz?

Podaję mu numer telefonu w Bogocie, który całe lata temu dostałam od Meksykanina na wypadek jakiejś nagłej potrzeby, już
dawno odłączony.

– Nie, doño Virginio! Nie pozwoli pani chyba, żeby *sicarios* don
Pabla mnie zabili! Zawsze była pani dobrą kobietą!

– Ale jak to? Niby taki geniusz, a oczekuje, że „prostytutka",
przez którą ma się lada chwila rozpętać wojna między patro-
szycielem samochodów a posłańcem z drogerii, okaże się nagle

aniołkiem? Wykręcaj ten numer, jeśli jest zajęte, to pewnie ten zdegenerowany psychopata rozmawia z Ananasem Noriegą... Na szczęście nigdy nie gadają zbyt długo... I nie myślisz chyba, że pozwolę, żeby poćwiartowali cię na moich oczach! Fuj, nie, skąd, ohyda! Tak samo nie chcę widzieć, jak ci mili chłopcy zrobią twoim dzieciom, żonie, matce i siostrom to samo, co ty chciałeś zrobić mnie. Dzięki Bogu, niedługo powinni już być... Jutro muszę wstać z samego rana i jechać na lotnisko z tym postrzeleńcem, podobno chce mi pokazać jakiś nowy samolot!

– Nie, pani Virginio! Nie pozwoli pani, żeby ci *sicarios*, przepraszam, ci panowie skrzywdzili moich bliskich!

– Chciałabym ci pomóc, ale właściciel pistoletu ma klucze do tego mieszkania, a kiedy jego sekretarze zobaczą, że trzymam na muszce człowieka Gilberta Rodrigueza, to raczej nie uwierzą, że najwyższy boss kartelu Cali wysłał obleśnego pijaka w geście dobrej woli, w ramach wypalenia fajki pokoju z najwyższym bossem kartelu Medellín, prawda? Też mam dla ciebie prezencik, możesz wybrać jedną z dwóch opcji. Co byś wolał? Piły mechaniczne, które ten stolarz sadysta zamówił właśnie z Niemiec i nie może się doczekać, żeby je wypróbować, czy pół tuzina lwic, od tygodnia na diecie, bo zaczęły tyć od wszystkich tych resztek dostarczanych do zoo w Nápoles? Nie ma sensu już dzwonić, powinni być tu chwilę temu, a zwykle się nie spóźniają...

Kiedy mam już dość opisywania ze szczegółami, czego to nie zrobią tej biednej kobiecie, która musi sypiać z takim odrażającym wieprzem i rodzić mu prosiaki, oznajmiam łaskawie, że powinien być wdzięczny – trafił na prawdziwego anioła stróża, który wyrzuca go z domu, zanim przyjadą ci rzeźnicy i poćwiartują go na oczach rodziny. Wciąż celując w jego głowę z beretty, każę mu wsiąść do windy, a choć w ostatniej chwili kusi mnie, żeby go kopnąć, powstrzymuję się: mogłabym stracić równowagę, a Pablo nauczył mnie, że z bronią w ręku trzeba zachować krew nie tyle zimną, ile lodowatą.

„Niezbadane są wyroki boskie". Kiedy wreszcie wychodzi ten zwyrodnialec nasłany przez Gilberta Rodrigueza, żeby zemścić się na Pablu Escobarze – albo przez jego żonę, żeby zemścić się na mnie – zamykam na klucz wszystkie drzwi do mieszkania i pokojów, całuję berettę i błogosławię dzień, kiedy mężczyzna, któremu podarowałam złote serce, zostawił mi w zamian broń na czarną godzinę, gdyby upomnieli się o mnie jego wrogowie. Przysięgam Bogu, że noga żadnego handlarza narkotyków już nigdy nie postanie w moim mieszkaniu, nie będą też mieli mojego telefonu. Przeklinam ich wszystkich, żeby nie przytrafiło im się w życiu już nic dobrego, żeby ich owdowiałe żony płakały krwawymi łzami, żeby stracili całe majątki, żeby wszyscy ich potomkowie nosili miano przeklętych. Obiecuję też Maryi, że w podziące za jej opiekę będę od tej pory współpracowała z zagranicznymi służbami antynarkotykowymi, zawsze gdy będę mogła się im na coś przydać. Usiądę przed drzwiami domu i będę się przyglądała paradzie trupów ich i ich dzieci, patrzyła, jak ci, którzy przeżyli, wsiadają w kajdankach do samolotów DEA, nawet gdybym miała czekać na to cały wiek.

Następnego dnia dzwonię do jedynej przyjaciółki, która przenigdy nie zdradziłaby nikomu, co jej wyznałam. Solveig jest Szwedką, elegancką niczym lodowa księżniczka, dyskretną i inną od wszystkich kobiet, a zwłaszcza dziennikarek, które Pablo nazywa zawsze „żmijami". Nigdy się sobie nie zwierzałyśmy, bo zawsze samotnie znosiłam ból, a przez ostatnie lata nauczyłam się nikomu nie ufać. Dziś jednak opowiadam jej, co zaszło, nie z potrzeby wywnętrzenia się, ale ponieważ wiem, że teraz Escobar na pewno podsłuchuje i nagrywa moje rozmowy telefoniczne, żeby dowiedzieć się, czy nie spotykam się z jego wrogiem. Wiem również, że choć ja go nienawidzę, a i on nie jest już we mnie zakochany, Pablo zawsze będzie mnie kochał i słuchał mojego głosu w słuchawce.

Tymczasem moja zaskoczona koleżanka pyta z niedowierzaniem, dlaczego ktoś taki jak ja ma do czynienia z ludźmi tego pokroju i dlaczego wpuściłam takiego typa do domu. Odpowiadam, że miałam jeszcze nadzieję powstrzymać wybuch wojny, która przyniesie setki ofiar. Jako że służący i sekretarze nigdy nie działają bez upoważnienia szefa, nie podaję Solveig nazwiska Williama Aranga, bo wiem, że Pablo już nazajutrz poćwiartowałby go piłą mechaniczną, a nie chcę mieć tej śmierci na sumieniu. Moje wyznanie ma tylko jeden cel: sprawić, żeby Escobar jeszcze bardziej znienawidził tego, którego od zawsze nazywał „oportunistycznym wieprzem", i jego chorą z nienawiści żonę. Tak naprawdę to ona bowiem – tymi ciągłymi telefonami do mediów, pełnymi oskarżeń pod adresem moim i Escobara o pocięte twarze i kradzione prezenty – rozpętała wojnę między kartelami.

Jakiś czas później dostaję pocztą kawałek kartki wyrwany z gazety – pewnego fryzjera z Cali znaleziono martwego, ktoś zadał mu czterdzieści sześć ciosów nożem – nie dziesięć, nie dwadzieścia, nie trzydzieści – podczas homoseksualnej orgii. Ponieważ uważam, że mądre głowy wydające rozkazy są tysiąc razy bardziej winne niż bestie, które je wykonują, wznoszę błagalne modły o łaskę dla jego duszy. Oferuję Bogu cały swój ból i wstyd za te elity półświatka – ani pod względem pochodzenia, ani moralności niczym nieróżniące się od swoich cyngli i pachołków. Pragnę, by Bóg uczynił mnie katalizatorem procesów, które raz na zawsze skończą z nimi i ich majątkami zbudowanymi na hańbie mojego kraju, krwi ofiar i łzach kobiet.

I tak 13 stycznia 1988 roku wybucha wojna. Podczas gdy Pablo przebywa w Nápoles, bomba o potężnej mocy wstrząsa aż po fundamenty budynkiem Mónaco – zamieszkanym przez jego żonę i dwójkę dzieci, a znajdującym się w jednej z najelegantszych dzielnic mieszkalnych Medellín – oraz całą okolicą. Victoria, Juan Pablo i mała Manuela, którzy spali w penthousie, cudem uchodzą z życiem, cali i zdrowi, ale dwóch strażników ginie w zamachu. Głębokie Gardło mówi mi, że to zemsta Pacha Herrery, zajmującego czwarte miejsce w hierarchii kartelu Cali, któremu Pablo chciał zrobić to samo, co zrobił wcześniej Młodemu na zlecenie Chepego Santacruza, trzeciego po Gilbercie i jego bracie Miguelu. Z budynku, zajmowanego w całości przez rodzinę i ochroniarzy Escobara, został wyłącznie betonowy szkielet. Bezcenna kolekcja zabytkowych samochodów oraz należący do jego żony zbiór dzieł sztuki ulegają całkowitemu zniszczeniu.

Wojna zostawia po sobie trzydzieści trupów dziennie i nie jest zaskoczeniem, kiedy w Medellín i Cali zaczynają się pojawiać zwłoki młodych modelek, brutalnie torturowanych, bo kartele werbują informatorów nawet w salonach piękności. Wrogowie Pabla wiedzą, że już nie jesteśmy razem, ale uważają mnie za wciąż bardzo bliską jego sercu. Stawia mnie to w sytuacji podwójnego zagrożenia, bo nie mogę już liczyć na ochronę Escobara. Pogróżki przybierają na sile, na nic się zdają kolejne zmiany numeru. Coraz mniej osób ma mój telefon, zaczynam się izolować od świata. Środki na koncie w banku kurczą się w zastraszającym tempie, bo priorytetem jest dla mnie spłata rat kredytu za mieszkanie, a w międzyczasie próbuję sprzedać część obrazów – żaden nie jest wart więcej niż parę tysięcy dolarów – ale w Kolumbii sprzedaż dzieła sztuki, o ile nie chodzi o jednego z kilku najsłynniejszych malarzy, może się ciągnąć miesiącami, a nawet latami. Kiedy oferuję swoje nieliczne błyskotki sklepom jubilerskim, których jestem stałą klientką od dwudziestu lat, proponują mi dziesięć procent wartości, niemal tyle samo co w lombardzie. Postanawiam jednak nie sprzedawać mieszkania, które kosztowało mnie prawie dwadzieścia lat ciężkiej pracy i wyrzeczeń, bo musiałabym wpuścić wtedy do swojego życia dziesiątki ciekawskich i naraziłabym się na rozmaite niedyskretne pytania.

Żeby czymś się zająć, zaczynam porządkować notatki do powieści, którą zamierzam kiedyś opublikować, jeśli zdarzy się jakiś cud. To tylko utrwala w pamięci nostalgię za wszystkim, co utraciłam, odkąd ten przeklęty Pablo Escobar pojawił się w moim życiu, i pogłębia wstyd – jedyne, co mi po nim zostało. Niecały tydzień po wybuchu bomby Pablo zdążył już porwać Andresa Pastranę – kandydata na burmistrza Bogoty i syna Misaela Pastrany Borrera, eksprezydenta Kolumbii – oraz bestialsko zamordować prokuratora generalnego Carlosa Maura Hoyosa. Po przywróceniu ekstradycji postanowił rozpętać w kraju chaos, więc płaci teraz pięć tysięcy dolarów za każdego zabitego policjanta. W miarę jak nasila się polaryzacja stron konfliktu, ośmiuset funkcjonariuszy zostaje zamordowanych, a żeby udowodnić, że nie brakuje mu amunicji ani na kartel Cali, ani na przedstawicieli władz, Pablo pakuje w ciała niektórych ofiar nawet po sto kul. Najwyraźniej problemy z płynnością finansową – nieznane opinii publicznej – należą do przeszłości, a nowy sojusz z Kubą przynosi jak najbardziej wymierne zyski.

W obliczu aktów terroru, ciągłych pogróżek i kolejnych ofiar pogrążam się w coraz głębszym smutku: prawie nic już mnie nie interesuje, rzadko wychodzę z domu i postanawiam, że kiedy skończą mi się pieniądze z kasy pancernej, strzelę sobie w głowę, tuż nad uchem, tak jak pokazał mi Pablo, bo mam już dość lęku przed biedą, która zbliża się wielkimi krokami. Krewni czują do mnie wyłącznie pogardę, ich obelgi nie różnią się niczym od tych, które słyszę za każdym razem, kiedy wybieram się do supermarketu. Nie mogę więc liczyć na pomoc żadnego z moich trzech bogatych braci, którzy mają mi za złe, że ludzie szydzą z nich w Jockey Club, restauracjach i na przyjęciach.

Poszłam się pożegnać z Dennisem, amerykańskim astrologiem, który wkrótce ma wrócić do rodzinnego Teksasu, bo grożono mu uprowadzeniem, a przy okazji dowiedzieć się, kiedy skończy się ta straszliwa gehenna. W specjalnych tabelach sprawdza położenie planet w chwili mojego urodzenia oraz w przyszłości, po czym oznajmia zmartwiony:

– Cierpienie dopiero się zacznie… I będzie trwało bardzo długo, kochana.

– Ale powiedz, ile miesięcy?

– Lata… Całe lata… Będziesz potrzebowała wiele siły, żeby znieść to, co nadejdzie. Jeśli jednak przetrwasz, odziedziczysz olbrzymi spadek.

– Czyli będę potwornie nieszczęśliwa, a potem zostanę wdową po obrzydliwie bogatym mężczyźnie?

– Wiem tylko, że zakochasz się w człowieku z dalekiego kraju, ale zawsze będziecie osobno… I nawet nie myśl o popełnianiu jakiegokolwiek przestępstwa, czekają cię problemy prawne z obcokrajowcami, będą się ciągnęły długimi latami, ale w końcu sprawiedliwość stanie po twojej stronie!… Och! Nie tylko jesteś skazana na samotność, ale w ostatnich latach życia możesz też stracić wzrok. Będziesz cierpiała aż do chwili, gdy Jowisz opuści dom ukrytych wrogów, więzień i szpitali, ale jeśli zachowasz siłę, to za trzydzieści lat będziesz mogła powiedzieć, że było warto! Przeznaczenie jest zapisane w gwiazdach… i nie możemy zrobić nic, żeby je zmienić, *my dear*.

– To, co opisujesz, to nie przeznaczenie. To droga krzyżowa!
– mówię, przełykając łzy. – I mówisz, że dopiero się zacznie? Jesteś
pewien, że nie odczytałeś tabel na opak? Może jednak moje cierpienie właśnie się kończy?

– Nie, nie, nie. Musisz spłacić dług karmiczny, bo urodziłaś się
z Chironem w Strzelcu, więc tak jak mityczny centaur będziesz
chciała umrzeć, żeby uciec przed bólem, ale nie będziesz mogła!

Wieczorem opowiadam Glorii Gaitán przez telefon, że rozwa-
żam samobójstwo, żeby oszczędzić sobie bolesnej śmierci z głodu. Wyznaję, że biorę pod uwagę strzał w głowę, bo to najszyb-
sze i najpewniejsze. Ponieważ przyjaźni się z Fidelem Castro, nie
wspominam, że chcę uniknąć również trzydziestoletniej odsiadki
w amerykańskim więzieniu, dopóki nie udowodni się niewinności
mojej i kubańskiego dyktatora. Albo w domu wariatów z Pablem
– zresztą Strzelcem – dopóki nie udowodni się mojego zdrowia
psychicznego, a na łożu śmierci ten nieszczęsny centaur zostawi
mi cały swój majątek za marudzenie mu przez trzydzieści lat.

Dwa tygodnie później przyjmuję od jednej znajomej zaproszenie na długi weekend w domku na wsi. Święcie przekonana, że już
niedługo pożegnam się z tym światem, chcę jeszcze jeden, ostatni raz zobaczyć rośliny i zwierzęta. Po powrocie do mieszkania,
gdzie zawsze panuje idealny porządek, orientuję się, że pod moją
nieobecność zakradł się tu złodziej. Biurko jest w nieładzie, znik-
nęło pierwsze siedemdziesiąt osiem stron mojej powieści, cierpliwie
przepisywanych ręcznie – nie mam maszyny do pisania, a kompu-
tery osobiste nie są jeszcze powszechnie dostępne – a także kasety
z wywiadami, których Pablo udzielał mi na początku znajomości,
liściki z bukietów orchidei oraz jedyne dwa listy, jakie do mnie napisał. Z jak najgorszymi przeczuciami biegnę do pokoju z kasą pan-
cerną i znajduję ją otwartą. Nie ma śladu po trzydziestu tysiącach

dolarów – wszystkim, co mi zostało – a poza dwoma kluczami do mieszkania sejf jest zupełnie pusty. Chociaż pokryte aksamitem futerały z całą moją biżuterią leżą otwarte na biurku, złodziej zabrał mój złoty breloczek i stateczek, mój jacht „Virgie Linda I". Co jednak najgorsze, czego nigdy nie wybaczę temu złodziejowi nagrobków, zabrał też berettę. Owszem, należała do niego, ale świetnie wiedział, że traktowałam ją już jak swoją własność i że stanowiła dla mnie ostatni promyk nadziei.

Kradzież wszystkich pieniędzy, owoców wielomiesięcznej pracy skryby oraz pistoletu, który był moim najcenniejszym towarzyszem, wpędza mnie w głęboką depresję. Okrutny mężczyzna, którego tak bardzo kochałam, postradał zmysły i skazał mnie na długą agonię. Matka wyjechała do Cali opiekować się moją chorą siostrą i nie zostawiła nawet numeru telefonu, bo w mojej rodzinie więzy krwi praktycznie nie istnieją. Nie śmiałabym nikogo innego prosić o pieniądze, zwierzać się z problemów finansowych coraz dalszym znajomym ani krewnym, którzy już w chwili urodzenia nie byli mi bliscy. Nie mam już nawet siły wychodzić z domu, żeby coś sprzedać, i postanawiam nie czekać trzydzieści lat do czasu spłaty karmicznego długu, a zamiast tego umrzeć z głodu, tak jak Eratostenes, kiedy dowiedział się, że wkrótce straci wzrok.

Wierzę, że w jakimś zakątku kosmosu szlachetne dusze nieśmiertelnych słuchają błagalnych głosów biednych śmiertelników, więc proszę tego mędrca ze starożytnej Grecji o siłę, bym zniosła trzy miesiące, które mi zostały, o ile nie wydarzy się jakiś cud. Czytałam, że najgorsze są pierwsze dni, potem doznaje się wyjątkowej jasności umysłu i prawie się już nie cierpi. Z początku nie czuje się nic, jednak około piątego–szóstego dnia zaczynają się bóle. Nasilają się z każdą godziną, wywołując uczucie niewyobrażalnego opuszczenia i rozpaczy, cierpienia tak silnego, że człowiek – już kompletnie zdruzgotany, jakby zostały z niego jedynie skrawki mięsa lizane językami ognia – zaczyna wierzyć, że to nie życie uchodzi na zawsze z jego ciała, ale nędzne resztki zdrowych zmysłów, uciekające w popłochu do piekła. Żeby więc ich nie stracić, odwołuję się do jedynej części swojego jestestwa, która wydaje się jeszcze czymkolwiek wypełniona:

– W tej chwili niemal miliard osób cierpi tak samo jak ja. Widziałam, jak żyją najbogatsi ludzie na świecie i jak żyją najbiedniejsi, wtedy na tamtym wysypisku śmieci. Teraz wiem, w jakich męczarniach kona co piąte dziecko, które się rodzi. Jeśli w moim życiu stanie się jakiś cud, za trzydzieści lat będę mogła przelać cały ten ból, jaki noszę w sercu, na kartki książeczki o Bogu Ojcu i Synu Bożym, którą zatytułuję *Evolution vs. Compassion*. A może kiedyś pojawią się na świecie prawdziwi filantropi, wtedy zrobię o nich program telewizyjny *On Giving*.

Moje błaganie zdaje się docierać do uszu litościwego Eratostenesa, zasiadającego obecnie na Olimpie: jedenaście dni później dzwoni moja matka, która wróciła właśnie do Bogoty. Kiedy mówię, że nie mam za co zrobić zakupów, pożycza mi cały swój skromny majątek. Kilka tygodni później staje się cud: udaje mi się sprzedać jeden z obrazów. Wtedy, żeby spróbować odzyskać miliony dendrytów utraconych w czasie postu, postanawiam jak najszybciej nauczyć się czegoś, co stanowiłoby prawdziwe wyzwanie dla mózgu:

„Dobrze, zacznę się uczyć niemieckiego, żeby móc przetłumaczyć na sześć języków scholia filozofa Nicolasa Gomeza Dávili, bo to prawdziwa skarbnica wiedzy, cud metryki i syntezy: »Prawdziwy arystokrata kocha swój lud zawsze, nie tylko w czasie kampanii wyborczej«. Czy to możliwe, że zgodnie z myślą tego nienawidzącego współczesności kolumbijskiego mędrca o prawicowych poglądach Pablo Escobar, jakiego znałam, miał w sobie więcej z arystokraty niż Alfonso López?".

Trzy miesiące później moja koleżanka Iris, narzeczona radcy--ministra przy ambasadzie niemieckiej w Bogocie, ma dla mnie wiadomość:

– Jest dostępne stypendium w Institut für Journalismus w Berlinie dla dziennikarza z dobrą znajomością angielskiego i podstawami niemieckiego. Wydaje mi się, że to idealna okazja dla kogoś tak zainteresowanego kwestiami gospodarczymi. Może się na nie zdecydujesz, Virginio?

I tak w sierpniu 1988 roku – zrządzeniem wyroków opatrzności Bożej, które zdaniem Dennisa zapisane są w gwiazdach, i tej drugiej połowy losu, która zdaniem Pabla jest nam z góry narzucona – jadę szczęśliwa do Berlina. Nie robię tego z żadnego konkretnego powodu, nie. Jadę szczęśliwa z milionów powodów, tylu, ile gwiazd jest na firmamencie.

Król Terroru

– Mieszkańcy Berlina wschodniego umierają z nudy i przygnębienia... Mają już dość, lada dzień obalą ten mur! Spodziewam się zjednoczenia tej wspaniałej alei najpóźniej za rok – mówię Davidowi, kiedy razem przyglądamy się Reichstagowi i Bramie Brandenburskiej z wieży widokowej.

– Zwariowałaś? Będzie stał tu dłużej niż Wał Hadriana i Wielki Mur Chiński!

Przeznaczenie rzuciło mnie do Berlina wschodniego w ostatnim roku istnienia dwóch państw niemieckich, tuż przed upadkiem żelaznej kurtyny. Jak w przypadku potężnych podwodnych tsunami, niedostrzegalnych z lądu, tak i tu mamy do czynienia z ukrytymi procesami, w wyniku których za ledwie piętnaście miesięcy miejsce to stanie się epicentrum upadku komunizmu w Europie. Jednak niekoniecznie z powodów politycznych wszystkie lampki ostrzegawcze zdają się zapalać, kiedy pojawiam się na jakimkolwiek lotnisku międzynarodowym. Kolumbijska agencja bezpieczeństwa DAS wie, że największy *narco* świata eksportuje tony narkotyków kontenerami, przewozi gotówkę w zamrażarkach przemysłowych i nie ma potrzeby wykorzystywać swojej byłej dziewczyny w charakterze kuriera – to najniższa ranga w stale rozwijającym się, międzynarodowym już interesie, zaprojektowanym przez niego i kilkunastu bogatych wspólników oraz rywali. Nagłe zainteresowanie

FBI i europejskiej policji moją osobą ma chyba jakiś związek z tym, że ostatnimi czasy za każdym razem, gdy lecę z Bogoty do innego kraju, osoby powiązane z najwyższymi kręgami przemysłu narkotykowego zajmują większość miejsc w pierwszej klasie samolotu.

Zauważyłam też, że po powrocie z wycieczek do innych miast organizowanych dla stypendystów rządu niemieckiego wszystkie moje papiery i buteleczki z kosmetykami na toaletce nie stoją równiutko co do milimetra, tak jak je zostawiłam. Pracownicy Institut für Journalismus zaczęli mi się podejrzliwie przyglądać i zadawać różne pytania, na przykład dlaczego ubieram się raczej jak bizneswoman niż jak studentka. Wiem, co im chodzi po głowie i że władze na pewno o mnie wypytywały. Wiem, że mnie śledzą, i wiem dlaczego. A i tak jestem absolutnie szczęśliwa.

Któregoś dnia zbieram się na odwagę i postanawiam zadzwonić z budki telefonicznej do konsulatu Stanów Zjednoczonych w Berlinie – w 1988 roku ambasada znajduje się w Bonn – i zaoferować współpracę. Kiedy operator centrali odbiera, oznajmiam, że dysponuję informacjami o zmowie Pabla Escobara z Kubańczykami i sandinistami. Z drugiego końca linii pada jednak tylko pytanie: *Pablo who?* i komentarz, że setki komunistycznych dysydentów wydzwaniają bez przerwy, twierdząc, że Sowieci zamierzają zrzucić bombę atomową na Biały Dom, po czym rozmówca odkłada słuchawkę. Odwracam się i napotykam wzrok mężczyzny, którego widziałam chyba kilka dni wcześniej w ogrodzie zoologicznym, położonym w pobliżu Europa Center, gdzie znajduje się instytut. Lubię tam chodzić i zawsze myślę, że w porównaniu z berlińskim zoo to z Hacienda Nápoles wygląda jak murek berliński obok Wielkiego Muru Chińskiego.

Kilka dni później jakiś mężczyzna zatrzymuje mnie przed wejściem do samolotu. Przedstawia się jako funkcjonariusz do spraw walki z narkotykami z Bundeskriminalamt (BKA), niemieckiego oddziału Interpolu w Wiesbaden. Kiedy mówi, że chcieliby omówić ze mną kilka kwestii, pytam, czy to oni śledzili mnie w zoo i pod budką telefoniczną, kiedy dzwoniłam do konsulatu amerykańskiego, ale zapewnia, że to nie BKA.

Spotykam się z nim i jego przełożonym. Zaraz na wejściu informują mnie, że mam pełne prawo oskarżyć ich o ingerencję w życie prywatne: co tydzień przeszukiwali mój pokój, podsłuchiwali rozmowy telefoniczne, otwierali korespondencję i prześwictlili każdą osobę, z którą się widywałam. Tłumaczę, że nie zamierzam wnosić oskarżenia, wręcz przeciwnie: chcę przekazać im nazwiska i stanowiska w strukturze organizacji wszystkich co do jednego handlarzy narkotyków i praczy brudnych pieniędzy, których znam osobiście lub ze słyszenia, bo z całego serca nienawidzę tych zbrodniarzy, którzy wykończyli moją reputację i mój kraj. Najpierw jednak muszą mi zdradzić, kto donosi na mnie przy okazji każdej podróży. Po kilku dniach burzliwych dyskusji podają mi w końcu nazwisko: Germán Cano z DAS.

Wtedy rzeczywiście zaczynam mówić. Najpierw informuję ich, że w tym samym samolocie, którym jako studentka podróżowałam w jednym z tylnych rzędów, w pierwszej klasie siedział jeden z najbardziej znanych członków kartelu Medellín ze wspólnikiem – praczem dolarów i potomkiem jednej z najbogatszych rodzin żydowskich w Kolumbii. Po wylądowaniu we Frankfurcie obaj bez przeszkód wyszli z lotniska, jakby byli u siebie, podczas gdy wszyscy policjanci zajęli się przeszukiwaniem moich walizek, żeby sprawdzić, czy dziewczyna – czy tam była kochanka – siódmego najbogatszego mężczyzny świata nie ma przy sobie kilowej paczuszki koki i nie ryzykuje dziesięciu lat więzienia w zamian za pięć tysięcy dolarów na kolejną sukienkę od Valentina czy Chanel.

– Jeśli Germán Cano nie zna najwyższych rangą narkobossów i największych praczy brudnych pieniędzy, to dlatego, że kolumbijskie tajne służby ich chronią. Podejrzewam, że wydział imigracji w DAS ma w liniach lotniczych swoich ludzi, którzy przekazują im, kiedy będę podróżować. Funkcjonariusze podają te informacje znajomym *narcos* i kiedy przychodzi co do czego, ci ostatni wykorzystują mnie jako przynętę dla zmylenia władz celnych. Ta sytuacja ciągle się powtarza, a ja nie wierzę w zbiegi okoliczności.

Dodaję, że oddziały kolumbijskiej policji do walki z narkotykami od lat są opłacane przez DEA i że nie zamierzam wyciągać od nich informacji, czy DAS dostaje jakieś środki z Interpolu; uświadamiam im jednak spore prawdopodobieństwo, że jedną ręką biorą pieniądze od kolegów z Europy, a drugą – od *narcos*.

– Powiedzcie, jak mogę wam pomóc. Proszę tylko o paszport albo inny dokument podróżny, żeby w DAS nie wiedzieli, kiedy podróżuję do i z Kolumbii. Robię to z przekonania, nie mam najmniejszego zamiaru prosić waszego rządu o azyl czy pracę, nawet o centa. Jedyny problem w tym, że przysięgłam sobie już nigdy nie mieć do czynienia z nikim z tej branży, a moim jedynym źródłem nowych informacji jest były handlarz narkotyków. Sprawia jednak wrażenie najlepiej poinformowanego na świecie.

I tak, wskutek tego, jak potraktowali mnie bossowie dwóch największych karteli oraz służby wywiadowcze, zaczyna się moja współpraca z międzynarodowymi agencjami antynarkotykowymi. Myślę, że gdyby, zamiast trudzić się przetrząsaniem moich bagaży w poszukiwaniu jakichś dziesięciu tysięcy dolarów dla pozbawionego płynności finansowej Pabla, FBI równie skutecznie, drogą cierpliwego dochodzenia zajęło się Brudasem i sandinistami szkolącymi się na pilotów, to pewnie w kilka tygodni udałoby im się zdemaskować imponujący układ kartelu Medellín z Kubą oraz całą jego strukturę finansową. A gdyby, zamiast śledzić mnie i moich eleganckich przyjaciół z Europy, Interpol zainteresował się najpotężniejszymi handlarzami narkotyków i oszustami, którzy podróżowali tymi samymi samolotami co ja, udałoby im się wyrwać z korzeniami europejską odnogę kartelu Cali, która z całą mocą wystrzeliła rok później.

Policjanci z całego świata zawsze cenią kolegów wyżej niż informatorów. Dlatego co prawda przekazuję europejskiemu odpowiednikowi DAS wszystkie nazwiska *narcos* i ich wspólników, ale postanawiam przemilczeć kwestie polityki karaibskiej i zaczekać na szansę bezpośredniego kontaktu z Amerykanami. Moja pomoc okazuje się jednak zbędna: układ Pabla z Kubańczykami upada 13 czerwca 1989 roku, a do 13 lipca Fidel Castro zdążył już rozstrzelać generała Arnalda Ochoę – bohatera rewolucji i wojny w Angoli – oraz pułkownika Tony'ego de la Guardię. Z głębokim żalem przyjmuję wiadomość o śmierci generała, niespotykanie odważnego człowieka, który nie zasługiwał na egzekucję i oskarżenie o zdradę ojczyzny.

Wojna to niewyobrażalnie kosztowne przedsięwzięcie. Trzeba nakupić tony broni i materiałów wybuchowych. Należy hojnie opłacić nie tylko żołnierzy, lecz także najróżniejszych szpiegów i donosicieli, a w przypadku Pabla – także władze Medellín i Bogoty, zaprzyjaźnionych polityków i dziennikarzy. Wynagrodzenie tych setek, a może i tysięcy osób jest porównywalne z listą płac sporej korporacji, a największe nawet zapasy koki nie wystarczą, żeby pokryć znaczne codzienne wydatki. Wiem, że Escobar zmaga się obecnie z dwoma problemami: wszyscy oczywiście uważają, że chodzi o ekstradycję, ale lepiej poinformowani – ja i Głębokie Gardło – zdajemy sobie sprawę, że również o pieniądze. Po upadku układu z Kubą Escobar na gwałt potrzebuje ogromnych ilości gotówki na sfinansowanie wojny, która polaryzuje wszystkich jego przeciwników: kartel Cali, DAS i policję. Stracił już setki ludzi, a że zawsze pomaga rodzinom tych, którzy oddali za niego życie, śmierć każdego *sicaria* oznacza kilkakrotnie więcej osób do wykarmienia. Najgorsze w tym wszystkim jest jednak to, że wojna spowodowała masowy exodus jego dotychczasowych wspólników do Valle del Cauca, bo Pablo zaczął ściągać podatki na walkę przeciwko ekstradycji. Kto nie chce płacić w gotówce, towarze, samochodach, samolotach czy nieruchomościach, musi zapłacić życiem, więc wielu bossów – jak ten, który leciał razem ze mną – którzy mają już dość wyzysku i okrutnych metod Escobara, wstępuje w szeregi Cali.

Wiem, że dla pozyskania środków Escobar coraz częściej będzie uciekał się do porwań, a żeby podporządkować sobie kraj, rozwali Bogotę i w coraz bardziej wyrachowany sposób będzie wykorzystywał prasę. Jako wyraz pogardy dla mediów, które nie zostawiały na nim suchej nitki, kiedy był ze mną – dlatego że był ze mną – nazwał jeden ze swoich domów „Marionetkami". Z mojego odosobnienia patrzę w milczeniu, jak moi koledzy po fachu, którzy kiedyś obrażali mnie najgorszymi inwektywami za miłość do Robin Hooda z Medellín, teraz klękają przed Królem Terroru. Wszyscy mu nadskakują, ale tak naprawdę to on rozpaczliwie ich potrzebuje. Ten megaloman z obsesją na punkcie sławy, szantażysta znający jak nikt inny cenę każdego prezydenta, nauczył się nimi manipulować, żeby sprzedać swój wizerunek, który z dnia na dzień staje się bardziej zatrważający i wszechmocny właśnie dlatego, że w rzeczywistości z godziny na godzinę Pablo Escobar jest coraz bardziej bezbronny i biedny. Marionetki tego mistrza lalkarskiego zamieniają Gnata, Kolczyka, Pomidora i Pazura w „skrzydło wojskowe kartelu Medellín", a Brudasa – w „skrzydło finansowe", przyznając

Pablowi w oczach prasy zagranicznej niemalże status wodza organizacji nacjonalistycznej w rodzaju OWP, ETA czy IRA. Jednak o ile one walczą odpowiednio o prawa narodu palestyńskiego, niepodległość Kraju Basków czy wyzwolenie części Irlandii, o tyle skrzydła wojskowe i finansowe kartelu Medellín mają tylko jeden, bardzo konkretny cel: uniknięcie ekstradycji szefa.

Tysiące policjantów traci życie, a kolumbijski wymiar sprawiedliwości, spóźniony o dwadzieścia lat – odwieczne narzędzie zabójców – sam pada ofiarą własnej obojętności na innych: w roku 1989 handlarze narkotyków mordują ponad dwustu przedstawicieli władzy sądowniczej i już żaden sędzia nie śmie wydać niekorzystnego dla nich wyroku.

W 1989 roku przywożę do Europy wszystkie informacje, jakie zdołałam zgromadzić dla Interpolu. Wydaje mi się, że w sprawach dotyczących narkobiznesu Niemcy wolą się dogadać z FBI i DAS, a kolumbijską policję zostawić dla DEA, którą to organizację zdają się nieszczególnie cenić. Tak naprawdę jednak w sierpniu tamtego roku nie poświęcam zbyt wiele uwagi wydarzeniom politycznym ani wieściom z Kolumbii, bo mój ojciec właśnie umiera, a ja martwię się cierpieniem matki. Dopiero jakiś czas później dowiaduję się, że szesnastego dnia tamtego miesiąca mój eks zlecił zabójstwo sędziego, który miał orzekać w sprawie zabójstwa redaktora dziennika, a rankiem osiemnastego zrobił to samo z komendantem policji w Antioquii, pułkownikiem Valdemarem Franklinem Quinterem, za pozbycie się funkcjonariuszy współpracujących z Escobarem oraz wielogodzinne przesłuchanie Taty i Manueli w celu ustalenia miejsca pobytu Pabla. Dziewiętnastego mój ojciec umiera, a ja mówię matce, że nie polecę do Kolumbii na pogrzeb, bo on nigdy mnie nie kocha, około 1980 roku przestał się nawet do mnie odzywać.

Istnieje jednak też inny powód mojej nieobecności – lęk, o którym nikomu nie mogę powiedzieć. W noc poprzedzającą śmierć mojego ojca Pablo dokonał zbrodni, zaledwie jednej z wielu tysięcy pozycji w jego statystykach, ale najbardziej z nich wszystkich doniosłej: 18 sierpnia 1989 roku osiemnastu *sicarios* z odznakami wojskowego wydziału B-2 zamordowało mężczyznę, który miał zostać wybrany na urząd prezydenta Kolumbii w latach 1990–1994 sześćdziesięcioma procentami głosów, być może jedynego stuprocentowo czystego i nieskalanego od czasów – już dość odległych – panowania jedynego kolumbijskiego męża stanu drugiej połowy XX wieku. Miesiąc wcześniej generał Maza Márquez zastąpił jego zaufanych ochroniarzy grupą mężczyzn wykonujących rozkazy niejakiego Jacoba Torregrosy. Jestem przekonana, że gdybym udała się na pogrzeb ojca, ludzie z tajnych służb czekaliby na mnie na lotnisku, żeby wypytać o Escobara i powód moich częstych podróży do Niemiec, a skończyłabym w łapach jakichś bestii w kazamatach DAS albo w Szkole Kawalerii. Wiem też, że żądne zemsty media uwierzą we wszystko, co wmówi im generał Maza, i z entuzjazmem przyklasną najgorszym okrucieństwom, jakimi DAS i B-2 będą mnie chciały uraczyć, tak jak robiły to przez lata – brutalne pobicia i tortury przeszły już do legendy. Tamten kandydat na prezydenta nazywał się bowiem Luis Carlos Galán, a dla Pabla stanowił arcywroga, największego i najgorszego na coraz bardziej wydłużającej się liście przeciwników uzbieranych przez całe życie pełne nienawiści i zorientowane wyłącznie na najbardziej bezlitosne formy zemsty.

Trzy miesiące po zabójstwie Luisa Carlosa Galana Pablo Escobar wysadza samolot linii Avianca ze stu siedmioma osobami na pokładzie. Miał nim podróżować César Gaviria – zwolennik Galana, a obecnie oficjalny kandydat Partii Liberalnej na prezydenta – ale w ostatniej chwili postanowił nie wsiadać do samolotu. Za tę zbrodnię *sicario* Quica zostanie później skazany na dziesięciokrotną karę dożywocia w nowojorskim sądzie. Śledczy ustalą, że jako materiału wybuchowego użyto semteksu, chętnie stosowanego przez bliskowschodnich terrorystów, a detonator był bardzo podobny do tego wykorzystanego w grudniu 1988 roku przez Muammara Kaddafiego w zamachu na odrzutowiec linii Pan Am nad szkocką wioską Lockerbie, za który Libia musiała niedawno zapłacić wielomilionowe odszkodowania wszystkim rodzinom ofiar. Manolo z ETA nauczył Pabla i jego ludzi konstruować bomby o dużej mocy i wtedy po raz kolejny przekonałam się, że powiązania między organizacjami terrorystycznymi w poszczególnych krajach były tak silne jak te łączące narkobiznes z władzami mojego kraju i niemal wszystkich sąsiednich państw.

W listopadzie 1989 roku upada mur berliński. Następuje oficjalny początek końca epoki żelaznej kurtyny i rządów komunistycznych w Europie Wschodniej. W grudniu Stany Zjednoczone pod przywództwem George'a H.W. Busha dokonują inwazji na Panamę, a generał Noriega zostaje obalony i przewieziony do Stanów Zjednoczonych, gdzie ma zostać sądzony za udział w narkobiznesie, przestępczości zorganizowanej i praniu brudnych pieniędzy. Carlos Lehder staje się najcenniejszym świadkiem przeciwko byłemu dyktatorowi, w związku z czym jego wyrok zostaje zmniejszony z trzykrotnego dożywocia do pięćdziesięciu pięciu lat.

Również w grudniu siedzibą DAS wstrząsa wybuch – bus załadowany ośmioma tonami dynamitu rozsadza budynek w drobny mak. Uratować udaje się wyłącznie generałowi Mazie, i to tylko dlatego, że ściany jego gabinetu zbudowano z betonu zbrojonego stalą. Ginie niemal sto osób, osiemset zostaje rannych, a ja w obliczu tak dantejskich scen nie mogę już opłakiwać zmarłych, płaczę za żywymi. Dwa tygodnie później, w wojskowej zasadzce na wybrzeżu Morza Karaibskiego, ginie Gonzalo Rodríguez Gacha. Podczas gdy cały kraj raduje się wyraźną słabością kartelu Medellín, w leżącym pod Bogotą miasteczku Pacho – gdzie Meksykanin sprawował władzę absolutną – tysiące ludzi opłakuje śmierć swojego dobrodzieja. Wiem, że od tej pory generał Maza i kartel Cali stworzą jednolity blok z betonu i stali przeciwko Pablowi, pozbawionemu jedynego bezwarunkowo lojalnego przyjaciela i sojusznika. Co więcej, teraz Escobar będzie musiał się zmagać nie tylko ze swoimi dawnymi wrogami ze skrajnej prawicy, lecz także z lewicą, która miała na pieńku z Gonzalem, z tymi grupami paramilitarnymi, które z czasem miały się stać najbardziej wybuchowym katalizatorem nienawiści wzbudzanej przez Pabla.

Kolejne konflikty wybuchają jak w reakcji łańcuchowej zapoczątkowanej pierwszą wojną, z upływem dni sytuacja się zaognia. Razem z Bernardem Jaramillem – nowym kandydatem Unii Patriotycznej na prezydenta – i Carlosem Pizarrem Leongomezem ze zdemobilizowanej już M-19 w zamachach zginęło już w sumie czterech pretendentów do fotela prezydenta. Nikt nie waży się jednak żądać wyjaśnień od osoby odpowiedzialnej za czuwanie nad ich bezpieczeństwem: nieusuwalnego dyrektora DAS.

Oprócz stypendium i współpracy z Interpolem miałam też jednak inny powód, by to w Niemczech spędzić większość czasu przez te cztery lata, które upłynęły między pożegnaniem z Pablem w 1987 roku a naszymi kolejnymi kontaktami.

W lipcu 1981 roku jako jedyną kolumbijską dziennikarkę wysłano mnie do Londynu na ślub Karola i Diany – książąt Walii. Po samodzielnym zrealizowaniu sześciogodzinnej transmisji non stop wracałam zadowolona i dumna z siebie, bo dostałam oferty pracy zarówno od BBC, jak i od centrum informacyjnego Korony Brytyjskiej. Odmówiłam, bo wizja prowadzenia własnej stacji z Margot wydawała mi się bardziej kusząca niż hollywoodzki film czy propozycja od najbardziej nawet prestiżowej zagranicznej agencji medialnej. Podczas lotu z Londynu do Paryża, gdzie czekała mnie długa przesiadka na samolot do Bogoty, siedziała obok mnie jakaś urocza dziewczyna, z którą ucięłam sobie miłą pogawędkę o królewskim ślubie. Na lotnisku Charles'a de Gaulle'a przedstawiła mi swojego brata, który miał ją zabrać na południe Francji. Podczas gdy ona poszła z małym bratankiem kupić lody, ja rozmawiałam z jej bratem. Odniosłam wrażenie, że ten syn Niemca z wyższych sfer i pięknej Lombardki nie był szczęśliwy w małżeństwie, podobnie jak ja. Przy pożegnaniu oboje czuliśmy, że pewnego dnia w niedalekiej przyszłości znowu się spotkamy. Kiedy wieczorem po moim powrocie do Bogoty David Stivel, którego wówczas byłam żoną, oznajmił, że zostawia mnie dla swojej aktoreczki, odparłam spokojnie:

– Możesz odejść choćby dziś, bo wczoraj poznałam w Paryżu jedynego mężczyznę, za którego mogłabym wyjść. Jest przystojny, dziesięć lat młodszy od ciebie i sto razy bardziej błyskotliwy. Podpisz tylko papiery, które mój adwokat dostarczy ci w ciągu paru dni, i obyś był w przyszłości tak szczęśliwy, jak ja zamierzam być.

Jednym z trzech powodów, dla których zakochałam się w Pablu, było to, że podarował mi wolność: pewnego poniedziałku w styczniu 1983 roku zapowiedział mi, że w najbliższy piątek, kiedy tylko uwolnię się od byłego męża, muszę pójść z nim na kolację, zanim jakiś inny typ wejdzie mu w paradę. Tamtego wieczoru tak mocno pokochałam swojego rodaka, że rzadko już myślałam o mężczyźnie z dalekiego kraju. Wspaniały człowiek, za którego według Pabla miałam kiedyś wyjść – a którego, zdaniem Dennisa, miałam pokochać – pojawi się znów w moim życiu i podaruje mi na krótki czas wszystkie możliwe odmiany szczęścia, uważane przeze mnie za zarezerwowane dla sprawiedliwych w raju. Wróci też, żeby odegrać przedziwną rolę w śmierci Pabla i jeszcze dziwniejszą w moim życiu.

Parę lat temu się rozwiódł i kiedy dowiaduje się od siostry, że jestem w Niemczech, zaraz następnego dnia mnie odwiedza. Bawaria stanowi jeden z moich rajów na Ziemi, a Monachium – miejski Eden, niemal idealne miasto neoklasyczne Ludwika Szalonego i wspieranego przez niego kompozytora *Pierścienia Nibelunga*. Przez kilka tygodni włóczymy się po Starej Pinakotece – pełnej skarbów z każdego okresu historii, z genialnym *Porwaniem córek Leukippa* Rubensa – i Nowej Pinakotece, gdzie możemy podziwiać inne wybitne dzieła, także z naszych czasów. Spacerujemy po bawarskiej wsi, w jednej z najbardziej sielankowych scenerii stworzonych przez Boga, i nie posiadamy się ze szczęścia. Jakiś czas później prosi mnie o rękę, a ja zgadzam się po kilku dniach namysłu. Wkłada mi na palec pierścionek zaręczynowy z ośmiokaratowym brylantem – osiem to symbol nieskończoności – i ustalamy datę ślubu na maj przyszłego roku. Jego matka radzi mi jak najszybciej jechać do Paryża, żeby z sześciomiesięcznym wyprzedzeniem zamówić suknię ślubną od Balmaina, którą chce mi podarować w prezencie. Po raz pierwszy w moim życiu wszystko zdaje się zbliżać do boskiego ideału, wyśnionego przez najbardziej sybarycznego z epikurejczyków albo przez mojego ukochanego poetę sufickiego z XIII wieku.

Kilka tygodni później teściowa *in spe* wysyła po mnie samochód z szoferem, bo chce, żebym przed ślubem podpisała jakieś dokumenty. Kiedy do niej przyjeżdżam, kładzie przede mną intercyzę: w przypadku rozwodu lub śmierci jej syna – jednego z głównych spadkobierców jej drugiego męża multimilionera – dostanę tak żałosny ułamek majątku męża, że mogę zinterpretować tę umowę wyłącznie jako obelgę, którą ewidentnie jest. Lodowatym tonem oznajmia, że jeśli nie podpiszemy, wydziedziczy syna. Proszę o wyjaśnienie, dlaczego tak nagle i niespodziewanie zmieniła swój stosunek do mnie, na co ona wyjmuje z szuflady biurka kopertę pełną moich zdjęć z Pablem Escobarem oraz anonimowy list. Pytam, czy mój narzeczony wie o tym wszystkim, a ona, głosem ociekającym ironią, odpowiada, że przenigdy nie mogłaby stanąć na drodze swojego syna do szczęścia, ale za godzinę zostanie on poinformowany o wszystkich powodach decyzji podjętej przez nią wspólnie z mężem. Mówię, że mój ukochany wie o tym związku, a ona niszczy nasze marzenia, bo nigdy nie mogłabym wyjść za kogoś, kto nie byłby moim wspólnikiem i towarzyszem na całkowicie równych zasadach, we wszystkich okolicznościach, na dobre i na złe, a także ponieważ beze mnie u boku jej syn nigdy już nie zazna szczęścia.

Na nic zdają się nalegania narzeczonego, żebym dała mu kilka dni na przekonanie matki do zmiany decyzji: oddaję pierścionek i jeszcze tego samego wieczora wracam do Kolumbii ze złamanym sercem.

Po powrocie dowiaduję się o brutalnej śmierci dwojga moich znajomych, osób różnych jak ogień i woda: Gustava Gavirii Rivera i Diany Turbay Quintero.

Pierwsza wiadomość pogrąża mnie w smutku na wiele dni. Nie chodzi tylko o niego, ale też o to, że bez tej niewzruszonej skały, jaką był jego kuzyn, Pablowi jeszcze bardziej odbije, a konsekwencje poniesie cały kraj. Został teraz bez siły i wsparcia bossów założycieli, już tylko ze swoim bratem Robertem zwanym Misiem, a ten – choć godzien najwyższego zaufania w kwestiach księgowości – nie zna tej branży na wylot, tak jak Gustavo, nie ma tej obsesji na punkcie całkowitej kontroli, okrucieństwa i braku litości niezbędnych do zarządzania imperium przestępczości zorganizowanej, zwłaszcza takim, w którym drugi wspólnik jest niemal zawsze nieobecny, ale nieustannie domaga się coraz większych środków na walkę z całym państwem posiadającym siły zbrojne i dobrze zorganizowane agencje rządowe. Jestem pewna, że mimo bezwarunkowej lojalności i licznych talentów brata bez kuzyna Gustava notowania Pabla polecą w dół, a jego przeciwnicy zyskają. Wiem też coś, czego Escobar na pewno również jest świadomy: kolejną ofiarą padnie on, a im okrutniejsza będzie to śmierć, tym większa potem legenda.

Pablo od zawsze wie, że kobiety cierpią bardziej, a ofiary płci żeńskiej budzą dużo większe współczucie niż mężczyźni. Dlatego wybrał Nydię Quintero, byłą żonę prezydenta Julia Cesara Turbaya Ayali, na swoją przymusową rzeczniczkę. Podczas gdy surowy rząd Turbaya Ayali oskarża się o tysiące niewyjaśnionych zniknięć, Nidia stoi na czele tak wielkich inicjatyw społecznych, że stała się jedną z najbardziej uwielbianych osób w Kolumbii. Kiedy ich córka Diana Turbay jedzie zrobić wywiad dla prowadzonego przez siebie dziennika z hiszpańskim księdzem Manuelem Perezem, szefem ELN (Armii Wyzwolenia Narodowego), zostaje przechwycona przez ludzi Escobara. Teraz Nydia, najbardziej podziwiana Kolumbijka ostatnich lat, apeluje do nowego prezydenta Cesara Gavirii o zawieszenie broni, wysłuchanie żądań Extraditables i uratowanie życia jej córki. Gaviria nie zamierza jednak oddać państwa prawa człowiekowi, który pomordował jego poprzedników wspierających Galana i wysadził samolot, którym on sam miał lecieć. Rząd wytacza najcięższe działa, ale niestety: podczas próby odbicia

Diany policja – zaślepiona nienawiścią wobec ludzi Escobara i gotowa na wszystko, by pomścić śmierć setek kolegów po fachu – bierze ofiarę za jednego z porywaczy (kobieta ma na głowie kapelusz). Diana ginie w strzelaninie, a opinia publiczna oskarża mundurowych, że od razu strzelali, bez zadawania żadnych pytań. Ludzie mają też pretensje do prezydenta o brak współczucia w obliczu błagań matki ofiary, prasy, Kościoła i całego kraju, zmęczonego oglądaniem w telewizji dzień i noc nieprzerwanego ciągu skromnych pochówków setek biedaków i tłumnych pogrzebów bogaczy. Escobar już to zapowiedział:

– Śmierć to jedyne, co udało nam się w tym kraju zdemokratyzować. Dotychczas tylko biedni ginęli tragiczną śmiercią. Od tej pory wielcy panowie też będą tak umierać!

Nigdy nie zapomnę bólu mojej znajomej dziennikarki – dziewczyny jednego z przywódców M-19, której nazwiska w żadnym razie nie zdradzę – szlochającej w moich ramionach i opowiadającej, jak została zgwałcona przez agentów DAS, kiedy wkradli się nocą do jej domu. Nastraszyli ją, że jeśli na nich doniesie, zamęczą ją torturami na śmierć. Przed wyjściem, kiedy ona płakała w łazience, zostawili w innym pokoju niezarejestrowaną broń. Dosłownie kilka minut później pojawiła się policja z nakazem rewizji i dziewczyna trafiła do więzienia, oskarżona o nielegalne posiadanie broni i kolaborację z partyzantką.

– Ciebie uratowało tylko absolutne przerażenie, jakie budzi we wszystkich Pablo Escobar – ostrzega mnie. – Nigdy, przenigdy nie mów o nim źle, bo chroni cię tylko to, że wszyscy sądzą, że odeszłaś do tego Niemca, ale on ściągnął cię z powrotem. Lepiej niech tak myślą, niż jakby miały cię dorwać i wymęczyć jakieś bestie, a potem podrzucić ci broń albo narkotyki. Gdyby taką piękność jak ty spotkało to co mnie, media biłyby brawo i zachwycały się przez długie dni, bo prasa w tym kraju jest jeszcze bardziej zwyrodniała niż cała reszta. Wiedzą, że masz haki na pół świata, i nie mogą się doczekać, aż ktoś cię poćwiartuje albo sama się zabijesz i zabierzesz ich sekrety do grobu. Nie rozumiem, po co wróciłaś... Nieliczni, którzy dobrze ci życzą, plotkują, że mogłaś wrócić do tego piekła tylko z miłości do Pabla. Nawet nie myśl, żeby to dementować! Kiedy cię o niego zapytają, odpowiadaj po prostu, że nie zamierzasz poruszać tego tematu.

Razem z Dianą Pablo uprowadza dwoje moich starych znajomych: Azucenę Liévano i Juana Vittę, a także dwóch operatorów kamery i niemieckiego dziennikarza, ale wszyscy zostają potem uwolnieni. Śmierć Diany staje się dla niego najbardziej skutecznym i przekonującym argumentem nacisku na nowy rząd. Na tym jednak nie koniec: żeby zmusić najwyżej postawionych galanistów do opowiedzenia się za dialogiem z nim i akceptacją stawianych przez niego warunków, Escobar porywa szwagierkę Luisa Carlosa Galana i jej asystentkę, a potem Marinę Montoyę, siostrę sekretarza generalnego prezydencji za rządów Barca i wspólnika Gilberta Rodrigueza w Chryslerze, którą morduje z zimną krwią w ramach represji za próbę uwolnienia uprowadzonych. We wrześniu zaś porywa Francisca Santosa, syna jednego z dwóch współwłaścicieli „El Tiempo", żeby zmusić największy dziennik w kraju do opowiedzenia się za powołaniem Zgromadzenia Konstytucyjnego, które wprowadziłoby do ustawy zasadniczej poprawkę zakazującą ekstradycji.

Taki właśnie panuje klimat, kiedy zostawiam mojego mężczyznę z dalekiej krainy i wracam do swojego kraju. Córka Nydii i kuzynka Anibala martwa z winy człowieka, którego on sam mi przedstawił. Moja przyjaciółka zgwałcona przez wrogów Pabla i M-19. Moi koledzy Raúl Echavarría i Jorge Enrique Pulido zamordowani przez tego, którego tak bardzo kochałam. Kochani Juan i Azucena uprowadzeni przez mojego Robin Hooda z Medellín, podobnie jak koledzy ze szkoły, na przykład Francisco Santos, i mój krewny Andrés Pastrana. Wszyscy oni, osobowości medialne, pozwalają Pablowi wypowiadać się przed opinią publiczną w kraju przytłoczonym silnymi emocjami i przekonanym, że Escobar pozostaje siódmym najbogatszym człowiekiem świata. Tylko ci z nas, którzy wchodzili kiedyś w skład jego najbardziej zaufanego kręgu, wiedzą, że ta fala porwań świadczy właśnie o jego desperacji, słabnących siłach i coraz szybciej kurczących się zasobach finansowych. W obliczu trudności z pokonaniem obstawy czterech największych magnatów, Escobar schodzi o szczebel niżej w hierarchii wielkich kolumbijskich majątków i porywa Rudy'ego Klinga, zięcia Fernanda Mazuery, jednego z najbogatszych ludzi w kraju i bliskiego przyjaciela mojego wujostwa. Niemal wszystkie nowe ofiary Pabla mają teraz jakiś związek ze mną: przyjaciel rodziny albo jego dziecko, kolega z pracy albo krewny, przyjaciel ze szkoły albo dobry znajomy. Kiedy redaktor „El Tiempo" dzwoni w imieniu ojca Francisca Santosa błagać, żebym wstawiła się za jego synem, a ja odpowiadam, że nie wiem nawet, gdzie szukać Pabla, wyraźnie mi nie wierzy. Za każdym razem, gdy wchodzę do jakiejś restauracji, widzę pogardę malującą się na twarzach klientów. Nie mam innego mechanizmu obronnego, więc coraz bardziej się izoluję i kryję w swoim własnym eleganckim świecie, który dopieściłam przez ostatnie kilka miesięcy – żeby sprostać wysokim wymaganiom niedoszłej teściowej – co tylko potęguje wobec mnie nienawiść, bo wszyscy przypisują mi wielkie bogactwo.

Eksnarzeczony bez przerwy do mnie wydzwania i mówi, że martwi go ta atmosfera wrogości i bezkarności, w której żyję, a ja odpowiadam mu ze smutkiem, że ten kraj to jedyne, co mam.

Obiecuje za kilka tygodni mnie odwiedzić, bo nie może beze mnie żyć, ale błagam, żeby tego nie robił, bo nie zamierzam ani podpisywać żadnej intercyzy, ani pozwolić, żeby go wydziedziczyli, ani żyć z nim bez ślubu. Nalegam, żeby dla dobra nas obojga spróbował o mnie zapomnieć.

Sprzedałam obraz Wiedemanna i swoje autko, dzięki czemu udało mi się popłacić rachunki i ocalić mieszkanie, ale moje środki znów są na wyczerpaniu.

Wiele lat temu pracowałam w Caracol Radio, ale teraz Yamid Amat – dyrektor rozgłośni i jeden z dziennikarzy najbardziej wspierających Pabla Escobara od czasu jego publicznej deklaracji miłości do Margaret Thatcher – jest zbulwersowany, kiedy proszę go o pracę. To samo z zarządem RCN Radio y Televisión Carlosa Ardili, potentata napojów gazowanych. W końcu dzwoni do mnie ktoś z Caracol Televisión należącej do Julia Maria Santa Dominga: podobno mają idealną pracę dla mnie. Podejrzewam, że chcą zaproponować mi posadę prezenterki – ludzie wciąż wysyłają petycje, żebym wróciła przed kamery, a wiadomość o moim powrocie do kraju stała się źródłem najróżniejszych spekulacji. Moja ulubiona plotka to ta, że za miliony Pabla Ivo Pitanguy musiał wyremontować mnie od stóp do głów, bo strasznie zniszczyłam sobie figurę przez ciążę i poród bliźniąt, które potem zostawiłam rzekomo w sierocińcu w Londynie! Ponieważ moja była współpracowniczka Margot Ricci zawsze powtarzała, że Kolumbijczycy włączają telewizor nie po to, żeby mnie oglądać czy słuchać, co mam do powiedzenia, ale żeby zobaczyć, co mam na sobie, zadowolona udaję się na rozmowę z szefową stacji wystrojona w Valentina. Profesjonalna prezenterka z taką garderobą jak moja to prawdziwy skarb dla każdego kanału telewizyjnego w kraju rozwijającym się, więc kiedy kobieta pyta mnie:

– Kto cię ubiera? – bez chwili namysłu, z promiennym i pewnym siebie uśmiechem odpowiadam:

– Valentino w Rzymie i Chanel w Paryżu!

Zupełnie nieświadoma ostatnich wydarzeń w kraju zapomniałam, że Canal Caracol to nie Televisa „Tygrysa" Azcárragi ani O Globo Roberta Marinha*. Z punktu widzenia tej kobiety o pracę prosi ją ni mniej, ni więcej, tylko była albo obecna dziewczyna największego zbrodniarza wszech czasów. Tak, tak: tego samego piromana, który spalił domek na wsi należący do człowieka, któremu ona zawdzięcza posadę – Augusta Lopeza, prezesa Grupo Santo Domingo!

Dyrektorka oferuje mi rolę w telenoweli, na co odpowiadam z zaskoczeniem, że nie jestem aktorką. Wzrusza ramionami i stwierdza, że skoro mam dwadzieścia lat doświadczenia przed kamerą, to co za różnica? Czyż nie odrzucałam propozycji z Hollywoodu?

– Telenowele docierają do widzów ze wszystkich szczebli drabiny społecznej. Oglądają je nawet dzieci. To nasz produkt eksportowy do kilkudziesięciu krajów. Teraz naprawdę będziesz znana na całym kontynencie!

Podpisuję umowę i już kilka dni później rozdzwaniają się telefony od dziennikarzy. Udzielam w sumie trzydziestu trzech wywiadów dla radia i telewizji. „Aló", największe czasopismo domu wydawniczego El Tiempo, nalega na wyłączność dla mediów drukowanych, a kiedy kilkakrotnie odmawiam, bo moje rozmowy z prasą kończyły się zwykle wkładaniem mi w usta słów, których nigdy nie wypowiedziałam, naczelna obiecuje uszanować moje

---

* Grupo Televisa i Grupo Globo – czołowe koncerny medialne Ameryki Łacińskiej, odpowiednio meksykański i brazylijski.

prawo do autoryzacji całego wywiadu przed publikacją. Kiedy w końcu się zgadzam, pierwsze pytania, jakie mi zadaje, dotyczą tego, czy zamierzam jeszcze kiedyś spotkać się z Pablem, a także nazwiska i miejsca pobytu mojego byłego narzeczonego. Nie pozwolę mieszać mojego ukochanego w sprawki kryminalisty, który tak bardzo mnie skrzywdził, więc zachowuję dla siebie dane tego pierwszego. Co do Escobara, mówię tylko:

– Nie widziałam go od lat. Ale... może lepiej zapyta go pani o mnie, kiedy będzie przeprowadzała z nim wywiad? O ile zgodzi się go udzielić, bo słyszałam, że ostatnio raczej ich odmawia...

Dwa dni po publikacji wywiadu dzwoni mój telefon. Wszystkie media mają teraz mój numer, więc sama odbieram.

– Dlaczego opowiadasz takie paskudne rzeczy na mój temat?

– Nie będę nawet pytać, skąd masz mój numer, ale powiem tylko tyle: bo mam już dość wiecznych pytań o ciebie.

Mówi, że dzwoni do mnie po raz pierwszy z nowego telefonu, kupionego specjalnie dla mnie, więc możemy sobie spokojnie porozmawiać, nim założą mu podsłuch. Zanim zadzwonił, kazał sprawdzić też moje telefony pod kątem pluskiew i okazało się, że oba są czyste!

– Chciałem cię powitać, wygląda na to, że tęskniło za tobą wiele milionów ludzi, nie tylko ja... Jak widzisz kraj po tak długiej nieobecności?

– Przeczytałam w „El Tiempo", chyba na stronie dwudziestej ósmej, w jednokolumnowym artykuliku na pięć linijek, że w zeszłym roku dokonano w Kolumbii czterdziestu dwóch tysięcy zabójstw. Wracam z kraju, gdzie trzy ofiary uznaje się za masakrę godną pierwszej strony, więc żeby odpowiedzieć choć w miarę precyzyjnie, musiałabym najpierw zapytać: ile z tych tysięcy zawdzięczamy tobie, czcigodny ojcze narodu?

Z głębokim westchnieniem odpowiada, że teraz, kiedy ma zostać zwołane Zgromadzenie Konstytucyjne, sytuacja w kraju wróci do normy, bo wszyscy mają już dość wojny. Stwierdzam, że większość dziennikarzy zgadza się co do jednego: „panowie z Valle" kupili już głosy sześćdziesięciu procent Kongresu. Pytam, czy on ma w kieszeni taki sam odsetek członków Zgromadzenia.

– Cóóóż, kochanie... Oboje dobrze wiemy, że oni lubią rozdawać trochę pieniążków to tu, to tam. Ja za to używam prawdziwej forsy. Kupiłem wszystkich twardych z regionu Magdalena Medio – tych od ołowiu – co w połączeniu z innym dość wysokim odsetkiem, o którym nie mogę mówić przez telefon, gwarantuje mi ostateczny triumf. Zmienimy konstytucję i już nigdy żadnego Kolumbijczyka nie będzie można poddać ekstradycji!

Gratuluję mu przysłowiowej już wręcz skuteczności jego przyjaciela Santofimia. Okropnie zdenerwowany Escobar krzyczy, że to żaden przyjaciel, tylko chłopiec na posyłki, że kiedy tylko Zgromadzenie wprowadzi poprawkę do konstytucji, nie będzie mu już do niczego potrzebny, i że prędzej wybaczyłby Luisowi Carlosowi Galanowi – gdziekolwiek jest – niż Santofimiowi. Pytam zaskoczona, czy to oznacza, że żałuje „tamtego", na co on odpowiada:

– Nie żałuję niczego! Jesteś bardzo inteligentna i dobrze wiesz, co mam na myśli. Zmieniam linię.

Po kilku minutach dzwoni drugi telefon. Pablo mówi już zupełnie innym tonem.

– Pomówmy o tobie. Słyszałem już o twoim niemieckim narzeczonym. Dlaczego za niego nie wyszłaś?

Odpowiadam, że to nie jego sprawa. Przysięga, że bardzo mu na mnie zależy, wyobraża sobie, jak smutno i źle muszę się czuć, i nalega, bo przecież zawsze mogłam mu wszystko opowiedzieć. Tylko po to, żeby wiedział, jaką cenę muszę wciąż płacić za nasz niegdysiejszy związek, postanawiam opowiedzieć mu o anonimie z naszymi zdjęciami i podsuniętej przez matkę intercyzie, której podpisania odmówiłam. Męczy mnie, żebym przyznała się, o jakim procencie była mowa, aż w końcu mówię mu dla świętego spokoju.

– Zaoferowali ci taką pensyjkę wiceprezydenta za prowadzenie kilku domów?! Masz rację, że za każdym magnatem stoi zawsze wspólniczka albo niewolnica: stara jest wspólniczką męża, a z ciebie chciała zrobić niewolnicę syna! Co za jędza! Jak ty to robisz, że ciągle kręcą się wokół ciebie te obrzydliwie bogate typy, hm? Zdradź mi sekret, kochanie.

– Znasz go aż za dobrze. Wygląda na to, że im jestem starsza, tym bardziej atrakcyjna… Podejrzewam, że osiemdziesiąt okładek gazet też może mieć w tym swój udział. Ty masz podobną kolekcję… no ale oczywiście z innych powodów.

– Tak, tak… Ale na okładce „Aló" wyszłaś okropnie! Nie chciałem ci tego mówić, ale wyglądasz jakby… staro. Zmieniam telefon.

Zastanawiam się, co powiedzieć, kiedy znowu zadzwoni, a dzieje się to kilka minut później. Po wymianie ogólników na temat mojego powrotu do pracy po latach embarga stwierdzam, że na ekranie prezentuję się lepiej niż kiedykolwiek – a na pewno lepiej niż on – bo w wieku czterdziestu jeden lat ważę pięćdziesiąt trzy kilo i wyglądam na trzydziestkę. Wyjaśniam mu przyczyny publikacji niechlujnie zrobionego zdjęcia, jedynego naprawdę brzydkiego w całym moim życiu:

– A czego się spodziewałeś, skoro uprowadziłeś im właściciela gazety? Musiałam żebrać o pracę u ludzi, którym palisz domy. Zatrudnili mnie jako główną gwiazdę tandetnej telenowelki z aktorami trzeciej kategorii, zamiast wykopać na ulicę i pozwolić zdechnąć z głodu, prawdopodobnie zgodnie z poleceniem Santa

Dominga, któremu wysadzasz samoloty z zięciami moich przyjaciółek na pokładzie.

– Dlaczego tak do mnie mówisz, kochanie, skoro ja tak cię uwielbiam? Taka kobieta cud nie jest stworzona do niewolniczej pracy dla tych tyranów z branży napojów gazowanych... Zasługujesz na wielkie szczęście... I sama zobaczysz, że ten facet, którego zostawiłaś, niedługo po ciebie wróci! Potrafisz być baaardzo uzależniająca... Kto może to wiedzieć lepiej ode mnie?

Odpowiadam, że rzeczywiście ma przyjechać za kilka dni, ale zdecydowałam, że nie chcę spędzić reszty życia pod lupą jego matki. Po chwili ciszy Pablo stwierdza, że w moim wieku powinnam może zacząć myśleć o karierze bizneswoman. Żegna się ze mną i obiecuje zadzwonić po Zgromadzeniu Konstytucyjnym.

Narzeczony przylatuje do Bogoty cztery dni później. Znów zakłada mi na palec pierścionek i upiera się, że jeśli się pobierzemy i uczynię go szczęśliwym, jego matka na pewno wkrótce zmieni zdanie i anuluje intercyzę. Tłumaczę, że nie mogę zerwać umowy z Caracolem – za karę musiałabym zapłacić trzykrotność ustalonego honorarium – i że gdy tylko otrzymam nagranie świeżego materiału, na zawsze wyjadę z Kolumbii i niemal na pewno dostanę świetne oferty w Stanach Zjednoczonych. Błaga, żebym tego nie robiła, a ja mówię, że stawia mnie w bardzo trudnej sytuacji. Za parę godzin muszę jechać do Hondy, gdzie kręcą pierwsze odcinki telenoweli, więc żegnamy się i umawiamy na spotkanie za miesiąc gdzieś nad Morzem Karaibskim.

Na koktajl party z okazji rozpoczęcia zdjęć zaproszono ze trzysta osób. Amparo Pérez, szefowa działu prasowego Caracol, zabiera mnie swoim samochodem i po drodze zagaduje:

– A po tym twoim niemieckim narzeczonym to chyba słuch zaginął! Nie?

– Nie, odezwał się. Był tu dwa tygodnie temu i zostawił mi to.
– Pokazuję jej diament, cztery razy większy niż ten od Gustava, a do tego klasy D, bez skazy.

– Ej, zdejmij ten kamień z ręki, bo Mábel pomyśli, że dostałaś go od Pabla, i zwolni cię za obracanie się w złym towarzystwie!

– Przecież on nie mógłby dać mi pierścionka zaręczynowego, Amparo, bo jest już żonaty. Ale schowam, bo ludzie w tym kraju uważają najwyraźniej, że Pablo Escobar to jedyny człowiek na świecie, którego stać na kupno brylantu.

Następnego ranka mój narzeczony dzwoni, żeby zapytać, jak mi poszło w Hondzie i na bankiecie. Opowiadam o ciągnących się do wieczora nagraniach w otoczeniu chmar pożerających nas komarów, w piekielnym upale, który – nasilony jeszcze przez lampy – przekracza czterdzieści pięć stopni Celsjusza. Po krótkiej ciszy, z nieskrywanym żalem w głosie mówi po niemiecku:

– Nie rozumiem, czemu podpisałaś taką umowę… Muszę też ci coś powiedzieć: w drodze z twojego mieszkania na lotnisko ktoś nas śledził… Wiem, że to on. Myślę, że ciągle jest w tobie zakochany, Kid.

Niebo wali mi się na głowę. Jak mogłam być tak głupia? Dlaczego na tym etapie życia ciągle jeszcze nie znam Pabla Escobara? Powinnam była wiedzieć, że po tamtym rabunku i trzech i pół roku separacji nie mógł dzwonić tylko po to, żeby ponownie zadeklarować swoje uczucia, a raczej chciał sprawdzić rzetelność pogłosek – czy żywiłam urazę do porzuconego właśnie mężczyzny albo do jego rodziny i czy on może jakoś na tym skorzystać!

Przed odłożeniem słuchawki udaje mi się wydusić tylko, również po niemiecku:

– Nie, nie, nie. On już od dawna nie jest we mnie zakochany. To coś dużo gorszego. Nigdy już do mnie nie dzwoń. Zadzwonię jutro i wszystko ci wytłumaczę.

Parę dni później Pablo telefonuje do mnie o północy:

– Oboje wiemy, że przestajesz kochać mężów i narzeczonych już nazajutrz po zerwaniu. Prawda, moja droga? Nie wiem, jak ty to robisz, ale zawsze udaje ci się nas zastąpić kimś nowym w ciągu czterdziestu ośmiu godzin! To, co robi z tobą Caracol, to vox populi, a ja chcę zabezpieczyć ci przyszłość... Martwię się o ciebie... Bo nie jesteś coraz młodsza, prawda? Dlatego wyślę ci na piśmie pewną bardzo poważną propozycję. Nigdy nie zapominaj, że potrafię sprawić, żeby media mówiły na twój temat dokładnie to, co chcę: wystarczy bombardować je telefonami przez jakiś tydzień... I nigdy już nie będziesz pracowała. Żegnaj, kochanie.

W liściku pisze, że ma już wszystkie podstawowe informacje, ale potrzebuje mojej pomocy. Oferuje mi dwadzieścia pięć procent „zysków" i załącza listę do uzupełnienia: adresy mieszkań, prywatne numery telefonów, dane finansowe, numery kont bankowych, imiona dzieci – jeśli takowe są – i data najbliższej wizyty mojego byłego narzeczonego w Kolumbii lub mojej podróży do Europy. Jest jeszcze załącznik: żółta kartka papieru z poprzyklejanymi literami wyciętymi z gazet:

Ultima Hora Caracol, Yamid Amat!

Podczas próby uprowadzenia zginął pan Iksiński, syn pani Iksińskiej, żony pana Iksińskiego, prezesa zarządu przedsiębiorstwa X z siedzibą w mieście Y. Była prezenterka telewizyjna Virginia Vallejo, oskarżona o współudział w tym przestępstwie, znajduje się w areszcie DAS, gdzie jest obecnie przesłuchiwana.

Przez kilka długich godzin pocieram skronie, zastanawiając się, skąd zdobył ich nazwiska. Przypominam sobie jego słowa sprzed ośmiu lat: „Jeśli wszystko dobrze się zaplanuje, można wcielić w życie absolutnie każde bezeceństwo", i dochodzę do wniosku, że ktoś od niego musiał polecieć tym samym samolotem co mój narzeczony, a już w Niemczech, po kilku dniach „cierpliwego dochodzenia", potwierdzili jego tożsamość. Możliwe też, że kazał mnie śledzić podczas którejś podróży... Ciekawe, czy wiedział o Interpolu, czy ten mężczyzna w ogrodzie zoologicznym nie został wysłany przez niego, czy te zdjęcia i anonim do mojej niedoszłej teściowej nie stanowiły po prostu jednej z jego zemst... Wszystkie te możliwości przelatują mi przez głowę i uświadamiam sobie, że w miejscu pracy mojego narzeczonego dość łatwo sprawdzić, kim jest. Wiem tylko, że kiedy chodzi o szybkie zdobycie dużych pieniędzy, dla Pabla gra jest warta świeczki. Gdy znowu do mnie dzwoni, tym razem o świcie, oznajmia, że prędzej czy później, z moją pomocą czy bez niej, osiągnie swój cel:

– Sama widzisz, że wystarczy parę telefonów do DAS, żebyś dostała parę latek w więzieniu, dopóki nie sprawdzą, czy zeznania moich świadków są prawdziwe. Jak myślisz, komu prędzej uwierzą: Mazie i twoim wrogom z prasy czy tobie, biedaczko? Czego ta stara nazistka by nie zrobiła, żeby odzyskać synka!... Prawda, kochanie?

Zamieram, zmrożona, a on wyjaśnia mi – krótkimi zdaniami przeplatanymi momentami ciszy, do których tak już przywykłam – że potrzebuje mnie, żeby nieco przyśpieszyć bieg wydarzeń. Inaczej może mu to zająć długie miesiące, bo nie ma zaufanych tłumaczy. To kwestia wyboru nie między kasą a kulką – bo dobrze wie, że nie boję się śmierci – a między kasą a więzieniem. Za parę dni do mnie zadzwoni, a wcześniej udowodni, że nie żartuje. Rozłącza się.

Dostaję telefon od Stelli Tocancipá, dziennikarki tygodnika „Semana", której zlecono napisanie artykułu na mój temat.

Wyznaje, że wolała odmówić wykonania zadania, niż wypisywać o mnie podłe kłamstwa, których oczekiwali jej przełożeni. Jakiś typ, w przeciwieństwie do Stelli pozbawiony odwagi i skrupułów, pisze wszystko pod ich dyktando, a po moim zwolnieniu z Caracol dostaje w nagrodę posadę konsula w Miami.

W „El Tiempo" można przeczytać jeszcze gorsze rzeczy: jestem teraz podobno kochanką innego handlarza narkotyków – nikt nie zna jego nazwiska – i zwykłą złodziejką najróżniejszych towarów luksusowych, a z tego powodu znów zostałam bezlitośnie pobita, skopana i zmaltretowana. Pablo Escobar próbuje mi przekazać, że – tak jak już wcześniej się zdarzyło w przypadku Rafaela Vieiry – każdy mężczyzna, z którym kiedykolwiek będę chciała się związać, zostanie opisany przez dziennikarzy, pod dyktando cyngli Escobara, jako „inny *narco*, tyle że anonimowy"; i że zamiast pogodzić się z samotnym życiem bezrobotnej, powinnam zacząć wreszcie myśleć jak kobieta interesu i dać sobie spokój ze skrupułami. Ponieważ wszystkie władze służą albo kartelom narkotykowym, albo moim wrogom, nie mam możliwości zgłosić nikomu szantażu, któremu poddaje mnie Escobar. Cała ta historia jest tak paskudna – podobnie jak nękanie przez telefon i docinki, które słyszę za każdym razem, kiedy wychodzę do sklepu – że wpadam w anoreksję i przez jakiś czas poważnie zastanawiam się nad samobójstwem.

Wtedy przypomina mi się Enrique Parejo González. Jako ambasador Kolumbii na Węgrzech w 1987 roku ten zwolennik Galana i były minister sprawiedliwości, który miał podpisać pierwsze pozwolenia na ekstradycję po śmierci w zamachu swojego poprzednika Rodriga Lary, zasłynął jako jedyny człowiek ocalały po wymierzonym weń ataku Pabla Escobara: pięć strzałów z bliska w garażu jego domu w Budapeszcie, z czego trzy w głowę. Ten dzielny mężczyzna – który jakimś cudem odzyskał stuprocentową sprawność

– to najlepszy dowód na to, że macki narkobiznesu potrafią dotrzeć nawet do miejsc znacznie oddalonych od Kolumbii, jeśli w grę wchodzi zemsta. W tym kraju pozbawionym pamięci Escobar nigdy nie zapomina i nie wybacza.

Wiem, że Pablo zebrał już sporo informacji na temat rodziny mojego narzeczonego, ale intuicja mówi mi, że dopóki on nie przyjedzie do Kolumbii albo ja nie wybiorę się do Niemiec, nic mu nie grozi. Zastanawiam się nad tym przez całą noc, a w końcu sumienie podpowiada mi jedyne słuszne wyjście: zostanę sama, a skoro nie mam żadnych materiałów, którymi mogłabym się pochwalić w zagranicznej agencji artystycznej, pogodzę się z losem i nie opuszczę kraju. Dzwonię do narzeczonego z budki i proszę o pilne spotkanie w Nowym Jorku. W najsmutniejszy dzień mojego życia oddaję mu pierścionek i mówię, że dopóki ten potwór żyje, nie będę mogła się z nim nigdy spotkać, nie powinien do mnie dzwonić, bo porwą go lub zamordują, a mnie oskarżą o współudział w zbrodni. Minie jeszcze sześć lat, zanim oboje staniemy się wolni, ale pod koniec 1997 roku on będzie już poważnie chory, a dla mnie zacznie się ostatnia z dróg krzyżowych, które zostały mi po Pablu Escobarze.

Po powrocie do Bogoty zmieniam numery telefonów, a nowe podaję wyłącznie czterem osobom. Jestem przerażona, że sama zostanę porwana, więc kiedy dwie bliskie koleżanki powiązane ze skrajnie lewicowymi ugrupowaniami pytają o byłego narzeczonego, odpowiadam, że to tylko kolejny wymysł mediów.

Zgromadzenie Konstytucyjne z 1991 roku wywołuje w całym kraju atmosferę nadziei i dialogu, w którym udział biorą tradycyjne partie polityczne, grupy zbrojne, mniejszości etniczne i religijne oraz studenci. Antonio Navarro z M-19 i Álvaro Gómez z Partii

Konserwatywnej wyciągają do siebie ręce i po kilku miesiącach konstytucja zostaje zmieniona, ekstradycja znika, a wszyscy dobrzy i źli Kolumbijczycy przygotowują się na początek życia w nowej epoce zgody i porozumienia.

Jednak w kraju, gdzie prawo często poświęca się w imię jakiegoś pokoju – co dla największej w danym momencie grupy narkoterrorystycznej zawsze oznacza załapanie się na jakąś amnestię, żeby obejść system sądowniczy i uniknąć ekstradycji – nic nie jest takie proste. Na początku lat dziewięćdziesiątych powstaje ruch Pepes, czyli Prześladowanych przez Pabla Escobara. Każdy, nawet najgłupszy mieszkaniec najbardziej zabitej dechami wioski, wie, że w jego skład wchodzą członkowie grup paramilitarnych pod wodzą braci Fidela i Carlosa Castañów, kartel Cali, dysydenci wewnątrz kartelu Medellín, służby policyjne i wywiadowcze ciężko doświadczone przez Escobara oraz jeden czy dwóch doradców zagranicznych w świetnym stylu Contras. Po ostatnim, i najwyraźniej definitywnym obaleniu ekstradycji, a także aby ochronić się przed *pepes*, atakującymi go coraz bardziej bezlitośnie, Escobar zgadza się poddać, jeśli w Envigado zostanie zbudowane specjalne więzienie: na wzniesieniu, w wybranym przez niego miejscu o powierzchni trzydziestu tysięcy metrów kwadratowych, z towarzystwem osobiście przez niego wyselekcjonowanym spośród tych jego ludzi, którzy przeżyli, z zaaprobowanymi przez niego strażnikami, z widocznością na trzysta sześćdziesiąt stopni, chronioną przestrzenią powietrzną i, co oczywiste, wszelkimi wygodami i rozrywkami współczesnego świata, ponieważ w Kolumbii zamożne klasy zawsze wykorzystują figurę prawną, która w takiej formie nie istnieje w żadnym innym kraju na świecie – areszt domowy. Rząd Gavirii chce już chyba od niego odpocząć, więc mówi:

– Okej! Zbuduj sobie swoje boisko do piłki nożnej, bar, dyskotekę, zapraszaj na imprezy, kogo chcesz, ale daj nam wreszcie odetchnąć!

Oddanie się Pabla w ręce sprawiedliwości to wydarzenie roku. Powodowany obsesją na punkcie swojej jedynej słabej strony – którą oboje tak dobrze znamy – domaga się, żeby żaden samolot nie wszedł w przestrzeń powietrzną nad Medellín w dniu wybranym przez niego na przemieszczenie się w konwoju radiowozów oraz krajowej i międzynarodowej prasy do nowego, sfinansowanego przez rząd Kolumbii azylu.

Problem w tym, że zdesperowani rządzący i dobrzy ludzie z Kolumbii nie znają jeszcze pana Marionetek. Wszyscy wierzą w jego zmęczenie i dobre intencje. On jednak z więzienia, nazwanego La Catedral, nadal żelazną ręką steruje swoim zbrodniczym imperium. W wolnych chwilach zaprasza gwiazdy futbolu, na przykład Renego Higuitę, na mecze z nim i jego chłopakami, a wieczorami, przed zasłużonym wypoczynkiem, sprowadza sobie do zabawy dziesiątki wesołych dziewczynek. Niczym król podejmuje na audiencjach rodzinę, polityków, dziennikarzy i bossów z innych regionów kraju, którzy jeszcze nie przystąpili do Pepes. Wszyscy komentują, że „w Kolumbii zbrodnia popłaca", ale wszystkie protesty są wściekle uciszane pod pretekstem zachowania pokoju, bo z Pablem – nareszcie! – jest spokój.

Dostaję ofertę pracy z trzeciorzędnej rozgłośni radiowej Todelar, i to tylko pod warunkiem, że sama znajdę reklamodawców. Umawiam się na spotkanie z Luisem Carlosem Sarmientem Angulem, obecnie najbogatszym człowiekiem w kraju, i błagam, żeby uratował mi życie, bo zarządzający największymi koncernami medialnymi wyraźnie umówili się, żeby mnie wykończyć. Ten wspaniały człowiek zamawia w Todelar reklamy za dziesięć tysięcy dolarów miesięcznie, a radio wypłaca mi uzgodnione czterdzieści procent, dzięki czemu po raz pierwszy od wielu lat mogę żyć spokojnie. Nie mam własnego biura, więc znowu wszyscy znają mój telefon. (Po śmierci Pabla moja umowa zostanie rozwiązana bez żadnego wyjaśnienia, a radiu Todelar przypadnie sto procent dochodów z reklam).

Pewnego dnia Głębokie Gardło mówi mi, że jego przyjaciele odwiedzali Pabla w La Catedral. Ktoś stwierdził, że jakiś jego znajomy widział mnie kilka dni wcześniej w restauracji w Bogocie, wyglądałam pięknie i dałby się pokroić za randkę ze mną. Pablo podobno zawołał na to:

– Twój znajomy nie słyszał, że Virginia próbowała ukraść jacht moich przyjaciół i musieli siłą go jej zabrać? Żal mi tego twojego kolegi: chyba jest ślepy, powinien zacząć nosić okulary! Kto by się kochał w takiej starej babie, kiedy wokół tyle młodych dziewczyn? To stara panna po czterdziestce, biedna jak mysz kościelna, musi pracować w jakimś beznadziejnym radiu, żeby nie umrzeć z głodu, bo żadna telewizja nie chce jej zatrudnić!

– Moi przyjaciele nie mogli uwierzyć własnym uszom – opowiada Głębokie Gardło, wyraźnie nieswój. – Stwierdzili, że wygadywaniem takich paskudztw ostatecznie udowodnił, jaką jest kanalią! – I ciągnie: – Wyobraź sobie, że jeden z nich blisko zna się z Rambem – Fidelem Castañem, dowódcą Zjednoczonych Sił Samoobrony Kolumbii (AUC) – i kiedy kilka dni temu byliśmy razem w jego posiadłości w Córdobie, ten typ przyjechał nagle na rowerze. Pogadał z nami chwilę, po czym odjechał, tak jak się zjawił: sam, pedałował sobie spokojnie! W tym kraju wszyscy się znają… Nic dziwnego, że próbują się powyrzynać! Ten cały Rambo wygląda, jakby był ze stali: nawet gdy jedzie na rowerze bez broni, nikt przy zdrowych zmysłach nie odważyłby się go zaczepić. To ten gość prędzej czy później wykończy twojego Pablita Niewdzięcznego…

– Dzięki Bogu za Pablita Zaborczego… Możesz poprosić znajomego, żeby w najdrobniejszych szczegółach opisał Rambowi, jak bardzo Escobar mnie nienawidzi, żeby *pepes* przestali mnie dręczyć? Poproś go, żeby opowiedział Castañowi o facetach, którzy wydzwaniają do mnie o północy, uruchamiają piłę mechaniczną i dyszą w słuchawkę, że już ją ostrzą na „dziwkę tego psychopaty z Envigado". Nawet sobie nie wyobrażasz, w jakim strachu żyję: każdego wieczoru, kiedy o ósmej wychodzę z pracy, czekam na taksówkę i widzę SUV-a z przyciemnianymi szybami, myślę, że to *pepes* po mnie jadą! Przekaż mu, że błagam o zaprzestanie tych pogróżek, bo jestem tylko jedną z osób prześladowanych przez Pabla Escobara i jedyną jego ofiarą, której udało się przeżyć. A przy okazji może udzieli mi wywiadu do tego beznadziejnego radia i opowie, jak zamierza wykończyć potwora z La Catedral?

Po kilku dniach częstotliwość telefonów znacznie spada. Wygląda na to, że ocaliła mnie moja bieda albo podeszły wiek i że skoro założyciel Pepes najwyraźniej otoczył mnie opieką, wreszcie mogę spać spokojnie, przynajmniej dopóki nie pojawi się jakiś nowy wróg Pabla. Jeśli bowiem chodzi o groźby, do kolekcji brakuje mi jeszcze tylko rakiety z Pentagonu i bomby atomowej z Kremla.

Piły elektryczne stały się z czasem powszechnie ulubioną bronią. Czytałam, że wrzaski ofiar gdzieś w departamencie Antioquia czy Córdoba – ośrodku działalności AUC – dało się słyszeć z drugiego końca wsi, a tymczasem naćpani członkowie organizacji paramilitarnej gwałcili kobiety na oczach ich pięcio-, sześcio-, siedmio-, ośmio- i dziewięcioletnich dzieci. Kiedy Escobar dowiaduje się, że jego wspólnicy z rodzin Moncada i Galeano mają ukryte odpowiednio pięć i dwadzieścia milionów dolarów, zaprasza ich do więzienia i zaczyna ciąć bronią, na którą nie potrzebuje zezwolenia, bo jest przecież wykorzystywana do prac stolarskich. Po wyciągnięciu od nich przemocą informacji o położeniu łupu nie tylko przejmuje go za pośrednictwem swoich ludzi, którzy zostali na wolności, ale od razu robi rundkę po wszystkich wspólnikach i księgowych obu organizacji, żeby torturami zmusić ich do przekazania resztek majątku, w tym posiadłości, hodowli bydła, samolotów i helikopterów.

Kiedy pogłoska o tym, że Escobar urządził sobie nawet kazamaty i cmentarz z prawdziwego zdarzenia tuż pod bokiem strażników, dociera do Pałacu Prezydenckiego, dla Cesara Gavirii to już za wiele. Prezydent wysyła wiceministra sprawiedliwości, syna moich starych znajomych, żeby ten sprawdził, czy te mrożące krew w żyłach opowieści to prawda, czy wyłącznie wymysły kartelu Cali oraz rodzin Moncada i Galeano. Na wieść o niedługim przybyciu oddziałów armii w celu przeniesienia go do innego więzienia Escobar uznaje, że rząd zamierza oddać go w ręce DEA, więc kiedy tylko młody urzędnik wchodzi do środka, Pablo bierze go na zakładnika. Następuje cała seria niejasnych zdarzeń, co do których istnieje wiele różnych wersji, ale w rezultacie Pablo wymyka się między strażnikami – którzy nie robią nic, żeby go zatrzymać – i ucieka ze swoimi ludźmi tunelami drążonymi od długich miesięcy. Zaczyna się maraton transmisji na żywo we wszystkich mediach w kraju, ale nowy dyrektor Noticiero Todelar – opłacany przez kartel Cali – nie pozwala mi nawet zbliżyć się do mikrofonu, a tymczasem Pablo wmawia Yamidowi Amatowi z Caracol, że od trzech godzin ukrywa się w wielkiej rurze w pobliżu La Catedral, choć w rzeczywistości znajduje się już wiele kilometrów stamtąd, pod osłoną gęstej puszczy.

Cieszę się, bo wiem, że uciekając, Pablo podpisał na siebie wyrok śmierci. Natychmiast zostaje powołany Bloque de Búsqueda – jednostka specjalna policji, szkolona w Stanach Zjednoczonych, z jednym jedynym zadaniem: raz na zawsze skończyć z Escobarem.

Pepes od razu oferują pomoc. Po intensywnym treningu również Navy SEALs i Delta Force z entuzjazmem dołączają do jednostki specjalnej, a DEA, FBI i CIA przyjeżdżają z weteranami z Wietnamu. Potem w ich ślady idą niemieccy, francuscy i brytyjscy najemnicy, skuszeni obietnicą nagrody w wysokości dwudziestu pięciu milionów dolarów – w sumie osiem tysięcy osób z różnych krajów przyłącza się do międzynarodowej wojny przeciwko jednemu mężczyźnie, którego Amerykanie chcą złapać żywego, a Kolumbijczycy – martwego. Tylko śmierć zagwarantuje bowiem jego milczenie.

W odwecie za przesłuchania i brutalne zamordowanie kilku męczenników półświatka w imię państwa prawa Escobar zaczyna podkładać jedną bombę za drugą, praktycznie co tydzień, a jego cyngle – obecnie gwiazdy mediów – zaczynają pojawiać się na okładkach czasopism i na pierwszych stronach wszystkich dzienników. Tak jakby Pablo był jakimś liderem ruchu oporu, prasa publikuje wszystko, co *sicarios* mówią pod jego dyktando:

– Terroryzm to odpowiedź biednych na bombę atomową! Choć to wbrew moim zasadom, nie mam innego wyjścia, muszę uciekać się do takich metod!

Pablo Escobar zawsze potrafił zgrywać biedaka, kiedy akurat mu to pasowało. W 1993 roku cudem udaje mi się wyjść cało z jednego z najgorszych ostatnio zamachów, w eleganckiej galerii handlowej Centro 93. Zalewam się jednak łzami na widok urwanej głowy małej dziewczynki na czubku latarni, opłakuję setki ofiar śmiertelnych i rannych.

Sprzedałam już wtedy swoje mieszkanie, bo miałam dość ciągłego podsłuchiwania rozmów i telefonicznych pogróżek, a wynajęłam lokal na pierwszym piętrze eleganckiego apartamentowca Residencias El Nogal, gdzie mieszka też jedna z byłych pierwszych dam (moja krewna ze strony ojca), troje dzieci byłych prezydentów i siostrzenica Santa Dominga. Wszyscy oni mają obstawę, co gwarantuje mi względne bezpieczeństwo, z kilkorgiem sąsiadów łączą mnie więzy krwi i wreszcie mogę odpocząć od warkotu pił mechanicznych w słuchawce. Głębokie Gardło prosi mnie o pożyczkę dwóch i pół tysiąca dolarów ze sprzedaży mieszkania, a choć następnego dnia znika bez śladu, uznaję zrezygnowana, że informacje, jakie przekazywał mi przez te sześć lat, były warte wszystkich pieniędzy świata.

Ostatnie, czego dowiedziałam się od swojego źródła, to to, że Pablo ukrywa się w kupowanych wcześniej domach w dzielnicach średniej klasy średniej w Medellín. To dla mnie zaskoczenie, bo na najbardziej tajnym etapie naszej znajomości ludzie, którzy zawozili mnie do jego kryjówek, wspominali, że miał z pięćset wiejskich domków rozsianych po całym departamencie Antioquia. Dzięki znajomym Głębokiego Gardła wiem, że przy wsparciu jednostki specjalnej *pepes* postanowili zacząć porywać najbliższych krewnych Pabla i wymieniać za swoich ludzi, którzy wpadli w jego łapy. Nie ma wyjścia, musi wywieźć rodzinę z Kolumbii, i wiem, że zostawi pożegnanie na ostatnią chwilę, kiedy nic już nie będzie się dało zrobić, bo – jako że z pewnością już nigdy ich nie zobaczy – tego dnia serce pęknie mu na tysiąc kawałków. O ile jeszcze w ogóle je ma.

W każdym kraju latynoamerykańskim Escobarowie stanowią łatwy cel dla wrogów, którzy mogliby ich porwać i do końca życia go szantażować. Stany Zjednoczone nigdy ich nie wpuszczą, a loty z Kolumbii na Daleki Wschód czy do Australii po prostu nie istnieją. W 1993 roku Niemcy są jedynym krajem Europy, do którego można lecieć bezpośrednio z Bogoty, a Kolumbijczycy nie potrzebują wiz ani nie przechodzą zbyt rygorystycznej kontroli celnej.

Wiem, że część krewnych Escobara już tam siedzi, a prędzej czy później żona, dzieci, matka i rodzeństwo też udadzą się do Europy.

Mam już dla nich wyłącznie głębokie współczucie. Większy żal odczuwam jednak za ich ofiary i za siebie, bo po dziesięciu latach obelg i pogróżek czuję się w obowiązku wziąć na siebie ból wszystkich pokrzywdzonych przez Escobara i wściekłość jego wrogów. Kroplą, która przepełnia czarę goryczy, okazuje się śmierć Wendy. Podczas obiadu u Carlosa Ordoñeza, arcymistrza kuchni kolumbijskiej, pewna znana aktorka komediowa opowiada mi, że była żoną jej wuja. Wendy została zamordowana na rozkaz Pabla podczas podróży z Miami, gdzie mieszkała, do Medellín. Uwielbiał ją, zostawił jej prawdziwą fortunę – dwa miliony dolarów w 1982 roku, co dzisiaj odpowiada pięciu milionom. Byłyśmy różne jak ogień i woda, a choć nigdy jej nie poznałam, opowieść o aborcji u weterynarza wywołała u mnie dreszcze i zawsze było mi okropnie żal tej dziewczyny. Myślę, że to właśnie – a nie oczernianie mnie w mediach czy naśmiewanie się przed znajomymi z ubóstwa i samotności, na które sam mnie skazał – był szczyt okrucieństwa osiągnięty przez tego potwora. Gilberto już sześć lat wcześniej ostrzegał, że któregoś dnia Pablo każe zabić i mnie… Dlatego właśnie coś mi mówi, jakaś niewytłumaczalna siła z odległego, niematerialnego punktu – może dusza tej biednej kobiety, która kochała go niemal równie mocno jak ja – że przyszła pora, żebym dołożyła swoją cegiełkę i pomogła raz na zawsze skończyć z tą hańbą.

Od sześciu lat czekałam na właściwy moment i wreszcie, po kilku dniach namysłu, podejmuję decyzję: pod koniec listopada idę do Telecomu i z prywatnej kabiny dzwonię do pewnej europejskiej instytucji z siedzibą w Strasburgu. Od dawna mam telefon do brata mężczyzny, z którym mogłam być szczęśliwa i który zawsze darzył mnie ciepłymi uczuciami. Przez następne pół godziny tłumaczę mu, na jakiej podstawie uważam, że lada chwila te osoby spróbują dostać się do Europy przez Frankfurt. Sięgam po wszystkie argumenty, jakie przyjdą mi do głowy, i błagam, żeby wytłumaczył rządowi Niemiec, dlaczego gdy tylko Pablo Escobar umieści ich w bezpiecznym kraju, nic już nie przeszkodzi mu rozwalić Kolumbii w drobny mak. Choć kilkuset osobom z różnych państw nie udało się jeszcze go schwytać, wszystko wskazuje na to, że jednostka specjalna i Amerykanie już się zbliżają – dzięki najbardziej zaawansowanemu na świecie systemowi wyłapywania połączeń telefonicznych. Escobar może sobie być ekspertem w dziedzinie komunikacji, ale zlokalizowanie go i wyeliminowanie to kwestia tygodni, góra miesięcy. Po kilku minutach znajomy pyta, dlaczego ta sprawa jest dla mnie tak ważna i skąd znam modus operandi terrorysty.

Nie mogę mu wyznać, że dziewięć i pół roku wcześniej ten zbrodniarz wydał ponad dwa miliony dolarów na paliwo do samolotu, żeby mieć mnie u swojego boku i w swoich ramionach przez ponad dwa tysiące godzin. Nie potrafiłabym też wytłumaczyć, że przed kobietą, która go kocha i rozumie dzięki inteligentnemu wejrzeniu otwartego serca, mężczyzna jest gotów odsłonić swoje słabe punkty, nieznane nikomu innemu. Mogę zdradzić tylko tyle, że znam od podszewki każdy zakamarek umysłu tego potwora i wszystkie jego pięty achillesowe. Czuję, że mój rozmówca jest zaskoczony, potem wręcz zszokowany, ale mimo to ciągnę:

– Zrobi wszystko, żeby znaleźć schronienie dla bliskich, bo *pepes*, jego wrogowie, przysięgli powybijać ich jak karaluchy. Kilkoro członków jego organizacji uciekło już do Niemiec, a jeśli wpuścicie do siebie jedynych, którzy naprawdę się dla niego liczą, prędzej czy później on pójdzie w ich ślady, a za nim *pepes*. Escobar jest obecnie najsprawniejszym porywaczem na świecie, przy nim Baader-Meinhof to bułka z masłem! Jeśli mi nie wierzysz, poproś brata, żeby pokazał ci list, który dostałam od Escobara trzy lata temu.

Z cieniem urazy w głosie odpowiada:

– Mieszka teraz w Stanach, Kid... Miał już dość czekania na ciebie i w marcu ponownie się ożenił. Najpierw porozmawiam z nim, a potem ze znajomym z Waszyngtonu, specjalistą od antyterroryzmu, żeby zorientować się, o co chodzi... On dobrze się zna na tych sprawach. Nadal nie rozumiem, skąd przekonanie, że ci ludzie wybierają się do Niemiec, ale popytam i oddzwonię, kiedy tylko się czegoś dowiem.

Nie tylko w pogodny dzień można zobaczyć przyszłość. Nawet w ciemny, wręcz czarny, jeden z najsmutniejszych dni mojego życia. Boże, po co dzwoniłam? Żeby dostać taką wiadomość, karę, kubeł zimnej wody?

W drodze powrotnej z radia, w deszczu, myślę sobie, że jestem najbardziej samotną kobietą na Ziemi i jak okropnie jest nie mieć nikogo, z kim można by się podzielić takim bólem. Tej nocy zasypiam z płaczem, ale następnego ranka budzi mnie telefon od byłego narzeczonego. Mówi, że domyśla się, jak musi mi być ciężko w związku z jego ślubem, a ja odpowiadam tylko, że wiem, jak on musi się czuć w związku z obławą policyjną na człowieka, który nas rozdzielił. Po francusku opowiada mi, że jego brat zaczął rozpytywać się w Waszyngtonie: wszystko wskazuje na to, że to już rzeczywiście ostatni etap kariery tego kryminalisty, więc spróbują przekonać niemieckie władze do zaostrzenia kontroli na lotnisku, na które sama zawsze przylatywałam. Życzę mu szczęścia na nowej drodze życia, a po odłożeniu słuchawki wiem już, że jedyne uczucie, jakie budzi we mnie Pablo, to gorące pragnienie, żeby ktoś raz na zawsze z nim skończył.

W porze obiadowej dzwoni do mnie znajomy ze Strasburga i prosi, żebyśmy porozmawiali z budki Telecomu. Wreszcie rozumie, co zaszło między mną a jego matką, i pyta, czy spodziewam się ataku odwetowego Escobara na obywateli lub przedsiębiorstwa w Europie. Odpowiadam, że skoro jego brat mieszka w Stanach Zjednoczonych, czuję wielką ulgę, bo byłby pierwszym celem Escobara w Niemczech. Tłumaczę, że w dawnych czasach na pewno wysadziłby ambasadę oraz siedziby Bayera, Siemensa i Mercedesa w Bogocie, nigdy jednak nie interesował się Niemcami, a w obecnej sytuacji zaplanowanie serii zamachów w stolicy wymagałoby od niego wielostronnej komunikacji i skomplikowanych przygotowań logistycznych. Tymczasem tak rozpaczliwie zależy mu na ewakuacji rodziny z kraju, że skoncentruje się tylko na tym, co powinno stanowić prawdziwe błogosławieństwo dla osób śledzących jego rozmowy telefoniczne.

– Aha! Przekaż Berlinowi, że przylecą najprawdopodobniej w którąś niedzielę, żeby agencje rządowe nie zdążyły się zebrać i utrudnić im wstępu. Podróż linią komercyjną to byłoby samobójstwo, bo wszyscy by się dowiedzieli... Dlatego idę o zakład, że spróbują raczej znaleźć prywatny samolot, chociaż z tego, co wiem, nikt w Kolumbii, jeśli nie liczyć magnatów, którzy nigdy nie wzięliby w tym udziału, nie dysponuje samolotem o takim zasięgu. Kartel jednak już od piętnastu lat wynajmuje samoloty i w Panamie mają ich pewnie z kilkadziesiąt... Tak czy inaczej, dam sobie rękę uciąć, że polecą do Europy. A jeśli wpuścicie ich do Frankfurtu, nie minie nawet miesiąc, zanim *pepes* zaczną podkładać bomby członkom rodziny Escobara, a Escobar wysadzi wam w powietrze katedrę w Kolonii! Ten facet od lat marzył o wysadzeniu Pentagonu, uwierz mi na słowo. Przekaż im, że jego największą piętą achillesową jest rodzina, rodzina i jeszcze raz rodzina. Oddałby życie za bliskich!

W niedzielę 28 listopada budzi mnie telefon. Dostaję zupełnie nieoczekiwane wieści z Nowego Jorku:

– Miałaś niemal sto procent racji, Kid. Właśnie lecą do mojego kraju, ale pomyliłaś się co do jednego: popełnili karygodny błąd, podróżują Lufthansą! Mój brat rozmawiał już z najwyższymi władzami i kazał ci przekazać, że czeka na nich całe wojsko, nie pozwolą im postawić stopy na terytorium Niemiec ani żadnego innego kraju w Europie. Cofną ich do Kolumbii, niech spotka ich taki sam los jak wszystkie jego ofiary! To już potwierdzone, wie o tym tylko kilka osób. Dla twojego i naszego bezpieczeństwa nie możesz puścić pary z ust. Eksperci z Waszyngtonu twierdzą, że zwariuje, jeśli nie znajdzie kogoś, kto by ich przyjął. Mają go pod ścianą, nie dają mu nawet miesiąca. A teraz trzymaj kciuki za Bayera, Schwarzkopf i Mercedesa!

W czwartek wieczorem, po moim powrocie z pracy, znowu dzwoni telefon:

– Brawo, Kid! *The wicked witch is dead*! („Zabita wiedźma zła!" to cytat z jednej z najsłynniejszych piosenek z *Czarnoksiężnika z krainy Oz*).

A potem, po raz pierwszy od dwunastu lat, w moim życiu nastaje absolutna cisza.

Pablo zginął o trzeciej po południu.

Dziś w piekle wielki bal

Przez okienko małego samolotu należącego do rządu amerykańskiego po raz ostatni patrzę na ojczystą ziemię i niebo. Dziewięciogodzinna podróż komuś innemu mogłaby się wydać wiecznością, ale ja przywykłam do spędzania całych dni bez zamienienia nawet słowa z drugim człowiekiem. W tym czasie przelatują mi przez głowę wszystkie powody, dla których lecę do Stanów Zjednoczonych i nigdy nie będę mogła wrócić. Wydarzenia ostatnich dni sprawiły, że stałam się kluczowym świadkiem oskarżenia w obu krajach, w obecnych i przyszłych sprawach karnych najwyższej wagi: zabójstwa kandydata na prezydenta Kolumbii, amerykańskiego procesu o ponad dwa miliardy i sto milionów dolarów, zagłady władzy sądowniczej mojego kraju, trzydziestu ośmiu przypadków prania brudnych milionów... Teraz kieruję się do kraju, który uratował mi życie, bo gdybym nie była kochanką Pabla Escobara, nie miałabym dziś za cały majątek dwóch ćwierćdolarówek w portfelu i nazwisk wszystkich jego najważniejszych wspólników w pamięci.

Jakże zapomnieć to, co stało się po cofnięciu jego rodziny z Niemiec... Głos Pabla transmitowany następnego dnia przez rozgłośnie radiowe, grożący potraktowaniem obywateli, turystów i przedsiębiorstw niemieckich jako „celów militarnych"... Głos, który tylko osoba znająca wszystkie jego odcienie i tony

mogła zidentyfikować jako należący do człowieka wycieńczone-
go, osaczonego, przytłoczonego bólem, pozbawionego zdolności
do terroryzowania kogokolwiek. Jego rodzina, brutalnie wygna-
na z eleganckiej dzielnicy Santa Ana, teraz ukrywa się w hotelu
Tequendama należącym do policji, która miłosiernie spełniła obowiązek chronienia żony i dzieci zbrodniarza, mimo wściekłych
protestów całego kraju.

Cierpliwie, w ciągu dnia za mikrofonem, a wieczorami
w milczeniu przed telewizorem, oczekiwałam dalszego rozwoju
wydarzeń.

W czwartek, cztery dni po powrocie Escobarów, Pablo
– zdesperowany, bo żaden kraj nie chce udzielić schronienia jedynym istotom, które są dla niego ważne – rozmawia ze swoim
szesnastoletnim synem aż przez dwadzieścia minut, czego nigdy
nie zrobiłby w innych okolicznościach. Chociaż od czasu ucieczki z La Catedral utrzymuje obsesyjną wręcz dyscyplinę w kwestii
komunikacji i rzadko używa telefonu, teraz zaczyna rozpaczliwie
wydzwaniać, próbując umieścić gdzieś swoich bliskich, których
pepes przysięgli wymordować. Jako odwieczny mistrz manipulacji
mediami Pablo szczegółowo tłumaczy synowi, jak ma odpowiadać
na pytania gazety, która przez te lata kilkakrotnie poświęciła mu
okładkę. Pewna sumienna funkcjonariuszka policji, od piętnastu
miesięcy niestrudzenie śledzącej połączenia Pabla za pośrednictwem systemu triangulacji radiowej, lokalizuje go i natychmiast
przekazuje dane jednostce specjalnej. Już kilka minut później po-
licjantom udaje się namierzyć dom w jednej z popularnych wśród
klasy średniej dzielnic Medellín i wypatrzeć przez okna Escobara,
nadal rozmawiającego przez telefon. On i jego ochrona również
jednak ich zauważają i zaczyna się szaleńcza strzelanina, niczym
u Bonnie i Clyde'a, która trwa całą godzinę. Escobar wybiega na

dach z bronią w ręku, boso i na wpół ubrany, z zamiarem prze-
skoczenia na sąsiedni dom, ale wszystko na nic: kilka sekund później pada nieżywy, z dwiema kulami w głowie i kilkoma kolejnymi
w całym ciele. I tak najbardziej poszukiwany człowiek na świecie,
wróg publiczny numer jeden, najgorszy kryminalista w historii
kraju, który przez dziesięć lat podporządkowywał Kolumbię swoim obłąkańczym kaprysom megalomana, jest teraz już tylko wa-
żącym sto piętnaście kilo potworem i wykrwawia się na oczach
dwudziestu kilku przeciwników. Ci świętują zwycięstwo z wysoko
uniesionymi karabinami, nieprzytomnie dumni i oszalali z radości, jakiej jeszcze świat nie widział.

Euforią zaraża się trzydzieści milionów Kolumbijczyków,
a wszystkie rozgłośnie radiowe w państwie nadają hymn narodowy ze słowami: „Nadszedł kres straszliwej nocy”. Po dziś dzień
potrafię przypomnieć sobie zaledwie dwa wydarzenia, które wy-
wołały podobne zbiorowe szaleństwo: upadek dyktatury generała Rojasa Pinilli, gdy miałam siedem lat, i wygraną Kolumbii 5:0
w meczu z Argentyną (świętowano wówczas tak hucznie, że zginęło osiemdziesiąt osób). Słuchając i obserwując z odosobnienia,
w ciszy narzuconej przez dyrektora Noticiero Todelar opłacanego
przez Gilberta Rodrigueza Orejuelę, mogę porównać skalę tego
wybuchu radości wyłącznie z tym opisanym przez Pabla osiem
lat wcześniej, kiedy w samo południe pod niebem Nápoles obiecał
mi zabrać ze sobą do piekła w chwili śmierci wyłącznie widok naszych splecionych ciał w epicentrum trzystu sześćdziesięciu stopni
pomnożonych przez miliardy miliardów.

To jednak było już bardzo dawno temu – kiedy tyle się wycier-
piało, osiem lat zdaje się wiecznością… Człowiek, który trafił w moje
ramiona jako dziecko, a opuścił je jako mężczyzna gotowy stać się
potworem, żeby przejść do historii jako legenda, osiągnął swój cel:

dzisiaj prezydent USA Bill Clinton gratuluje jednostce specjalnej i „całej ludzkości", jak śpiewamy w hymnie narodowym. Gratuluje Kolumbii. Podczas gdy cały kraj świętuje przez wiele dni, a bracia Rodríguez Orejuela płaczą w Cali ze szczęścia, w Medellín dziesiątki płaczek, setki pijaków i tysiące biednych rzucają się na trumnę Pabla, jakby chcieli wziąć sobie jakąś cząstkę niego, jak wtedy na wysypisku śmieci, gdzie jedenaście lat wcześniej się w nim zakochałam, kiedy był jeszcze człowiekiem i zachowywał się jak człowiek, kiedy nie chwalił się przede mną bogactwem, lecz wielką odwagą i jeszcze większym sercem, które wtedy miał. Teraz, na widok trupa z twarzą zniekształconą przez egoizm, otyłość, podłość, z wąsem jak u Adolfa Hitlera – bo jednostka specjalna zabrała sobie jeden koniuszek, a DEA drugi – jego własna matka zawołała:

– Ten człowiek nie jest moim synem!

A ja, w obliczu tak odrażającego wizerunku, również powiedziałam sobie przez łzy:

– Ten potwór nie był moim ukochanym.

Mój telefon przestał dzwonić. Nie mam już żadnych przyjaciół, a wrogowie Pabla wreszcie dali mi spokój. Koledzy po fachu nie dzwonią, bo wiedzą, że rozłączyłabym się bez słowa. „Usiądź na brzegu rzeki i czekaj, aż spłyną nią ciała twoich wrogów", myślę, patrząc na ekran telewizora, gdzie dwudziestopięciotysięczny tłum przyszedł na jego pogrzeb.

„Oto mój zbrodniarz, znienawidzony przez cały kraj, okryty hańbą, otoczony najgorszymi mętami społecznymi... Tak, oto rodziny *sicarios* i wszystkich tych chłopaków, którzy mieli go za Boga, bo podporządkował sobie cały naród, słaby i skorumpowany do szpiku kości... bo był bogaty i zuchwały jak nikt... bo trzymał *gringos* w szachu... Po jednym żałobniku za każdą z jego ofiar, i tyle".

Jakiś czas później, próbując znaleźć sensowne wytłumaczenie, myślę sobie z niedowierzaniem: „Ale… dwadzieścia pięć tysięcy… Czy to nie bardzo dużo jak na kogoś, kto uczynił tyle zła? Może zrobił też coś dobrego? Czy w tym tłumie oprócz *sicarios* nie ma też tysięcy wdzięcznych biedaków? Może te jedenaście lat temu, kiedy wszystko się zaczęło, nie pomyliłam się zupełnie?".

Przypominam sobie Pabla, gdy on był jeszcze młody, a ja – tak niewinna… Jak zdecydował, że rozkocha mnie w sobie na wysypisku śmieci, nie na Seszelach czy w Paryżu… Jak co tydzień wysyłał po mnie samolot, żeby godzinami tulić mnie w ramionach… Jak – ponieważ miłość czyni nas lepszymi – każde z nas budziło to, co najlepsze w drugim, a on mówił, że będę jego Manuelitą… Jak bardzo mnie kochał i wierzył, że dopóki ja go kocham, będzie wspaniałym człowiekiem… Jak nasze marzenia legły w gruzach, a ci, którzy je niszczyli, po kolei tracili życie…

Po pierwszym wybuchu radości moje serce zaczęło się bowiem zamieniać w wielką czerwoną cebulę, biedną cebulkę z żywego mięsa, ukrwioną cebulę, z której co sześćdziesiąt minut ktoś bez znieczulenia zrywa nową warstwę nerwów, a potem bezlitośnie opasuje metrami druta kolczastego, i tak do następnej godziny. Podchodzę więc do biblioteczki i odnajduję na półce *Dwadzieścia wierszy o miłości* Nerudy, jedyne, co jest w jakiś sposób związane z Pablem, a czego nie mógł mnie pozbawić, nawet kiedy zabrał mi pieniądze, rękopis, listy, kasety, „Virgie Linda I" i berettę, bo nie mógł się połapać w moich setkach książek. Czytając po raz kolejny Nerudę i Silvę, mojego ukochanego poetę samobójcę, zatapiam się w „cienie ciał splatające się z cieniami dusz, w noce mroku i łez" i przypominam sobie Pabla, takiego jakim był tej ostatniej jesieni przed sześciu laty, kiedy widzieliśmy się po raz ostatni, a mój głos próbował jeszcze dotrzeć do jego ucha.

Wspominam jeden z tamtych wieczorów, kiedy mój trzydziestotrzyletni kochanek zarabiał blisko sto milionów dolarów miesięcznie, był kochany przez najsłynniejszą piękność w kraju i dumny jak paw wyszedł z nią z domu i w towarzystwie najlepszych przyjaciół udał się do najpotężniejszego prezydenta w historii Kolumbii, potajemnie marząc, że pewnego dnia i on zostanie prezydentem... Myślę o tej złowieszczej nocy, niczym z nokturnu Silvy, tej z kasetą wideo z późniejszym ministrem Larą, kiedy Pablo po raz pierwszy przewidział, może nawet zobaczył oczami wyobraźni przerażającą wizję utraty tego wszystkiego, co spadło mu jak z nieba, niemal tak szybko, jak to zdobył... Wracam myślami do niezapomnianego wieczoru, kiedy wszyscy beztrosko zignorowaliśmy *Pieśń rozpaczy*, zamykającą ten fatalistyczny, pełen czułości zbiór, który zainspirował powstanie filmu *Listonosz*... Teraz, gdy spełniły się wszystkie jego przeczucia i zmaterializowały lęki, pogrążam się w rozdzierającym serce bólu, głębszym niż głębie oceanów, w poezji idealnie opisującej podły los tego człowieka, przeklętego i skazanego na zatracenie niczym Judasz, a także pełnię tragedii naszego losu, zbudowanego na jego bezsilności, by cokolwiek zmienić, i mojej bezsilności, żeby zmienić jego:

W tobie skupiły się wszystkie wojny i rejsy.
Och, otchłani pełna wraków, ginął w tobie każdy ból!
To był cel mojej podróży, płynąłem z moim pragnieniem,
a ono tam zatonęło, jesteś wielką morską katastrofą.
Przyszła godzina pożegnania. Och, porzucony!

Teraz on zasnął już na wieczność i leży sam w zimnej, twardej ziemi. Przypominam sobie, jak całował mnie delikatnie, żeby mnie nie obudzić, gdy myślał, że śpię... a potem całował znowu i znowu, żeby sprawdzić, czy się obudzę... Jak mówił, że w moim sercu mieści się cały wszechświat, a ja odpowiadałam, że wystarczy, żeby mieścił się cały jego świat. Ten człowiek miał wspaniałe, ogromne serce ze szczerego złota, które na moich oczach i ku mojemu przerażeniu oraz poczuciu absolutnej niemocy przeistoczyło się w monstrualne serce z ołowiu... Mężczyzna o lwim sercu, który nie potrafił niczego zmienić, ale nauczył mnie wszystko czuć i opłakiwać to, czego zmienić się nie dało, żeby któregoś pogodnego dnia w niedalekiej przyszłości cały ten gniew i wszystkie jego marzenia mogły podróżować wspólnie z moim bólem w moich książkach i mojej historii.

Stary tomik, który tyle razy chciałam spalić, z jego dwoma podpisami i okładką zniszczoną łzami, które wciąż płynęły z moich oczu dziesięć lat i dziesięć miesięcy po tej nocy „pięknych zapachów i szeptów i muzyki skrzydeł", stanie się niemym kontynentem zaprzepaszczonych marzeń dwojga *star-crossed lovers* i być może trafi któregoś dnia za grubą szybę w muzeum wystawiającym resztki miłosnych rozbitków i przeklętych pasji. Z czasem będzie wszystkim, co zostanie mi po Pablu, bo pięć lat później w Buenos Aires dwóch złodziei w kilka sekund pozbawi mnie złotego zegarka wysadzanego diamentami, który towarzyszył mi przez blisko piętnaście lat. Nie brakowało mi go jednak ani przez chwilę, bo nigdy nie tęskniłam za utraconymi klejnotami, a jedynie za „zagubionymi ptakami powracającymi z oddali i zlewającymi się z niebem, którego już nigdy nie odzyskam".

11 września 2001 roku materializuje się budząca grozę fantazja wyśniona przez Pabla Escobara pod niebem Nápoles – jego plany

dotyczące Pentagonu zostają wcielone w życie w najpotężniejszym i najbardziej doniosłym akcie terroru w historii Zachodu.

A kiedy w listopadzie 2004 roku widzę w telewizji poddanego ekstradycji mężczyznę w kajdankach, wsiadającego na pokład samolotu DEA do Stanów Zjednoczonych, oskarżonego o przemyt dwustu tysięcy kilogramów kokainy, myślę sobie tylko: „Dziś w piekle wielki bal, Gilberto".

Tak jak on i jego brat, ja również dotarłam na tę ziemię w samolocie DEA, ale z innych powodów: we wrześniu 2006 roku, bez wcześniejszego procesu i zanim zdążyłam złożyć obciążające ich zeznania, bracia Rodríguez Orejuela przyznają się do winy. Dostają wyrok trzydziestu lat więzienia, a ich majątek wart dwa miliardy sto milionów dolarów podlega konfiskacie i zostaje podzielony po równo między rządy Kolumbii i Stanów Zjednoczonych.

Dziś mogę stwierdzić tylko, że doprawdy niezbadane są wyroki boskie i że czasem Pan skazuje nas na długie, dotkliwe cierpienie tylko dlatego, że powierzył nam rolę katalizatorów najbardziej fascynujących, często wręcz historycznych procesów.

Wykopują z błota czaszkę: wszystko, co zostało z Pabla, okropną czaszkę okrytą hańbą. Trzynaście lat po jego śmierci dokonano ekshumacji w celu wykonania testu na ojcostwo, mimo że matka Escobara sprzeciwiała się tej decyzji. Zastanawiam się, kim jest ta od dziecka, i czuję już tylko głębokie współczucie dla kobiet, które kiedyś go kochały, a teraz kłócą się tylko o jego majątek, bo żadna nie chce jego nazwiska. Myślę o bólu trzech czy czterech, które on kochał – tych z nas, dzięki którym naprawdę marzył i cierpiał, śmiał się i wściekał – i o trzech, które pośrednio lub bezpośrednio miały związek z jego śmiercią. Żona, dla której poświęcił życie, teraz już z nową tożsamością i osadzona na jakiś czas w argentyńskim więzieniu, odrzuciła nazwisko Escobara i imiona wybrane przez niego dla dzieci – ale nie spadek – pozbawiając go tym samym potomków. Matka tamtego dziecka, przez lata żebrząca o test na ojcostwo. Wendy, zamordowana przez tchórzliwego najemnika, który zazdrościł kochankom Pabla i przebierał się za kobietę, a po śmierci Escobara zaczął pracować dla Gilberta i płakał jak baba, kiedy poddano go ekstradycji. I ja, skazana na śmierć z głodu i samotności, rzucona na pożarcie wilkom, żeby rozszarpały mnie na kawałki.

– Co powiedziałabyś Pablowi, gdybyś mogła spotkać się z nim na pięć minut? – pyta mnie urocza dziewczynka, która przyszła na świat w wigilię 1993 roku, trzy tygodnie po jego śmierci.

Myślę o bólu tych, które kochał do szaleństwa i które odwzajemniały to uczucie – zamordowane lub doprowadzone do ruiny przez Pabla, narażone na groźby jego najbardziej zaciekłych przeciwników, oczerniane przez bezlitosnych dziennikarzy, wyśmiewane przez rodzinę, szkalowane przez *sicarios* bez serca – i odpowiadam bez wahania:

– Zapytałabym, w jakiej postaci się odrodził: czy jako jedna z tych biednych dziewczynek w Darfurze, zmasakrowana przez dwadzieścia bestii takich jak on? Czy jako anioł miłosierdzia, jak moja przyjaciółka *sister* Bernardette ze Zgromadzenia Sióstr Misjonarek Miłości? Czy jako kolejne, ostateczne już wcielenie Antychrysta? Sądzę, że z mroków tej niezgłębionej wieczności złożonej z mroźnych nocy i nieskończonej samotności tych, którzy nie mogą liczyć na odkupienie, jego głos niemal na pewno odpowiedziałby mi: „Cóż, kochanie… Ty wiesz najlepiej, że my, demony, byliśmy kiedyś aniołami!". Potem, zanim jego czarna dusza przepadłaby na zawsze na tamtym firmamencie o odcieniu najciemniejszej nocy, bezgwiezdnej i bezksiężycowej, prawdopodobnie dodałby jeszcze: „Wiesz, że nareszcie zrozumiałem, jak działa prawo przyczyny i skutku? Miałaś rację, Virginio! Może... jeśli ty tam, na ziemi, oberwiesz po jednym płatku z miliona irysów, ja stąd będę mógł sprawić, że zamigocze milion gwiazd"... Mój firmament, *Liebchen*, zawsze jest rozświetlony – odpowiadam z uśmiechem tej mądrej istotce, która wszystko rozumie.

Minęło osiemdziesiąt sześć dni od mojego przyjazdu i właśnie wprowadziłam się do niewielkiego penthouse'u, o jakim zawsze marzyłam. Trzydzieści pięć pięter niżej widać dzielnicę finansową Brickell, a dookoła kilkadziesiąt luksusowych apartamentowców stojących wzdłuż szerokich alei obsadzonych palmami sprawiającymi wrażenie sklonowanych. Nareszcie mogę o każdej porze dnia i nocy patrzeć na morze, którego potrzebowałam zawsze niczym drugiej skóry, na żaglówki i jachty przepływające pod mostem oraz mewy tańczące w powietrzu przed moim balkonem na tle idealnego nieba o intensywnie kobaltowym odcieniu błękitu. Czuję głębokie, niewysłowione szczęście i nie mogę uwierzyć, że po przetrwaniu dwudziestu lat obelg i pogróżek, a ośmiu – strachu i biedy, jestem w stanie wreszcie nacieszyć się pełnią piękna, wolności i spokoju, zanim na zawsze zgaśnie światło w moich oczach.

Po zmroku wychodzę na balkon podziwiać księżyc i gwiazdy. Oczami zachwyconego dziecka przyglądam się samolotom przylatującym ze wszystkich stron świata, pełnym turystów, biznesmenów i marzeń, a także helikopterom kursującym między lotniskiem a South Beach. Nieco dalej, w Key Biscayne, ktoś świętuje rocznicę czy urodziny pokazem pirotechnicznym, który przyjmuję po mojej stronie wody niczym kolejny niespodziewany dar od Boga. Z pewnej odległości słychać syreny statków, a wszechobecny pomruk silników cichnący w oddali to muzyka życia – wraz z wonią saletry niesioną przez ciepłą bryzę spowija mnie rapsodią zbudowaną z nut, które jak sądziłam, już dawno zapomniałam. Tysiące świateł banków i apartamentowców rozjarzyło się nad błyszczącym w dole miastem, a ja z sercem przepełnionym wdzięcznością obserwuję ten tropikalny Manhattan, który przypomina bożonarodzeniową szopkę. Zanosi się na to, że wszystkie noce, jakie mi pozostały, będą lśniły jak dekoracje świąteczne.

Ten spektakl jest prawdziwą ucztą dla moich zmysłów. Zastanawiam się, czy któregoś dnia ja też pokocham z całego serca i będę opiewać w pieśniach tę szczęśliwą, uprzywilejowaną ziemię, gdzie czuję się tak szczęśliwa i gdzie niemal wszystkie marzenia mogą się spełnić: kraj Statui Wolności i Wielkiego Kanionu w Kolorado, Cahokii, Kalifornii i Nowego Jorku, uniwersytetów, gdzie kilkuset noblistów uczy myślenia następne generacje, naród wynalazców, architektów, inżynierów i wizjonerów, mistrzów kina, muzyki i sportu, podróży na Księżyc i sondy Galileo, wielkich filantropów, tysięcy narodowości, języków i smaków z każdego zakątka Ziemi, celu wędrówek prześladowanych, ale i przedsiębiorczych, którzy przybyli tu kiedyś z pustymi rękami i zbudowali państwo wyłącznie dzięki ambicji i licznym poświęceniom, uporowi i wytrwałości, marzeniu o wolności i wierze w sercu.

Jestem tylko jednym z wielu tułaczy, którzy pewnego dnia, niby nieróżniącego się od innych, ale dla nich przełomowego, uciekając przed wrogami czy przed głodem, postawili stopę na tym lądzie. Z miejsca, do którego dotarłam tego niezapomnianego dnia w 2006 roku, mogłam wreszcie opowiedzieć historię mężczyzny i kobiety pochodzących z dwóch diametralnie różnych światów, którzy pokochali się w kraju ogarniętym wojną, bo tam, gdzie się urodziłam, a skąd pewnego lipcowego dnia musiałam na zawsze uciec, nie mogłabym zacząć snuć swojej historii, napisać jej do końca ani nawet marzyć o publikacji.

Miesiąc po moim przyjeździe Diego Pampín i Cristóbal Pera z Random House Mondadori – jednego z najbardziej prestiżowych domów wydawniczych świata – z entuzjazmem przyjmują mój pomysł nakreślenia intymnego portretu najbardziej przerażającego i złożonego umysłu zbrodniarza ostatnich czasów.

Od tej pory może i nie będzie już w moich książkach Pabla, jednak Czarna Dusza, Bestia pozostanie w nich na zawsze, będzie się przewijać przez opowieści o miłości i wojnie w kraju miliona ofiar i trzech milionów wysiedlonych, zamieszkanego przez najokrutniejszych i najsłodszych ludzi na Ziemi, wiecznie zdanego na łaskę i niełaskę grup zbrojnych i kilku dynastii, które ze swoją ferajną kolesi i zbirów wzajemnie przekazywały sobie władzę i łupy z pokolenia na pokolenie, z klasą polityczną, która odkryła pewnego dnia świetny interes polegający na budowie i utrzymywaniu złotych mostów między bandami kryminalistów a bandami prezydentów, i z mediami, które szybko wymyśliły, jak załapać się na jeszcze smaczniejszy kąsek: pomagać w gorączkowym ukrywaniu grzeszków przeszłości i głośno oskarżać każdego, kto próbowałby je ujawnić. Jak powiedział Oscar Wilde o swoich prześladowcach:

What seems to us bitter trials are often blessings in disguise.

To, co zdaje nam się ciężką próbą, często okazuje się prawdziwym błogosławieństwem.

KONIEC